Hans-Werner Schroeder · Friedrich Benesch

HANS-WERNER SCHROEDER

FRIEDRICH BENESCH

·

LEBEN UND WERK

·

1907-1991

MAYER

Unter Mitarbeit von Johannes Mayer

Inhalt

Vorwort

Der erste Anlass für ein Buch zu Leben und Werk Friedrich Beneschs war das Heranrücken seines 100. Geburtstages am 6. Juli 2007. Mir stand dabei vor Augen, dass zu diesem Zeitpunkt die Erinnerung an seine Persönlichkeit und sein hervorragendes Wirken fällig wäre.

Obwohl Friedrich Benesch einige Bücher und vor allen Dingen sein monumentales Werk über den Turmalin hinterlassen hat, gerät er selbst zunehmend in Vergessenheit. In ihm steht aber zweifellos eine der bedeutendsten Persönlichkeiten für die Wirksamkeit der Christengemeinschaft und der anthroposophischen Arbeit im zweiten Teil des 20. Jahrhunderts vor uns.

Für mich persönlich kommt hinzu, dass ich wenigen Menschen in meinem Schicksal begegnet bin, denen ich so viel verdanke wie Friedrich Benesch – und zwar nicht nur durch die vielen Anregungen auf gedanklich-spirituellem Felde und im Hinblick auf die Naturanschauung, sondern vor allen Dingen auch im persönlichen Umgang mit ihm. So lag es für mich nahe – und auch, weil ich viele Jahre mit ihm am Priesterseminar der Christengemeinschaft in Stuttgart eng zusammengearbeitet habe, die Aufgabe einer Biographie für ihn zu ergreifen.

Dann allerdings kamen 2004 einige bis dahin für uns unbekannte Tatsachen aus seinem Leben in Siebenbürgen ans Tageslicht, die manch beunruhigende Fragen, die erste Hälfte seines Lebens betreffend, aufwarfen. Es erschien nun erforderlich, diesen Fragen nachzugehen, sie im ersten Teil der Biographie ausführlich darzustellen und zu dokumentieren – auch, um manchen entstellenden Beschreibungen in der Öffentlichkeit entgegenzutreten.

Manche persönlichen Aspekte der Biographie habe ich in diesem Buch nicht berührt – sie gehören nicht in eine Veröffentlichung.[1]

Danken möchte ich allen, die durch Berichte oder Fotos zum Buch beigetragen haben – vieles verdanke ich in dieser Hinsicht den Familienangehörigen. Mein Dank gilt vor allem auch denen, die mich durch Rat und Hinweise ermutigt und gefördert haben, allen voran Johannes Mayer, der bei den Nachforschungen in Archiven, mit Ausarbeitungen zur NS-Zeit und Klärungen historischer Sachverhalte außerordentlich viel zur Erhellung der zeitgeschichtlichen Bezüge beigetragen hat, und Michael Debus. Dr. Hans Bergel danke ich für seine Beiträge und für bereitwillige Auskünfte, ebenso Herrn Willi Albert und Leonida Pop für Nachforschungen in Rumänien sowie die Vorbereitungen und Begleitung einer Reise nach Siebenbürgen. Schließlich sei Roswitha von dem Borne Dank gesagt für ihre sorgfältige Arbeit als Lektorin des Verlages.

Stuttgart, Ostern 2007 — Hans-Werner Schroeder

Geleitwort

Michael Debus

Friedrich Benesch war eine Gestalt des 20. Jahrhunderts, geprägt von dessen Geist. Und er war eine bedeutende Persönlichkeit, die ihrerseits prägend wirkte für eine große Zahl von Menschen. Auch äußerlich erfüllte seine Lebenszeit fast das ganze Jahrhundert: Sieben Jahre nach dem Beginn wird er geboren, neun Jahre vor dessen Ende rundet sich sein Leben. Er war nicht nur ein Zeuge dieses zwischen abgründig-dunkler und spirituell-lichter Wirklichkeit zerspaltenen Jahrhunderts, sondern er stand auch mitten darin. In einem weit reichenden Sinn war er Zeitgenosse, und seine Biographie spiegelt das Wesen dieses Jahrhunderts eindrucksvoll wider.

Dieses Wesen lässt sich geistig unter bestimmten Aspekten beschreiben – drei von ihnen seien hier ausgewählt. Einmal ist das 20. Jahrhundert ein wichtiger Wendepunkt nach Ablauf des ersten Viertels einer größeren Epoche, die in der Anthroposophie das Zeitalter der Bewusstseinsseele[2] genannt wird. In diesem Zeitalter entwickeln die Menschen erst eine vollständige Beziehung zur äußeren Sinneswelt und bilden so zunächst einmal notwendig den Materialismus als Weltanschauung aus. Auf der anderen Seite aber lebt in der Bewusstseinsseele die Möglichkeit und Kraft, gerade in der Zuwendung zur Sinneswelt sich eine neue spirituelle Wirklichkeit zu erschließen. Rudolf Steiner nennt sie »gesundes menschliches Denken«, das er so charakterisiert: »[Das Mittelalter] hat den Glauben an etwas nötig, das nicht von dieser Welt ist. Ein gesundes menschliches Denken hält sich aber an diese Welt.«[3] Goethe war ein hervorragender Vertreter dieser Kraft. Als Naturforscher eigener Art suchte er die geistige Welt in der Sinneswelt. Seine Faust-Dichtung kann geradezu als Drama der Bewusstseinsseele und ihrer »Diesseitigkeit« gelten. So erklärt sich Faust gegenüber Mephisto:

Das Drüben kann mich wenig kümmern,
Schlägst du erst diese Welt zu Trümmern,
Die andre mag darnach entstehn.
Aus dieser Erde quillen meine Freuden,
Und diese Sonne scheinet meinen Leiden;
Kann ich mich erst von ihnen scheiden,
Dann mag, was will und kann, geschehn.

Aber die Diesseitigkeit ist eben nicht alles. Im Diesseits sucht der Mensch durch seine Bewusstseinsseele doch in Wahrheit den Geist. Das erzeugt Spannung. Urbildlich dafür ist die Selbstcharakterisierung des Faust:

Du bist dir nur des einen Triebs bewusst,
O lerne nie den andern kennen!
Zwei Seelen wohnen, ach! in meiner Brust,
Die eine will sich von der andern trennen;
Die eine hält, in derber Liebeslust,
Sich an die Welt, mit klammernden Organen;
Die andre hebt gewaltsam sich vom Dust
Zu den Gefilden hoher Ahnen.

Die Spaltung der (Bewusstseins-) Seele in ihrer Beziehung zur äußeren Welt deutet sich hier an. Auf der einen Seite hält sie sich an die Sinneswelt »mit klammernden Organen«, zugleich aber strebt sie zum Geist, »zu den Gefilden hoher Ahnen«. So ist im Seelenleben des heutigen Menschen immer eine leicht zum Widersprüchlichen führende Qualität des Sowohl-als-Auch anwesend. Dunkelheit und Licht lassen sich dann nicht mehr im Sinne eines Entweder-Oder vollständig und klar trennen. Wiederholt hat Rudolf Steiner für die Beschreibung der Bewusstseinsseele auf dieses Goethe-Wort von den zwei Seelen verwiesen: »Das ist der Grund, warum sich so viele Naturen in der modernen Zeit finden, die – mit Recht – sagen, dass sie fühlen, wie wenn zwei Seelen in ihrer Brust wohnten.« Steiner bezieht das sogar auf Goethe selbst, auf zwei Seiten in seiner Biographie, die sich »kaum bei ihm in Einklang bringen« lassen: »Und in der Tat: Wir haben ja in Goethe, wenn wir ihn zunächst betrachten, etwas vor uns, was im krassen Sinne eine ›Doppelnatur‹ ist.« In den Bildern der Grals-Legende ausgedrückt: »Der Mensch der neueren Zeit trägt diese Doppelnatur in sich: strebender Parzival, – und verwundeter Amfortas.«[4]

Der zweite Aspekt, unter dem das Wesen des 20. Jahrhunderts anschaubar wird, kann »die Wiederkunft Christi« genannt werden. Von ihr wird in den neutestamentlichen Schriften gesprochen als von einem Ereignis, das mit großen Veränderungen auf der Erde verbunden ist, vergleichbar sogar mit der Wirkung der Sintflut.[5] Immer wieder tauchten in der Geschichte der Christenheit »Naherwartungen« dieses Ereignisses auf, verbunden zumeist mit irrationalen Ängsten. Rudolf Steiner hat diesem Ereignis eine ganz neue Deutung[6] gegeben. Die Wiederkunft Christi ist ein geistiger Prozess, der einen Menschen in ganz individueller Weise immer schon ergreifen konnte, für den es aber in der Geschichte Wirklichkeits-Verdichtungen gibt, die Ereignischarakter haben. Eine solche (erste) Verdichtung geschieht ab dem 20. Jahrhundert, da kommt Christus den Menschen im ätherischen Bereich des Übersinnlichen besonders nahe. Er wird ihnen erfahrbar werden, was für ihre Biographie von großer Bedeutung sein wird.[7] Vor zweitausend Jahren hat Paulus diese Erfahrung schon wie prophetisch vorausgenommen in seiner Christus-Begegnung vor Damaskus. Heute werden immer mehr Menschen solche Damaskus-Erfahrungen haben. Dieses Ereignis ist mit dem Jahr 1909 verbunden, hat aber einen ersten Schwerpunkt 1933 (Steiner starb 1925!). »Und wenn die geistigen Augen geöffnet sein werden, werden sie ihn sehen, wie Paulus bei dem Ereignis vor Damaskus ihn gesehen hat. Das ist es, was eintreten wird ungefähr 1933, dass er gesehen werden wird als eine ätherische Wesenheit. […] Das wird das Wiederkommen des Christus sein: ein Hinaufwachsen von Menschen in die Sphäre, in welcher der Christus ist.«[8]

Der dritte Aspekt des 20. Jahrhunderts bezieht sich auf eine neue und gesteigerte Wirksamkeit des Bösen. Sie hängt sogar auf eine eigentümliche Weise mit der Wiederkunft Christi zusammen. Davon spricht Paulus, gewiss aus eigenem innerem Erleben, indem er den Wiederkommenden als ein alles verwandelndes Ereignis seiner eigenen Biographie erfahren hatte: »Brüder, wir schreiben euch über die Wiederkunft Jesu Christi, unseres Herrn, und unsere Vereinigung mit ihm und bitten euch: Lasst euch nicht so schnell aus der Fassung bringen und in Schrecken jagen, wenn in einem prophetischen Wort oder einer Rede oder in einem Brief, der angeblich von uns stammt, behauptet wird, der Tag des Herrn sei schon da. Lasst euch durch niemand und auf keine Weise täuschen! Denn zuerst muss der Abfall von Gott kommen und der Mensch der Gesetzwidrigkeit erscheinen, der Sohn des Verderbens, der Widersacher, der sich über alles, was Gott oder Heiligtum heißt, so sehr erhebt, dass er sich sogar in den Tempel Gottes setzt und sich als Gott ausgibt.«[9] Ganz ähnlich beschreibt Rudolf Steiner, wie das gesteigerte Böse, das »Tier aus dem Abgrund«[10], dem Ereignis der Wiederkunft vorangeht: »Man müsste im Sinne des Apokalyptikers sagen: Ehe denn der ätherische Christus von den Menschen in der richtigen Weise erfasst werden kann, muss die Menschheit erst fertig werden mit der Begegnung des Tieres, das 1933 aufsteigt.«[11] Auch diese Wirksamkeit ist also mit dem Jahr 1933 verbunden, das damit eine zweifache Bedeutung bekommt. Die Abgrundkräfte des Jahrhunderts beginnen sich in diesem Jahr zu offenbaren. Das ist geschichtliche Tatsache geworden. Auf der anderen Seite beginnen Kräfte zu wirken, die zur Licht-Seite des Jahrhunderts gehören und von dem wiederkommenden Christus ausgehen. Ihre Geschichtlichkeit gehört zum individuellen Schicksal des einzelnen Menschen. Manches davon ist bis jetzt schon bekannt geworden.

Die drei hier geschilderten Signaturen des 20. Jahrhunderts können auch als Signaturen für die Biographie von Friedrich Benesch gelten. Er erlebte die Doppelnatur der Bewusstseinsseele zwischen Parzival und verwundetem Amfortas. Er rang auch als naturforschender »Goetheanist« mit großer Meisterschaft darum, den Abgrund zwischen der Sinneswelt und dem Übersinnlichen zu überbrücken und zu einer »gesteigerten« Synthese zu bringen. Die Wiederkunft Christi war ihm eine erfahrbare Wirklichkeit, die in der zweiten Hälfte seiner Biographie für viele Menschen in seinem Wirken spürbar war. Und schließlich lebte er auch »im Angesicht des Bösen«.[12] Er war ganz und gar anwesend in unserer heutigen Gegenwart und konnte das für andere Menschen fruchtbar machen.

Eine große und dankbare Anerkennung kommt Hans-Werner Schroeder zu, dass er der von Seiten des Priesterseminars an ihn gerichteten Bitte entsprochen und sich dieser schwierigen Herausforderung gestellt hat, in sorgfältiger und geduldiger Arbeit eine Biographie nachzuzeichnen, deren innere Einheit sich dem Betrachter zunächst immer wieder entziehen will. Das ist gelungen, die große Persönlichkeit und die Dramatik der Zeit treten vor die Anschauung.

Einen entscheidend wichtigen Beitrag hat auch Johannes Mayer geleistet, der mit großem Forscherfleiß alle nur irgend zugänglichen Quellen erkundet hat, um vor allem für den ersten Teil wichtige biographische Einzelheiten zu dokumentieren und im Weiteren das wenig bekannte historische und politische Umfeld für den Leser zu erschließen, ohne dessen Kenntnis Beneschs Biographie nicht wirklich verstanden werden kann.

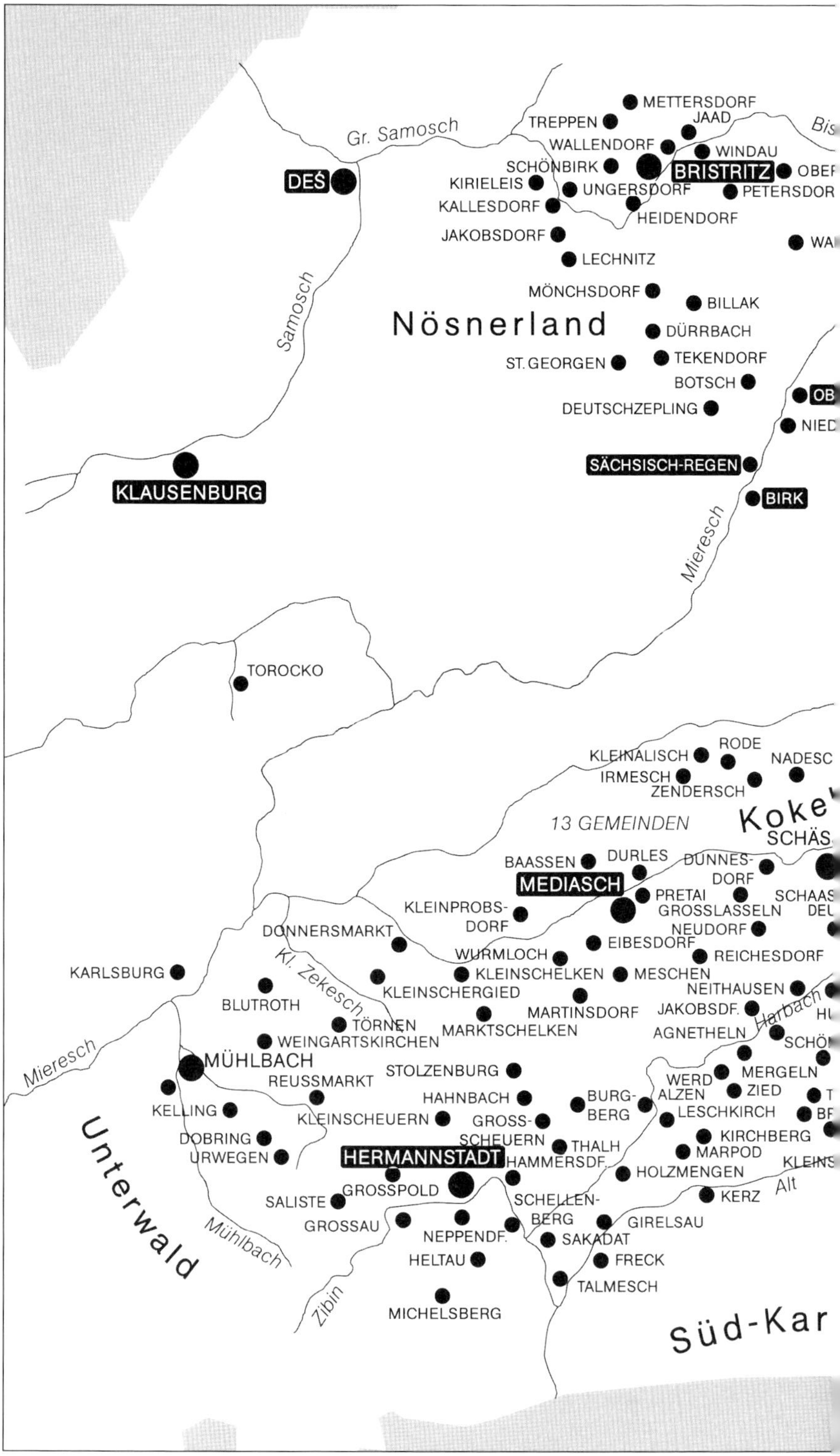
METTERSDORF
JAAD
TREPPEN
WALLENDORF
WINDAU
Gr. Samosch
SCHÖNBIRK
BRISTRITZ
KIRIELEIS
UNGERSDORF
DEŚ
KALLESDORF
HEIDENDORF
JAKOBSDORF
LECHNITZ
Samosch
MÖNCHSDORF
BILLAK
Nösnerland
DÜRRBACH
ST. GEORGEN
TEKENDORF
BOTSCH
DEUTSCHZEPLING
SÄCHSISCH-REGEN
KLAUSENBURG
BIRK
Mieresch
TOROCKO
KLEINALISCH
RODE
IRMESCH
ZENDERSCH
13 GEMEINDEN
BAASSEN
DURLES
DUNNES-DORF
MEDIASCH
PRETAI
GROSSLASSELN
KLEINPROBS-DORF
NEUDORF
DONNERSMARKT
EIBESDORF
REICHESDORF
WURMLOCH
KLEINSCHELKEN
MESCHEN
Kl. Zekesch
KARLSBURG
NEITHAUSEN
KLEINSCHERGIED
BLUTROTH
MARTINSDORF
JAKOBSDF.
TÖRNEN
Harbach
MARKTSCHELKEN
AGNETHELN
WEINGARTSKIRCHEN
Mieresch
MÜHLBACH
STOLZENBURG
WERD
MERGELN
REUSSMARKT
ALZEN
ZIED
HAHNBACH
BURG-BERG
KELLING
LESCHKIRCH
KLEINSCHEUERN
GROSS-SCHEUERN
Unterwald
DOBRING
THALH
KIRCHBERG
URWEGEN
HERMANNSTADT
HAMMERSDF.
MARPOD
HOLZMENGEN
GROSSPOLD
SCHELLEN-BERG
KERZ
Alt
SALISTE
GIRELSAU
GROSSAU
NEPPENDF.
SAKADAT
Mühlbach
HELTAU
FRECK
TALMESCH
Zibin
MICHELSBERG

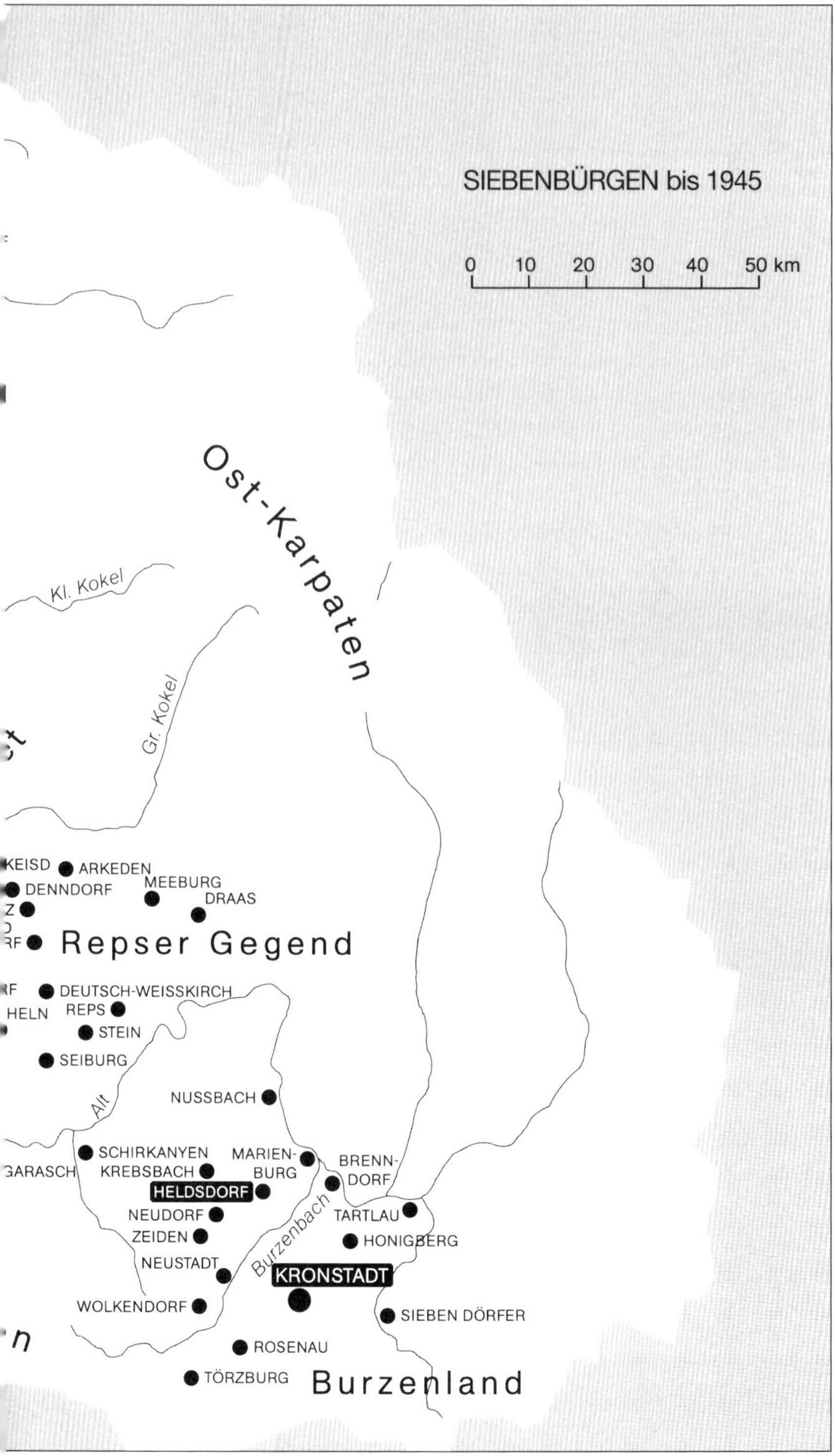

SIEBENBÜRGEN bis 1945
0 10 20 30 40 50 km
Ost-Karpaten
Kl. Kokel
Gr. Kokel
ARKEDEN
DENNDORF
MEEBURG
DRAAS
Repser Gegend
DEUTSCH-WEISSKIRCH
REPS
STEIN
SEIBURG
Alt
NUSSBACH
SCHIRKANYEN
KREBSBACH
HELDSDORF
MARIEN-
BURG
BRENN-
DORF
NEUDORF
ZEIDEN
TARTLAU
HONIGBERG
NEUSTADT
Burzenbach
KRONSTADT
WOLKENDORF
SIEBEN DÖRFER
ROSENAU
TÖRZBURG
Burzenland

Die Geschichte ist nichts uns fest Gegenüberstehendes, das mathematisch exakt ergründet werden kann. Sie existiert im Betrachter, der sie analysiert und zu erklären sucht. Sie ist ein wichtiger Teil von dessen Gegenwart und muss deshalb – weil jede Generation sie vor dem Hintergrund der eigenen Erfahrung betrachtet – immer wieder neu geschrieben werden. Das macht die historische Analyse nicht wertlos. Doch muss das Urteil nicht nur von Sachkenntnis getragen sein, sondern auch von einer gewissen Weltklugheit und Menschenkenntnis. Im Blick auf die in der Vergangenheit Handelnden nämlich ist davon auszugehen, dass sie, wie wir auch, entsprechend den in ihrer Zeit waltenden Vorstellungen agiert haben, dass sie weder dümmer noch schlechter als wir Heutigen gewesen sind. So sehr das – in dieser allgemeinen Form – von vielen anerkannt wird, so häufig wird dagegen verstoßen.

Notker Hammerstein [13]

KINDHEIT UND JUGEND

1907-1925

»Hier ist ein Philosoph geboren.«

»Ich wurde geboren an einem Sonnabend, den 6. Juli 1907, um 10.00 Uhr vormittags in meinem Elternhause in Sächsisch-Regen in Siebenbürgen.«

So beginnt Friedrich Benesch eine biographische Skizze, die er in hohem Alter, kurz vor seinem Tode 1991, niedergelegt hat. Dass er in ihr kein vollständiges Lebensbild entstehen lässt, müssen wir hinnehmen. Dafür erfährt der Leser vieles über seine Heimat Siebenbürgen, über seine Verbundenheit mit der Natur und mit dem bäuerlichen Leben und über die Entwicklung einer starken Persönlichkeit mit vielfältigen Interessen und einem wachen Geist.

»In der nördlichen Osthälfte«, so Hans Bergel, der große siebenbürgische Erzähler und Essayist, »der berg-, fluss-, wald- und wildreichen, mit Bodenschätzen vom Marmor bis zum Gold, vom hochwertigen Erdgas bis zur Braunkohle gesegneten Landschaft liegt am Rand der Siebenbürgischen Heide das Städtchen Sächsisch-Regen, Reghinul-Săsesc, Szászrégen – einst *die* Kleinstadtidylle aus dem Bilderbuch. Auf den gemächlich ansteigenden Hängen über dem rechten Ufer des Mieresch-Flusses, im Norden und Osten von Waldbergen, im Westen und Süden von fruchtbarem Bauernland umgeben, teilten sich Deutsche, Rumänen, Ungarn und Juden die Bezirke des kleinen Ortes.«

Aus einer älteren Quelle von 1881 erfahren wir, wie ein Reisender, der sich von Nordosten her der Stadt nähert, geradezu ein kleines Paradies wahrnimmt: »Von hier aus wenden wir uns in das Marostal. Schon haben wir die Anhöhe erreicht und nun liegt es vor uns ausgebreitet, das schöne Tal. Durch liebliche Korn- und Getreidefelder geht es in demselben weiter, an alten, schattigen Eichenhainen und besonnten Rebengeländen vorüber, von Berg zu Tal, bis wir Sächsisch-Regen erreichen. Die Lage dieser Stadt ist reizend. Sie erhebt sich nahe an der Vereinigung des Görgeny mit dem Maros auf einer Anhöhe, eingeschlossen durch einen Kranz von Bergen, so dass auf dieser Landschaft das Auge gerne verweilt.« [14]

In einem anderen Bericht ist zu lesen: »Dieser ansehnliche Ort gehört zu den Städten im Lande, die den vorteilhaftesten Eindruck hinterlassen. Die Straßen sind breit, die Häuser infolge des Brandes und Wiederaufbaues nach dem Revolutionskrieg (1848) freundlich und stattlich, viele von

Blick auf Sächsisch-Regen (Reen).
Im Hintergrund links die Sattelburg, rechts der Rákóczi-Berg

ihnen für ungarische Verhältnisse ausnehmend groß. Brauereien, gute Gasthöfe, vortreffliche Schulen liefern den Beweis, dass das geistige Wohl ebenso eingehend gepflegt wird als das materielle, und der riesengroße Marktplatz macht dem Reisenden den Aufenthalt in diesem Sachsenbollwerk längere Zeit unvergesslich.«[15] Schließlich sei noch ein weiteres Stimmungsbild gegeben: »Die sommerlich träumende Landschaft zieht in ihren Bann. Baumwipfel durchkreuzen die Stadt, zwischen zierlichen Dächern leiben sich mächtige Hauswände; Pappeln, hochgespannt wie Saiten, wandern dem Lauf der Marosch nach; aus Wiesen hier und dort glimmt ein Handbreit ihres Spiegels auf. Ferne, zartblaue Höhenzüge gehören schon zum königlichen Jagdgebiet der Urwälder.«[16]

1925 hatte Sächsisch-Regen 8074 Einwohner, darunter 2552 Deutsche, 1557 Rumänen, 2564 Ungarn, 1341 Juden, darüber hinaus 90 andere verschiedener Herkunft wie Roma, Böhmen, Mährer, Armenier, Galizier, Tiroler und Kroaten. Es war Mittelpunkt eines ganzen Bezirkes. Lebhafte Markttage fanden statt. Da sah man sächsische-rumänischemagyarische Trachten. Es gab damals drei Gasthöfe, zwei deutsche Banken, zwei deutsche Buchhandlungen, zwei deutsche Zeitungen, deutsche Schulen sowie ein Knaben- und Mädchen-Gymnasium, zahlreiche Vereine wie einen Bürger- und Gewerbeverein, einen Musikverein, eine studentische Ferialverbindung, Frauenvereine und den Siebenbürgischen Karpatenverein.[17]

In dieser Natur, dem lebendigen Städtchen mit seinem bäuerlichen Treiben, dem Nebeneinander der verschiedenen Volksgruppen begann der Lebensweg von Friedrich Benesch.

Die Mutter hatte am frühen Morgen auf dem Markt einen Korb frischer Kirschen gekauft. »Sie kam heim, es kamen die Wehen, und dann kam das Kind.

Bei der Geburt erschien ich mit der rechten Hand an der rechten Schläfe. Die Hebamme, die eine muntere Frau war, erklärte: ›Hier ist ein Philosoph geboren.‹ An diesen Ausruf der Hebamme hat sich meine Mutter oft erinnert, wenn sie sah, wie ich mich in den späteren Jahren entwickelte.«

In seiner Studienzeit hat Benesch Ahnenforschung betrieben. Die Linie väterlicherseits ließ sich in Siebenbürgen bis ins 13. Jahrhundert, wo die »Mongolenstürme« das Land heimsuchten, zurückverfolgen. In der Familie wird noch bis in unsere Zeit von einem Berg berichtet, der nahe Rodna bei Altrodna zu finden ist und den Namen »Der Benesch« trägt. Auf Generalstabskarten ist er mit Capul Beneschului eingezeichnet. Einer alten Überlieferung nach hat nach dem Mongolensturm in dem Dorf Rodenau nur ein Kind dieses Namens überlebt, nach dem der Berg seinen Namen erhielt. Die Familie gehört so wohl mit zu den ersten, die im 11. Jahrhundert aus Deutschland eingewandert sind. Leider sind die Unterlagen zu Ende des Zweiten Weltkriegs verloren gegangen.

Beneschs Vater Georg, geboren im Jahre 1881, war der jüngste Sohn einer einfachen, armen bäuerlichen Familie, die in der Vorstadt von Bistritz, nordwestlich von Sächsisch-Regen gelegen, ein kleines Anwesen mit einem alten, lang gestreckten Bauernhaus mit Stall, Scheune, Garten und 17 Joch Feld besaß, das seine Mutter Maria, geb. Linkner, mit in die Ehe gebracht hatte. Der Großvater Johann Benesch war früher Pferdeknecht und dann Fuhrmann gewesen; die Fahrten gingen bis in die Ukraine, bis nach Odesssa. Mit der Heirat wurde er Kleinbauer, machte aber auch weiterhin noch verschiedene Fuhren mit seinen Pferden.

Die Großeltern ermöglichten Beneschs Vater Georg den Besuch der höheren Schule und das Studium; von der Großmutter heißt es: »Nachdem sie geheiratet hatte und sie sich einige Kühe und einen Büffel angeschafft hatten, führte sie jeden Morgen mit einem Handwägelchen die von ihren Tieren ermolkene Milch in die Stadt und verkaufte sie dort. Dieses tat sie jahraus, jahrein, tagaus, tagein viele, viele Jahre lang. Und mit diesem Geld, das sie Pfennig für Pfennig aufeinander tat, hat sie das Studium meines Vaters finanziert«, schreibt Beneschs Bruder Gerhard.

Friedrich Benesch beschreibt seinen Vater als ernsten, strebsamen, gewissenhaften Choleriker: »Mit seinem sehr ausgeprägten Sinn für Gerechtigkeit stand er mir mein ganzes Leben lang vor Augen. Seine Eltern, die sehr arm waren, ermöglichten ihm durch ihrer Hände Arbeit das Universitätsstudium in Deutschland, indem sie täglich Opfer für den studierenden Sohn brachten. Er studierte in Marburg und Tübingen Philologie, und zwar Deutsch und Latein. Schließlich beendete er seine Studien an der Universität in Klausenburg. Nach bestandenem Examen wurde mein Vater Professor am Gymnasium in Sächsisch-Regen.«

Hans Bergel erinnert sich in einer kleinen, treffenden Charakterstudie seines Lehrers, aus der viel Liebe und Verehrung spricht: »Der ›alte Benesch‹, wie wir diesen nannten – in Siebenbürgen als ›Beenäsch‹ ausgesprochen, war eine Erscheinung von leiblicher Wucht, ernsthaft in Wort und Gebärde, mit gelegentlichen cholerischen Anflügen, sobald sich einer seiner Schüler übermaßen vertat, aber dann wieder von irritierend abgründiger Ruhe, jedoch von der Kraft der unausweichlichen pädagogischen Ausstrahlung, die den guten Lehrer und Erzieher ausmacht: Er fesselte uns Halbwüchsige als Persönlichkeit und überzeugte durch sein Wissen. Wir lernten viel von ihm während der Jahre, in denen er am Katheder vor uns saß – auch mein Banknachbar Hirschberg und unsere beiden Vordermänner Pintea und Dénes. Ob uns der ›alte Benesch‹ zu einer ersten ungefähren Anschauung vom Minnesang verhalf oder den Ungarn Dénes Lajos einen Text aus der von Josef Haltrich 1856 in Berlin herausgegebenen Sammlung ›Deutsche Volksmärchen aus dem Sachsenlande in Siebenbürgen‹ vorlesen ließ, ob er mit Unbestechlichkeit Pavel Pinteas oder meine Kalligraphie der Hausaufsätze bewertete oder dem Juden Léwi für die deklamatorische Leistung beim Aufsagen der ›Bürgschaft‹ von Friedrich Schiller Respekt zollte – er blieb mir als einer der beachtlichen Lehrer jener Schuljahre in Erinnerung.

Meine Schülerachtung vor ihm paarte sich freilich mit Zutrauen, denn ich ging im Benesch-Haus, in dem Ausgewogenheit und das deutliche Wort in allem den Ton angaben, ein und aus wie daheim – der jüngste Sohn der Familie, Erich, war mein Freund; als Soldat der deutschen Wehrmacht verstarb er in einem Lazarett vier Wochen nach Ende des Krieges. Nur wenig älter als ich, besuchte ich ihn an freien Nachmittagen. Wir kletterten im Obstgarten seines Elternhauses auf die Bäume oder gruben auf Wunsch seiner Mutter – einer freundlichen, warmherzigen Frau, in deren Nähe sich immer ein ungarisches Dienstmädchen aus den Ostkarpaten aufhielt – die Gemüsebeete um. Wir gingen im Winter Skilaufen auf die Hänge des nahen Hula-Berges, schwammen im Sommer gemeinsam im breiten, von Inselchen durchsetzten Miresch-Flusses oder machten Fahrradtouren in die westlichen Täler der Ostkarpaten.

Die Bilder, die sich mir solcherart an das im oberen, höher gelegenenen Stadtteil stehende Benesch-Haus erhielten – der Hauseingang war durch üppige, gepflegte Rabatten erreichbar – fügen sich nahtlos ins Panaroma einer bei aller transsilvanischen Kulturenunterschiedlichkeit friedlichen und über weite Strecken harmonischen, im nüchternen Geist der Einsicht in die Notwendigkeit fest gefügter Positionen und Formen lebenden Welt. Dass sich Siebenbürgen nicht, wie von hervorragenden seiner Persönlichkeiten im 19. Jahrhundert angestrebt, zur Schweiz des Südostens entwickelte, war ein Ergebnis des hier im Gefolge der französischen Revolution mächtig gewordenen Nationalismus einzelner Gruppen, die im erbitterten, teils blutig verlaufenen politischen Ringen die Oberhand behielten.«

Im »Gesangskränzchen der deutschen Bevölkerung« lernte Beneschs Vater seine Frau kennen. »Es entstand eine innige Liebe und daraus die Ehe im Jahre 1906.«

Beneschs Mutter war die älteste Tochter einer wohlhabenden Guts- und Waldbesitzerfamilie in Sächsisch-Regen. Sie hatte 13 Geschwister, von denen aber nur fünf Schwestern und ein Bruder das Kindesalter überlebten. Ihr Vater, Friedrich Wagner, hatte zusammen mit anderen Sächsisch-Regener Bürgern ein Unternehmen aufgebaut, das sich »Floßhandelsgesellschaft« nannte. In den Wäldern des Gebirges nördlich von Sächsisch-Regen wurden große Fichtenstämme aufgekauft und dort zu Flößen zusammengebunden, um dann im Mai/Juni, wenn die

Geburtshaus in Sächsisch-Regen (Aufnahme 2006)

Schneeschmelze das Wasser so weit anschwellen ließ, dass der Mieresch – ungarisch Maros – die Flöße tragen konnte, bis nach Zam hinuntergeflößt und verkauft zu werden; die Fracht ging weiter über die Theiß und die Donau aufwärts bis nach Mitteleuropa; das Holz wurde bis Frankreich und England verkauft.

Mit diesem Floßhandelsunternehmen hatte Friedrich Wagner viel Geld verdient; er besaß in Sächsisch-Regen fünf Häuser, 275 Joch Feld und Wiesen, Waldbesitz in Birk und ziemlich viele Aktien in der Floßhandelsgesellschaft. Die Familie gehörte also zu den angesehensten und reichsten der Stadt.

Die Tatsache, dass die erste Begegnung der Eltern von Friedrich Benesch im Zusammenhang mit einem »Gesangskränzchen der deutschen Bevölkerung« stattfand – wohl bei einem Konzert dieser Einrichtung –, wirft ein weiteres Licht auf Sächsisch-Regen: Das kulturelle Leben war dort in der Tat außerordentlich rege.

So schreibt ein Teilnehmer: »Ich habe viele Jahre im Regener Musikvereinsorchester mitgespielt und habe für diese biederen Bürger und für alle diese Handwerksmeister der Bläsergruppe unendliche Hochachtung empfunden, wie sie Mittwoch für Mittwoch treu und brav zu den Orchesterproben kamen und mit ihrem Können und Idealismus es ja erst ermöglicht haben, dass in einer so kleinen Stadt anerkanntermaßen großartige musikalische Leistungen überhaupt erzielt werden konnten.« [18]

Zu den »Leistungen« gehörten zum Beispiel die »Unvollendete« von Schubert, die erste und fünfte Sinfonie von Beethoven und sein Violinkonzert, aber auch die konzertante Aufführung von Glucks »Orpheus«, das »Schicksalslied« von Brahms oder der »Prometheus« von Liszt – um nur einiges zu nennen.

Gerhard, der Bruder Friedrich Beneschs, berichtet in seinen Aufzeichnungen, »dass anfangs die Geschwister und nähere Anverwandtschaft meiner Mutter eigentlich gegen die Verbindung waren, denn mein Vater stammte ja aus einer armen Bauernfamilie. Da nun aber meine Mutter ihn sehr geliebt hat, ging sie, und das hat sie mir selber erzählt, an einem Sonntagnachmittag zu ihrem Onkel, dem Hauptmann Eduard Wagner, und klagte ihm ihr Leid.

Der Hauptmann, von meiner Mutter Edi-Onkel genannt, tröstete sie und sagte: ›Herminchen, das, was du jetzt tust, das ist ganz in meinem Sinne, ich habe mir schon lange gewünscht, dass neues Blut in unsere Familie kommt, und grade ein so gesundes Bauernblut ist dazu angetan, die Degeneration in unserer alten Familie zu überwinden.‹

Und so geschah es denn, dass dieser Mann, der damals der Vorstand der Familie Wagner war und gleichzeitig als Vormund der noch unmündigen Kinder zu bestimmen hatte, so dass niemand in der Familie gegen seine Entscheidung irgend etwas getan hat.«

»Edi-Onkel« lebte ehe- und kinderlos in einem geräumigen Haus, und so zogen Beneschs Eltern dort ein. Diesen Wohnsitz haben sie erst mit dem Herannahen der Roten Armee 1944 verlassen, als sie sich dem großen Treck nach Österreich anschlossen. In diesem Haus wurden auch die Kinder Friedrich Johann 1907, Gerhard Georg 1910, Marie-Luise 1911, Gertrud Hermine 1916, und Erich Arthur Benesch 1919 geboren. Hier haben sie zum größten Teil ihre Jugendzeit erlebt.

Friedrich Benesch beschreibt seine Mutter als eine »lebhafte, frohsinnige, allem Leben und Erleben in tiefer Herzensempfindung zugeneigte, offenherzige, an ihren Mitmenschen innig Anteil nehmende Seele. Sie sang sehr schön und verfügte über einen Schatz ungarischer und deut-

»Frieder« mit vom Vater angefertigtem Spielzeug

scher Kinder- und Volksmärchen, die sie uns Kindern schon sehr früh und sehr lebhaft erzählen konnte. Es war immer etwas von Poesie und Herzensinnigkeit um sie und in ihr.«

Der Vater hatte einen gesunden Sinn für gediegenes Kinderspielzeug. Er fertigte für die Kinder Puppen, Tiere und allerhand Gerätschaften. Die Mutter durchseelte alles mit der Welt der Märchen, »und so waren das meine frühesten Kindheitserlebnisse: das nachahmende Spielen meiner menschlichen Umwelt in Haus und Küche, in Hof und Stall, die Stimmung der Grimmschen Volksmärchen und Lieder und Poesie in Hülle und Fülle.«

Ob die Eltern durch Familienüberlieferung von Rudolf Steiner gehört haben oder von dessen Vortrag in Hermannstadt wussten, ist nicht bekannt, aber unmöglich ist es nicht. Am 29. Dezember 1889 jedenfalls hatte Steiner zugunsten der evangelischen Krankenpflegeanstalt über die in Siebenbürgen heftig diskutierte »Frauenfrage« gesprochen. Sein Thema »Die Frau im Lichte der Goetheschen Weltanschauung. Ein Beitrag zur Frauenfrage« wurde sowohl im »Siebenbürgisch-

*Die drei ältesten Geschwister Gerhard (*1910), Marie-Louise (*1911), Friedrich (*1907)*

Deutschen Tagblatt« als auch in der »Hermannstädter Zeitung« und im »Siebenbürger Boten« vorangekündigt. Eine erste, vielleicht nicht bewusst gewordene Berührung ist denkbar.

Eine große Rolle spielten die Dienstboten für die Kinder. Die Mutter hatte zwei Bauernmädchen für alle häuslichen Arbeiten. Sie waren Ungarinnen, die kein deutsch sprachen, so dass die Mutter ihnen in ihrer Landessprache Anweisungen gab. Auf diese Weise hörten und lernten die Kinder schon von klein auf die ungarische Sprache im täglichen Leben.

Der Gemüsegarten (Aufnahme 2006)

Sie selbst sprachen mit der Mutter hochdeutsch und mit dem Vater den siebenbürgisch-sächsischen Volksdialekt.

Das Wohnhaus mit seinen fünf großen geräumigen Zimmern, die Schuppen für Holz und Küchengeräte, der Stall für Pferde und Kühe, für Hühner, Gänse, Enten und Truthähne und für das Schwein, der weitläufige Garten – das war die Welt, in der die Kinder aufwuchsen.

Die Tiere wurden von einem rumänischen Bauernburschen betreut, mit dem der Vater rumänisch sprach, eine Sprache, die er selbst von Kindesbeinen an gelernt hatte. »Und so lernten wir seit frühester Kindheit auch die rumänische Sprache zu beherrschen, was mir zwanzig Jahre später auf der rumänischen Universität sehr zugute kam.

Eine große Rolle spielte in unserer Kindheit das Leben in unserem großen Hausgarten, der zweiteilig war. In seinem unteren Teil wurden alle Gemüsearten angebaut, gepflegt und geerntet. An diesen Arbeiten nahmen wir schon als kleine Kinder Anteil. Unter Hecken, vor einem uralten Nussbaum stand die Gartenlaube, in der und um die herum wir unsere kindlichen Spiele ausführen konnten. An den Gemüsegarten

Blick vom Garten zurück auf das Wohnhaus (Aufnahme 2006)

schloss sich der große Obstgarten mit allen Obstbaumarten an, der sich einen Hang hinaufzog. Dieser Garten war für unsere kindliche Bewegung ein Segen.«

In seiner Lebensskizze schildert Benesch, dass seine Mutter oft davon gesprochen hat, wie ihr etwa um das dritte, vierte, fünfte Lebensjahr etwas an ihm aufgefallen sei. »Sie erlebte, wie ich mitten in meinen fröhlichen Kinderspielen plötzlich immer wieder in einen seltsamen Zustand der Zurückhaltung versank, der in einen tiefen Ernst überging.«

Darauf kommt die Mutter auch in einem Brief zu sprechen, den sie im Juli 1934 nach der Geburt des ersten Enkelkindes an »Mutter Hahne«, Beneschs Schwiegermutter, schrieb, um ihr etwas vom Werdegang ihres Sohnes zu berichten: »Als ich in diesen Tagen Rückschau hielt auf Frieders Leben, da musste ich feststellen, dass schon von seiner frühesten Kindheit an ein sehr ernster Lebenszug sein eigen war. Als ganz kleines Kind schon war er nur schwer zum Lachen zu bringen. Seine liebste Beschäftigung war das Lesen, darin war er einfach nicht zu sättigen. In der Schule schon, in der ersten Klasse, wurde er von seinem Lehrer als Aufseher für seine

Nach dem Schulunterricht. Vater und Sohn Juni 1914

Mitschüler bestellt. Und sein Lehrer sagte meinem Mann, die Kinder gehorchten unserem Fritz besser als ihm. Und immer hielt er in der Schule seine Kameraden wie zu Hause seine Geschwister durch immer wieder neu erfundene Märchen stille und ihm gefügig. [...] Ich finde in Frieders Kinder- und Jugendjahren so richtige Jungenstreiche nicht. Er war immer ernst und überlegen und in gleicher Weise entfernt von Bos- und Schalkhaftigkeit wie von angelernter Gouvernantentugend.«[19]

Offenbar wurde – wie aus dieser Briefstelle hervorgeht – Benesch als Kind und Jugendlicher »Fritz« oder »Frieder« gerufen. Auch später wird er noch, wie wir sehen werden, diesen Vornamen beibehalten.

Auffallend in seiner Kindheit war auch, dass er mit dem fünften und sechsten Lebensjahr anfing, Texte aus dem Lateinheft seines Vaters abzuschreiben, und sich auf diese Weise das Lesen und Schreiben selbst beibrachte. Als er 1913 mit sechs Jahren in die deutsche Volksschule eintrat, konnte er bereits lesen und schreiben.

Mit seinem sechsten Lebensjahr endete die Zeit der spielerischen Nachahmung der Tätigkeiten seiner Umgebung. »In meiner Seele

Das 1892 erbaute Gymnasium in Sächsisch-Regen

erwachten neue Fähigkeiten in meinem Verhältnis zu dieser Welt der Erwachsenen. Eine große frühe Selbstständigkeit machte sich in mir geltend. Ich wurde seelisch empfindsam für die persönlichen Schwächen der Menschen um mich. Ich konnte gefühlsmäßig unterscheiden, ob ein Mensch, in dem, wie er war, in dem, was er äußerte, in dem, was mir in ihm menschlich begegnete, ob er innerlich vertrauenswürdig war. Ein tiefes Bedürfnis nach vertrauenswürdiger Autorität war in mir erwacht. Allein, es wurde mir bald jedem Erwachsenen gegenüber möglich, Autorität zu finden oder zu vermissen. Danach richtete sich mein Verhältnis zu den Erwachsenen etwa mit meinem neunten Lebensjahr als unmittelbare Zuneigung oder Ablehnung. Das gab schon in der Knabenseele eine erste anfängliche Selbstständigkeit vor allem auch in der Schule den Lehrern gegenüber, aber nicht nur dort. Angesichts dieser meiner frühen Selbstständigkeit gegenüber hatten es meine Lehrer mit mir nicht ganz leicht. Sie konnten bei ihren Erziehungsbemühungen in mir auf eine Opposition stoßen, die unüberwindlich war. Ich konnte mich einfach verweigern.«

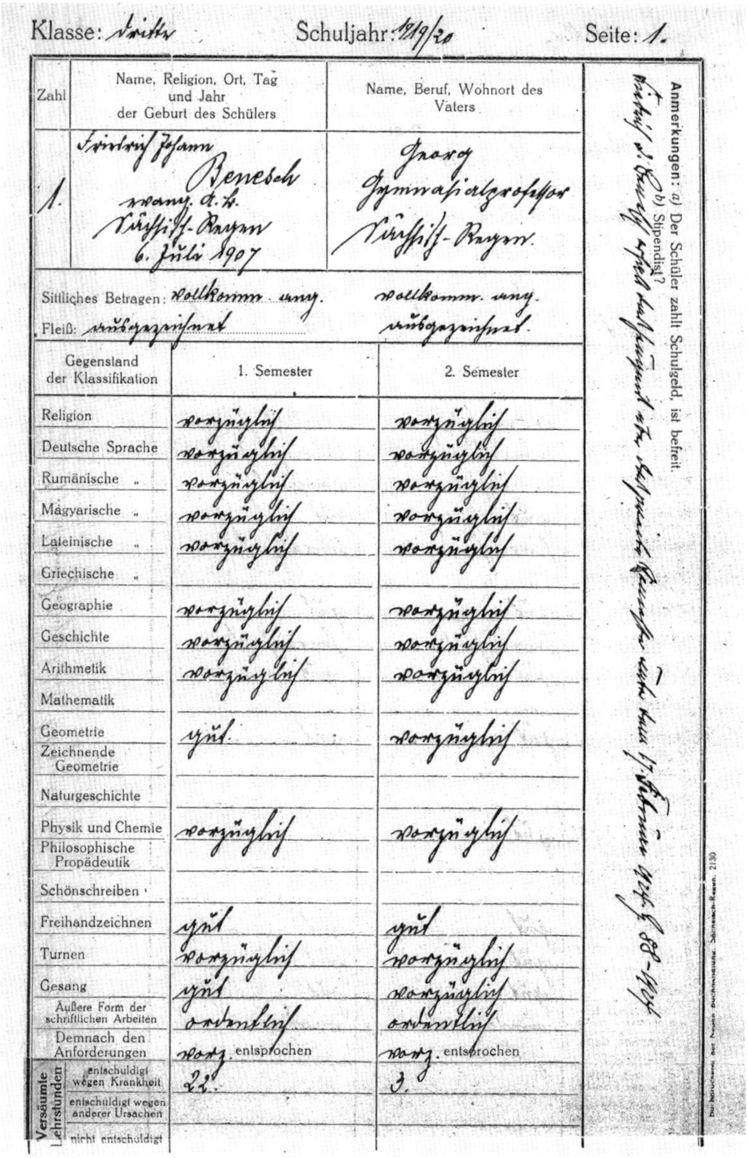

Klasse: dritte Schuljahr: 1919/20 Seite: 1.

Zahl	Name, Religion, Ort, Tag und Jahr der Geburt des Schülers	Name, Beruf, Wohnort des Vaters
1.	Friedrich Johann Benesch evang. A. B. Sächsisch-Regen 6. Juli 1907	Georg Gymnasialprofessor Sächsisch-Regen.

Sittliches Betragen: vollkomm. ang. | vollkomm. ang.

Fleiß: ausgezeichnet | ausgezeichnet.

Gegenstand der Klassifikation	1. Semester	2. Semester
Religion	vorzüglich	vorzüglich
Deutsche Sprache	vorzüglich	vorzüglich
Rumänische „	vorzüglich	vorzüglich
Magyarische „	vorzüglich	vorzüglich
Lateinische „	vorzüglich	vorzüglich
Griechische „		
Geographie	vorzüglich	vorzüglich
Geschichte	vorzüglich	vorzüglich
Arithmetik	vorzüglich	vorzüglich
Mathematik		
Geometrie	gut	vorzüglich
Zeichnende Geometrie		
Naturgeschichte		
Physik und Chemie	vorzüglich	vorzüglich
Philosophische Propädeutik		
Schönschreiben		
Freihandzeichnen	gut	gut
Turnen	vorzüglich	vorzüglich
Gesang	gut	vorzüglich
Äußere Form der schriftlichen Arbeiten	ordentlich	ordentlich
Demnach den Anforderungen	vorz. entsprochen	vorz. entsprochen
Versäumte Lehrstunden: entschuldigt wegen Krankheit	22.	3.
entschuldigt wegen anderer Ursachen		
nicht entschuldigt		

Anmerkungen: a) Der Schüler zahlt Schulgeld, ist befreit. b) Stipendist?

Zeugnis der 3. Klasse im Schuljahr 1919/20. Gesamturteil: »vorzüglich«

Das Schuljahr begann im September und endete im Juni. Der Unterricht in den ersten Grundschulklassen wurde maßgeblich von der jeweiligen Persönlichkeit des Lehrers bestimmt. Die einen unterrichteten mit Nachsicht, Güte und Geduld als wahre Pädagogen und trösteten die Kinder, wenn sie im Unterricht nicht ganz mitkamen. Diese Lehrer wurden von den Kindern geliebt und verehrt. Demgegenüber gab es Lehrer, die für Disziplin und Lernbemühung gegebenenfalls auch die Prügelstrafe einsetzten. Sie wurden von den Kindern gefürchtet und gehasst. »So wurden die Kinderseelen zwischen diesen beiden pädagogischen Extremen hin und her gerissen, und alles, was Gegenstand des Unterrichts war, wurde von diesen Temperamenten der Erwachsenen bestimmt.«

Benesch war ein fleißiger Schüler, dem das Lernen nicht schwer fiel. Als Klassenbester durfte er zum obligaten Maifest vier Jahre lang an der Spitze des Schülerzuges die Klassenfahne tragen. Im Schuljahr 1916/17 kam er ins Gymnasium und zeigte auch hier einen ausgesprochenen Lerneifer. Ihn interessierten nicht nur Deutsch und Latein, sondern auch Mathematik, Geometrie und Naturkunde. »Etwa mit dem vierzehnten Lebensjahr erwachte mein Interesse für Literatur. Ich begann, sehr viel zu lesen, Romane, Reiseberichte von fremden Ländern, Indianergeschichten und ähnliche Lektüre.«

Die langen Sommerferien von Juni bis September verbrachte die Familie immer auf dem Gut der Großeltern. »Mein Vater hatte zu seinem Amt als Gymnasiallehrer hinzu, nachdem mein Onkel 1915 zum Militär eingezogen worden war, die Betreuung und Führung des jetzt von den Geschwistern geerbten großelterlichen Gutes übernommen, und ich machte als Knabe mit meinem Vater mit. […] So wurden meine Schulferien zwischen meinem neunten und meinem dreizehnten Lebensjahr bäuerlich. Das Leben und Treiben auf dem Gutshof war die tägliche Wirklichkeit in meiner Kindheit. Ich wurde davon erfasst und lebte und lernte mit. […] Zuerst als Hütejunge der Viehherde, dann allmählich als Lenker eines Ochsengespannes und schließlich als Kutscher von Pferdegespannen. Ich lernte pflügen und mit der Hand säen, […] hacken und jäten, mähen und heuen, […] Garben binden und den Erntewagen mit Garben beladen, ich lernte Kartoffeln und Rüben roden. Mit der wachsenden Perfektion all dieser Tätigkeiten wuchsen auch die körperlichen Kräfte, mit der Freude am Können, am ganz praktischen Gelingen. Es war ein sehr günstiges

Gleichgewicht zwischen praktischer bäuerlicher Tätigkeit in den Ferien und schulischem Lernen in der Schulzeit […], so dass ich dann auch für die Schulstunden den notwendigen Lerneifer und das seelische Interesse aufbringen konnte.

Schaue ich auf diese Jahre zurück, dann kann ich nur feststellen, dass ein ungeheurer Reichtum an menschlichem Leben mich umgab […], so dass ich eine glückliche Kindheit hatte.«

Aber draußen in der Welt – im Reich – brauten sich gleichwohl die ersten großen politischen Gewitter zusammen mit Konsequenzen, die auch Sächsisch-Regen betrafen.

Mitten in die Schulzeit kam das Jahr 1918. »Wilde Schulverhältnisse, in der Schule ein Lazarett für deutsche Soldaten«, erinnert sich Benesch, »die Bayern machten einen gewaltigen Eindruck auf mich. Dann Revolution 1918: mein Elternhaus mit Steinen beworfen. Mein Vater hielt eine Rede und die Revolution zerstreute sich. Vor ihm hatten sie doch Respekt.«

Nach dem Zusammenbruch der Mittelmächte beschließen die Siebenbürger Sachsen im Herbst 1918 den Beitritt zum Königreich Rumänien. Das bedeutete auch eine entsprechende Neuorientierung im Schulwesen, indem nunmehr im deutschen Gymnasium mehrere Fächer rumänisch unterrichtet werden mussten und somit ein intensives Studium der rumänischen und der französischen Sprache gefordert war. Trotzdem blieben die Bildungselemente des deutschen Gymnasiums auch weiterhin wirksam. Der deutsche Geist des Gymnasiums wurde nach wie vor durch die bedeutenden Lehrer geprägt.

Die Angliederung Siebenbürgens an Rumänien hatte weit über die erwähnten Eingriffe im schulischen Bereich hinaus ihre Auswirkungen und führte zu Konsequenzen, die in Beneschs Leben eine nicht unbedeutende Rolle spielen werden.

Jugend – Ideal und Wirklichkeit

1921, in seinem 14. Lebensjahr, fühlte Benesch starke Veränderungen in seinem Seelenleben, die vor allem durch Lesen angeregt wurden. »Es vollzog sich […] der Übergang von der in der Nachahmung wirksamen Wirklichkeit der Umwelt zu dem innerlichen Ergreifen von die Seele bestimmenden Idealen. Dieser seelische Übergang, das Reifwerden, war bewirkt durch drei Werke der Literatur.

Das Erste war Goethes Werther. Ich lebte mit Werther, ich erlebte mit ihm menschliche Verhältnisse, ich erlebte mit ihm die Natur, und ich lebte und erlebte mit ihm seine Liebe. Tief in die Seele griffen die Inhalte dieses Werkes von Goethe ein.

Das Zweite, was mich ergriff, war Nietzsches Zarathustra. Ich litt mit ihm am Menschen, wie er ist, und auch schon an mir selbst, wie ich selber war, und ich sehnte mich mit ihm nach dem neuen Menschenbild.

Das Dritte, was mit dem Erleben des geänderten Seelenlebens der Erdenreife zu tun hatte, war die intensive Begegnung mit der germanisch-nordischen Mythologie, mit den Götter- und Heldensagen der Germanen, mit der Edda und dem Nibelungenlied. Das Erleben dieser Mythologie und Sagenwelt brachte in meiner Seele zur Natur ein verändertes Verhältnis. Ich erblickte, dass in der Natur nicht nur die Naturreiche, Mineralien, Pflanzen und Tiere, sondern auch Elementarwesen – was mir ja schon in der Märchenwelt begegnet war – und Naturgötter auftraten. Die übersinnliche Welt dieser Elementarwesen und Naturreiche begann mich immer tiefer und tiefer zu bewegen.«

In diesen Worten ist etwas enthalten, was sich erst später voll entwickeln sollte: Wir haben hier den Anfang eines bewussten Umgangs mit der Natur, wie er in der zweiten Hälfte seines Lebens eindrucksvoll immer wieder zu beobachten ist. Die Quelle der Möglichkeiten, die ihm da zur Verfügung standen, ist mit der Bemerkung über die »übersinnliche Welt der Elementarwesen und Naturreiche«, die ihm zugänglich wurde, angedeutet.

Nicht weniger bedeutsam ist wohl auch die nun folgende Bemerkung: »Die Germanen waren noch ein Volk, das im menschlichen Erleben, vor dem Eingang des Christentums, in dieser Welt der Naturreiche voll leben konnte. Sie konnten sie noch wahrnehmen. Das machte ich mir damals natürlich nicht so bewusst.« Diese Erfahrung begründete für ihn aber wohl doch schon eine Beziehung zum »Germanentum«. »Die Inhalte, die vorher halb bewusst, besonders in der Märchenwelt, aufgenommen wurden, wurden jetzt mit Bejahung und Verneinung der eigenen Seele verbunden. Es gab Dinge, die ich bejahen konnte, es gab aber auch Dinge, die ich verneinte und nicht wollte. Und so entstand allmählich das Leben der selbst wirkenden Seele in dem irdischen Dasein. [...]

Ein solches Ideal hing aber mit meiner Konfirmation zusammen. Durch das Erleben von Goethes Werther erlebte ich die Urkraft der Liebe im Menschen als tiefste Erschütterung sowohl in der Zuneigung wie im Verzicht. In dieser Zeit kam nun die stille Zuneigung meiner Seele zu einem jungen Mädchen hinzu, durch die vieles zum Zusammenhang mit dem Werther hinzukam. [...] Die erste große Liebe. Mit viel Gedichten usw. Ein Mädchen wurde zum Erlebnisinhalt der jugendlichen Seele. Tragischer Abschluss.«

Im Konfirmandenunterricht wurden die Geschichten des Neuen Testaments behandelt, und er erahnte zum ersten Mal das Ideal der göttlichen Liebe in der Gestalt Jesu. »Ich empfand etwas von der Christusliebe in meinem eigenen Herzen. Alle diese Erlebnisse blieben im Innersten der Seele verborgen. Ich konnte mit niemandem darüber sprechen, weder mit meiner Mutter noch mit meinen Schulkameraden.«

Auch entwickelte er ein immer stärker werdendes Interesse an den in der Schule zu lernenden Inhalten. Es war so etwas wie ein Erkenntnisinteresse. »Das Ideal der Erkenntnis und Kenntnis ging in meiner Seele auf.«

In Sächsisch-Regen ging das Gymnasium nur bis zur vierten Gymnasialklasse. Das nächstliegende, das bis zur achten Klasse mit dem abschließenden Abitur führte, war in Bistritz, der Heimatstadt seines Vaters. Dort lebte dessen Schwester mit ihrem Mann in einem bäuerlichen Haus, wo Benesch hätte unterkommen können. Er hätte also das Elternhaus verlassen und nach Bistritz ziehen müssen, um die Schule fortzusetzen.

Doch es ergab sich, dass am Gymnasium in Sächsisch-Regen für eine Gruppe von zwölf Schülern, die die vierte Gymnasialklasse abgeschlossen hatten, ein Sonderkurs eingerichtet wurde, der es ermöglichte, die fünfte und sechste Gymnasialklasse dort zu absolvieren. Benesch aber hatte im Gegensatz zu den anderen Schülern erst die dritte Gymnasialklasse hinter sich. Da beschlossen seine Eltern und seine Lehrer, ihn in den Sommerferien durch privaten Unterricht die vierte Gymnasialklasse nachholen zu lassen. So konnte er im Herbst 1920 die Prüfungen ablegen, kam in den Sonderkurs und konnte für die nächsten zwei Jahre noch im Elternhaus bleiben.

Der Sonderkurs bedeutete insofern eine vollständige Umstellung des Lernens, als der Unterricht jetzt nicht mehr in erster Linie durch die Lehrerpersönlichkeit bestimmt wurde, sondern vielmehr durch die sachlichen Inhalte der Fächer. »Die Lehrer vermittelten Inhalte, mit denen die Schüler sich nach Begabung und Neigung, nach Interesse und Fertigkeit frei verbinden konnten.« Das kam ihm sehr entgegen, fühlte er doch immer stärker das Bedürfnis, zu erkennen, »was die Welt zusammenhält«.

Zwei Jahre später verließ Benesch dann Sächsisch-Regen und zog zur Absolvierung der beiden letzten Gymnasialklassen nach Bistritz, wo er nun bis zum Abitur bei der Schwester seines Vaters wohnen konnte. Damit befand er sich wieder in bäuerlicher Umgebung.

Jugendlicher Goetheanismus

Friedrich Benesch hatte in den letzten Gymnasialjahren eine besondere Beziehung zu Goethe gefunden: »Da war eine Geistgestalt, die aus Wissenschaft und Bildung immer wieder herausragte. Da war dieses, was mich in allen meinen jugendlichen idealistischen Bemühungen und geistigen Versuchen immer mehr und mehr berührte, bewegte und bestimmte.

Ob es die Natur war, die Goethe in seinen Gedichten, Dramen und Romanen, schließlich in seinen naturwissenschaftlichen Schriften zur Sprache brachte – ob es das war, was Goethe in seinen Werken an menschlichen Sonnenerlebnissen zum Ausdruck bringen konnte – ob es das war, was er in seiner Lebensbeschreibung ›Dichtung und Wahrheit‹ als für sein eigenes Leben bestimmend beschreiben konnte – ob es sein Künstlertum, seine Lebenskunst war: Es war das immer mehr und mehr auf mich Einwirkende und in meiner Seele Wirkende so, dass es mich […] dem Genius Goethes verband und zur Nachahmung, zum Nachstreben anregte. Ich verband mich ganz von mir aus mit seinem Leben, seinem Wirken, seinem Wesen.«

Mit diesen Worten ist ein weiteres wichtiges Lebensmotiv genannt. Beneschs Beziehung zu Goethe war nicht nur in der Durchdringung der Naturwissenschaften mit Goetheanismus und damit mit lebendiger Anschauung zu erleben – er war mit ihm selbst tief verbunden; in vielen Vorträgen hat er ihn bis in die letzte Lebenszeit hinein immer

Gymnasium in Bistritz

wieder so lebensvoll zitiert, dass man diese Beziehung stark empfinden konnte.

»Was mich aber in all dem am meisten berührte, [...] war nicht Naturerkenntnis, sondern Naturerleben in Staunen, Andacht und Verehrung der ›allwaltenden Natur‹. Ich brauchte bloß eine Zeile von Goethes Dichtungen oder Schriften zu lesen, und ich war in dieser Art des Naturerlebens selbst darin. Dabei stand bei mir eben nicht das Miterleben mit menschlichen Verhältnissen und Schicksalen im Vordergrund, wie es Goethe vor allem auch in seinen Dramen behandelte, sondern das tiefe Bedürfnis nach einem im Anschauen wesenhaften Naturerleben. Goethe vermenschlichte diese Fähigkeit. Ich konnte mich von ihm anregen lassen. Ich konnte aber diese Fähigkeit, die Goethe besaß, nur durch Übung in mir selber ausbilden.

Und so verwendete ich die Ferienwochen der letzten Zeit im Gymnasium nicht mehr zum Wandern in der Natur, sondern zu Übungen besinnlicher Naturbetrachtung im Anschauen der Natur. Vor allem im Anschauen des Naturgeschehens im Jahreslauf.

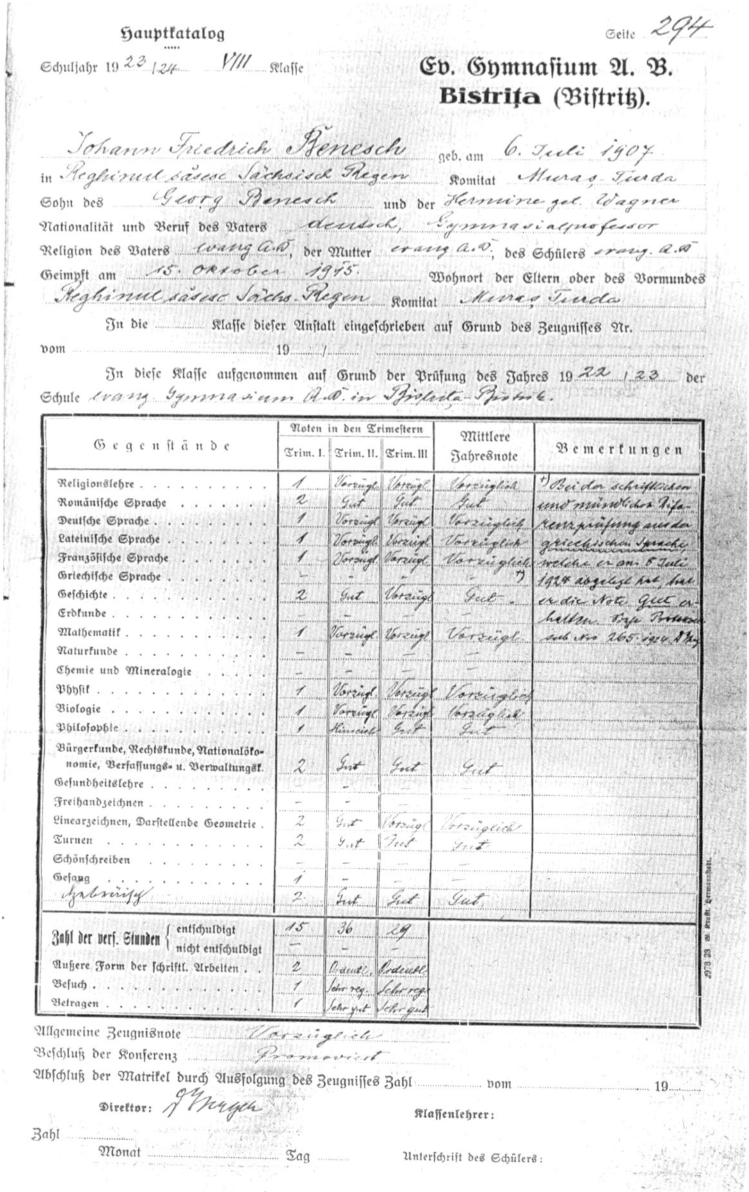

Hauptkatalog Seite 294

Schuljahr 1923/24 VIII Klasse

Ev. Gymnasium A. B.
Bistrița (Bistritz).

Johann Friedrich Benesch geb. am 6. Juli 1907
in Reghinul săsesc Sächsisch Regen Komitat Mureș Turda
Sohn des Georg Benesch und der Hermine geb. Wagner
Nationalität und Beruf des Vaters deutsch, Gymnasialprofessor
Religion des Vaters evang. A. B., der Mutter evang. A. B., des Schülers evang. A. B.
Geimpft am 15. Oktober 1915. Wohnort der Eltern oder des Vormundes
Reghinul săsesc Sächs. Regen Komitat Mureș Turda

In die .... Klasse dieser Anstalt eingeschrieben auf Grund des Zeugnisses Nr. ....
vom .... 19..../....

In diese Klasse aufgenommen auf Grund der Prüfung des Jahres 1922/23 der
Schule evang. Gymnasium A. B. in Bistrița-Bistritz.

Gegenstände	Noten in den Trimestern Trim. I.	Trim. II.	Trim. III	Mittlere Jahresnote	Bemerkungen
Religionslehre	1	Vorzügl.	Vorzügl.	Vorzüglich	*) Bei der schriftlichen und mündlichen Reifenprüfung aus der griechischen Sprache, welche er am 8 Juli 1924 abgelegt hat, hat er die Note Gut erhalten. Siehe Protokoll sub No 265. 1924 [illegible]
Romänische Sprache	2	Gut	Gut	Gut	
Deutsche Sprache	1	Vorzügl.	Vorzügl.	Vorzüglich	
Lateinische Sprache	1	Vorzügl.	Vorzügl.	Vorzüglich	
Französische Sprache	1	Vorzügl.	Vorzügl.	Vorzüglich	
Griechische Sprache	–	–	–	– *)	
Geschichte	2	Gut	Vorzügl.	Gut	
Erdkunde	–	–	–	–	
Mathematik	1	Vorzügl.	Vorzügl.	Vorzügl.	
Naturkunde	–	–	–	–	
Chemie und Mineralogie	–	–	–	–	
Physik	1	Vorzügl.	Vorzügl.	Vorzüglich	
Biologie	1	Vorzügl.	Vorzügl.	Vorzüglich	
Philosophie	1	Hinreich.	Gut	Gut	
Bürgerkunde, Rechtskunde, Nationalökonomie, Verfassungs- u. Verwaltungsk.	2	Gut	Gut	Gut	
Gesundheitslehre	–	–			
Freihandzeichnen	–	–			
Linearzeichnen, Darstellende Geometrie	2	Gut	Vorzügl.	Vorzüglich	
Turnen	2	Gut	Gut	Gut	
Schönschreiben	–	–	–	–	
Gesang	1	–	–	–	
[illegible]	2	Gut	Gut	Gut	
Zahl der versäumten Stunden: entschuldigt	15	36	29		
nicht entschuldigt	–	–	–		
Äußere Form der schriftl. Arbeiten	2	Ordentl.	Ordentl.		
Besuch	1	Sehr reg.	Sehr reg.		
Betragen	1	Sehr gut	Sehr gut		

Allgemeine Zeugnisnote Vorzüglich
Beschluß der Konferenz Promoviert
Abschluß der Matrikel durch Ausfolgung des Zeugnisses Zahl .... vom .... 19....

Direktor: [illegible] Klassenlehrer:

Zahl ....
Monat .... Tag .... Unterschrift des Schülers:

Zeugnis der 8. Klasse im Schuljahr 1923/24. Gesamturteil: »vorzüglich«

An einem Sommersonntage zum Beispiel bestieg ich in den Karpaten noch bei Sternenlicht einen Hügel. Ich beobachtete die gesamte Verwandlung der Lichtverhältnisse eines solchen Sommertages. Ich versuchte, bewusst den sich bildenden Dämmerungsbogen zu verfolgen, um festzustellen, dass sich das Licht in zwei ganz verschiedenen Erscheinungen bald nach Sonnenaufgang differenziert hatte. Da war auf der einen Seite das Licht, das unmittelbar von der aufgehenden Sonne erzeugt wurde, und da war auf der anderen Seite die beleuchtete Atmosphäre rings um die Erde. Dieses Morgenlicht hatte aber eine Art sinnlich-übersinnlichen Charakter. Wie ein zusammengefaltetes buntes Tischtuch, das sich aus sich selber entfalten könne, erschien dieses atmosphärische Licht. Diese Lichtentfaltung vollzog sich vor meinen Augen durch den ganzen Morgen und den ganzen Vormittag hindurch und war deutlich zu unterscheiden von dem Strahlenlicht, das unmittelbar von der aufgehenden Sonne kam. Dieses sich immer mehr entfaltende atmosphärische Licht setzte in der Luft, in der Atmosphäre ein.

Ich beobachtete dann, wie diese Lichtentfaltung, die die Fülle der Bilder der Erdennatur aus sich entließ, gegen Mittag zum Stillstand kam [...] Mit dem Vorübergang der Mittagsstunde kehrten sich gewissermaßen die Lichtprozesse um. Der atmosphärische Prozess begann eine Art Einfaltung seines Lichtes in sich selbst, so wie er am Vormittag sich aus sich selbst entfaltet hatte.

Das von der Sonne kommende Licht hatte sich allmählich auch vollständig verändert. Es war nicht mehr aus sich heraus ausstrahlend, sich ausbreitend, in die Welt hineinstrahlend, sondern es wurde nach der Mittagsstunde innerlich saugend. Schließlich verwoben sich das atmosphärische Licht und das Sonnenlicht allmählich wieder miteinander und bildeten den abendlichen Dämmerungsbogen mit seiner aufleuchtenden Farbenfülle, bis es am westlichen Himmel nach Sonnenuntergang auch selber unterging.

Wo begann nun die eigentliche Dämmerung? Sie hatte wieder zum Erscheinungsbild eine neue Lichtqualität. Als Erstes verschwanden die bunten Farben, die Atmosphäre wurde grau. In dem Grau der Atmosphäre wurden die Farben und die Helligkeiten wie aufgesogen. Ich saß und saß und versuchte nach allen wahrgenommenen Verwandlungen die Erscheinungen in mich aufzunehmen [...] mir bewusst zu machen, was die Natur mit ihren Lichtverhältnissen an einem Hochsommertag vollbrachte. Schließlich erschienen aus dem Grau der Abenddämmerung die ersten Sterne. Ich beendete meine Beobachtung.

Ein andermal versuchte ich die Begegnung mit der Natur an einem strahlenden Tag im Mai. Am tiefblauen Himmel stand strahlend die Sonne. Schneeweiße Quellwolken zogen durch das Blau. Die Buchenwälder leuchteten im Sattgrün, die Wiesen blühten und brachten strahlend bunt sich der Natur zum Vorschein […] Ich versuchte, die Lichtqualitäten eines solchen Maitages mir bewusst zu machen. Das Licht, das von der Himmelsbläue ausging, war milde, gleichmäßig, ruhevoll, von einheitlicher Farbe. Das Licht, das unmittelbar von der Sonne kam, war strahlend, lebensvoll, flutend und Leben erregend. Das Licht, das von den weißen Wolken kam, war leuchtend und aus sich heraus hellglänzend. Das Licht, das von der grünen Erde kam, war durchwoben und durchzogen von den bunten Farben der Wiesen, Wälder und Äcker.

So sah ich eigentlich vier vollkommen von einander verschiedene Qualitäten von Licht je nach den leuchtenden Objekten, in die das doch letzten Endes von der Sonne stammende Licht ausgebildet und differenziert wurde. Und dann konnte ich schließlich wahrnehmen, wie diese vier Lichtqualitäten nun doch einander widerspruchslos durchdringen konnten und zu einer einheitlichen Lichtgestalt eines Maimorgens verschmolzen und verwoben wurden. […]

Auch in andere Richtungen gingen meine Bemühungen und Beobachtungen. Ich beobachtete nach Neuschnee die Erscheinungen von Luft und Licht an einem kalten Wintertage. Da waren Luft und Licht wie Bergkristall. Sie waren nicht mehr lebensvoll wie im Frühling und Sommer. Das Geistige in der Natur war mineralisch geworden. Oder ich beobachtete die sich wandelnden Erscheinungen des Lichtes an einem trüben, feuchten, regenreichen Tage im November. Das Licht erschien wie in sich zerbrochen, wie zu Asche zerstört. Ich konnte von einem Aschenlicht sprechen.

Einer der Vorgänge in der Natur, mit denen ich mich innerlich immer wieder zu verbinden versuchte, war die Quellwolkenbildung. Wenn aus der übersinnlichen Tiefe der Himmelsbläue an irgendeiner Stelle des Himmels wie aus einem Jenseits der erste zarte Schleier des Wolkenkeimes die Schwelle der Sichtbarkeit überwunden hatte und in die Sichtbarkeit eintrat, konnte ich anschauen und erleben, dass der Keim eigentlich unsichtbar schon vorher da war, also zuerst im Geistigen der Natur vorgebildet und

Als siebzehnjähriger Abiturient

dann in den sinnenfälligen Bereich der Sichtbarkeit überging. Er konnte aber auch wieder verschwinden. [...] Dieser fortwährende Vorgang von Erscheinung im Sinnlichen und Verschwinden im Übersinnlichen bot [...] etwas wie ein Urphänomen der waltenden Natur. [...]

Ein Ähnliches brachte auch zum Beispiel die Beobachtung des Erscheinens und Verschwindens des Regenbogens mit sich.«

Man sieht, wie Benesch bereits in diesen Jahren mit der ihm das ganze Leben eigenen Energie von sich aus – geleitet durch das Genie Goethes – zum Übenden und – man darf wohl sagen – anfänglich Schauenden im Naturerleben wird. Dabei verwendet er in seiner biographischen Skizze für dieses Erleben Begriffe, die ihm wohl erst später voll zur Verfügung standen, die aber doch auf das ihm damals bereits zugängliche Geistige im Naturerleben hinweisen. Er suchte alle Erscheinungen bewusst zu beobachten. »Ich lernte so, mit dem Grundprozess alles Naturgeschehens: des ewigen Übergangs von der sinnenfälligen Wahrnehmung in die übersinnliche Geistigkeit und von der übersinnlichen Geistigkeit in die sinnenfällige Wahrnehmung mitzugehen, und das Miterleben mit diesem Urprozess des Naturgeschehens war mir ein tiefes Bedürfnis und im Versuch, solches Miterleben zu erüben, eine tiefe Befreiung.«

Er war dem Schicksal, das ihn zu der Begegnung mit Goethe geführt hatte, tief dankbar. »Er gab mir einen Weg zur Natur, der in jenen Lebensjahren im sinnlich-übersinnlichen Naturerleben eine tiefe Verbindung mit der Natur, mit der Welt und ihren Vorgängen bewirken konnte, eine unmittelbare Teilnahme an Phänomenen und Urphänomenen vor allem im Lichtgeschehen. Auch in seiner Pflanzenmetamorphose hatte Goethe diese fortwährende Verwandlung vom Sinnlichen zum Übersinnlichen verfolgt und als das wahre Wesen der Pflanzennatur entwickelt. Meine eigenen Bemühungen um das Hineinwachsen in eine solche goetheanistische Naturwissenschaft hatte mir aber gezeigt, dass es mir nur durch Übung und Selbsterziehung möglich war, diese Wege Goethes zu verfolgen und zu verwirklichen.«

Im Rückblick ist es eine berührende Schicksalstatsache, dass, während Benesch sich zutiefst mit der Gestalt Goethes und dem Goetheanismus verbindet, in der Silvesternacht 1923 das erste Goetheanum – der Doppelkuppelbau in Dornach, ein Werk Rudolf Steiners – in Flammen aufgeht.

1924 – siebzehnjährig – macht Benesch das Abitur.

UNIVERSITÄTEN, NATIONALSOZIALISMUS UND KIRCHENKAMPF

1925-1944

Studium der Naturwissenschaften und der Theologie in Marburg

Nach dem Abitur beschloss Benesch, Naturwissenschaften zu studieren. Doch bezweifelte er, ob dies seinem Streben genügen würde. »Da waren doch nicht nur die Natur und die Erde, die Naturreiche, der Sternenkosmos, das Weltall –, sondern da war doch auch die Menschenseele, das menschliche Kulturleben [...], da war der Geist des Menschen, der nicht nur Natur sein konnte. Da gab es die griechische, die mittelalterliche, die idealistische Philosophie. Da gab es die alten Kulturen, die Mythen, Sagen, Götter und Dämonen. Da gab es neben der Naturwissenschaft die Geistes- und Seelenwissenschaften. Da gab es neben den Wissenschaften den weiten Bereich der Kunst: Architektur, Plastik, Malerei, Dichtkunst usw. Da gab es die Mythen, die Mysterien, die Religionen und da gab es vor allem das Christentum: das orthodoxe, das katholische, das evangelische Christentum und die verschiedenartigsten christlichen Sekten.

Es gab also neben dem Bereich der Natur das Reich des Geistes. War dieses Reich des Geistes auch im Menschen nur Natur oder war es eine höhere Natur in der Menschennatur? Konnte ich auf diese ganze Fülle von geistigen Tatsachen verzichten, um nur Naturwissenschaften, nur Darwinismus, nur Biologie zu studieren? Oder musste ich, und das was in mir selber lebte auch, mit dem Reich des Geistes Verbindung behalten?

Wollte ich also die Naturwissenschaften nach ihren eigenen Gesetzmäßigkeiten studieren – und das wollte ich –, dann musste ich entweder auf die Geisteswissenschaften verzichten, oder ich musste den Versuch machen, beides miteinander zu verbinden.

Woher kam im Menschen das Geistige? Es musste doch eine offene Stelle im menschlichen Dasein geben, wo der Mensch einen Zugang zu einer göttlich-geistigen Welt in seiner Seele finden konnte. Und so entstand in meiner Seele die Frage, ob das vielleicht die Theologie sein könnte. In ihr traten ja Erkenntnisinhalte auf, die das erkennende Gemüt an die Gestalt übersinnlich-göttlich-geistiger Wesen heranführte, wie sie in den Urkunden der alten Mythen und in den Urkunden des Alten und Neuen Testamentes lebten. Wie ein Gewitter brach diese grundlegende Fragestellung bei der Frage nach dem Universitätsstudium in mir auf. [...] Wie war das letzten Endes mit dem Christentum?«

Prof. Rudolf Bultmann

Prof. Rudolf Otto

Und so beschloss Benesch, zu den Naturwissenschaften hinzu evangelische Theologie zu studieren.

Zunächst aber fehlten die für das Studium notwendigen Mittel. Durch alte Beziehungen des Vaters nach Deutschland wurde er jedoch in die Marburger »Burse« aufgenommen, ein Wohn- und Studentenheim, wie es sie wohl in den meisten Universitätsstädten seit dem Mittelalter gegeben hat. Die Burse nahm vor allem deutsche Studenten aus dem Ausland auf. Hier traf er Studienkameraden aus der ganzen Welt.

»Die Studenten, mit denen ich in der Burse zusammenlebte, kamen aus allen Teilen Europas und von Übersee nach Marburg zum Studium. [...] Es gab unter diesen Studenten ausgesprochene Akademiker, die sich auch mit Studenten-Korporationen identifizieren konnten. Es gab aber auch das vollständige Gegenteil, es gab jugendliche Studenten und Gruppen, die aus dem Wandervogel und aus der Jugendbewegung hervorgegangen waren. Was sie als jugendbewegtes Studentenleben zum Ausdruck brachten, fand mit einemmal in meiner eigenen Seele ein eigenartiges Echo.« Benesch fühlte sich von dieser Lebensart angezogen: »Ihr Lebensgefühl

Prof. Peter Heinrich Claussen

Prof. Clemens Schaefer

wurde mein Lebensgefühl.« Er entdeckte die Volkslieder, den Zupfgeigenhansl und notierte: »Erste Klampfe.« Studentische Korporation und Wandervogel waren offenbar noch keine Gegensätze.

Marburg ist eine protestantisch geprägte Kleinstadt mit traditionsreicher Universität, die 1927 ihr 400jähriges Jubiläum feierte. »Das von der Universität dominierte Städtchen leerte sich in den Semesterferien und schlief ein. [...] Es herrschten überschaubare Verhältnisse. Jeder kannte jeden.«[20]

Die herausragende Gestalt in Marburg war – neben Martin Heidegger – zweifellos Rudolf Bultmann mit seinem Programm der »Entmythologisierung«. Rüdiger Safranski schildert in seiner Heidegger-Biographie die Atmosphäre der damaligen Zeit: »Rudolf Bultmann versammelte um sich einen Kreis, in dem wöchentlich einmal abends von acht bis elf Uhr griechische Texte vorgelesen wurden; ab elf Uhr schritt man zum gemütlichen Teil, der ebenfalls in strenger Zeiteinteilung ablief: eine Stunde höherer akademischer Klatsch, und danach durften zu Wein und Zigarren Witze erzählt werden. Die besten trug Bultmann nach

Prof. Eugen Korschelt

Prof. Martin Heidegger

Gelehrtenart gewissenhaft in ein Kladde ein, um bei Gelegenheit auf sie zurückgreifen zu können.«

Bultmann war auch der einzige Mensch, zu dem Martin Heidegger einen gewissen Kontakt hielt, »mit dem er jede Woche zusammen kam und philosophisch-theologisch stritt [...], über den er am 18. Juni 1924 an Jaspers schrieb: ›Gar nicht muffig.‹«

Heidegger selbst war 1923 als »ordentlicher Professor ad personam« auf einen »außerordentlichen Lehrstuhl« nach Marburg berufen worden. »In dieser kleinräumigen Universitätswelt also wurde Heidegger sehr bald zum geheimnisumwitterten Star. Seine Vorlesungen legte er in die frühen Morgenstunden, was offenbar nicht abschreckend genug war, denn schon nach zwei Semestern saßen 150 Studenten in seiner Vorlesung.« Damit machte Heidegger Professor Hartmann, »der bis zum Eintreffen Heideggers der philosophische Mittelpunkt gewesen war«[21], die Stellung streitig. Nicolai Hartmann ging nach zwei Jahren nach Köln. Benesch hat ihn im Sommer 1925 mit Vorlesungen über Erkenntnistheorie noch hören können.

»Heidegger war auch äußerlich in Marburg eine auffallende Figur. An Wintertagen konnte man ihn mit geschulterten Skiern zur Stadt hinausgehen sehen. Manches Mal kam er mit seiner Skikluft in die Vorlesung.

Im Sommer trug Heidegger seinen berühmten Lodenanzug und Kniebundhosen, das war sein veredeltes Wandervogeltum. Die Studenten nannten diese Bekleidung den ›existentiellen Anzug‹. Der Maler Otto Ubbelohde hatte ihn entworfen, und für Gadamer hatte diese Tracht etwas von dem bescheidenen Prunk eines sonntäglich gekleideten Bauern.«[22]

Heidegger hielt im Sommer 1925 eine Vorlesung über »Geschichte des Zeitbegriffes« – er arbeitete ja an seinem philosophischen Grundwerk »Sein und Zeit« – und ein philosophisches Seminar »Übungen über Descartes' Meditationen«. Im Winter waren es dann Vorlesungen über »Logik« und »Phänomenologische Übungen für Anfänger« und im Sommer 1926 über »Antike Philosophie«. Es ist unmöglich, dass Benesch ihm nicht begegnet ist, und es ist wahrscheinlich, dass er ihn auch gehört hat.

Benesch fand »eine ganze Reihe von namhaften Professoren als Lehrer. In der naturwissenschaftlich-philosophischen Fakultät lehrten der Physiker Schaefer, der Zoologe Korschelt, der Botaniker Claussen. Ich belegte in diesem ersten Semester hauptsächlich Praktika.«

Die Belegbögen[23], die über die besuchten Vorlesungen für das Sommersemester 1925 bis zum Sommersemester 1926 Auskunft geben, bestätigen im Wesentlichen die Studienrichtungen Theologie und Naturwissenschaften, halten aber auch einige Überraschungen bereit. Schon mit Beginn des ersten Semesters findet man Benesch auch als Hörer bei Professoren, die sich in ganz anderen Wissensgebieten auskennen.

Zunächst aber zur Theologie und den Naturwissenschaften. Bei Professor Rudolf Bultmann hörte Benesch ein Semester lang »Einleitung in das Neue Testament«, und zwar viermal wöchentlich. Bei Professor Rade »Einführung in das Studium der Theologie«. »Erklärung des Buches Daniel«, »Der römische Katholizismus« und »Einleitung in das Alte Testament« bei Professor Hölscher. Schließlich »Erklärung der Korintherbriefe des Paulus« bei Professor Freiherr von Soden, »Kirchengeschichte – Reformation und Gegenreformation« bei Professor Hermelink und »Ethik« bei Professor Rudolf Otto.

Eine gewisse Besonderheit stellen die Vorlesungen bei Professor Günther dar, die wohl mit Beneschs Interesse für das Volksbrauchtum zusammenhängen. Er las über »Michelangelos, Dürers, Rembrandts religiöse Kunst« und über »Das Religiöse in Kunst und Dichtung der Gegenwart«. »Primitive Religion in Brauch und Sitte unseres Volkes« hörte Benesch bei Lic. Bötte, der auch über »Das religiöse Volkslied« dozierte.

In den Naturwissenschaften finden wir Benesch in Vorlesungen über Chemie, Botanik und Zoologie, aber auch in Vorlesungen über Mathematik und Physik.

»Anorganische experimentelle Chemie« bei Professor von Auwers, »Allgemeine Botanik und mikroskopische Übungen für Anfänger« bei Professor Claussen. »Zoologisch-zootomischer Kurs« bei Professor Korschelt.

In Mathematik hört er »Differentialrechnung« bei Professor Hensel und in der Physik »Experimentalphysik (Mechanik, Akkustik, Wärme)« bei Professor Schaefer.

Eine besondere Aufmerksamkeit verdienen jedoch die zahlreichen Vorlesungen, die im »Institut für die Wissenschaft vom Grenz- und Auslandsdeutschtum« zu hören sind. Sie wurden von Professor Dr. jur., Dr. phil. Johann Wilhelm Mannhardt gehalten und nehmen für die Frage erster politischer Orientierung im weiteren Leben Beneschs eine Sonderstellung ein.

Die Hinwendung zum Forschungsgebiet dieses Gelehrten zog aber noch einen weiteren Schritt nach sich, der möglicherweise von dessen Hörerschaft mehr oder weniger auch erwartet wurde. Auf dem Belegbogen für das Wintersemester 1925/26 lautet die letzte Frage: »Welcher Korporation gehören Sie an?«[24] Benesch beantwortet sie:

Nach studentischem Brauchtum der Zirkel

Mit Beginn des Studiums war Benesch folglich, wie seinem »Zirkel« zu entnehmen ist, der Landsmannschaft »Germania« beigetreten – mit den Farben Schwarz, Weiß, Rot – einer schlagenden Verbindung, die sich als Korporation in den »Verband der Vereine deutscher Studenten« (V.D.ST.) integriert hatte. Er verstand sich als Angebot für politisch interessierte Studenten und war nicht nur antisemitisch und völkisch ausgerichtet, sondern auch antislawisch. Der Zusammenhang mit den Vorlesungen Mannhardts ist kaum zu übersehen: Nationalsozialist der ersten Stunde, schon vor der »Machtergreifung«, war er Mitunterzeichner des »Bekenntnisses der Professoren an den deutschen Universitäten und Hochschulen zu Adolf Hitler und dem nationalsozialistischen Staat«. Er trat für einen Ausschluss von Frauen beim Studium ein mit der Begründung: »Die neue Epoche ist männlich bestimmt und hebt sich deshalb von der weiblich bestimmten Vergangenheit ab.«

Beneschs Begegnung mit Mannhardt wird weitreichende Folgen haben, die in den Jahren 1932-34 und darüber hinaus schicksalsbestimmend werden.

Vom Sommersemester 1925 bis Sommersemester 1926 schrieb Benesch sich für die folgenden Vorlesungen Mannhardts ein, der gerade seine Schrift *Grenz- und Auslandsdeutschtum als Lehrgegenstand* herausgebracht hatte.

»Das Grenzdeutschtum«
»Auslandsdeutschtum auf angelsächsischem Boden«
»Die deutschen Südgrenzen«
»Auslandsdeutschtum und seine Voraussetzungen«
»Grenzen und Auslandsdeutschtum«
»Die deutsche Westgrenze«
»Konversatorium über Nordeuropa«
»Konversatorium über Auslandsdeutschtum«
»Konversatorium über Mitteleuropa«

Bei Dr. Gerber hörte Benesch über »Grundzüge des Minderheitsrechts« sowie bei Dr. Hagen »Entwicklung des Weltmächtesystems von 1789 bis 1914 als Rahmen der Geschichte des Auslandsdeutschtums«. Bei Professor Bornhäuser »Die deutsch-evangelische Heidenmission, ihr Wesen und ihre Leistungen« und schließlich bei Professor Bonhoff »Die Grundlagen der Rassenhygiene und ihre Bedeutung für den Daseinskampf der Grenz- und Auslandsdeutschen«.

Die geistige Tendenz all dieser Vorlesungen wird in Variationen auch in den kommenden Jahren mitbestimmend bleiben.

In den Ferien wurde ein Kurs mit verschiedenen Dozenten unter dem Thema »Europäische Völker und ihr Volkstum« angeboten. Unter ihnen war auch der Leiter des Provinzialmuseums für Vorgeschichte in

Ferienkurs von Prof. Hans Hahne in Marburg.
Hintere Reihe links Benesch, schräg davor Hahne

Halle, Professor Hans Hahne. Er erschien mit seiner Frau Magdalena und den Töchtern Ilse und Sunhilt. Er hielt keinen Kurs über Vorgeschichte, sondern sprach im Sinne des Themas über das deutsche Volkstum. Auch diese Begegnung war für Benesch von schicksalhafter Bedeutung. Von Hahne wird auch überliefert, dass er bereits 1925 von Beneschs erster persönlicher Begegnung mit dem begeisterten Nationalsozialisten Dr. J. W. Mannhardt wusste.

Bei »Vater Hahne« in Halle

Vieles deutet darauf hin, dass auch die Begegnung mit Professor Hans Hahne (1875-1935) in Benesch eine richtunggebende Orientierung verstärkte, die in Marburg schon angelegt worden war, aber nun durch das verehrte Vorbild reiche Unterstützung erfuhr: die Beziehung Beneschs zum Nationalsozialismus.

Hahne wirkte von 1912 bis zu seinem Tod als Direktor des Museums für Vorgeschichte in Halle.[25] Er sah eine Kontinuität der historischen und kulturellen Entwicklung des deutschen Volkes seit seiner »vorgeschichtlich ausschließlich germanischen Vorgeschichte«.[26] Diese Kontinuität »gründete sich auf den Glauben an eine Rassenseele, eine tief verwurzelte Geistigkeit, die einem Volk, im Sinne der ›Volkheit‹ zugehörig angenommen wurde«. In den 1920er Jahren baute er seine Theorie von der Zusammengehörigkeit von Vorgeschichte, Volkskunde und Rassenkunde zur »Volkheitskunde« aus. Um diese Zeit trat er der NSDAP und der SA bei und wurde nach der Machtübernahme – im November 1933 – per Telegramm zum Rektor der Universität Halle ernannt. Außerdem wurde er stellvertretender Gaukulturwart, Schulungsleiter für Rassenkunde im Gau Mitteldeutschland des Rasse- und Siedlungshauptamtes der SS und Leiter des NS-Museums. Er war also, was man heute einen »alten Nazi« nennt.

Doch geht man mit einem solchen Begriff, wenn man ihn absolut setzt, an dem Wesentlichen dieser Persönlichkeit durchaus vorbei, zumal Hahne bereits 1934 schwer erkrankte und 1935 starb. Er war – nach allem, was wir von ihm wissen – eine vollständig integre, lautere Persönlichkeit.

Benesch fühlte sich gleich von ihm anzogen: »Ich lernte in ihm einen hervorragenden Hüter und Pfleger für das deutsche Volkstum, die deutsche Seele und den deutschen Geist kennen und verehren. Die Pflege dieses deutschen Volkstums, seiner seelischen und geistigen Werte war das eigentliche Anliegen im Leben dieses Menschen. Diese Werte durften nach seinem Gefühl nicht in Technik und Zivilisation untergehen. Sie mussten geweckt, gefördert und gepflegt werden.« Hahne hatte in Halle »einen großen Kreis von aus der Jugendbewegung stammenden Jugendlichen um sich geschart, die er dazu anleitete, was im deutschen Volkstum an gesundem bäuerlichen Volksleben und Volksbrauch vorhanden war, aufzugreifen und durch dessen Pflege an das Wesen der deutschen Volksseele heranzukommen. Hans Hahne war Lehrer und Dichter und konnte den Volksbrauch, wie er in den Jahresfesten der Bauern gepflegt wurde, neu beleben. Sein Jugendkreis nannte ihn ›Vater Hahne‹. Diese Persönlichkeit lernte ich also gegen Ende des Ferienkurses kennen und fasste sofort tiefes Vertrauen in die Art seines Umganges mit der Jugend und seiner geistigen Bemühungen.

Es war nichts von Belehrung in seinem Tun. Da war alles nur Anregung jugendlicher Kräfte und Pflege der seelischen Kräfte des deutschen Wesens im Volkstum. Hans Hahne war dem nahe, was man den deutschen Volksgeist nennen kann.

Am Ende des Hochschulkurses wurde ich von ihm eingeladen, die Veranstaltungen seines Jugendkreises in Halle zu besuchen. Inzwischen war das auch mein innerer Wunsch geworden.«

Irene Ziehe hat in ihrer Dissertation über Hans Hahne[27] ein sehr differenziertes Bild dieser Persönlichkeit gezeichnet. Dabei wird deutlich, dass Hahne tief von der besonderen Aufgabe des Deutschtums durchdrungen war, das er im Laufe der Geschichte immer wieder durch Einflüsse von außen gefährdet sah, besonders auch seit der Katastrophe von 1918. In diesem Zusammenhang erinnert Ziehe an Thomas Mann, der in seinen *Betrachtungen eines Unpolitischen* durchaus Töne anschlägt, die auch von Hahne hätten kommen können: »Die Hermannsschlacht, die Kämpfe gegen den römischen Papst, Wittenberg, 1813, 1870, – das alles war nur ein Kinderspiel im Vergleich mit dem fürchterlichen, halsbrecherischen und im großartigsten Sinne unvernünftigen Kampf gegen die Weltentente der Zivilisation, den Deutschland mit einem wahrhaft germanischen Gehorsam gegen sein Schicksal oder, um es ein wenig aktivischer auszudrücken, gegen seine Sendung, seine ewige und eingeborene Sendung auf sich genommen hat.«[28]

Irene Ziehe bemerkt dazu: »Mann vertritt in den ›Betrachtungen‹ den Standpunkt, dass sich Deutschland gegen die Missgunst der übrigen Staaten zu wehren hatte. [...] Thomas Mann schwankt zwischen Weltbürgertum und Nationalismus, von dem er sich doch eigentlich distanziert. Zugleich ist seine Furcht vor dem Verlust der ›nationalen Identität‹, die für ihn ›Nationalkultur‹ bedeutet, so groß, dass er glaubt, seine patriotische Haltung der Übermacht der ›zivilisatorischen‹ Einflüsse entgegenstellen zu müssen.«[29]

Es waren nicht die unbedeutendsten Geister, die in solchen Stimmungen lebten. Wer zum Beispiel Friedrich Rittelmeyers Buch *Deutschtum* (1924/1934)[30] liest, wird dessen Position nicht weit entfernt von solchen Wahrnehmungen erleben. Nicht alle sind danach der Verführung durch den Nationalsozialismus erlegen, Thomas Mann nicht und auch nicht Rittelmeyer. Aber andere – wie zum Beispiel Martin Heidegger oder auch Gottfried Benn – erlagen jahrelang der Illusion, der »nationalen

Professor Dr. Hans Hahne (ca. 1932)

Volkstumsspiel, Fotothek Hans Hahne

Erhebung« unter dem »Führer« werde eine Erneuerung des besten Deutschtums, der alten Volkstugenden und eine neue Größe Deutschlands, das schmählich danieder lag, folgen. Auf eine Erneuerung des Deutschtums war auch Hahne mit seinem ganzen Streben ausgerichtet, dem wollte auch er mit seiner konkreten Arbeit an der »Landesanstalt für Vorgeschichte/Volkheitskunde« in Halle und mit seiner Tätigkeit in dem Jugendkreis, den er um sich scharte, dienen. Deshalb erkundete er altes Brauchtum und suchte es wiederzubeleben, indem er selbst mit nicht geringer Sprachkraft Spiele schrieb, die seine Jugendlichen mit Begeisterung aufführten und mit denen er in Halle und im ganzen Umkreis eine beachtliche Wirksamkeit entfaltete.

Die Spiele erhielten den Namen »Jahreslaufspiele« und hatten neben alten Bräuchen auch Märchen, Sagen und Heldenepen zum Inhalt. »Aus Volksbrauch, Sagen, Märchen, urwüchsigem Sang und Wort flossen uns Bilder und darstellendes Geschehen im wechselnden Lebensrhythmus des Jahres zusammen zu feierlichen ›Begegnungen‹ der Höhepunkte des Jahresgeschehens.« Es waren Vorfrühlings-, Karnevals, Oster- und

Thüringische Trachten, Fotothek Hans Hahne

Maispiele, Sonnenwend-, Ernte und Mittwinterspiele. Hahne stieß auch auf die »Oberuferer Weihnachtsspiele«, zu denen Rudolf Steiner angeregt hatte, und führte sie auf.[31]

»Hahnes Begeisterung«, so Irene Ziehe, »war geradezu überschwänglich: ›Diese Jahresfest-Wiederbelebung scheint auf weite Kreise den erhofften Eindruck zu machen‹, schrieb er, ›und (es ist) zu bemerken, dass die aus unserer Vorzeit strömenden Kräfte als lebendig empfunden werden.‹ So setzte er noch ein ›Heil deutsche Zunft!‹ mit dem dahinter geschriebenen Hakenkreuz-Zeichen dazu.«[32]

Zu Rudolf Steiner hatte Hahne keinen persönlichen Kontakt, aber er hat um 1918/19 mindestens einen Vortrag von ihm gehört und sich auch mit seinem Werk beschäftigt. Obwohl er der anthroposophischen Gesellschaft nicht beitrat, haben ihn manche Gedanken und Ideen Steiners beschäftigt.

»Gemeinsam ist ihnen« – Ziehe nennt hier neben Steiner auch Theodor Däubler und Stefan George, zu denen Hahne in Beziehung stand – »nicht nur die Ablehnung des Materialismus als Weltanschauung, sondern auch das Bewusstsein, dagegen missionarisch auftreten zu sollen. […] Hahne versuchte (das) mit seinen Brauchspielen und der Jugendarbeit in Museum und Universität. […]

So äußerte er sich in seinem Museumstagebuch über den 2. Jahresfest-Tag, an dem ein Brauchspiel im Museum aufgeführt worden war: ›Große Begeisterung seitens der mitwirkenden Jugend (Wandervögel! Deutschnationaler Jugendbund; Einzelne und Gruppen aus allen Kreisen, auch sozialistische Jugend!) – und große zustimmende Äußerungen seitens weiter Kreise in Halle ermutigt zu Fortsetzung dieses Versuches, altes deutsches Geistes- und Herzensgut wieder lebendig zu gestalten als Ausgang künftiger heimischer Entwicklung; wir müssen geben, nicht nur ›lehren‹.«

Hahne muss eine starke pädagogische Kraft gehabt haben, aber auch von einer gütigen Menschlichkeit erfüllt gewesen sein, die ihn zum Vertrauten der Jugendlichen in Lebens- und Schicksals-Fragen machten, wie unter anderem aus manchen Briefen hervorgeht. »Nicht einmalig und unbeweglich ist, was wir ›Deutschsein‹ nennen«, drückt Hahne seine Anschauung aus, »es ist gewordene Lebensform! So auch ist zwar der deutsche Volksbrauch heute anders als gestern, in Vielem anders in der Vorzeit begonnen als bis heute weiterentwickelt; sein Werden ist aber fest gebunden vor allem an ein naturgegebenes Einmaliges, nämlich an die alte Nordheimat und alle ihre besonderen Lebenserscheinungen, einschließlich die nordische Sonderart des Menschen, wie er so und nicht anders hier geworden ist. Der Heimathimmel und die mit ihm unveränderlich zusammenhängenden Wetterereignisse – und sonstigen ›Himmelseinflüsse‹ haben an ihnen mitgewirkt, – und die nordische Seele!«[33]

Benesch war schon in Marburg auf die stark völkisch ausgerichtete Wandervogel-Bewegung mit ihren Idealen gestoßen und hatte begonnen, sich in ihr heimisch zu fühlen. Nun traf er in Hans Hahne einen hervorragenden Vertreter idealistischer Volkstumsbestrebungen und zugleich einen warmherzigen Menschen, dem er sich anvertrauen konnte, der ihm aber sicher auch ein idealistisches Bild der Nazibewegung und ihres »Führers« vermittelte. Das konnte für die Haltung Beneschs nicht ohne Folgen sein.

Eine davon war unter anderem die Begegnung mit einer Vereinigung, die sich »Artamanen« nannte, und der er später angehörte. Zu den zahlreichen völkischen Strömungen in der Weimarer Republik, an die der Nationalsozialismus so verblüffend nahtlos anschließen konnte,

Professor Hans Hahne dirigiert 1931 die Übertragung eines Fastnachtsspiels seines Jugendkreises für den Rundfunk im musikwissenschaftlichen Institut der Universität Halle

gehörte auch der 1923 in München gegründete Jugendbund »Artam«, der eine zeitimmanente Anziehungskraft auf hauptsächlich rechtsnationale Jugendliche besaß. Nach zehnjährigem Bestehen ging der Bund 1933 in der NSDAP auf.

Der Name der Artamanen führt sich zurück auf die althochdeutschen Wörter »art« (Ackerbau) und »manen« (Männer), beziehungsweise auf die Gottheit Arta. Die Mitglieder des Bundes vertraten die Rückbesinnung auf »Blut und Boden« und propagierten einen Arbeitsdienst in der Landwirtschaft. Zu ihren Utopien gehörte die Schaffung eines neuen Bauerntums unter der Führung arischen Blutadels. Lebensraum wollte die Bewegung im Osten finden, und die benachbarten slawischen Länder sollten dabei einer neuen Kolonisation unterworfen werden.

Allein die Idee eines solch neuen Bauerntums schien Benesch wohl erstrebenswert und mochte sich auch mit Anschauungen in Übereinstimmung gefunden haben, die er für zukünftig hielt. Bewahrung und Pflege der Erde, der tiefere Bezug zum Bauerntum als »Hüter der Scholle«

– das konnten durchaus Inhalte sein, für die er sich begeisterte. Ein Grund für den Beitritt zu den Artamanen war ohne Zweifel seine tiefe schicksalhafte Verankerung im Bauerntum und vielleicht auch Parolen, die den jugendlichen Idealisten verführerisch ansprachen: »Denkt an Fichte – nur die Tat kann uns retten!«

In Siebenbürgen waren es »die heimkehrenden deutschen Studenten aus Deutschland«, die sich für eine den Artamanen vergleichbare Organisation in ihrer Heimat einsetzten.

Im Sommer 1925 war Benesch achtzehn Jahre alt geworden. Nach Semesterschluss reiste er zunächst nach Sächsisch-Regen.

Er war dort aktiv in der Ferialverbindung »Transsylvania« und verbrachte einen Teil seiner Ferien mit studentischen Exerzitien. Nach den Worten des Gründers Traugott Schwab – des alten Lehrerkollegen seines Vaters – folgten sie dessen Gründungsmaxime: »In den Fuchsstunden und auf dem Fechtboden sowie neben allgemeiner Bildung und politischer Erziehung auch beispielhafte Umgangsformen für das gesellschaftliche Leben zu vermitteln; mit einem Wort, charaktervolle Männer heranzubilden im Hinblick auf die vielfältigen Aufgaben, die einem sächsischen Akademiker im Alltag des späteren Lebens zufielen«.[34]

Danach aber folgte Benesch noch einer völlig anderen Stimmung. »In dieser Zeit vollzog sich in meiner Seele etwas sehr Merkwürdiges. Mich ergriff ein starker Impuls zu wandern. Schon in diesen ersten Semesterferien 1925, dann in den Frühjahrsferien 1926 und in den Sommerferien 1926 begann ich, in Deutschland zu Fuß zu wandern: von der Insel Alsen bis zur Insel Sylt, von Hamburg über die Lüneburger Heide bis Hannover und Braunschweig, von Goslar und Quedlinburg über den Brocken nach Halle durch den Harz, von den Quellen der Lahn durch das ganze Lahntal bis zur Lahnmündung in den Rhein, vom Siebengebirge, von Köln, von Burg zu Burg am rechten Rheinufer hinauf bis nach Mainz und Trier bin ich zu Fuß gewandert, allein oder mit Kameraden.

In den Städten suchte ich die wichtigsten Stätten auf, Museen, Dome, Kirchen, Denkmäler. Ich wanderte durch die deutschen Lande in West- und Mitteldeutschland von Jugendherberge zu Jugendherberge. Landschaften, Dörfer und Städte wurden in unmittelbarem Erleben zum Inhalt der Seele.«

Das Studium setzte er dann im folgenden Jahr intensiv fort. »In den Naturwissenschaften habe ich in den drei Semestern in Marburg

Ferialverbindung Transsylvania Sächsisch-Regen. Aktivitas Sommersemester 1925.
Zweite Reihe Mitte: Benesch

hauptsächlich experimentiert und mikroskopiert. In der Theologie hörte ich im Wesentlichen exegetische Vorlesungen des Alten und Neuen Testamentes. Und so blieb ich in den drei Semestern Sommer, Winter und Sommer in der Burse in Marburg.

Ich besuchte dann in dieser Zeit immer wieder die Spiele in Halle und wuchs immer mehr in den Jugendkreis um Vater Hahne hinein.«

Zurück nach Marburg –
erste Begegnung mit dem Werk Rudolf Steiners

Im Sommersemester 1926 in Marburg befreundete Benesch sich mit dem zehn Jahre älteren evangelischen Pfarrvikar Gottfried Schmidt. Er selbst war inzwischen Obmann des Studienheims der Burse geworden, Schmidt war deren Leiter. Beide hatten die Studenten mit ihren Fragen

Als Student in Marburg

und Nöten zu betreuen und waren sich dabei näher gekommen. Schmidt erzählte ihm, wie er als junger Soldat am Ende des Ersten Weltkrieges im Zusammenhang mit einer Verwundung im Lazarett ein Christuserlebnis gehabt hatte. »In die Genesungskräfte seines Leibes strömte eine höhere Lebenskraft hinein, die ihn etwas Bestimmtes erleben ließ, was mit dem Christuswesen selbst zusammenhing. Von da an lebte er mit Christus und lebte Christus in ihm. Er erlebte diese strömenden, tröstenden und heilenden Lebenskräfte im Zusammenhang mit der Gegenwart des auferstandenen Christus. Er erlebte aber dieselben Kräfte auch in einem blühenden Baum im Garten des Lazaretts.

Ich erkannte blitzartig: Was dieser Mensch schon in sich hat, ist auch ganz sicher meine eigene Zukunft, aber nicht schon jetzt. Ich wollte und konnte diese Zukunft noch nicht mit meinem damaligen Seelenleben in Verbindung bringen [...] Ich muss die frühe Identifikation meiner Seele mit der Christuswirklichkeit noch abwarten. Das wahre Christentum ist in diesem Menschen vor mir da. Ich aber muss noch warten, es in mir noch reifen lassen, bis es auch für mein wahrhaftiges, reales, inneres Leben reif werden kann.

Ich zögerte.

Für meinen Freund war meine Scheu, meine Zurückhaltung schmerzlich. [...] Oft bedrängte er mich innerlich. Ich ließ mich aber nicht bedrängen. [...] Ich wollte ehrlich sein und wollte innerlich frei sein.«

Benesch spricht von einem zweiten besonderen Ereignis dieser Zeit: Er stieß in der Bibliothek der Burse auf Vorträge Rudolf Steiners mit dem Titel: *Die Mission einzelner Volksseelen in Zusammenhang mit der germanisch-nordischen Mythologie* aus dem Jahre 1910.[35] Es war wohl das erste Mal, dass er etwas von Rudolf Steiner in die Hand bekam. »Wie ein Blitz schlug der Inhalt dieser Schrift in meine jugendliche Seele.« Rudolf Steiner spricht in diesen Vorträgen von der geistigen Ordnung der europäischen Völker und ihrer jeweils besonderen Mission; er schildert die germanische Mythologie, ihre geistigen Hintergründe und die geistigen Wesen, die darin abgebildet werden, und ihre Wirksamkeit für die Entwicklung des Germanentums sowie ihre Bedeutung für die Herausbildung des Deutschtums. Auch der Vorblick auf das künftige Christentum trat in der Gestalt des Widar in Erscheinung.

»Die Wurzeln des Geistes der deutschen Idealisten in der germanischen Seele wurde in diesen Vorträgen verständlich gemacht. Und ich suchte und fand einen Vortrag, den Rudolf Steiner am 14. Januar 1915[36] in Berlin gehalten hatte mit dem Thema. *Die germanische Seele und der deutsche Geist*. Jetzt wusste ich, was mich seit meiner späteren Kindheit an den germanischen Götter- und Heldensagen so tief berührte.«

Die Bemühungen von Hans Hahne erschienen Benesch nun in einem neuen Licht. Aber auch er selbst fühlte sich offenbar dieser »germanischen« Welt zunächst viel näher als dem Christentum: »Ich wollte mich identifizieren mit dem deutschen Idealismus und mit den Wurzeln in der germanischen Seele. Nicht also mit dem Christentum wollte ich mich verbinden, sondern mit dem, was im Germanentum und Deutschtum aufgelebt war an geistigen Wirklichkeiten. Es war das Gleiche, was mich auch zu der Spannung mit dem geliebten Freund Gottfried Schmidt geführt hatte. Es war im Grunde ein tiefer Widerspruch in meiner Jugendseele vorhanden.«

Benesch meint hier wohl zunächst den Widerspruch zu seinem innersten Streben nach dem Christentum, für das er sich noch nicht reif fühlte. Nun aber trat noch ein anderer Widerspruch hinzu: Er erlebte an den Darstellungen Steiners die »Erhellungen«, die sie ihm brachten, und er wusste, dass es Wege geben muss, die zu solchen Einsichten führen können; aber auch hier fühlte er sich noch nicht reif genug, diese Wege selbst zu suchen: »Auch diesen gegenüber hatte ich das Gefühl des: noch nicht. […] So wie ich dem Freund sagen musste: Christentum ja –, aber nicht schon jetzt für mich –, so hatte ich Rudolf Steiner gegenüber das Gefühl: Anthroposophie im eigentlichen Sinne ja, ›*Wie erlangt man Erkenntnisse der höheren Welten*‹ ja, aber für mich noch nicht schon jetzt. Ich fühlte, so wie dem Christentum musste und wollte ich auch der Anthroposophie gegenüber eine gewisse geistige Freiheit und Selbstständigkeit bewahren, bis sie mir, durch Zukünftiges reif, zur Wirklichkeit werden konnte. Ich wollte bei dem bleiben, was ich seelisch-geistig erkenntnismäßig bewältigen konnte und nicht darüber hinaus springen. Deshalb hielt ich mich im Leben vor einem Umgang mit den Menschen, die die Anthroposophie vertraten, fern.

In meinem 19. Lebensjahr war also in meinem Leben ein Knoten, der sich geschürzt hatte, den es aber noch aufzulösen galt. Es war das geistige Grundgesetz aller wahren Erkenntnis: Wenn Erkenntnis eine Wahrheit und eine Wirklichkeit sein soll, muss ihr die Seele entgegengereift sein.«

In dieser Zeit entdeckte er auch Richard Wagner. In dessen gewaltigem Opernwerk zeigte sich ihm nun »ganz von innen her« die Beziehung zur germanisch-nordischen Seelenwelt.

»Und so blieb ich in den letzten Jahren meiner Jugendzeit mit der germanischen Seele, dem deutschen Volkstum und dem deutschen Idealismus verbunden.«

In die Offenheit seiner noch nicht geklärten inneren Verfassung, in der ihm germanische Seelenhaftigkeit und deutsches Volkstum näher stehen als andere denkbare Entwicklungen, hatte sich zwischen ihm und Professor Mannhardt offenbar eine Beziehung entwickelt, die auf tiefere philosophisch-ideologische und politische Übereinstimmung schließen lässt. Jedenfalls steht für Mannhardt bereits schon damals fest, dass auf diesen Studenten in Zukunft zu bauen sein wird. Mannhardt selbst war für eine parteipolitische Karriere vorgesehen und sollte demnächst im Auftrag des Führers eine zweijährige Weltreise antreten, um den Nationalsozialismus auch im außereuropäischen Ausland zu etablieren.[37]

Nach seiner Rückkehr Anfang 1932 wird Benesch der Ruf Mannhardts erreichen, nach Marburg zurückzukehren.

Das einundzwanzigste Lebensjahr
Studium in Halle und Begegnung mit Sunhilt Hahne

Zum Wintersemester 1926 ging Benesch zum Studium nach Halle und blieb dort auch im Sommersemester 1927. Zu den Naturwissenschaften traten jetzt Vorgeschichte, Volkskunde, Rassenkunde und auch wieder Theologie hinzu. Daneben arbeitete er auch an der Landesanstalt für Volkheitskunde. Hans Hahne hielt in dieser Zeit Vorlesungen über »Lebendiges Vorzeiterbe in der deutschen Gegenwart« (Rasse, Alltagsleben, Weltanschauung, Feste) und »Die Tatsachenreihen der Vorgeschichte«.

»November 1926 Halle«, notierte Benesch. »Spiele. Sunhilt ›erschaut‹ bei Fallada-Spiel. […] Sonnenwendspiel.« Er nahm an den von Hahne gestalteten Spielen teil und »erschaute« dabei seine zukünftige Frau Sunhilt, die Tochter von Hans Hahne, die er schon ein Jahr zuvor in Marburg kennen gelernt hatte. Er hat bei solchen Spielen auch selbst mitgewirkt: Es existiert ein Foto von ihm, das ihn als Ritter mit einem Goldhelm zeigt – der Helm war tatsächlich mit Gold beschlagen und ein Exponat des Museums. Er stammte aus einem Grabungsfund, den Hahne bei seinen archäologischen Forschungen gemacht hatte. Nur Benesch durfte diesen Helm tragen.

Am Ende des Wintersemesters 1926/27 setzte er seine Wanderungen durch Deutschland noch einmal fort, jetzt durch Sachsen und Thüringen zur Wartburg, nach Eisenach, von Erfurt nach Weißenfels, Jena und Weimar. »Was in meiner Seele in all den Jahren, sowohl am Gymnasium wie auch im Zusammenleben mit dem Kreis um Hans Hahne lebendig gewesen war, wurde jetzt durch die Begegnung mit den Lebensstätten von Novalis, Schiller und Goethe zu einem ganz starken inneren Erleben. Mit dem Besuch von Herders Wohnung, von Schillers Haus, von Goethes Frauenplanhaus und seinem Gartenhaus endete die Zeit, in der ich durch die deutschen Lande gewandert war.«

Im Herbst 1927 nahm er Abschied von den Freunden in Halle. Es war ein sehr schmerzlicher.

Benesch fühlte voraus, dass ihn das Leben nun in ganz andere Bahnen führen würde. Er kehrte in seine Heimat Siebenbürgen zurück und schrieb sich an der Universität Klausenburg ein. Abgeschnitten von den bisherigen Lebensverhältnissen und Freunden durchlebte er eine Phase tiefer Einsamkeit: »Große innere Einsamkeit. [...] Schwere innere Kämpfe. [...] Als Jugendlicher hatte ich aus dem Leben, aus den Idealen, aus den Freunden gelebt. Jetzt entstand im Innersten meiner Seele die Frage nach meinem Ich: Wer bin ich, was will ich, was soll ich, was kann ich – wenn ich nicht mehr gefordert noch getragen werde von Freunden [...], von leitenden Erwachsenen? Was quillt denn da in mir auf, ganz aus mir selbst und in mir selbst? [...] Welchen Sinn hat mein Dasein? [...] Ich wurde ganz auf mich selbst zurückgestoßen. [...] Was sagten denn die Philosophen über das Leben und den Sinn des Lebens?«

Auch Goethe half jetzt nicht mehr weiter. Descartes' »Ich denke, also bin ich« empfand Benesch als »zu leicht gemacht«: »Ich bin ja nicht mein Denken. [...] Wo aber bin ich in meiner Wirklichkeit? Nietzsche forderte einen neuen Menschen, aber wie konnte man diesen neuen Menschen zustande bringen?«

Die Hilfe kam von Fichte. Benesch erkannte, dass die Frage nach dem Ich eine Frage nach dem tiefsten menschlichen Willen ist. In Fichtes

Benesch mit goldbeschlagenem Helm (Museum Halle) in einem Volkstumsspiel

»Ich-Philosophie« erfasste er in diesem 21. Lebensjahr etwas von der Wirklichkeit seines eigenen Ich; indem das »Ich« – so Fichte – »sich selbst setzt«, das heißt will, kommt es zu seiner eigenen Wirklichkeit. An Fichte trat das Erlebnis auf: »Das Ich (ist) da, weil es da sein will, der Geist im Menschen (ist) da, weil er selber da sein will, auch sich selbst schaffend. […] Ich war getröstet. Ich wusste von da an, dass ich selbst im Leben mein Ich in Beziehung zu mir selbst bringen musste, auch wenn das nicht immer gelang. Und ich wusste, dass alles im Leben von diesem Ich aus und zu diesem Ich hin sich entfalten musste, auch wenn das nicht immer gelingen konnte.«

Es gab aber noch eine zweite Frage, die nun auch in diesem Lebensjahr in den Vordergrund trat: die Frage nach dem Sinn des Lebens, die Frage nach der Berufung, »in der alle Fähigkeiten zusammengefasst werden können und die einen Sinn erhielt durch sich selbst? Und wo war denn dieser Sinn?« Benesch erkannte: »So wie ich nach Fichte in Wirklichkeit (nur) dadurch ein Ich war, wenn ich es auch geistig (selbst) sein wollte, so hat das erst in meinem Leben einen Sinn, wenn ich diesen Sinn dem Leben selbst geben wollte.«

Es war in seinem 21. Lebensjahr das Grunderlebnis der Freiheit des Menschen im Ich: »Wenn ich ein Ich, ein geistiges Wesen sein wollte, musste ich mich selbst wollen. Und wenn mein Leben, sei es auch in einem bestimmten Beruf, einen Sinn haben sollte, dann musste ich selbst ihm diesen Sinn geben wollen. Ich musste also auch das Leben selbst wollen.

So erreichte ich […] die innere Sicherheit, ein Ich zu sein. Da aber hatte ich mich bereits entschieden, die nun folgenden Jahre meines Lebens der Erlangung eines konkreten Berufsziels zu unterwerfen. […] Ich hatte also das Ziel, Lehrer zu werden, einen Beruf zu ergreifen, der mein Ich sinnvoll in den Zusammenhang meines eigenen Lebens und in den Zusammenhang aller menschlichen Lebensverhältnisse hineinstellen konnte.«

Heimkehr nach Siebenbürgen, Studium für einen Beruf in Klausenburg

Benesch nahm nun also in Klausenburg das Studium auf mit dem Ziel, Gymnasiallehrer zu werden wie sein Vater. Das würde vier Jahre in Anspruch nehmen. Es sind die Jahre 1927-1931, sein 21. bis 24. Lebensjahr.

1927 fand in Kronstadt eine große öffentliche, weithin beachtete pädagogische Tagung statt. Beneschs Ziel, Gymnasiallehrer zu werden, musste sein Interesse an ihr eigentlich geweckt haben. War er zugegen, als die Koryphäen seines zukünftigen Faches das Wort ergriffen? Die siebenbürgisch-sächsische Lehrerschaft hatte im Gedenkjahr des hundertsten Todestages Pestalozzis zu diesem Symposium führende Vertreter von Institutionen des In- und Auslandes eingeladen. Den Festvortrag hielt der berühmte Professor Dr. Eduard Spranger, der prominenteste Pädagoge Deutschlands.

In zwei Vorträgen sprach er über »Neue Strömungen in Psychologie und Pädagogik«, und »Rektor Herbert Hahn aus Stuttgart«, so das Lehrerfachblatt *Schule und Leben* »stellte die Stuttgarter Waldorfschule vor und führte in das Wesen der Eurythmie ein, um die am Abend stattfindenden Darbietungen der Lehrerinnen vom Goetheanum in Dornach vorzubereiten«. So fand in unmittelbarer Nähe zu Beneschs geistigem Werden ein Ereignis statt, von dem wir nicht wissen, ob es von ihm wahrgenommen wurde, oder unbemerkt blieb. Aber vielleicht hat es doch eine subtile Spur gelegt.

Gymnasiallehrer zu werden bedeutete nun für ihn zunächst, die Naturwissenschaften gewissermaßen noch einmal von vorn zu studieren. Im ersten Jahr lag der Schwerpunkt auf Physik, Chemie, Geologie und Mineralogie, im zweiten Jahr kamen Botanik und Zoologie und im dritten Jahr Botanik und Zoologie auf fortgeschrittener Stufe hinzu. Am 1. März 1928 genehmigt das Bildungsministerium der Universität Klausenburg »Herrn Friedrich Benesch, Student im 3. Jahr« die Stelle des vertretenden Präparators des Zoologischen Instituts im Rahmen der wissenschaftlichen Fakultät. Im vierten Jahr dann Physiologie, Anthropologie und allgemeine Biologie.

Die am Ende jeden Jahres abzulegenden Prüfungen bestand Benesch jeweils mit Auszeichnung. Studium und Prüfungen spielten sich in ru-

Universität Klausenburg

mänischer Sprache ab. Aber auch das war für ihn keine Schwierigkeit: »Ich beherrschte […] diese Sprache so, dass meine Kommilitonen nicht merkten, dass ich gar nicht Rumäne, sondern Deutscher war.«

Im dritten Studienjahr wurde er, wie schon berichtet, vom Direktor des Zoologischen Instituts zum Assistenten berufen. Da fiel ihm die Aufgabe zu, etwa 140 bis 200 rumänische Studenten in Biologie, Mikroskopie, Präparation und Theorie zu unterrichten. Des Weiteren hatte er Übersetzungsarbeiten für den Direktor zu erledigen, der seine wissenschaftlichen Abhandlungen in rumänischer Sprache verfasste, sie aber in deutschen Zeitschriften veröffentlichen wollte. »Ich kam dadurch an Facharbeiten heran, die ich sonst nicht kennen gelernt hätte.«

Das dritte war die Forschung. Der Direktor des Instituts, Professor Ioan Scriban, war auf dem Gebiet der Zoologie ein Fachgelehrter für Würmer, vor allem der Egel, über deren Anatomie, Histologie und Biologie er eingehende Untersuchungen anstellte. Aus diesem Gebiet übernahm Benesch dann selbst am Ende seiner Studien einen Teil der Forschung. Er befasste sich dabei mit der Speicherfunktion der Blutegel und machte darüber

TEZĂ DE LICENŢĂ

IN ŞTIINŢE NATURALE

DE

FRIEDRICH BENESCH

Tip. Akcidencia Cluj, Str. Universităţii 2

Diplomarbeit »Phylogenie der Clitellaten«

seine Diplomarbeit. Am 1. März 1931 musste Benesch seine Anstellung in der Universität kündigen. Als Grund nennt das Zoologische Institut mit Schreiben vom 23. Februar 1931 an den Dekan der wissenschaftlichen Fakultät eine »Infektionskrankheit, an der er leidet«.

Freundschaftliche Beziehungen unterhielt er zu den anderen deutschen Studenten in Klausenburg. »Was ich in Deutschland erlebt hatte, konnte ich den Freunden jetzt vermitteln. Die Fragen nach dem Volkstum waren ja für das Deutschtum der Siebenbürger Sachsen grundlegende Fragen. Immer fruchtbare, freundschaftliche Gespräche sind da entstanden.«

Es sind exakt diese Jahre, in denen für Benesch zum ersten Mal auch politische Handlungsperspektiven auftauchen. Was er in Marburg und Halle in Vorlesungen, Gesprächen, im Umgang mit Kommilitonen und Professoren direkt und indirekt im politischen Klima der Weimarer Republik aufgenommen hatte, motivierte ihn nun zu einer ersten politischen Aktivität. 1928 wurde er Mitglied der »Nationalsozialistischen Erneuerungsbewegung der Deutschen in Rumänien«. Im Glauben an

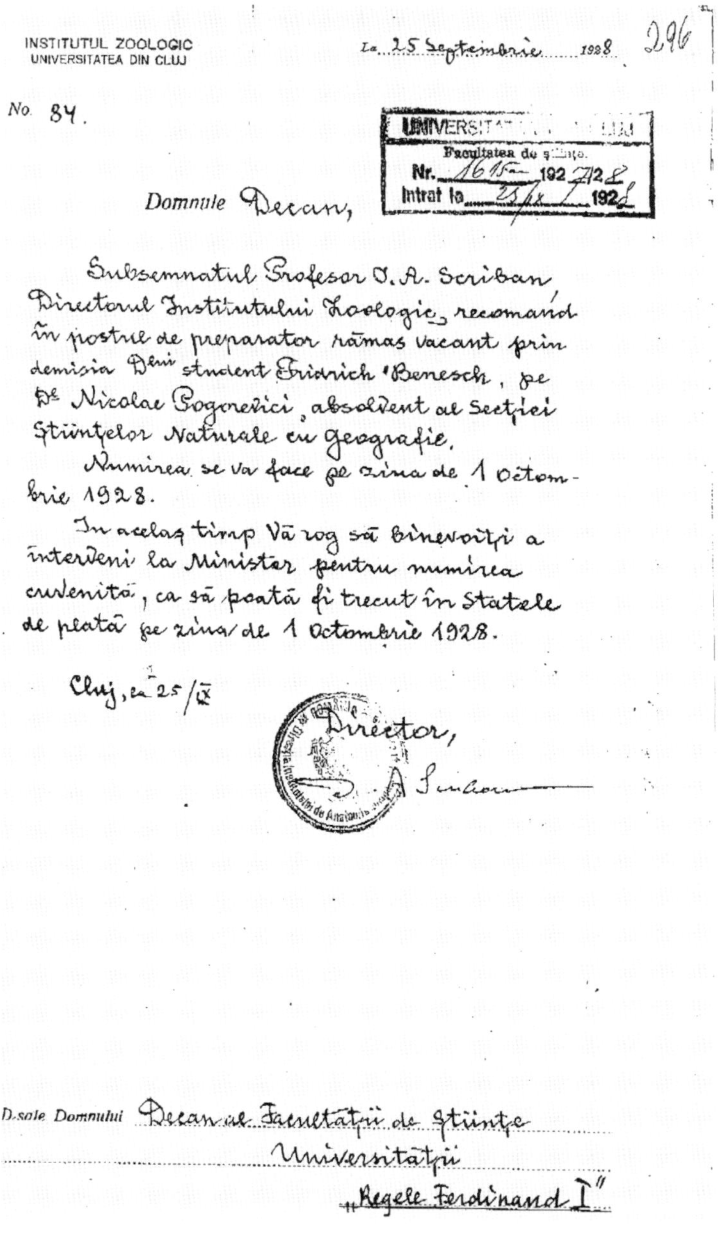

INSTITUTUL ZOOLOGIC
UNIVERSITATEA DIN CLUJ

La 25 Septembrie 1928

296

No. 84.

UNIVERSITATEA ... CLUJ
Facultatea de ştiinţe.
Nr. 1615 ... 192 7/28
Intrat la 25/IX 1928

Domnule Decan,

Subsemnatul Profesor I. A. Scriban Directorul Institutului Zoologic, recomand în postul de preparator rămas vacant prin demisia Dlui student Fridrich Benesch, pe Dl Nicolae Pogonezici, absolvent al Secţiei Ştiinţelor Naturale cu Geografie.

Numirea se va face pe ziua de 1 Octombrie 1928.

In acelaş timp Vă rog să binevoiţi a interveni la Minister pentru numirea cuvenită, ca să poată fi trecut în Statele de plată pe ziua de 1 Octombrie 1928.

Cluj, la 25/IX

Director,
I. A. Scriban

D-sale Domnului Decan al Facultăţii de Ştiinţe Universităţii „Regele Ferdinand I"

Studienbestätigung von Professor I. A. Scriban, Zoologisches Institut 1928 diese Erneuerung blieb er bis 1944 – sechzehn Jahre lang – dem Nationalsozialismus, wie er ihn verstand, verbunden.

»In den Junitagen 1931, mit Vollendung meines 24. Lebensjahres, bestand ich das Staatsexamen und erhielt das Diplom für den Gymnasiallehrer für Naturwissenschaften (den Lizentiaten), das heißt, ich konnte jetzt ohne weiteres Gymnasiallehrer werden. Ich tat das aber nicht.«

Schwere Erkrankung und Christuserlebnis

Jetzt geschah etwas, womit Benesch überhaupt nicht gerechnet hatte: Er wurde krank. Der behandelnde Arzt hatte Lungentuberkulose festgestellt und verschrieb ihm einen Aufenthalt im Hochgebirge. So fand er sich im Herbst und Winter 1931 zur Genesung in einer einsamen Sennhütte in den Karpaten, wo der älteste Sohn der Schwester seines Vaters Leiter einer großen Forstdirektion war.

»Was mich äußerlich umgab, war die Einsamkeit der Hochgebirgswelt der Karpaten. In den Wäldern lebten Bären, Wölfe und Hirsche, derer ich auf meinen einsamen Wanderungen manchmal ansichtig wurde.« Benesch hat später eindrucksvoll erzählt, wie er auf seinen Wanderungen einmal plötzlich einem großen Hirsch gegenüber stand – Auge in Auge – eine unvergessliche Wesensbegegnung.

»Ich war jetzt mit mir selbst und der mich umgebenden Natur völlig allein [...] und auf mich selbst zurückverwiesen. Bei meinen theologischen Studien hatte ich wiederholt exegetische Vorlesungen über das Neue Testament gehört. Sie konnten in mir kein inneres Erlebnis bewirken.

Jetzt in der Einsamkeit der Bergwelt war im Grunde das Neue Testament meine einzige Lektüre.« Er hatte eine griechische Ausgabe und Augustins »Bekenntnisse« mitgenommen. »Ich las und las und verband mein Ich mit den Worten, Bildern und Gestalten dieses Neuen Testaments. [...] Ich hatte es ja studiert [...], es in das Bewusstsein aufgenommen, aber was jetzt geschah, war etwas sehr Eigenartiges: Das Neue Testament lebte in meiner Seele selber auf. Das Erleben der eigenen Krankheit kam mir zu diesem Lesen des Neuen Testaments entgegen. Es erwachte in mir eine immer deutlicher werdende Wesensbeziehung zu dem, was in

Blick über die Bergwelt der Ostkarpaten

Jesus Christus in dem Neuen Testament lebte und meinem eigenen in der Einsamkeit erwachenden Ich. Ich las das Neue Testament wie ein ernährendes Brot, wie einen belebenden Trank, bis dorthin, wo ich das Passahmahl mit den Jüngern und mit ihnen die Begegnung mit dem Auferstandenen in mir selbst zu einer ganz neuen und überraschenden Wirklichkeit sich wandeln fühlte. [...]

Das Erleben von Krankheit, Schwäche, Ohnmacht und Todesgefahr öffnete die Seele für das tiefe Gefühl für Gnade, Trost, Heilung und Leben, wie sie mehr und mehr den Bildern und den Vorgängen des Neuen Testaments entströmten. Was mich aber am stärksten berührte und ergriff, das waren die Ereignisse und Tatsachen, die das Christuswesen selbst durchlebte: seine Passion bis Gethsemane, sein Tod und seine Worte am Kreuz, wie er es erlitt und selbst vollzog. Mit diesen mystischen Vorgängen wurde mein Ich vereinigt. [...]

Indem die Wirksamkeit des auferstandenen Christus bemerkbar wurde, begann in mir ein ganz neues Leben: ein Leben mit dem Christus der Evangelien.

Im »Gebirge«

Und doch war auch all das wiederum nur wie ein lebendiger Keim in der Seele, der ja dann in allen folgenden Jahren und Jahrzehnten meines Erdenlebens immer wieder neu wirksam werden konnte, wenn in diesem Leben Veränderungen, Übergänge, Neubeginn fällig waren, dann wurde dieser Keim erneut erweckt und wirksam.«

Gegensätze – Anthroposophie und Nationalsozialismus

Als Benesch im Herbst 1931 geheilt nach Sächsisch-Regen in das Elternhaus zurückkehrte, wandte er sich, so berichtet er, dem Studium der Anthroposophie zu. Er suchte nun seine Erfahrung am Christentum mit Verständnis zu durchdringen. »Gab es eine objektive Erkenntniserleuchtung für das subjektiv Erlebte?«

Er las Steiners Buch *Das Christentum als mystische Tatsache und die Mysterien des Altertums*[38] und den Zyklus über das *Johannes-Evangelium*[39]. Früher hatte er durch ihn schon eine tiefere Erkenntnis über den deutschen Geist, das deutsche Volkstum und die germanische Seele gewonnen, jetzt erschlossen sich ihm ebenso die tieferen Bereiche des Christentums.

Aber auch zu Philosophie und Erkenntnistheorie fand er neue Zugänge: »Ich studierte in dem auf meine Genesung folgenden Winter und Frühling (auch) Rudolf Steiners *Erkenntnistheorie der Goetheschen Weltanschauung*[40], *Die Philosophie der Freiheit*[41].«

Dann sagt er geradezu: »Ich wurde Anthroposoph« und schildert, wie sich in ihm – wie früher zu Goethe – eine tiefe Beziehung zu Rudolf Steiner entwickelte: »Hier war mehr als Goethe und Schiller, als Plato und Aristoteles, als Nietzsche und Kant. Nicht mehr, sondern anders.«

Doch auch dies bleibt keimhaft. In einer tieferen Schicht seines Wesens lebte eine neue Erfahrung, ein neues Verständnis lebendigen Christentums; es lebte in ihm auch schon etwas von anthroposophischer Erkenntnis. Aber in einer anderen Schicht kam er jetzt in Auseinandersetzungen, die ihn zunächst ganz andere Wege führten: Er trat zunehmend für den sich in Siebenbürgen ausbreitenden Nationalsozialismus ein. Und das überdeckte offensichtlich zeitweise vollständig, was als geistige Erfahrung in ihm auch schon lebte.

Ein Rückblick auf die komplizierte und wechselhafte Geschichte Siebenbürgens kann verdeutlichen, wie es dazu kommen konnte.

Für die Rumänen brachte das Jahr 1918 die Erfüllung eines alten Wunsches: die Vereinigung in einem Staat.[42] Bessarabien, die Bukowina, das Banat und Siebenbürgen wurden nunmehr mit dem 1859 konstituierten rumänischen Staat vereinigt. 1930 lebten in ihm mit insgesamt 18

Millionen Einwohnern 28% Minderheiten: Ungarn, Deutsche, Ukrainer, Serben, Juden und andere.

Bei der Pariser Friedenskonferenz 1919 hatte Rumänien in einem »Minderheitenschutzvertrag« bestimmte Verpflichtungen gegenüber den Minderheiten in Siebenbürgen übernommen: »Der Vertrag garantierte allen Nicht-Rumänen Rechtsgleichheit, freien Sprachgebrauch, [...] Ausbildung in Nationalitätenschulen und sicherte den Szeklern und Sachsen außerdem kulturelle Autonomie zu.« So heißt es in einem immer wieder zitierten Punkt der »Vereinigungsresolution« der »Karlsburger Beschlüsse«. Dabei sollte jedes Volk Bildung, Verwaltung und Rechtsprechung in seiner Sprache und durch Personen aus seiner Mitte ausüben dürfen und »gemäß seinem Bevölkerungsanteil in den gesetzgebenden Organen und der Regierung des Landes das Recht auf Vertretung erhalten. Rumänien war erst nach ultimativen Drohungen Frankreichs und Englands bereit, den Vertrag zu unterschreiben. Dennoch missachtete es die meisten seiner Bestimmungen.«[43]

Zunächst trat ab 1918 eine radikale Verunsicherung ein, »da die Karlsburger Beschlüsse sich sehr bald nicht als Garantie kollektiver Rechte, sondern als immer neu zu erkämpfende, nie gänzlich erfüllte, nie ratifizierte Verheißung entpuppen sollten. Die Siebenbürger Sachsen sahen sich mit dieser Unsicherheit konfrontiert. [...] Das alles wirkte sich auf das Identitätsbewusstsein der Siebenbürger Sachsen schließlich nachteilig aus. Als ethnische Gruppe bis 1867 in einem Ständestaat privilegiert, lebten die Siebenbürger Sachsen die letzten 50 Jahre bis 1918 als Minderheit im ungarischen Staat, der ein Staat abendländischer Prägung war, in dem trotz allem magyarischen Nationalismus jedoch die Gesetze respektiert wurden, und wo als letzte Instanz der Kaiser als Garant verbürgter Rechte stand. [...] Die Karlsburger Beschlüsse wurden zwar niemals ausdrücklich negiert, sie wurden aber auch nicht gesetzlich verankert, was einer Annullierung nahe kam.«[44]

»Eine ungerechte Bodenreform traf die Evangelische Kirche zudem schmerzhaft; etwa 55% des kirchlichen Landbesitzes, der zu einem guten Teil die notwendigen finanziellen Mittel sicherte, wurde enteignet; zu wiederholten Malen wurden die Schulsubsidien, die vom Staat zugesichert waren, an die Kirche, in deren Hand das gesamte Schulwesen in Siebenbürgen lag, nicht gezahlt, weswegen die Evangelische Kirche von den Eltern ein zu hohes Schulgeld beziehungsweise überhöhte Kirchensteuern verlangen (musste), eine Belastung, die wie eine Sondersteuer empfunden wurde. Dies lieferte der ›Unzufriedenheitsbewegung‹ ab Mitte der zwanziger Jahre das Hauptargument.«[45]

Dazu muss man wissen: »Das selbstständige Schulsystem der Siebenbürger Sachsen und der Magyaren hat sich bereits im 14.-16. Jahrhundert gebildet. Als Erste in Europa führten die Siebenbürger Sachsen die Schulpflicht ein, früher als Österreich und Preußen und 150 Jahre vor England. [...] Die Schultradition der Siebenbürger Nationalitäten ist von der historischen Rolle ihrer Kirchen nicht zu trennen: Die Schulen der Siebenbürger Sachsen und der Magyaren waren bis 1868 mit geringen Ausnahmen konfessionelle Institutionen, von kirchlichen Orden oder von bischöflichen Domkapiteln betrieben. Die sächsisch-evangelische, die magyarisch-unitarische, die reformierte und die katholische Kirche verfügten in Siebenbürgen über konfessionelle Schulen mit der ältesten Tradition.«[46]

So mussten Eingriffe von staatlicher Seite in diesen Bereich besonders empfindlich treffen, denn sie berührten das nationale Identitätsgefühl der betroffenen Minderheiten; das galt gerade auch für die Siebenbürger und führte zu den Spannungen, die nach dem Ersten Weltkrieg gegenüber dem rumänischen Staat und – wie noch gezeigt werden muss – zwischen der »Erneuerungsbewegung« und der evangelischen Kirche in Siebenbürgen auftraten.

Nachdem in den zwanziger Jahren eine Anzahl von Gesetzen und Verordnungen verabschiedet worden waren, welche die Religionsfreiheit der nationalen Minderheiten eingeschränkt hatten und das Schulsystem bezüglich der Muttersprache zu zerstören suchten, hatte das westlich ausgerichtete Unterrichtssystem der Siebenbürger Nationalitäten erstmals in seiner mehrhundertjährigen Geschichte die Einführung eines neuen Schulsystems erfahren, das dem traditionellen Geist Siebenbürgens gänzlich fremd war.[47]

Man muss diese Verhältnisse ins Auge fassen, wenn man zu verstehen sucht, warum der Nationalsozialismus in Siebenbürgen – wie wohl überall bei den Auslandsdeutschen – einen so gewaltigen Anklang fand.

»Ineinander gehende Strukturen wie Kirche/Gemeinde/ Kulturinstitutionen, eine die Gruppeninteressen über alles setzende Presse, eine seit der Jahrhundertwende kaum erneuerte politische und wirtschaftliche Elite sollten den Erneuerungswunsch und Protestversuch der jungen,

»Sachsentag« 1933, erste Reihe Mitte: Bischof Viktor Glondys

durch den Krieg und seine Folgen durchaus frustrierten Generation bis an den Rand der Unvernunft steigern.«[48]

»Nach dem Sachsentag von 1933« – so berichtet Cornelius K. Zech in seinem Werk *Die Siebenbürger Sachsen zwischen Tradition und neuen politischen Optionen* – »wählten die Siebenbürger Sachsen das deutsche Modell, was damals Nationalsozialismus hieß und Fortschritt versprach. Sie lehnten es damit implizit ab, eine konstruktive Rolle im rumänischen Staatsgebilde zu spielen, sie kapselten sich immer mehr ab.«[49] Die Mehrheit der Siebenbürger trat damals auf die Seite des Nationalsozialismus; man erhoffte sich von einem wieder erstarkenden Deutschland auch für die eigenen Interessen eine Stärkung und Hilfestellung, so auch Bischof Glondys, den man mit erhobener Rechten auf dem Sachsentag sehen konnte. Auch hier spielte – wie bei Hahne und anderen – die Illusion eine nicht zu unterschätzende Rolle, es werde sich das bessere Deutschtum gegenüber manchen Auswüchsen, die sicher auch schon bald sichtbar wurden, durchsetzen. Und später kam das Schreckgespenst der »roten Gefahr aus dem Osten«, des Kommunismus, hinzu. Auch

Benesch wurde von dieser Gesamtstimmung ergriffen; auch in dieser Hinsicht wird seine Lebensbegegnung mit Hahne und Mannhardt für ihn bestimmend gewesen sein. Benesch, der wie bereits erwähnt, schon 1928 als einfaches Mitglied der Erneuerungsbewegung beigetreten war, schreibt: »1931-32 Aufbau der Nationalsozialistischen Bewegung im ganzen Kreis [...] Jugendführer, Rebell und Revolutionär. Politisch tätig als Kreisjugendführer der Erneuerungsbewegung in Sächsisch-Regen.« Gemeint ist die »Nationalsozialistische Selbsthilfebewegung der Deutschen in Rumänien« (NSDR), die später in »Nationale Erneuerungsbewegung der Deutschen in Rumänien« (NEDR) umbenannt wurde.

Die »Erneuerungsbewegung«

Worum es sich bei dieser »Erneuerungsbewegung« handelt, soll ein kurzer Exkurs verdeutlichen.

Die Erneuerungsbewegung war aus der von Fritz Fabritius, (geboren 1883 in Hermannstadt/Siebenbürgen, Berufsoffizier und Politiker) 1922 gegründeten »Selbsthilfe« hervorgegangen, eine Art Bausparkasse, die die »Zinsknechtschaft« durch gegenseitige Hilfe brechen sollte. »Die persönlichen Bindungen an die Größen des Nationalsozialismus – Ernst Röhm, Rudolf Heß und sogar Adolf Hitler übten einen großen Einfluss auf Fabritius und seine Selbsthilfe aus.«[50]

»Die Situation der deutschen Minderheit war äußerst prekär, nicht nur auf Grund äußerer Gegebenheiten, innenpolitischer Wirren und häufiger Regierungswechsel, sondern durch die Nichtrespektierung der bereits erwähnten Karlsburger Beschlüsse (18. November 1918). Ebenso trug der Verlust des Grundbesitzes der Nationsuniversität während der rumänischen Agrarreform von 1921, die Erhöhung der Schul- und Kirchensteuern sowie der stufenweise Abbau der deutschen Beamten in der Verwaltung zu dieser schwierigen Lage bei, die sich durch volksgruppeninterne Probleme, durch die Zerrissenheit in antagonistische Lager und eine von Intrigen bestimmte Atmosphäre der politischen Auseinandersetzung noch verschärfte. Darum ist es nicht verwunderlich, wenn junge Intellektuelle die Initiativen ergriffen, sich gegen derartige Praktiken zur Wehr zu setzen.

Schon Anfang der zwanziger Jahre fanden sich im deutschen Siedlungsgebiet Rumäniens nationalsozialistische Tendenzen, die von der im Rahmen des Hermannstädter Sächsischen Landwirtschaftlichen Vereins im Jahre 1922 gegründeten ›Deutsch-Sächsischen Selbsthilfe‹ verbreitet wurden.

Die Selbsthilfe stellte sich folgende Aufgaben:

1. Förderung der geistigen Belange der Mitglieder
2. Förderung der Kleintierzucht, des Obst- und Gartenbaus sowie Schaffung von Heimstätten auf Genossenschaftsboden
3. Errichtung einer Abteilung zur Beschaffung aller nötigen Bedarfsartikel für die Genossen

Im Frühjahr 1922 gab Fabritius ein Kampfblatt mit der Überschrift ›Selbsthilfe, Kampfblatt für das ehrlich arbeitende Volk‹ heraus, das, so sei nur nebenbei angemerkt, zu beiden Seiten mit dem Hakenkreuz versehen war. Fabritius warb damit unter anderem für ein ›artgemäßes‹ deutsches Denken und Handeln, für die Anerkennung des Grundsatzes ›Gemeinnutz geht vor Eigennutz‹, und für die Brechung der Zinsknechtschaft durch gegenseitige Hilfe [...], die deutsche Volksgemeinschaft sollte zu einem einzigen ›Volkskörper‹ zusammengeschweißt werden. [...]

Was die Deutschen in Rumänien zu Beginn der zwanziger Jahre hinter Fabritius' ›Selbsthilfe‹ zusammentrieb, war die Unzufriedenheit mit den bestehenden Verhältnissen in Rumänien. Viele erhofften eine Erleichterung ihrer Lage, und niemand versprach sie ihnen so selbstsicher wie Fabritius.«[51]

Anfangs konnte Fabritius keine besonderen Erfolge erzielen. Mit der wachsenden Unzufriedenheit in Siebenbürgen – ab 1927 – änderte sich dies.

»Einen sprunghaften Anstieg der Mitgliederzahl konnte die ›Selbsthilfe‹ 1930 aufweisen. Die Mitgliederzahl wuchs von 1620 auf 2797, und die Geldeinnahmen lagen bei 100 Mill. Lei. 1931 wuchs die Mitgliederzahl auf 3193 und dementsprechend auch die Geldeinnahmen. [...]

So trat der ›Verein der kinderfrohen Deutschen in Rumänien‹ [...] sowie der ›Siebenbürgische Jungfrauenbund‹ der ›Selbsthilfe‹ bei. Sie waren der Ansicht, ihre Ziele innerhalb der Selbsthilfebewegung besser in die Tat umsetzen zu können. [...]

Als einen nazistischen Sammelverband gründete Fabritius am 22. Mai 1932 die ›Nationalsozialistische Selbsthilfebewegung der Deutschen in Rumänien‹ (NSDR). [...]

Die rumänien-deutsche Erneuerungsbewegung kann nicht mit dem Nationalsozialismus Deutschlands gleichgesetzt werden, obwohl sie sich dazu bekannte und schließlich in dessen Abhängigkeit geriet.

Die Bewegung kam bald aber auch in Kollision mit der rumänischen Regierung; sie änderte deshalb zu Beginn des Jahres 1934 ihren Namen in ›Nationale Erneuerungsbewegung der Deutschen in Rumänien‹ (NEDR) um.«

Dass Benesch der damals wohl einzigen politischen Kraft, die imstande war, die alten starren Verhältnisse zu lockern, beitrat, ist verständlich. Ihm ging es zweifellos weniger um »Zinsherrschaft« und Förderung der Kleintierzucht, dagegen sehr entschieden um die kulturellen Kernfragen, soweit sie sich auf den künftigen Kirchenstatus und das Universitäts- und Schulwesen bezogen.

Während meiner Reise nach Rumänien im Juli 2006 hatte ich auch Gelegenheit, den evangelischen Bischof in Hermannstadt, Dr. Christoph Klein, zu besuchen. In dem schönen Gespräch war es möglich, auf die Schwierigkeiten zu sprechen zu kommen, welche der damalige Bischof Viktor Glondys mit dem Verhalten Beneschs und seinem Engagement für den Nationalsozialismus hatte.

Bischof Klein zeigte sich gut informiert über Beneschs damaliges Auftreten; er kannte auch einige seiner Veröffentlichungen, zum Beispiel die Monographie über den Turmalin, die inzwischen in der Bibliothek der kirchlichen Hochschule in Hermannstadt steht.

Zu meiner Überraschung antwortete er mir auf meine Frage etwa sinngemäß: »Ach, wissen Sie, was sollte denn damals ein fähiger, enthusiastischer junger Mann wie Benesch, der etwas im Volk bewegen wollte, anderes tun, als sich der völkischen Bewegung anzuschließen? Man hatte es doch damals mit sehr verhärteten, unbeweglichen Traditionen und Strukturen zu tun, gegen die die jungen Leute, die etwas wollten, rebellierten – natürlich oft in einseitiger Art und Weise.«

Benesch hatte das schon in Deutschland miterlebt, wie unzählige Menschen sich mit einem rückhaltlosen Idealismus und einer heute ganz unglaublichen Begeisterung an den Nationalsozialismus hingaben. Vielen – längst nicht allen – gingen erst mit der Zeit die Augen für den wahren Sachverhalt auf; viele glaubten selbst im April 1945 noch an den »Endsieg« des »Führers« und haben erst nach der endlichen Niederlage im Mai 1945 begriffen, worum es sich in all den Jahren gehandelt hatte – alles Dinge, die heute ganz unwahrscheinlich klingen müssen. Selbst ein Mann wie Martin Heidegger war mehrere Jahre hindurch, auch als Rektor der Universität in Freiburg, ein Verfechter des Nationalsozialismus.

Idealismus und Begeisterung für den »Aufbruch des neuen Deutschland« fanden bei den Deutschen außerhalb des »Reiches«, also bei den »Auslandsdeutschen«, aber noch eine Steigerung, wie aus nahezu allen Berichten der damaligen Zeit hervorgeht: Deutschland erschien als das große Ideal; was dort im Aufbruch passierte, konnte nur gut sein; »wir waren einfach betrunken von dem ›neuen Deutschland‹«, und selbst noch 1942, »dem Jahr, in dem ich […] Abitur machte«, berichtet Willi Albert in einer biographischen Skizze, »[…] war der Himmel voller Geigen, der Wirbel in vollem Gange. Es war, als ob sich ein Rad von selbst immer schneller drehte. Es wurde getanzt, […] ein Maifest, eine Schülerolympiade und immer wieder die durchdringende Fanfarenmusik aus den ›Préludes‹ von Franz Liszt: ›Das Oberkommando der Wehrmacht gibt bekannt‹ [wieder eine Siegesmeldung – HWS] Man rannte zum Radio.«[52]

Auch aus dem *Tagebuch*[53] des damaligen Bischofs der Evangelischen Kirche A. B. (Augsburger Bekenntnis) in Rumänien, Viktor Glondys, geht hervor, dass er zunächst glaubte, die Verständigung mit der Fabritius-Bewegung finden zu können, und dass ihm der Idealismus der Jugendlichen, die sich dieser Bewegung angeschlossen hatten, deutlich vor Augen stand.

Besonders der Jugendidealismus, der schon im Umkreis von Vater Hahne zum begeisternden Erlebnis geworden war, begegnete Benesch jetzt unter anderen Vorzeichen wieder und forderte zum Handeln auf.

Die Tätigkeit, die in diesem Zusammenhang von ihm zu leisten war, kann man sich vor Augen führen, wenn man die Schilderungen aus der Broschüre *Deutsche Jugend am Werk. Berichte aus den Arbeitslagern der Deutschen Jugend in Rumänien 1933*[54] liest; in diesen Lagern wurde von den Jugendgruppen der »Erneuerungsbewegung« auf dem Land handfeste körperliche Arbeit geleistet zur Unterstützung der Bauern bei der Weiterentwicklung der landwirtschaftlichen Verhältnisse. Diese freiwilligen Einsätze waren zugleich offensichtlich starke Gemeinschaftserlebnisse mit Musizieren und Singen, Lagerfeuer und Volkstanz – eine Fortsetzung der Wandervogelbewegung, aber mit dem bewussten Akzent der »Erneuerung des Volkstums« und der Ertüchtigung der Jugend. »Vater Hahne« notierte über Benesch: »1931/32 Aufbau in der Heimat – Rebell – Führer.«

»Auch unsere Jugendgruppierungen wurden damals umgekrempelt«, heißt es in einem Bericht aus der damaligen Zeit, »ein bescheidener Anfang war die Umwandlung des beliebten ›Wandervogels‹ in eine sogenannte Schulwandergruppe. Das Wandern wurde damals schon langsam zum Marschieren, und die Lieder wurden ›zackiger‹.«[55] Gertrud Birthler, die Schwester von Friedrich Benesch, berichtet: »Im Wandervogel waren wir ja alle, und der ging in die mehr politische Arbeit wie von selbst über.«

Aber Benesch wohnte immer noch bei seinen Eltern in Sächsisch-Regen, und sie erwarteten von ihm endlich eine Berufsentscheidung. Er bat sie um Geduld. »Ich brauchte Zeit für das Studium der Anthroposophie, das mich ergriffen hatte. Ich konnte jederzeit Gymnasialprofessor werden, aber das gerade wollte ich nicht.«

Nach dem Studium in Klausenburg und den Aktivitäten in der Erneuerungsbewegung rückte nun also die Beantwortung der Frage, wie es weitergehen sollte, und welche Entschlüsse jetzt zu fassen sein würden, immer näher, und zu Ostern 1932 »griff erneut das Schicksal ein«. Professor J. W. Mannhardt, der von Benesch verehrte Dozent und Leiter der Marburger Burse, war von seiner schon erwähnten Auslandsreise (siehe S. 69) zurückgekehrt und lud Benesch ein, nach Marburg zu kommen und an seiner Stelle die Leitung der Burse zu übernehmen.

Leiter der deutschen Burse in Marburg

So kehrte Benesch im Frühjahr 1932 in die menschlichen Zusammenhänge zurück, in denen er schon 1925 gelebt hatte.

In Marburg angekommen, schrieb er sich, vielleicht veranlasst durch den neu gewonnenen Blick auf das Christentum, erneut für evangelische

Theologie ein mit der Absicht, »von Grund auf Dogmatik, Ethik, Kirchengeschichte, Exegese des Neuen Testamentes bis hin zur Offenbarung des Johannes zu studieren«.

Aber auch jetzt ist der Hinweis auf das Studium der Theologie zwar nicht falsch, es steht aber zunehmend nicht mehr im Mittelpunkt des akademischen Interesses. An erster Stelle dagegen finden wir die Einführung in das von Professor Mannhardt angekündigte Amt, welches allerdings harmloser erscheint, als es in Wahrheit ist.

Professor Mannhardt war vom Reichsführer des Volksbundes für das Deutschtum im Ausland (VDA), wie schon auf S. 69 angesprochen, zum besonderen Referenten für das Volkstum in Übersee ernannt worden mit dem Auftrag, dort Gebietskonferenzen zu organisieren. Nach dem Grundsatz »Siedlungsdeutschtum im Ausland ist Reichsdeutschtum« sollte praktische Parteiarbeit geleistet werden. Vorgesehen waren zunächst Argentinien, Chile, Brasilien, übriges Ibero-Amerika, Südafrika und Australien.

Als »wir obersten Träger der VDA-Arbeit«, so Mannhardt, »kürzlich vom Führer empfangen wurden, haben wir ihm unsere Treue gegenüber unseren völkischen Pflichten in die Hand versprochen.« Nach erfolgreichem Abschluss der ersten großen Auslandsreise sollte nun die zweite in die Vereinigten Staaten und Kanada angetreten werden und zuvor musste Mannhardts Nachfolger feststehen. Um besser einschätzen zu können, in welchem Umfeld Beneschs neue Tätigkeit zu sehen ist und auf was er sich einließ, ist es nicht ohne Interesse, aus der Feder Mannhardts selbst zu erfahren, wie er den Geist des Hauses charakterisierte.

»Die Deutsche Burse zu Marburg war von vorneherein ein Kind dieses neuen Geistes und ihre Träger sind Vorkämpfer nach rechts und nach links gewesen auf den ihnen zugehörigen Gebieten der Wissenschaft und politischen Erziehung. So bedeutet das Jahr 1933 auch für sie die erste Erfüllung, wenn sie auch mit diesem dankbaren Bewusstsein bescheiden zurücktreten hinter denen, die in Partei und SA zur politischen Tat berufen gewesen waren. Sie wissen, dass sie jetzt nach gelungenem Durchbruch und in einer gewandelten Zeit mit ihrer Aufgabe der Prägung von Geist und von Männern neben die alten Kämpfer treten müssen. Es gibt heute nur ein Ziel in Deutschland, das Recht und Sinn hat. [...]

Professor Dr. jur. Dr. phil. Johann Wilhelm Mannhardt

Was ist geschehen? Nur das Einfachste konnte solchen Erfolg haben. Gott hat in den Deutschen eine totale Erneuerungsbewegung entstehen lassen, die durch alle Schicksalsschläge immer nur noch kräftiger geworden ist. Ein wahrhafter Führer hat uns Vertrauen und Glauben an eine Zukunft wiedergeschenkt. Er hat der geistigen Bewegung eine politische Form gegeben und sie Partei genannt, um sie im Rahmen der parlamentarischen Demokratie als Kampfinstrument einsetzen zu können.«[56]

Eine Berufung in diese für die Universität wichtige Funktion konnte Mannhardt nur aussprechen, wenn er sicher sein konnte, dass sein Nachfolger der geeignete Kandidat war, das heißt, dass dessen ideologisches Bewusstsein so gefestigt war, dass er den besonderen Anforderungen gerecht werden würde. Und diese Gewissheit hatte Mannhardt seit dem Sommersemester 1925 bis Sommersemester 1926 gewonnen, in denen Benesch in der von ihm geleiteten Burse wohnte und Hörer seiner Vorlesungen war.

Zunächst belegte Benesch im Wintersemester 1932/33 nur eine Vorlesung bei Dr. Wagner – »Griechisch« – und zwei bei Professor Mannhardt. Auch hier wird wieder sein spezielles Interesse an politischen Fragestellungen deutlich:

»Konversatorium über außenpolitische Tagesfragen«
»Deutsche Grenzprobleme«

Dann wird Benesch die weitere Teilnahme an Vorlesungen »wegen Nichtzahlung der restlichen Unterrichtsgelder gestrichen«.

Um dieser Notlage zu entkommen, nahm er ein Angebot der Österreichischen Tabakwirtschaft an, das Abhilfe versprach. Im kommenden Jahr sollte im amtlichen Auftrag eine Festschrift erscheinen, die von der Generaldirektion herausgegeben und von Benesch verfasst wurde: *150 Jahre Österreichische Tabakregie 1784 bis 1934*.[57] Benesch schreibt, gegliedert in elf Kapiteln, versehen mit 58 Abbildungen, die Geschichte des Tabaks gemäß seinem Auftrag für den Zeitraum 1784 bis 1934. Was er dabei an amtlichen Akten und Literatur gesichtet und verarbeitet hat, ist beeindruckend. Die Kapitel lauten:

Geschichte der österreichischen Tabakregie
Die Tabakfabriken
Die Beamtenschaft
Die Arbeiterschaft
Soziale Fürsorge
Die Beschaffung des Rohtabaks
Von der Manufaktur zum Fabrikgroßbetrieb
Erzeugung und Verbrauch
Verkauf und Verkäufer
Der Export
Finanzielle Ergebnisse

Gemessen am zeitlichen und wissenschaftlichen Aufwand kann die Honorierung eigentlich nicht schlecht gewesen sein.

Ab Sommersemester 1933 half offensichtlich Professor Mannhardt, die Notlage zu beheben. Als »Burseninsasse« wurde Benesch von sämtlichen Studiengebühren befreit. Trotzdem belegte er nur drei Vorlesungen. Bei Professor Rudolf Bultmann »Erklärung der synoptischen Evangelien« und bei Professor von Soden »Erklärung der Briefe an die Galater und an die Römer«.

Bultmann gehörte damals zu den bedeutendsten evangelischen Theologen; seine Vorlesungen über das Johannes-Evangelium haben Schule gemacht. Mit der Auffassung, das Neue Testament müsse »entmythologisiert« werden, das heißt gereinigt von den mythologischen Elementen des Weltbilds zur Zeit Jesu, bestimmte er eine ganze Epoche der theologischen Forschung.

Professor Hans Freiherr von Soden war Kirchengeschichtler. Er trat 1933 mit einem Gutachten gegen den Arier-Paragraphen in den nationalsozialistischen Rassengesetzen hervor.

Bei Professor Mannhardt hörte Benesch Vorlesungen über:

»Hauptprobleme des Auslandsdeutschtums«

Im Wintersemester 1933/34 zunächst wieder Vorlesungen bei Bultmann »Erklärung des Johannes-Evangeliums« und bei Professor Heiler »Die kirchlichen Bewegungen der Gegenwart«, schließlich auch wieder zwei Vorlesungen bei Professor Mannhardt:

»Wesen und Gestalt des nationalsozialistischen Staates« und »Seminar über Österreich im gesamtdeutschen und europäischen Raum«

Mannhardts Vorlesungen werden nach der Machtergreifung nun eindeutig mit nationalsozialistischem Anspruch angekündigt. Dass die Stellung Österreichs zu diesem frühen Zeitpunkt thematisiert wird, bestätigt Mannhardt als Vordenker kommender Entwicklung; der Anschluss an das Reich erfolgte bekanntlich 1938.

Ehe Mannhardt die zweite große Reise im Auftrag des Führers antrat, wurde ihm die Ehre zuteil, auf der ersten Seite des Vorlesungsverzeichnisses für das Sommerhalbjahr 1934[58] eine Sammelvorlesung für die Hörer aller Fakultäten anzukündigen. Elf Wochen lang dozierten unter seiner Regie ausgewählte Kapazitäten zu dem Thema:

»Der Neubau des Reiches«

Die neue Zeit hatte in Marburg gründlich Einzug gehalten. Mannhardts Vorlesungen lauten:

»Die Außenpolitik des neuen Reiches«
»Die politische Bedeutung des Grenz- und Auslandsdeutschtums«
»Die außenpolitische Haltung«
»Die Reichskulturpolitik«

Für letzteres Thema hatte sich Mannhardt mit seiner Schrift *Hochschulrevolution*[59], die Ostern 1933 erschienen war, bereits nachdrücklich empfohlen: »So löst bei uns ein politisches Zeitalter ein humanitäres ab. […] Selbstverständlich wird auch in der anbrechenden Zeit der ewige Kampf zwischen Staat und Kirche um irdische Macht weitergeführt werden, wenn auch von anderer Grundlage her.«

Zwei Gastdozenten lassen aufhorchen. Die dritte Woche wird belegt mit den Vorlesungen des Juristen Roland Freisler über:

»Die Stellung der NSDAP im Staate«

Im gleichen Jahr übernahm Freisler in seiner Eigenschaft als Staatssekretär im Reichsjustizministerium die Zuständigkeit über den Volksgerichtshof, in dem er 1943 die studentische Widerstandsgruppe »Weiße Rose« der Geschwister Sophie und Hans Scholl und 1944 die um Stauffenberg und Moltkes Kreisauer Kreis versammelten Gegner Hitlers zum Tode verurteilte.

Und zum Abschluss der groß angelegten Vorlesungsreihe behandelte in der elften Woche der General der Infanterie Rudolf Schniewindt das Thema:

»Die militärische Sicherung«

Schniewindt war für diese Vorlesung wie kein anderer berufen. 1916 im Generalstab der 2. Armee, 1918 vom Kaiser mit dem Pour le Mérite für die »Große Schlacht in Frankreich« ausgezeichnet, war er 1919 Abteilungschef im Reichswehrministerium und unter anderem Befehlshaber im Wehrkreis Berlin.

Man gewinnt den Eindruck, die Weichen werden gestellt und die Studentenschaft als Träger kommender Ereignisse nimmt die Botschaft auf.

Außerdem hörte Benesch bei Professor Otto »Arische Heilslehren verglichen mit der christlichen«, bei Professor Eimer »Körperbau und Rassenlehre« und bei Professor Jaensch »Übungen über Entwicklungspsychologie und Pädagogik« sowie »Übungen über das Verhältnis von körperlicher Erziehung und Gesamterziehung«.

Was ist geschehen, dass zu diesem Zeitpunkt weder Theologie noch Naturwissenschaft eine besondere Rolle spielen? Insofern ist die Kenntnisnahme der thematischen Zuwendungen im Sommersemester 1934 aufschlussreich. Gleichsam wie von der gesellschaftlichen Entwicklung okkupiert, reduzieren sich die alten Intentionen, und was bleibt, folgt einer Richtung, an deren Ende sich die Katastrophe abzeichnet.

Das eingeschränkte Studienprogramm und die allmähliche Interessenverschiebung erklären sich natürlich auch durch eine Fülle von Verantwortungen innerhalb der Burse, aber auch durch die Vorlesungsinhalte, wie sie Mannhardt vermittelt hatte, und nicht zuletzt mit zwei Ausarbeitungen politischen Inhaltes, die Benesch zu Beginn seines Studiums im Wintersemester 1932 und zu dessen Ende im Sommersemester 1934 verfasst hat.

Nur mit Erstaunen kann zur Kenntnis genommen werden, wie Benesch, der ja gerade erst aus der Heimat an seine alte Alma Mater

Die deutsche Burse in Marburg

zurückgekehrt ist, sogleich zu einer fundamentalen Analyse der politischen Verhältnisse im Reich und in Siebenbürgen ausholt und ganz im Geiste Mannhardts eine Bewertung der Lage vornimmt und klarstellt, wo er selbst steht.

Im März 1933 erscheint von ihm im »Rundbrief der Deutschen Burse zu Marburg«, immer noch geleitet von Professor Mannhardt, der Beitrag *Der Nationalsozialismus in Siebenbürgen*.

Man ist versucht, diese Ausarbeitung, die im Anhang auf S. 447 vollständig nachgelesen werden kann, der Kategorie eines politischen Thesenpapieres zuzuordnen, denn weder vor noch nach seinem Studium hat Benesch am Beispiel Siebenbürgens so klar und detailliert begründet, warum er selbst Nationalsozialist ist und wodurch sich für ihn die Partei Hitlers als die zukünftige und einzige Kraft erweist, die nicht nur im Reich den Jahrhundertimpuls einer totalen weltanschaulich politischen Neugestaltung durchzusetzen imstande ist, sondern darüber hinaus auch in den »außerreichsdeutschen Gebieten« die gesellschaftliche Führung übernehmen kann.

Einige Monate später, im Sommer 1934, verfasste Benesch in Marburg noch einen zweiten Aufsatz *Die »religiöse Lage« in Deutschland*, der ebenfalls im Anhang, S. 453 vollständig zitiert wird, und der in gleicher Schlüssigkeit als Manifest künftiger Tätigkeit als Pfarrer zu sehen ist. Wenige Wochen vor Antritt seiner Pfarrstelle in Birk steht demnach fest, auf welcher Grundlage die Zukunft gestaltet werden wird.

Diese Grundlagen und die Vorbedingungen unter Berücksichtigung volksdeutscher Interessen im Ausland hat J. W. Mannhardt bereits genau umrissen, und man kann in der Folge erkennen, dass Benesch sie übernimmt:

»Um jeden Konflikt der deutschen Volksgruppen draußen mit ihren Wirtsvölkern zu vermeiden, hat die NSDAP ausdrücklich die Zugehörigkeit nicht Reichsdeutscher zur Partei untersagt. Wir verstehen, dass das von manchen Volksdeutschen als Zurücksetzung empfunden wird. Es kommt nun alles darauf an, dass aus diesem Empfinden eine positive Haltung wird. Die Volksdeutschen sind organisatorisch auf sich angewiesen. Das wissen sie, und sie haben deshalb von jeher ihre Verbände besessen, die ihnen den notwendigen Zusammenhang im Kampfe um die Erhaltung ihres Volkstums geben sollen. Alle nationalsozialistische Energie der Volksdeutschen draußen muss nun ihren eigenen Verbänden dienen, die sich regional nach den Bedürfnissen des Landes gliedern, in dem sie leben. Gewiss muss sich darüber das Bedürfnis nach einem Zusammenschluss aller Deutschen auf der Erde bemerkbar machen, der durch den Nationalsozialismus endlich einen mächtigen Auftrieb erhalten hat. Dieser kann aber nicht einer der Einzelnen, sondern nur einer der Volksgruppen sein, einerlei, ob in ihnen Reichsangehörige eine Rolle spielen oder nicht. Zu einem solchen Bund aller Deutschen auf der Erde wächst sich nach dem Willen nicht des Reichskanzlers, dessen Kompetenz hier aufhört, sondern des mit ihm identischen Führers des deutschen Gesamtvolkes der jetzige Volksbund für das Deutschtum im Ausland aus, dessen Schirmherr der greise Feldmarschall [60] ist. Nicht soll von oben ein künstliches Gehäuse errichtet werden, sondern die Auslandsdeutschen sollen mit uns Reichsdeutschen gemeinsam zu der sichtbaren Volksgemeinschaft zusammenwachsen, die jedem anderen Volk der Erde selbstverständliches Gebot erscheint.« [61]

In der biographischen Skizze, die Benesch im hohen Alter verfasst hat, ist von all dem nicht die Rede – im Gegenteil! Er schreibt da, dass »seine Tätigkeit als Leiter der Deutschen Burse immer schwieriger« wurde – »Die Nationalsozialisten hatten in Deutschland die Macht ergriffen« – und er habe schon in den dreißiger Jahren nach seiner Rückkehr aus Halle an seinen Freunden, die inzwischen zum Nationalsozialismus übergeschwenkt waren, eindeutig erlebt, dass mit dieser Bewegung ein antichristlicher Impuls verbunden gewesen sei!

Die Diskrepanz ist unübersehbar. Hatte sich für Benesch im Rückblick auf diese Zeit nach über fünfzig Jahren die Perspektive zugunsten einer später gewonnenen Einsicht verschoben? Oder wollte er im Nachhinein nicht mehr wahrhaben, worin er sich aktiv betätigt hatte: »als Rebell und Revolutionär«?

Sein Verhältnis zum »Kirchenchristentum« charakterisiert er rückblickend folgendermaßen und ebenfalls zwiespältig: »Ich geriet in immer tiefer gefühlten Gegensatz zu jeder Art von Kirchenchristentum.«

Trotzdem wird er ja nun bald ein evangelisches Pfarramt übernehmen! Dazu sagt er: »Das Seltsame war aber nun, dass das Christentum auch in dieser verfälschten und verhüllten Gestalt [des ›Kirchenchristentums‹ – HWS] im Innern der Menschen religiös wirksam war. In dem verfälschten Kirchenchristentum war immer noch ein Hauch des wahren Christentums in den Seelen zu Christus hin wirksam. Das konnte ich auch sehen.«

Damit ist nur von Ferne angedeutet, was sich in Wirklichkeit in dieser Zeit in ihm abgespielt haben muss.

Verlobung in Halle und Berufsentscheidung

Von Marburg aus kam Benesch dann auch immer wieder nach Halle. Auch hierüber schreibt er die nach unseren heutigen Kenntnissen rätselhaften Zeilen: »Die meisten meiner geliebten Jugendfreunde hatten sich endgültig für den Nationalsozialismus und damit gegen das Christentum entschieden«, und er fügt hinzu: »Sie wussten zwar, dass in mir das Christentum lebte, aber sie zogen sich seelisch von diesem Christentum und damit auch von mir zurück. Ich war damals ihnen

Hochzeit in Halle

gegenüber mit meinem christlichen Bewusstsein völlig isoliert und vereinsamt.«

Schon früher hatte sich in Halle eine tiefe Lebensbeziehung zu Sunhilt, der Tochter von Hans Hahne, angebahnt. Diese Beziehung kommt nun noch stärker zum Tragen. »Wir sprachen ausführlich über den illusionären Irrweg, den die Jugendfreunde genommen hatten. Wir schlossen uns immer mehr und inniger in dem inneren Aufgang des Christentums in unseren Seelen aneinander und erfuhren immer deutlicher, dass es ein gemeinsamer Lebensweg war, der in unserem Schicksal zu einer Lebensgemeinschaft werden wollte. Nach mehreren Besuchen in den Wintermonaten 1932-33 haben wir uns dann am 21. März 1933 verlobt.«

Sunhilt notiert in ihrem Tagebuch: »Heiterer Kerl, singt Sachsenlied voll Liebe und Leben.«

Die gemeinsame Zukunft erfordert nun aber zunächst die Beantwortung einer Frage, die nur eine Reise im Herbst 1933 in die Heimat Beneschs ermöglichen konnte: nämlich, ob sie sich als Tochter eines deutschen Professors vorstellen könne, in den ganz anderen bäuerlichen Verhältnissen zu leben. Sie konnte es.

Verlobung und spätere Eheschließung mit Sunhilt Sandraudiga Hahne werden im »Rundbrief der Deutschen Burse zu Marburg« angezeigt, in dem Benesch kurz zuvor auch seine beiden Aufsätze veröffentlicht hatte.

Die Verlobung und der Blick auf eine bevorstehende Heirat forderte nun endgültig auch die Frage nach seiner Berufswahl heraus. Der Lehrerberuf, den er ja zunächst angestrebt hatte, kam wie schon 1932 in Sächsisch-Regen angekündigt, für ihn nicht in Frage.

Er fühlte aber immer noch wie in seiner Kindheit eine starke Beziehung zum bäuerlichen Leben, zum Leben mit der Erde. Das Bauerntum als praktischen Beruf hatte er von Grund auf erlernt. »Aber ich konnte ja nicht Bauer werden. Das Bauerngut, das meine Eltern von den Großeltern übernommen hatten, übernahm mein Bruder, der Bauer war.

Aber ich konnte etwas anderes: Ich konnte mein Berufsleben mit dem bäuerlichen Leben, aber auch mit dem im bäuerlichen Leben wirkenden Christentum verbinden, wenn ich den Beruf eines christlichen Pfarrers in einer christlichen Bauerngemeinde für mich wählte. Und so stand [...] vor mir eine bäuerliche Gemeinde [...], bäuerliches Land und arbeitende Menschen und deren christliche Bedürfnisse, deren Christentum. [...] Die Feiern der christlichen Feste, das Miterleben mit der Natur, natürliche Frömmigkeit bäuerlicher Seelen, das war das, was für mich als Berufsmöglichkeit immer deutlicher und deutlicher vor der Seele stand.«

Durch seinen Freund Gottfried Schmidt war Benesch in Marburg schon auf die 1922 entstandene Christengemeinschaft hingewiesen worden. »Damals nahm ich am Gemeindeleben der Christengemeinschaft in Halle teil und durfte einmal in Frankfurt Rittelmeyer hören.[62] Es keimte der Wunsch in mir auf, einmal Priester der Christengemeinschaft zu werden; doch fühlte ich mich damals noch nicht reif dazu. [...] Die andere Möglichkeit war, das christliche Wirken in solchen christlichen Zusammenhängen, mit solchen Menschen, die zwar Christen waren, aber die den Anschluss an das erneuerte Christentum der Anthroposophie und der Christengemeinschaft in sich nicht finden konnten. [...] Das bedeutete nicht, dass in diesen Seelen nicht tief Christliches lebendig sein konnte, aber es fand nicht die Formen [...], die in der Erneuerung des Christentums möglich waren.«

Die Entscheidung fiel nun eindeutig: Benesch blieb in den evangelischen Verhältnissen seiner Heimat. Zu tief war er dort verwurzelt, zu undeutlich war wohl auch noch das »Neue« für ihn, das mit der Christengemeinschaft und ihrem Kultus verbunden war.

Aber es kann nicht übersehen werden, dass gleichzeitig eine zweite Handlungsebene sein Innerstes bewegte. Wie sollte unter den Gegebenheiten seiner Heimat ein »erneuertes Christentum« nach seinem Verständnis entfaltet werden, wenn der althergebrachte innerkirchliche Traditionalismus von vornherein alle guten Absichten zunichte machen würde?

Als Leiter der Burse und im Geiste Mannhardts hatte Benesch im Jahr zuvor die für ihn wesentlichen Gesichtspunkte erarbeitet und, wie schon erwähnt, im Rundbrief der Deutschen Burse zu Marburg veröffentlicht.

Im März 1934 folgt der auch schon erwähnte Beitrag *Die »religiöse Lage« in Deutschland.*[63]

Insoweit die Person Hitlers und die Bedeutung des Nationalsozialismus jetzt in den Mittelpunkt der religiösen Fragen gestellt werden, übertreffen diese Zuordnungen bei weitem die rein politischen Bewertungen

Lic. Friedrich Rittelmeyer

und Definitionen des ersten Beitrages zum Auslandsdeutschtum. Die Fundamentalkritik am kirchlichen Leben und Wirken der Zeit wird man ebenso akzeptieren können wie die von Benesch empfundene Notwendigkeit einer religiösen Erneuerung. Dass sie bereits existierte, wusste er zwar seit kurzem durch Gottfried Schmidt, aber der möglicherweise alles ändernde Ruf des Freundes erreichte ihn noch nicht in der Tiefe und so sieht er gewiss auch in dem fatalen Satz Hitlers »Ich weiß, dass meine Arbeit vergebens ist, wenn das deutsche Volk über die politische Erneuerung hinaus nicht zu einer religiösen Erneuerung findet«, die für ihn überzeugendere Grundlage für eigenes zukünftiges Handeln. Die radikale Schlussfolgerung, mit der Nationalsozialismus und Christentum nicht nur auf eine gleiche Stufe, sondern in einen direkten Bezug zueinander gestellt werden, bleiben besonders für den frühen Zeitpunkt des Jahres 1934 bemerkenswert. »Der Punkt, von dem aus hier gefragt wird, ist sehr einfach der, auf dem wir alle stehen, der nationalsozialistisch ist und sonst nichts. Und von hier aus soll vorläufig auch eine Antwort versucht sein. Darum lautet die Frage, richtig gestellt, nicht irgendwie nach der religiösen Lage, sondern sie heißt: Deutsches Volk und sein Glaube, oder, was dasselbe ist: Nationalsozialistisch und christlich.«

Man versteht nun sehr direkt alle kommenden Ereignisse bis zum Ende des Jahres 1944. Vor dem Hintergrund dieses Bekenntnisdokumentes ist der sich anbahnende Kirchenkampf und die Übernahme politischer Verantwortung keine zufällige oder aufgezwungene Entwicklung, sondern eine aus politischer Motivation gewollte.

Pfarrer in Birk

Im Frühjahr 1934 hatte Benesch vor dem Konsistorium in Hermannstadt die theologische Prüfung mit allgemeiner Auszeichnung in allen Fächern bestanden und wurde damit in die Reihe der Kandidaten für das evangelische Pfarramt aufgenommen.

Wieder kam das Schicksal von außen, jetzt aus den kirchlichen Verhältnissen heraus, auf ihn zu. Er hatte in früheren Jahren ja schon in der kirchlichen Jugendarbeit innerhalb der »Erneuerungsbewegung« in

Sächsisch-Regen mitgewirkt. Dadurch war er mit einigen Jungbauern aus der Gemeinde Birk – etwa 10 km südlich von seinem Heimatort Sächsisch-Regen gelegen – bekannt geworden, und die fragten ihn nun, ob er sich nicht vorstellen könne, die seit drei Jahren vakante Stelle des Pfarrers in Birk zu übernehmen. Der vorherige Pfarrer »trank gern und saß an den Sonntag Nachmittagen mit den Bauern bei Schnaps und Kartenspiel zusammen«. Zwar war er in den landwirtschaftlichen Verhältnissen tüchtig und anerkannt, aber mit seiner geistlichen Tätigkeit waren die Bauern nicht zufrieden. Sie hatten die Kirchenbehörde aufgefordert, ihn abzuberufen.

»Die kirchliche Ordnung war nun so, dass die Leitung der Kirchengemeinde, das Presbyterium, das aus acht bis zehn von der Gemeinde gewählten Persönlichkeiten bestand, unter den Kandidaten, die die theologische Prüfung bestanden hatten, selbst wählen konnte, für wen sie sich interessierten [...] So hielt ich im Mai 1934 in Birk meine Probepredigt, und ich wurde von der Gemeinde einstimmig zu ihrem Pfarrer gewählt. Ich erhielt dann in Hermannstadt durch den Bischofvikar durch Handauflegung die Approbation als Geistlicher dieser Kirche.« Der Rundbrief der Marburger Burse meldet in der Ausgabe des Sommersemesters 1934 unter »Berufliches«: »Friedrich Benesch seit 12. September 1934 Pfarrer in Birk.« Und unter »Familiennachrichten; Vermählungen: Friedrich Benesch mit Fräulein Sunhilt Hahne am 2. August 1934.«

Die Trauung wird von dem Jugendfreund Gottfried Schmidt in der Marktkirche in Halle vollzogen. »Ein Teil des Jugendkreises um Schwiegervater Hahne bildete das Hochzeitsgeleit. Sie machten aus Freundschaft bei einer christlichen Trauung mit, obwohl sie nach der Überzeugung Nationalsozialisten waren«, schrieb Benesch im hohen Alter. Und was war er *damals*? Das wird deutlich aus einem Brief vom 6. Juli 1934, den er an seine Schwiegereltern schrieb:

»Liebe Eltern – Vater und Mutter Hahne!

Es hat in Siebenbürgen in der Zeit um meinen Geburtstag herum immer – in jedem Jahr – einige Tage, die ganz klar und wolkenlos – man möchte beinahe sagen: ganz aufrecht dastehen. Und meine Mutter hat mir oft erzählt, dass an dem Tage meiner Geburt keine Wolke am Himmel erschienen sei und der Tag sei in völliger Klarheit dahingegangen.

– und auch jetzt waren solche Tage – und es berührt mich so gewaltig, was Vater Hahne über diese Tage schrieb. Es ist wirklich so ein ganz steiles – aufgerichtetes pfeilgerades Drängen nach oben.

Aber noch stärker hat mich dann dieses kleine Ding über Brautzeit – Brautstand – Ehestand berührt. Das ist wieder einmal so, als sei es gerade nur für uns geschrieben. Für Sunhilt und mich. Ich habe heute noch oft an Euch gedacht und die Dinge mit dem Rektorat sind wohl auch wichtig – ich glaube es bestimmt. Und gerade, dass auch Detering im Museum bleibt, ist, glaube ich, sehr wichtig! Er soll sich nicht nach Berlin holen lassen! Er ist doch noch so jung! Dort wird er nur aufgefressen!! Selbstverständlich ist das alles der Verschwiegenheit anvertraut und bleibt auch darin! Ich weiß es ja – dass ich über kurz oder lang auch in diesen Arbeitskreis treten werde! Treten muss!«

Nach der Darstellung eines kurzen Lebensabrisses fährt er fort:

»Dann Sommer 1925 Marburg. Erst ganz V. D. St. Student. Aber durch Mannhardt und die Burse mit der Jugendbewegung in Berührung. Entdeckung der Volkslieder. Zupfgeigenhansl. Erste Klampfe. Dann Kennenlernen von Vater und Mutter Hahne. Erst Ablehnung. Dann große Sitzung im Rosengarten. Dann Fahrt zu Spielen nach Halle! Dadurch ganz in die Jugendbewegung. Sommersemester 1926 mit Friedel Schmidt! […] Dann 1931 wieder in den Bergen. 1931-32 *Aufbau der Nationalsozialistischen Bewegung im ganzen Kreis. Erster Nationalsozialist des Kreises, Jugendführer, Rebell und Revolutionär.* [Hervorhebung HWS]

September 1932 Bursenleiter in Marburg. Weihnachten 1932 wieder ein Hoffnungsstrahl! März 1933 Fahrt nach Halle – alles wie vor 6 Jahren 1927 […] Verlobung. Herbst 1933 Fahrt mit Sunhilt nach Siebenbürgen. November 1933 schwerer innerer Kampf um Sunhilt. Da erst haben wir uns im Tiefsten gefunden. Frühjahr 1934 mit Sunhilt bei Friedel. Dann theologisches Examen. Dann ›Chef des Hauses‹ am Rotenberg (Burse in Marburg). Und heute 27 Jahre alt geworden. Und so viel liebe Menschen um mich.

Und ich grüße Euch in Liebe und danke Euch von Herzen für Eure lieben Grüße und Wünsche zum heutigen Tage.

Euer Sohn Frieder.«[64]

In siebenbürgischer Hochzeitstracht in Birk

Ankunft in Birk, Benesch stehend, links hinter ihm Sunhilt Benesch

Bei der Verwandtschaft Beneschs stieß die Wahl, eine Professorentochter als Ehefrau zu nehmen, nicht gerade auf Zustimmung, im Gegenteil. Auch als Benesch dann als Gemeindepfarrer in Birk einzog, war die Stellung seiner Frau keineswegs unumstritten. Allerdings wurden der »neuen Pfarrerin« von kirchlicher Seite herzliche Worte gewidmet – sogar veröffentlicht in den »Kirchlichen Blättern« vom 27. September 1934 –, »die aus dem Mutterland ihrem Gatten gefolgt ist und für die die Birker Frauen mit der Kraft der Liebe eintreten mögen. Nachdem Pfarrer Benesch Gott gedankt hatte, dass sich die Herzen gefunden, sprach Dechant Klemens das Schlusswort zu der schönen Feier, indem er die Birker aufforderte, von den Worten zu den Taten überzugehen.«

Für Beneschs Verwandte änderte sich die Situation aber erst, als deutlich wurde, dass die Familie sich Jahr für Jahr vergrößerte und eine große Kinderschar heranwuchs. Damit war die Professorentochter angenommen.

Die Herzen der Dorfbewohner gewann Sunhilt dadurch, dass sie an den langen Winterabenden in der Spinnstube mitmachte; als Pfarrfrau musste sie dabei sogar präsidieren und eine Art Oberaufsicht führen. Sie hat ihren Töchtern erzählt, dass ihr das nicht leicht gefallen ist, denn es war üblich, an solchen Abenden auch Schnaps zu trinken, und dazu bedurfte es bei ihr einer gewissen Überwindung. Auch machten oft derbe Witze die Runde. Sie hat aber dadurch, dass sie das alles auf sich nahm und durchstand, die Herzen der Frauen gewonnen und war später eine anerkannte Persönlichkeit im Dorf.

Am 11. September siedelte das jung vermählte Paar in das neu hergerichtete Pfarrhaus in Birk über; es wurde ein großes Fest: »Am Tage des Umzugs erschien vor meinem Elternhaus ein Reiterbanderium von jungen Burschen mit einer offenen Kutsche […], in der wir nun die 10 km von Sächsisch-Regen bis nach Birk […] zurücklegten.« In Birk war die ganze Gemeinde, Alt und Jung, das Presbyterium, die Gemeindeältesten, die verschiedenen Vereine, die Jugend und die Schulkinder versammelt, um das neue Pfarrehepaar zu begrüßen. »Und nun geschah etwas Eigenartiges. Was uns da an Vertrauen, Liebe und Hingabe entgegenströmte […], gestaltete sich zu einem Bund der Herzen. Der Akt der Präsentation wurde schicksalhaft. […] Eine Lebensgemeinschaft zwischen Pfarrerehepaar und Gemeinde begründete sich aus den Herzen selber. Diese Lebensgemeinschaft hielt nun stand durch alle Stürme der folgenden Jahre bis hin zum vollständigen Zusammenbruch zehn Jahre später im Herbst 1944.«

Im Jahre 1932 hatte Birk 1.983 Einwohner, davon 1.176 Deutsche. Es wird berichtet, dass die Gemeinde infolge der Lebensverhältnisse, die sich durch den vorigen Pfarrer eingebürgert hatten, in verwahrlostem, schlechtem Zustand war, bis hin zu Trunksucht und mangelndem Arbeitswillen. Benesch zögerte keinen Augenblick, einzugreifen und hatte sehr bald das dörfliche Leben in ein geordnetes Gemeinwesen verwandelt; dabei kam ihm nun viel von dem, was er bei Hans Hahne in Halle gelernt hatte, zugute; er griff nicht nur das religiöse Leben im engeren Sinne auf – in Predigt, Seelsorge, Taufe, Konfirmation, Trauung, Bestattung und im Unterricht –, sondern belebte die dörfliche Gemeinschaft durch Spiele zu den Festen, durch Gesang, Tanz und festliche Geselligkeit, durch Wanderungen und kulturelle Ereignisse.

In den »Kirchlichen Blättern« vom 12. Juli 1934, dem offiziellen Organ der evangelischen Kirche in Rumänien, wird zu dieser Zeit ein Rechenschaftsbericht der Tätigkeiten in den einzelnen Gemeinden veröffentlicht, worin Birk besonders erwähnt und die »vorbildliche Tätigkeit« des Pfarrers Fritz Benesch hervorgehoben wird.

Den letzten Tag der Visitation brachte Bischof Glondys in Birk zu, und in seiner Predigt vergleicht er die alte Gemeinde mit der neuen: »Trotz vieler Schicksalsschläge erholte sich die Gemeinde, und der Wohlstand wuchs. Und nun sind viele Kinder in die nicht evangelische Schule eingeschult. Wohin führt diese Entwicklung? Sie führt dazu, dass auch die Krone genommen wird. Diese Krone ist der evangelische Glaube [...]. So erhält zum Schluss Seine Hochwürden S.E. den erfreulichen Eindruck, dass die Birker bereit sind, für Kirche und Schule einzustehen.«

Aus einem Augenzeugenbericht – Andreas Dienesch im Gespräch mit Hans Bergel – wissen wir, dass Benesch bei den schweren Arbeiten, die zum Beispiel zur Wiederherstellung der Mühle notwendig waren, sich selbst nicht geschont hat: »Benesch hat als junger Pfarrer die ökonomisch heruntergekommene Gemeinde Birk (falsche Felderbebauung, ruinöses Stauwerk am Miresch-Fluss u.a.m.) in kurzer Zeit dadurch aus der Krise geführt, dass er nicht nur weitsichtig plante und organisierte, sondern auch selbst als Erster Hand anlegte, gleichviel, ob es um Erdarbeiten ging oder andere schwere manuelle Tätigkeiten. Dies habe ihn binnen eines Jahres die einhellige Zuneigung der Gemeindebewohner

Evangelische Pfarrkirche in Birk, historische Aufnahme

eingebracht. Ihren Pfarrer nach der kirchlichen Gemeindearbeit in verdreckter Arbeitskleidung, mit Spaten und Schaufel zu sehen, sei zur Selbstverständlichkeit geworden. Die nach dem Erliegen der Miresch-Flößerei verarmte und durch Auswanderung nach Übersee depressiv gewordene Gemeinde habe durch Anbau neuer Feldfrüchte u.a. dank Benesch moralisch wieder ihr Gleichgewicht gefunden.«

Auch ein Jahr später ist man voll des Lobes über die vorbildliche Arbeit des Pfarrers Benesch. Wieder in den »Kirchlichen Blättern« vom 2. Mai 1935 heißt es: »Auch konnte festgestellt werden, dass der bei der Generalkirchenvisitation angeregte freiwillige Arbeitsdienst sich gut zu entwickeln begann, darunter auch im großen Ausmaß zur Herstellung der Neuerrichtung kirchlicher Gebäude. [...] Vorbildlich ist der freiwillige Arbeitsdienst von dem neuen Pfarrer Benesch durchgeführt worden, indem er nach wohl durchdachtem Plan der Entschuldung der Gemeinde dient und bereits sehr anerkennenswerte Erfolge aufweist.«

»Wenn Benesch«, so nochmals Andreas Dienesch, »in einem seiner Texte von ›meinen Bauern‹ geschrieben habe, dann sei damit kein Be-

Historische Innenaufnahme

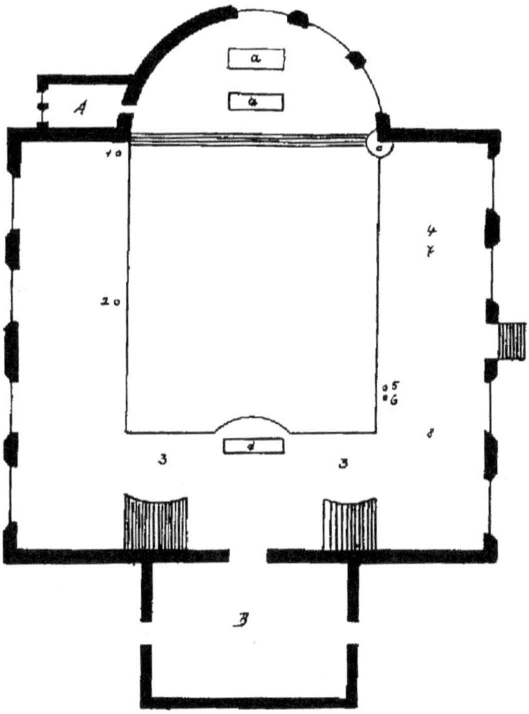

A = Sakristei,
B = Turm (3 Glocken, vom Kirchner oben bedient)
Kirchenschiff:
5 = Sitz der Altmagd,
6 = Sitz der Jungmagd,
8 = Schwesternschaft,
7 = Schulmädchensitze.
Empore:
1 = Sitzplatz des Altknechts,
2 = Sitzplatz des Jungknechts,
3 = Sitzplatz der Schulknaben.

Grundriss mit Erläuterung der historischen Sitzordnung

Luftbildaufnahme von Birk, im Zentrum Kirche, Schule und Pfarrhaus

sitzanspruch, sondern das so gewachsene Gemeinschaftsgefühl im Sinne des ›wir gehören zusammen, wir packen gemeinsam an‹, ausgedrückt; jeder Birker habe damals mit Stolz von ›meinem Birk‹ gesprochen, ohne damit zu meinen, dass die Gemeinde ihm gehöre.«

Birk war schön gelegen und ein beschaulicher Ort: »Das Flusstal, aus den Bergen kommend, öffnet sich hier zum ersten Male zu einer breiten Aue, an deren Rand das Dorf unter den Weinbergen am Flusse liegt«, schreibt Benesch. »Eine einzige lange breite Dorfstraße, zu beiden Seiten große Ziehbrunnen, die Bauernhäuser im fränkischen Stil, mit den Giebeln nach der Straße, in der Mitte des Dorfes die Kirche, das Schulgebäude und das behagliche Pfarrhaus mit hohen Tannen und Kastanien.

Es war schon eigentümlich, wie mitten in das 20. Jahrhundert hinein im siebenbürgischen Deutschtum etwas erhalten geblieben war von einer Seelenstimmung, die im Westen unter den Einwirkungen der technischen Zivilisation längst unterging. Das Leben dieser Bauern war noch getragen von den Kräften dörflicher Gemeinschaft, von dem gesunden alten Brauchtum, das sich am stärksten in den Trachten zum Ausdruck brachte.

Im Mittelpunkt des Gemeinschaftslebens standen die deutsche Schule und die Kirche. Für ihre Erhaltung wurde jedes Opfer gebracht. Unter der Beteiligung des ganzen Dorfes fanden Schulfeste und jährliche Schulprüfungen statt. [...] Die Konfirmierten und festlich aus der Schule Entlassenen kamen in die Bruder- und Schwesternschaften, in denen ein intensives Gemeinschaftsleben gepflegt wurde. Alle Veranstaltungen, der sonntägliche Tanz, der Kirchgang, die Fortbildungsschule und auch die Wanderungen der jungen Menschen waren noch von alten starken Ordnungen unter Führung von Lehrer und Pfarrer getragen, und es gehörte zu den eindrucksvollsten Bildern, wenn die Schulkinder in der Christmette um die brennenden Lichterbäume versammelt den alten Quempas sangen, oder wenn zu Pfingsten die Burschen das ganze Dorf mit Maien schmückten und nach dem Kirchgang in ihren wunderschönen Trachten zum Maientanz zogen. Verlobung und Hochzeit, Schwangerschaft, Geburt, Taufe, Einsegnung der jungen Mütter, alles hatte seinen althergebrachten, geregelten Gang. Und wenn es dann zum Sterben kam, da kam der Nachbar und holte den Pfarrer, und das ganze Dorf nahm Anteil, wenn der Kelch vom Pfarrhaus in feierlichem Gange an das Bett des Todkranken getragen wurde.«

Ich selbst habe Friedrich Benesch über seine Pfarrtätigkeit in Birk sprechen hören; besonders eindrucksvoll berichtete er von den sonntäglichen Predigten, die für die Bauern »nichts Rechtes waren, wenn sie nicht eine Stunde dauerten«. Sonntag für Sonntag diese Predigtarbeit zu leisten, war keine geringe Aufgabe; schon am Sonntagabend, wenn gerade die letzte Predigt vorüber war, musste die nächste entworfen werden.

Die Kirche war am Sonntag voll besetzt; aber die an schwere körperliche Arbeit gewohnten Bauern konnten oft nicht eine Stunde lang die notwendige Wachheit aufbringen – sie schliefen zwischendurch ein. Die Frauen halfen sich damit, große, stark duftende Blumensträuße vor sich zu haben: Wenn sie einnickten, wurden sie durch den starken Duft wieder wach gemacht. Aber: Eine Stunde musste die Predigt schon dauern! Und sie musste die Herzen bewegen: Es mussten auch Tränen fließen, das Innere der Menschen musste wirklich berührt werden.

Benesch hat in dieser Zeit eine intensive Rednerschulung durchgemacht, die ihm später sehr zugute gekommen ist; er sagte mir einmal: »Zu einer Ansprache oder Predigt können Sie mich jederzeit – sozusagen aus dem Stand heraus – auffordern, das macht mir keine Schwierigkeit.« Und sicher waren seine Predigten auch inhaltlich so, dass die Gemeinde aufhorchte. Er hat sich gewiss nicht gescheut, etwas von den Perspektiven, die aus der Anthroposophie heraus für Evangelienerkenntnis und tieferes Verständnis des Christentums möglich waren, in die Predigt einfließen zu lassen. Und sicher hat er auch schon damals die Bilder, die aus der Natur heraus als Symbole und Wahrbilder für das göttliche Wirken gebraucht werden können, in die Verkündigung einbezogen. Beides hat seine Wirkung auf seine Gemeinde nicht verfehlt.

Auch nicht höheren Orts. Der nationalsozialistisch orienterte Bischofsvikar Friedrich Müller wetterte jedenfalls in seinem Passionsvortrag gegen »monistische und anthroposophische Deutungsmuster«.[65] Nur ein einziger seiner Amtsbrüder konnte gemeint sein, der sie in seine Verkündigung einbezog.

Bauerntum – Christentum – Kirchentum

Benesch sah sich vor die Notwendigkeit gestellt, das religiös-christliche Leben bäuerlicher Seelen zu verstehen, um ihren Bedürfnissen innerlich zu entsprechen. Ihm war klar, dass sich in der bäuerlichen Frömmigkeit etwas vom Wirken der dreifachen Gottheit spiegelt. Im Walten der Naturkräfte wurde das Wirken des Vatergottes wie selbstverständlich empfunden, auch im Ablauf des eigenen Schicksals. »›Der Herr hat es gegeben, der Herr hat es genommen, der Name des Herrn sei gelobt!‹ Diese Worte aus tiefster Seele von einem Bauern gesprochen, habe ich oft gehört.«

Dann aber konnte auch von der Liebe gesprochen werden: »Die Liebe, die in Freundschaft und menschlicher Beziehung enthalten war, enthielt immer auch verhüllt die göttliche Liebe, die von Christus ausströmte.« Und damit wurde immer auch das Sohnesgeheimnis in der Predigt berührt. Benesch hat gelegentlich von einem Erlebnis gesprochen, das ihn als jungen Pfarrer sehr beeindruckt hat: Da kam ein alter Bauer zu ihm, sie redeten vom Wetter, von der Ernte, vom Vieh; aber erst beim

Im Arbeitszimmer

Abschied kam der Bauer mit seinem eigentlichen Anliegen heraus. Er reichte Benesch die Hand und sagte: »ER geht ja immer mit – und mit dem Herrn Pfarrer auch!« Mit solchen Erfahrungen öffnete sich der Blick in einen Bereich, in dem die Tiefe des religiösen Erlebens des bäuerlichen Menschen anschaubar wurde.

Die Beziehung zum Geistgott konnte Benesch ebenfalls wahrnehmen. Er sah, dass dies ganz und gar mit der Entfaltung der Persönlichkeit des einzelnen Menschen zusammenhing. »Wer erlebt hat, mit welcher Würde ein erwachsener oder älterer Bauer in der Gemeinde auftreten, mitdenken und mitsprechen konnte, der konnte den Eindruck gewinnen von einem unbewussten Bewusstsein des betreffenden Menschen von seinem ewig geistig-göttlichen Wesen. [...]

Die Gemeinde nahm mein Bemühen unbewusst wahr. Das Vertrauen der Bauern in das religiöse Wirken ihres Pfarrers wurde immer inniger, sicherer und liebevoller. Gemeinde und Pfarrer wurden mehr und mehr miteinander glücklich. In diese glücklichen Jahre mit der Gemeinde fiel dann auch die erste Entfaltung unserer eigenen Familie. 1935 wurde

Das Pfarrhaus in Birk, linkes Fenster: Arbeitszimmer Beneschs (Aufnahme 2006)

unsere älteste Tochter, 1936 und 1937 unsere ältesten Söhne geboren, und es war eine gesegnete Lebenszeit.«

Ein Abschnitt aus der *Birker Gemeindechronik* [66] wirft ein zusätzliches Licht auf den Beginn der Arbeit, auf die damit verbundenen Zielvorstellungen und auf die Lebensverhältnisse des Pfarrers in Birk:

Der Pfarrer

»Das Aufgabenprofil eines Pfarrers in Birk ist sehr umfangreich: Er predigt an den Haupt- und Festgottesdiensten, vollzieht die kirchlichen Amtshandlungen bei Taufen, Hochzeiten und Beerdigungen, erteilt den Religionsunterricht an der Schule, spendet seiner 1.100-Seelen-Gemeinde geistlichen Trost und gibt allen Rat- und Hilfesuchenden wertvolle Fingerzeige und Belehrungen, verwaltet und beaufsichtigt das Kirchenvermögen, steht der deutschen Schule als Lokalschulinspektor vor und führt seine Gemeinde in kultureller, politischer und wirtschaftlicher Hinsicht.

Hof des Pfarrhauses. Historische Aufnahme

Bezeichnend ist das Arbeitsprogramm, das Pfarrer Benesch 1934 bei seinem Amtsantritt entwirft.[67]

›Die Gemeinde steht vor folgenden Aufgaben:

1. wirtschaftlich: Erhaltung der Mühle, Vermehrung der Einnahmen durch Arbeit am Pfarrgrund, Einbau eines Siebes in der Mühle, mindestens 90% Einlauf der Kirchentaxe, Abzahlung der Schulden (2.250.000 Lei).

2. politisch: Aufrüttelung der Bauern aus dem Schlaf der Gleichgültigkeit; Anschluss der Gemeinde an die Erneuerungsbewegung (siehe S. 84).

3. moralisch/gesittungsmäßig: Abschaffung artfremder Gesittung (Zigeuner, Juden, städtische Tracht, fremde Tänze usw.). Hebung der Moral in der Familie. Vermehrung der Kinderzahl.

4. lebensmäßig: Erzeugung eines neuen, freudigen, starken Lebensgefühls: Feste und Feiern.

5. blutsmäßig: Erzeugung von Stolz auf das eigene Blut und dessen Werte: Ordnung, Ehre, Sauberkeit, Geradheit.

6. Blut und Boden: Werdet bewusste Bauern! Erhaltet den Boden!

7. religiös: Locken und rufen – in Freiheit und Güte! Hilf Herr!‹

Dem Pfarrer steht der Pfarrhof zur Verfügung: Pfarrhaus und Wirtschaftsgebäude samt Einrichtung. [...] Nutznießung von 16 Joch Kirchengrund. [...] Pfarrer Benesch bewirtschaftet den Pfarrhof selbst. Zu seinem landwirtschaftlichen Betrieb gehören 2 Knechte und eine Magd. Er besitzt 3 Pferde, 4 Kühe, 2-3 Schweine, 80 Stück Geflügel und den nötigen Maschinen- und Fuhrpark. Dadurch kann er bei seinen Bauern auch in bäuerlichen und wirtschaftlichen Fragen als Fachmann auftreten.«

Dieses »Programm« beim Antritt seiner Pfarrstelle wirft für uns heute eine ganze Reihe von Fragen auf. Zunächst sei hervorgehoben, dass die siebenbürgenschen Kirchenverhältnisse von vornherein – wie ja aus der einleitenden Beschreibung hervorgeht – auch kulturelle, wirtschaftliche und ausdrücklich politische Verantwortungen des Pfarrers für seine Gemeinde einschlossen; vor allem auch die Verantwortung für das Schulwesen. Aus dieser Tatsache entwickelte sich im weiteren Verlauf seiner Tätigkeit ein erhebliches Konfliktpotential.

Unter Punkt 2 seines Programms fordert Benesch den Anschluss an die »Erneuerungsbewegung«, für die er ja schon während seines Studiums in Klausenburg tätig gewesen war. Besonders problematisch müssen uns heute ferner die Punkte 3 (Zigeuner, Juden, hierzu siehe S. 182 f. und S. 404, Anmerkung 103), 5 (Stolz auf das eigene Blut) und 6 (Blut und Boden) des »Programms« erscheinen.

In den genannten Punkten treten zum ersten Mal, wenn auch in ihrer Tragweite nicht unmittelbar deutlich, konkrete Zielsetzungen der politischen Handlungsebene auf, wie wir sie aus seinem Thesenpapier von der »religiösen Lage in Deutschland« bereits kennen (Anhang, S. 453). Benesch knüpft mit den jetzt fälligen Beschlüssen zur Gemeindearbeit an seine dort niedergelegten Überzeugungen an, die neben anderen schwer wiegenden Schlussfolgerungen auch die Feststellung enthält: »Nationalsozialismus ist Deutschtum, nichts anderes.«

Im folgenden Exkurs soll versucht werden, dieser Aussage einige notwendige Gesichtspunkte hinzuzufügen.

Deutschtum

Eine Antwort auf die Frage zu geben, worauf die damalige Begeisterung für das Deutschtum zurückzuführen sei, ist vielfach versucht worden. Von einem wesentlichen Hintergrundaspekt, der selten Erwähnung findet, soll im Folgenden ausgegangen werden.

Heute kann man nur mit Unverständnis die unglaubliche Begeisterung wahrnehmen, die damals den Aufbruch des Deutschtums begleitete – in Deutschland selbst und in großer Erwartungshaltung bei den Auslandsdeutschen.

Eine Persönlichkeit wie Hans Hahne darf als ein, man kann wohl sagen, edler Vertreter dieses Strebens nach wahrem Deutschtum gelten. Es wird vielfach bezeugt, dass sich auch in den Reihen der Partei, ja selbst in der SS nicht wenige glühende Idealisten fanden, die für das »Wiedererwachen« des Deutschtums und für sein Wiedererstarken entbrannten.

Es sei hier eine Episode wiedergegeben, die von Emil Bock zu berichten ist. Er selbst, eine Zeit lang im KZ, war ab 1938 bis zu seinem Tode (1959) Leiter der Christengemeinschaft. Bock hat auf der ersten großen anthroposophischen Jugendtagung nach dem Krieg, die 1947 in Fellbach (bei Stuttgart) mit über 1000 Teilnehmern stattfand, von diesem Idealismus im Dritten Reich gesprochen. Er sagte sinngemäß: Der Enthusiasmus und die Begeisterung, die damals in der deutschen Jugend herrschten, waren doch in Ordnung! Ein Teilnehmer berichtet, dass bei diesen Worten Totenstille im Saal eingetreten sei, denn man konnte einen Moment meinen, Bock wolle den Nationalsozialismus rechtfertigen, während die jugendlichen Opfer dieses Wahnsinns als Teilnehmer dieser Tagung vor ihm saßen. Aber dann fuhr Bock fort: Die Popanze jedoch – so drückte er sich aus –, die als die so genannten Führer diesen Idealismus auf sich zogen, die waren die eigentliche Katastrophe!

Bock ist über jeden Verdacht nationalsozialistischer Tendenzen erhaben. Er kann als ein Zeitzeuge gelten, der die damaligen Verhältnisse – eingeschlossen das Verbot der Christengemeinschaft durch die Nazis 1941 – mit wachem Verstand begleitete und keinen Moment der Faszination des Nationalsozialismus erlegen war. Auch Bischof Glondys wurde bereits mit seiner Auffassung zitiert (siehe S. 83, 87), dass er den Idealismus und die Hingabe, die in der Jugend der »Erneuerungsbewegung« herrschten, anerkannte.

Auch im Widerstand gegen Hitler lebte – als ein Tatmotiv – etwas von dem Blick auf das wahre Deutschtum.

Oberst Claus Maria Schenk Graf von Stauffenberg – im gleichen Jahr wie Benesch geboren –, der in der Person des Führers »das Böse an sich« verkörpert sah, schleuderte nach seinem missglücktem Anschlag auf Hitler in dessen Hauptquartier am 20. Juli 1944 dem Exekutionskommando einen Ruf entgegen, der wie eine geistige Kampfansage verstanden werden kann. »Heiliges Deutschland!«[68] war allen Anwesenden in der Stille des Augenblickes deutlich vernehmbar, ehe Stauffenberg Sekunden später unter dem Feuer des Pelotons zusammenbrach. Nicht *dieses* Deutschland, ein »heiliges« wurde im Augenblick des Todes ausgerufen. Seitdem gilt Stauffenberg der Geschichtsschreibung als Repräsentant und Symbolfigur für das »andere« Deutschland.

Was brachten all die jungen Menschen damals mit, was lebte als tiefster Beweggrund in ihren Seelen? Jeder Mensch, der sich auf der Erde verkörpert, nimmt in der vorgeburtlichen, geistigen Welt bestimmte Impulse für seine Verkörperung auf, die er dann im irdischen Leben aufzugreifen und zu verwirklichen sucht. Die Seelen, die damals in Deutschland – oder auch als Deutsche im Ausland – zur Verkörperung strebten, trugen mehr oder weniger stark ein Bild des idealen Deutschtums in sich; denn der deutsche Volksgeist, von dem in der Anthroposophie eine konkrete Anschauung gegeben werden kann, lebte damals mit starken Zukunftsimpulsen, die durch die Katastrophe des Ersten Weltkrieges keineswegs erloschen, sondern im Gegenteil erneuert und verstärkt worden waren. Und wer eine Verkörperung als Deutscher vor sich hatte, begegnete dem deutschen Volksgeist und nahm dadurch bestimmte ideale Impulse für das Leben im Deutschtum auf – so wie andere Seelen auf *ihren* Wegen zur Erde etwa dem französischen, dem englischen oder dem russischen Volksgeist begegneten.

Rudolf Steiner hat 1915 diese Wahrheit in folgende Worte zu fassen gesucht:

»Der deutsche Geist hat nicht vollendet,
Was er im Weltenwerden schaffen soll.
Er lebt in Zukunftssorgen hoffnungsvoll,
Er hofft auf Zukunftstaten lebensvoll;
In seines Wesens Tiefen fühlt er mächtig
Verborgnes, das noch reifend wirken muss…«[69]

So wie früher dem Griechentum, dem Römertum, in der Neuzeit den verschiedenen europäischen Völkern bestimmte Aufgaben zukamen, die sie aus ihren besonderen Möglichkeiten heraus für die Gesamtheit der Menschheit erfüllen sollten, so war auch dem deutschen Volk ein Auftrag mitgegeben, und diese Aufgabe ist noch nicht völlig erfüllt; sie ist vielmehr in der Vergangenheit, und gerade im 20. Jahrhundert, vielfach durchkreuzt und vor allem durch den Nationalsozialismus ins Gegenteil verkehrt worden.

Die Menschen, die zu Beginn des zwanzigsten Jahrhunderts in Deutschland zur Welt kamen, hatten alle vor ihrer Geburt etwas von den Zukunftsimpulsen in sich, die damals als Hoffnung vom deutschen Volksgeist ausstrahlten; sie trugen unbewusst ein Ideal von der Mission des Deutschtums in ihren Seelen. So ist das Wort Stauffenbergs vom »heiligen Deutschland« nicht nur eine Phrase, sondern weist auf eine tief empfundene Wirklichkeit.

Sie stießen aber dann auf das, was sich inzwischen auf der Erde als Pseudo-Deutschtum entwickelt hatte – und eine tragische Verwechslung war die Folge; denn auf der einen Seite wurden sie in ihren Idealen aufgerufen, die da hießen Reinheit, Tapferkeit, Opferbereitschaft, Kameradschaft und Treue, Einstehen für eine große Sache – »Einer für alle, alle für Einen« –, Tüchtigkeit, Ausdauer und Hilfsbereitschaft. Doch diese positiven Ideale wurden durchsetzt von einer materialistischen Ideologie, die eine ganz andere Quelle hatte und mit dem Rassegedanken und dem Gedanken vom »unwerten Leben« Schlagwörter wie »Blut und Boden« und »Volk ohne Raum« prägte mit der Forderung nach unbedingter Gefolgschaft und Treue gegenüber dem »Führer«.

Die Ideale wurden von materialistisch-nationalistischen Zerrbildern gefärbt, die idealistischen Kräfte einer ganzen Generation in raffinierter Weise von den Pseudo-»Führern« missbraucht und verführt; noch einmal sei an das Wort von Bock erinnert: Der Idealismus der Jugend im Dritten Reich war schon in Ordnung; die Popanze, die diesen Idealismus auf sich zogen, die waren die eigentliche Katastrophe!

Ich werde auf diese Gedanken später noch einmal ausführlich zurückkommen; sie dürften für eine sachliche und ausgewogene Beurteilung der kommenden acht Jahre in der Biographie Beneschs hilfreich sein, denn immer stärker vermischten sich in ihm nun geistliche Mission und weltlicher Auftrag, Kirche und Partei, die im Zusammenprall der Gegensätze keine Übereinstimmung finden.

Wir haben nun den Blick auf Auseinandersetzungen zu richten, in welche Benesch mit dem Antritt des Pfarramtes in Birk immer unausweichlicher verwickelt wurde. Vorher soll in einer gewissen Ausführlickeit eine aufschlussreiche Erinnerung des schon erwähnten Schriftstellers und Essayisten Hans Bergel zu Wort kommen, die nicht nur einen privaten Benesch charakterisiert, sondern vor allem den Menschen, der im freundschaftlichen Gespräch im ureigenen, von Kunst, Wissenschaft und Religion gelebten Milieu die ganze Hintergrundatmosphäre dieser Zeit aufleben lässt – und die so ganz nebenher auch die lehrende Gabe des Älteren als Wesenszug beschreibt.

*

»Ich war elf Jahre alt«, so Hans Bergel, »und von meinem als Stadtkantor und Musiklehrer drei Jahre lang in Sächsisch-Regen, dem Geburtsort Friedrich Beneschs, wirkenden Vater zum Treffen mit zwei Freunden in das nahe gelegene, damals deutsche Dorf Obereidisch am Miresch-Fluss mitgenommen worden. Einer der beiden Freunde war der dreißigjährige Naturwissenschaftler und Theologe Dr. Friedrich Benesch, der älteste Sohn meines in mehrfacher Hinsicht beeindruckenden Deutschlehrers am Sächsisch-Regener Gymnasium.

Bei den Gesprächen der drei Männer auf der Gartenterasse des Obereidischer Pfarrhauses, wo der mit Fritz Schwester Marie-Luise verheiratete junge Schwager Wilhelm Roth, mein Taufpate, unser Gastgeber war […], hörte ich mit jungenhafter erwachender Wissbegierde zu, die mehr erahnte als begriff, was der kluge Mann sagte, angezogen aber von Anfang an bei jedem Treffen von dessen Charisma. So oft ich Fragen stellte – und ich fragte, von ihm ermuntert, bei jedem Anlass, der mich gedanklich aufhorchen ließ und mich beschäftigte –, antwortete er geduldig und mit der Klarheit, der ich Jahrzehnte später in seinen Schriften selbst zu komplizierten Themen wieder begegnete, ob er Perspektiven der Atomfrage erwog, über Betrachtungsmöglichkeiten der Mineralogie, aus ungewohnter exegetischer Sicht über die Apokalypse oder das österliche Mysterium schrieb.

Da die drei Freunde zusätzlich zum hohen Bildungsgrad außergewöhnlich musikalisch waren, sprachen sie nicht nur halbe Nächte lang über Bücher, über Partituren, die sie gemeinsam ›lasen‹, über Bibel- oder Laienspieltexte, die sie Replik für Replik durchsahen und diskutierten, sie musizierten auch gemeinsam aus dem Stegreif. Ob sich einer von ihnen an den Flügel setzte, zur Gitarre oder Violine griff, ob sie in improvisierten dreistimmigen Sätzen Lieder sangen wie ›Kommt, ihr G´spielen, wir wollen uns kühlen bei diesem frischen Taue‹, Lenaus ›Drei Zigeuner fand ich einmal liegen an einer Weide‹ oder ›Die Gedanken sind frei, wer kann sie erraten?‹ – die starke musische Begabung und Neigung der drei verlieh in meiner Erinnerung auch ihren Gesprächen bei einer Flasche halbtrockenem Weißwein der siebenbürgischen Rebe ›Mädchentraube‹ innere Bewegtheit und Glanz. Alle drei waren ungewöhnlich gute Kenner des deutschen Volksliedgutes. Die Bekanntschaft meines Vaters, Erich Bergel, mit dem aus Mähren stammenden Musikerzieher und Begründer des Finkensteiner Bundes, Walther Hensel, von dem während der zwanziger Jahre in ganz Deutschland aufgenommene Impulse zu Belebung des Volksliedes ausgingen, und mit dem Marburger Rudolf Mirbt, dem Hauptträger der seinerzeit viel diskutierten deutschen Laienspielbewegung – die ihn gemeinsam in Siebenbürgen besucht hatten –, war für sie Anstoß zur Abhaltung von ›Sing-‹ und ›Laienspielwochen‹ in den deutschen Siedlungsgebieten Südosteuropas geworden, an denen sich alle drei leitend beteiligten.

Es gab bei diesen Treffen und Gesprächen keinen ›Wortführer‹ unter ihnen. Alle drei kannten aus Studienjahren Lebens- und Kulturverhältnisse in Deutschland, am nachhaltigsten mit Sicherheit Friedrich Benesch. Auch daher galt dessen Anmerkungen die besondere Aufmerksamkeit. Allen dreien war bewusst, dass sich in der transsilvanischen Exklave

Kostbarkeiten der Lebenshaltung und eine Weisheit der Treue zum Überlieferten, ein bei allem Realismus bewahrter verbindlicher Sinn für die Wirklichkeit jenseits ›der Erscheinungen Flucht‹ erhalten hatten, die sie als Gegengewicht zum allenthalben wuchernden Materialismus begriffen – eindeutig auch als Auftrag in ihren Wirkungsbereichen. Rund zehn Jahre später sollte Friedrich Benesch diese Beobachtungen im besonderen Zusammenhang mit seiner Pfarrgemeinde Birk folgendermaßen festhalten: ›Es war schon eigentümlich, wie hier mitten im zwanzigsten Jahrhundert etwas erhalten geblieben war von einer Seelenstimmung, die im Westen unter den Einwirkungen der technischen Zivilisation längst unterging. Das Leben dieser Bauern war noch getragen von den Kräften dörflicher Gemeinschaft, vom gesunden alten Brauchtum, das sich am stärksten in der Tracht zum Ausdruck brachte [...]‹. Manchmal meinte ich einen Ton der Melancholie aus den Gesprächen der drei herauszuhören. Heute weiß ich, dass mich das Gefühl nicht trog – in der Angst um die in der anachronistischen Sondersituation Siebenbürgens noch bewahrte Welt schwang ahnungsvoll die Sorge um das Kulturerbe Europas mit.

Fast wörtlich aber entsinne ich mich eines langen Disputs an einem dieser ausgedehnten Abende, in dessen Verlauf Friedrich Benesch von unterschwelliger, ›durch Rückkoppelung wirksamer Persönlichkeitsprägung‹ der Deutschen Siebenbürgens dank der jahrhundertelangen Allgegenwart ihrer von den Topoi frühmittelalterlicher und noch weiter zurückreichender Wappen- und anderer Ornamentik bestimmten Volkstracht sprach; im Unterschied zu den Entwicklungen, Um- und Einbrüchen wie Reformen in Deutschland erhielten sich diese in der Exklave unverändert über die Zeiten hinweg.

Dazu muss erklärend gesagt werden: Die im 12. Jahrhundert vor allem aus linksrheinischen Gegenden ins ›sybembürgische‹ Hochland – so der Historiker der Goethezeit August Ludwig von Schlözer – auf Einladung des ungarischen Arpadenkönig Geysa II. einwandernden, erst seit dem 14. Jahrhundert Siebenbürger ›Sachsen‹ genannten Deutschen ließen sich, von Norden kommend, in den nördlichen Landstrichen des künftigen Wohngebietes nieder – in den Landstrichen um Bistritz und Sächsisch-Regen also –, ehe die später nachkommenden Siedlerschübe weiter südwärts ›in dessertam‹ vordrangen. Und hier nun, in Nordsiebenbürgen, erhielt sich auch – über die Säkula hinweg bis zur Flucht der nordsiebenbürgischen Deutschen 1944 vor den anrückenden Sowjettruppen – das älteste aus der ›Urheimat‹ einst mitgebrachte Traditionsgut: Zaubersprüche, deren Ähnlichkeit mit denen von Merseburg verblüfft, Lieder, Sagen. Am augenfälligsten das mit der wie oben umschriebenen Musterornamentik ausgestattete Festgewand, in dem Motive auftauchen, die sich heute nur noch in nordskandinavischen Landschaften finden, oder auf frühgeschichtliche germanische Vorbilder zurückgehende Schmuckbeigaben – wie etwa Plattenfibeln, wie sie in Norddeutschland und Südskandinavien schon um 1000 v. Chr. nachgewiesen wurden. Jedoch nicht allein dem isolierten Exklavendasein sind Phänomen und Mirakel dieses erstaunlichen Bewahrungsvorganges zu danken, sondern gleichermaßen der Einbettung in die lebendige und daher Bewahrung stimulierende Trachtenlandschaft aller südosteuropäischen Völker – mit ihren zum Teil auf Illyrer, Thraker, Altgriechen, bei den Ungarn auf asiatische Ornamentmotive zurückgehenden Mustervariationen und -kompositionen. Für alle war und blieb in erheblichem Maße, wie gezeigt, die Volkstracht als sichtbarstes Element Teil der Lebensausstattung und Manifestation spezifischer kultureller Prägung.

Für sie alle auch gilt, was Friedrich Benesch im Blick auf Trachten- und Schmuckemblematik der eigenen Landsleute feststellte – nicht zuletzt dank des gleichzeitigen täglichen Vergleichs mit dem Bild, das die Rumänen, Ungarn, Juden, Zigeuner boten. In diesem an ethnographischen Reichtum überbordenden Siedlungsgebiet geboren und aufgewachsen, drängte sich aber seinem durch die Oberfläche der Dinge hindurch suchenden hellen Geist eines Tages auch das Generelle der hier getroffenen Feststellungen auf: Die Frage nämlich nach Sinn, Information, Aussage und Hinweis *aller* optischen Erscheinungen. Von Friedrich Beneschs frühen diesbezüglichen Äußerungen – derer ich mich schon deshalb entsinne, weil sie Anlass ausführlicher Gespräche meiner Eltern waren – bis zu den rund vier Jahrzehnte später niedergeschriebenen Erkenntnissen des Bologneser Professors für Semiotik, Umberto Eco, ist nur ein Schritt: Dass jedes Zeichen ein Signifikatum ist, kennt die Philosophie als Überlegungsansatz seit langem. Beneschs Entwicklung zur Anthroposophie hin bezeichnet einen anderen Weg als den vom berühmten Italiener beschrittenen.«

*

Als Pfarrer in Birk knüpfte Benesch direkt an die in Marburg in seinen beiden Aufsätzen (siehe Anhang, S. 447 und S. 453) niedergelegten Erkenntnisse an und veranlagte in seinem kirchlichen Arbeitsprogramm, die Gemeinde »politisch wachzurütteln und den Anschluss an die Erneuerungsbewegung« herzustellen.

Damit stellte er sich von Anfang an in Auseinandersetzungen hinein, an denen er nun mehr und mehr aktiven Anteil nahm.

Bereits bei seiner Amtseinsetzung hatte er vor dem »Ordinationskolloquium« seine »nationalsozialistische Einstellung« offen erklärt, was »den Bischofsvikar in Stellvertretung des Bischofs dazu veranlasste, schwere Bedenken gegen meine Amtseinsetzung vorzubringen«, die aber die Ordination nicht verhinderten. »Bereits nach kurzer Zeit entwickelte sich aus politischen und weltanschaulichen Gründen ein scharfer Gegensatz zwischen mir und der Kirchenführung. Es wurde mir vorgeworfen, germanisches Heidentum zu predigen und in meinem Gottesdienst Wotan anzubeten; dies hat mir der Bischof Glondys selbst vorgeworfen.«

Bischof Viktor Glondys (1882-1949) war im Verlauf der Jahre wiederholt mit den innerkirchlichen theologischen und weltanschaulichen Streitfragen mit Benesch direkt konfrontiert und hatte in dem schließlich fälligen Amtsenthebungsverfahren den Vorsitz inne.

Und wieder finden sich fast wortgleich die Begründungen für den sich anbahnenden Konflikt sowohl in seinen Marburger Thesenpapieren (S. 447 u. S. 453), aber auch in Mannhardts Strategieplan, wie sich Volksdeutsche in ihrem jeweiligen »Wirtsvolk« organisieren sollten (siehe auch S. 96). Benesch formuliert das später etwas abgemildert folgendermaßen:

»Die evangelische Kirche in Siebenbürgen hatte eine doppelte Aufgabe. Sie war auf der einen Seite kirchlich-religiöse Einrichtung evangelisch-lutherischer Konfession. Sie war auf der anderen Seite Repräsentant des Volkstums der deutschen Volksgruppe in Siebenbürgen und vertrat die völkischen und kulturellen Belange dieser Volksgruppe innerhalb des rumänischen Staates. Diese Zwillingsstellung ergab für die Kirche die Notwendigkeit, in ihre Ordnungen auch die Vertretung für die kulturellen Belange der Volksgruppe mit aufzunehmen und zu ordnen.«

Bischof Dr. Viktor Glondys

Der Revolutionär

Anstoß erregt Benesch zunächst mit einem Vortrag. »Im Frühjahr 1935 hielt ich gelegentlich einer Akademiker-Schulung einen Vortrag über die Frage: ›Deutscher Glaube‹. Ich versuchte meist an Hand des Buches von Chamberlain *Die Grundlagen des 19. Jahrhunderts*[70] den Kampf der vorderasiatisch-semitischen und der germanisch-nordischen Rassen aufzuzeigen, wie das Christentum in einer gewissen Verbindung mit der zuerst genannten Rassenwelt als römisches zu den Germanen kam, dass viel von diesem Rassenerbe auch heute noch darin enthalten ist und dass wir in der Fortsetzung der Reformation, die nur ein Anfang und keine Vollendung sei, nach einem neuen germanisch-nordischen Christentum suchen müssten.«

Das Buch von Chamberlain *Die Grundlagen des 19. Jahrhunderts* ist berühmt-berüchtigt und hat den Nationalsozialisten als »wissenschaftliche« Basis für die Verfolgung der Juden gedient; man muss anerkennen, dass Chamberlain zunächst in bewegender, tiefer Weise über die Erscheinung und das Wesen Christi spricht; andererseits legt er in geistreicher Art – das ganze Werk ist intelligent und außerordentlich kenntnisreich geschrieben – nahe, dass Jesus selbst höchstwahrscheinlich gar kein Jude oder jedenfalls nicht »reinrassig« gewesen sei (auch Paulus und Moses seien es nicht gewesen); in der Entwicklung des Christentums will er dann Tendenzen entdecken, die die ursprüngliche Lehre Christi im einseitig jüdischen Sinne verfremdeten.

Vom Judentum hebt er als positiv hervor, dass »nirgends – das kann man, glaube ich, ohne Einschränkung behaupten – nirgends auf der ganzen Welt man den Glauben ähnlich an(trifft) wie bei den Semiten, so glühend, so rückhaltlos, so unerschütterlich. Vielleicht besäßen wir ohne sie den Begriff des religiösen Glaubens, der fides, gar nicht.«

Aber wenig später erscheint diese positive Aussage im negativen Licht: »Der echt semitische Glaube kann durch nichts zerstört, durch nichts auch nur angetastet werden, er widersteht jeder Erfahrung, jeder Evidenz. Hier triumphiert der Wille, und zwar […] triumphiert er nicht allein wegen seiner ungewöhnlichen Kraft, sondern zugleich in Folge der Verkümmerung von Verstand und Phantasie: Einem Minimum von Religion gegenüber befindet sich ein Maximum von unbedingter, unerschütterlicher Glaubensfähigkeit, von einem Glaubensbedürfnis, das wie eine gierige Hand sich ausstreckt und dem Gläubigen […] die ganze Welt zu eigen schenken will und muss.«

Das Judentum bringt gleichzeitig die Idee des Auserwähltseins hervor, »den Wahn einer besonderen Auserwählheit, einer besonderen Gottgefälligkeit, einer unvergleichlichen Zukunft, sie schließt es in tollem Hochmut von sämtlichen Nationen der Erde ab, zwingt ihm ein geistloses, unvernünftiges, in der Praxis gar nicht durchzuführendes Gesetz als ein gottgegebenes auf, nährt es mit erlogenen Erinnerungen und wiegt es in verbrecherischen Hoffnungen – und [...] erstarrt es so hoffnungslos in den unseligsten fixen Ideen, macht es so unabwendbar in allen seinen Gestaltungen [...] zu einem offenen oder versteckten Feind jedes anderen Menschen, zu einer Gefahr für jede Kultur, dass es zu allen Zeiten und an allen Orten den Hochbegabten das tiefste Misstrauen einflößte und dem sicheren Instinkt des Volkes Abscheu.«

Benesch hat also in seinem Vortrag 1935 im Anschluss an Chamberlain (dessen Buch in Deutschland allein in den Jahren 1932-1935 fünf Auflagen erlebte) den Gedanken vertreten, »dass wir in Fortsetzung der Reformation, die nur ein Anfang und keine Vollendung sei, nach einem neuen, germanisch-nordischen Christentum suchen müssten«.

Etwa zeitgleich hätte Benesch im Standesorgan »Kirchliche Blätter aus der evangelischen Landeskirche« vom 28. November 1935, zitiert nach dem »Völkischen Beobachter«, die Verfügung der geheimen Staatspolizei lesen können, dass die Anthroposophische Gesellschaft aufgelöst sei und jede weitere Betätigung verboten wurde.

Aber zurück zu Beneschs Vortrag.

In den »Protokollen der Sitzungen des Landeskonsistoriums der evangelischen Kirche A. B. in Rumänien, 1936-1937«[71] wird unter Nr. 39 auf diesen Vortrag Bezug genommen: »Auf Grund einer Anzeige gegen den Birker Pfarrer Friedrich Benesch, dass er in einem Schulungslager bei Kronstadt in den Osterferien 1935 [!] in einem Vortrag das Christentum als eine für den germanischen Menschen unannehmbare Verkündigung behandelt habe und der Vortrag geeignet gewesen sei, in unserer Jugend den Glauben zu zerschlagen, und dass er in größter Ekstase für einen nordischen Glauben eingetreten sei, war der Genannte aufgefordert worden, den beanstandeten Vortrag vorzulegen.

Pfarrer Benesch teilte darauf mit, dass die Einsendung des Vortrages unmöglich sei, da er ihn frei gehalten habe, gab schriftlich eine Inhaltsangabe des Vortrages und bat um eine Unterredung in der in Rede stehenden Angelegenheit.«

Bruder Gerhard Benesch mit Kind, Frau und Schwiegereltern

Die Unterredung kam dann erst 1936 zustande; Benesch verwahrte sich aber bereits vorher in einem Zeitungsartikel (s.S. 403) gegen die Vorwürfe, die da gegen ihn erhoben worden waren.[72]

Ein zusätzlicher Konflikt mit der Kirche entwickelte sich allmählich »durch den Stil und den Inhalt meiner persönlichen Predigttätigkeit im sonntäglichen Gottesdienst und durch den Stil und Inhalt meiner Ansprachen bei Taufen, Konfirmationen, Trauungen und Beerdigungen. Ich wurde durch die kirchliche Behörde beaufsichtigt und kontrolliert und das Dekanat in Sächsisch-Regen erhob gegen meine Predigttätigkeit den Vorwurf, mit der Art der christlichen Verkündigung von der lutherischen Tradition abzuweichen. Was ich da verkündige, sei nicht mehr das Christentum, sondern eine Art verweltlichtes, von christlichen Motiven durchsetztes Heidentum.«

Diesen Vorwurf erhob Bischof Glondys unter anderem auch aufgrund eines Osteraufsatzes, den Benesch im April 1936 in der »Deutschen Tageszeitung«[73] veröffentlicht hatte. Aus dem Inhalt dieses Aufsatzes wird der Grund der Kontroverse deutlicher; er wird deshalb hier ausführlich zitiert, auch um Benesch und seine »Handschrift« ganz zu Wort kommen zu lassen.

»Ostern

Nun ist wieder ein helles Leuchten in der Luft. Wie war es nur vor Tagen, in der Morgenfrühe vor Sonnenaufgang – als uns beim Ackern die erste Lerche sang und drüben aus dem Walde die Amsel schlug. Als uns im Wasserbruch neben dem Acker die erste Blüte des Jahres – goldgelber Huflattich – entgegenglühte. Täglich bin ich eingetaucht in die Auferstehungsherrlichkeit der Natur hinter Pflug und Egge gegangen. Was da emporblühte aus den dunklen Tiefen der Erde – ist wie ein heilig reines erglühendes Ausatmen – bis hin zu jenem wundersamsten aller Frühlingsbilder – wenn in lauer Luft sich Blütenzweige wiegen. Weiße Blüten aus braunem Holz gebrochen – und in warmer Sonne umsummt von tausend Bienen – atmen – veratmen – empfangend das Licht und sich selber verströmend an das Licht.

Mit gesegneten Füßen wandelt die Frühlingsgottheit über die Erde. Ostara heißt sie für unser Blut seit Jahrtausenden. Eingetaucht ist ihr Wandeln in Blütenduft und lauen Wind – in Auferstehungslicht.«

Benesch schildert nun, wie er nach Hause zurückkehrt und ihn der Frühlingswind umweht: »Heia Frühlingssturm. Das gibt feine Ostern. Da erinnere ich mich an einen alten Brauch. [...] Am zweiten Ostertage besteigt der Pfarrer schmunzelnd die Kanzel seiner Dorfkirche. Er hält seinen Bauern eine geistliche Vermahnung, die sich gewaschen hat. Das heißt, es muss nach altem Brauch eine richtig witzige Predigt sein. Sie muss so lustig sein, dass sich die Balken biegen [...] und (der Pfarrer) beginnt zu erzählen, wie einer den lieben Gott betrogen hat oder so. Und dann fangen sie an zu lachen und in den dröhnenden Bass der Männer mischt sich das hell klingende Gelächter und Gekicher der Frauen und Kinder [...] wenn das erreicht ist, dann ist die Predigt zu Ende. Denn jede Predigt hat einen Sinn [...], denn Lachen ist auch Religion. Und vor allem: Je brausender das Osterlachen durch die heiligen Hallen des Pfarrkirchleins brandet, um desto schwerer wird in dem Jahre das Korn [...], dann gehen alle seelenvergnügt nach Hause. Ostern ist da. Sie haben Auferstehung gefeiert. Denn, sagt Goethe: ›Sie sind selber auferstanden.‹

Brausendes Osterlachen fegt mit dem Frühlingssturm über die Erde. Sieghaftes junges Leben über alles Alte, Verkrampfte, Verknöcherte dahin. Aus der Kraft des Volkes bricht Auferstehungsleben in alle gestrigen Formen und Werke. ›In Deutschland haben die Menschen wieder lachen gelernt‹, sagt der Führer.« (Gemeint ist Adolf Hitler.)

Schon das erste Drittel dieses Osteraufsatzes muss für den Bischof schwer zu verkraften gewesen sein. Besonderen Anstoß erregte bei ihm aber, was Benesch dann zum Abendmahl ausführt.

»Auf dem Altar brennen die Kerzen, Brot und Wein sind aufgetragen – und stehen Blumensträuße. Darunter einer von eben erblühter Kirschblüte. Ein Strahl der Sonne fällt darauf. Veratmend strömt sein Duft über mich durch die Kirche. Gebrochen sind seine Zweige – nun opfern sie Schmuck und Schönheit in Andacht durchwehtem Raum, wo Bauern zum Abendmahl versammelt sind. Steinern steht der Altar. In meinen Händen halte ich geopfertes Leben. Es verströmt sich an uns alle und ernährt uns aus den ewig schöpferischen Opfertiefen der Welt.

Stückelein Brot in meiner Hand,
Von Gott dem Vater mir gesandt.
Damit du mahnest täglich mich,
Wie unser Herr geopfert sich.
Ich halte dich im Abendschein,
Du willst für mich gebrochen sein.
Du fragest mich so manches Jahr –
Für wen o Mensch bringst du dich dar?

Arnold Roth

Mein Herz schlägt der Gottheit entgegen, die sich uns neigt im eigenen Innersten, dort wo Blut und Herz eins sind – so wie draußen in Blüte und Frucht. Ich sehe die harten Schädel der Bauern, wie sie alle kommen – ich sehe ihre Augen und blicke in ihr Herz. Und die Reihen der Geschlechter sind vor meinen Augen und die zwei Millionen Gefallener in ihrem Blut, und ich ahne, dass Blut Geist ist und Geist Blut – werden kann. Und draußen vor dem Kirchenfenster singt ein Vogel in dem erknospenden Kastanienbaum. Osterlicht leuchtet durch die Kirche – aus den Augen der Bauern und durch das gebrochene Brot.«

Für
Wahrheit und Recht
in unserer Kirche

Herausgegeben
von einem Kreis enthobener
Pfarrer und Lehrer

1936

„Merkurdruckerei", A. M. Wächter, Hermannstadt

Kampfschrift. Herausgegeben von einem Kreis enthobener Pfarrer und Lehrer unter Leitung von Friedrich Benesch

Wenn man tiefer in diese Worte hineinhört, kann man doch wohl auch spüren, dass Benesch hier aus seinem tiefsten Erleben heraus zu sprechen versucht.

Aber wer verstünde nicht auch, dass der Bischof nicht mithalten kann: zu viel Naturmystik, zu viel »Neuheidentum« für dessen Ohr und sicher auch zu wenig zentrale christliche Botschaft. Benesch andererseits hatte sein Bestes gegeben. In einem Gespräch mit Bischof Glondys fühlte er sich tief missverstanden[74], konnte sich nicht verständlich machen. Das Gespräch musste schließlich abgebrochen werden, da der Bischof keine Zeit mehr hatte. Benesch war enttäuscht über die geistige Enge, die er dabei erlebt hatte. Ja, er erklärte am Ende sogar seinen Austritt aus der Kirche, nahm dies aber kurz darauf zurück, da er, wie er dann argumentiert, die Kirche für »verbesserungsfähig« hält, und so lange das so sei, könne er in ihr bleiben. Man kann aber auch annehmen, dass ihm klar wurde: Mit der Aufkündigung des kirchlichen Amtes hätte gleichzeitig auch jedes weitere politische Wirken in seinem Sinne ein sofortiges Ende gefunden.

„Neuheidentum"

In seiner berüchtigten Schrift: „Der Kampf um die Macht" sagt Möckel S. 31: „Es ist nicht zu verkennen, wie die antichristliche Strömung der alten Erneuerungsbewegung ganz stark in das Schrifttum der DVR einmündet. Vergleichsweise wird hier am unzweideutigsten Front gegen das Christentum und Propaganda für das neue Heidentum gemacht. Es gibt hier... Aufsätze — die in anderen deutschen Zeitungen ... nicht denkbar wären. Und wenn nun gerade einmal auch eine solche Presseäußerung sich anderswo hinverirrt, so wird sie dort als Entgleisung und nicht als typisch empfunden, wie hier".

Und nun finde ich im S.-D.-Tageblatt vom 20. Dezember 1936 eine solche verirrte Entgleisung. Die Entgleisung heißt „Baldurs Tod." Und die Redaktion schreibt: „Wir nähern uns der winterlichen Sonnenwende. Mit dem 21. Dezember hat das Dunkel die größte Macht über das Licht gewonnen. Lesen wir, wie Felix Dahn diesen alljährlichen Kampf zwischen den hellen und den finstern Gewalten, denen die Edda Göttergestalten gab, mit dichterischer Einfühlung darstellt". Ich stelle fest: Meine „neuheidnische Wühlarbeit" ist noch nicht bis in die Gehirne der Redaktion des S.-D.-Tageblattes gedrungen. Sonst müßten die Herren wissen, daß der Mythos von Baldurs Tod mit der Wintersonnenwende nicht das allergeringste zu tun hat. Der Mythos von Baldurs Tod ist die rassenseelische Schau des kosmischen Geschehens zur Sommersonnenwendezeit!! Ich empfehle den Herrn als Literatur: Hans Hahne, Jahreslaufspiele, Diederichs 1926, Bd. II, S. 11. Und ich gebe ihnen den Rat: wenn Sie schon eine von ihren verirrten neuheidnischen Entgleisungen bringen, dann besuchen Sie vorher meine „Ordenswochen" und lassen Sie sich belehren auf Grund meiner dort geleisteten „Wühlarbeit" über die exakten Grundlagen der germanisch-nordischen Weltanschauung, damit Sie nicht nocheinmal diesen lächerlichen Blödsinn machen, mitten im Winter Sommersonnenwende zu feiern! Oder — wenn Sie sich an meiner „Wühlarbeit" nicht beteiligen wollen — was ich ja von Ihrer Kirchentreue nicht verlangen kann, — dann beherzigen Sie wenigstens das gute alte Sprichwort: „Schuster bleib' bei deinem Leisten" — und schreiben Sie noch zwei oder drei Aufsätze über meine „Wühlarbeit", ich nehme sie lieber in Kauf, als diese intellektualistische Verballhornung der germanischen Glaubensgüter. Es ist doch wunderbar erhebend, wenn das Tageblatt anfängt, „in Neuheidentum" zu machen.

Fritz Benesch—Birk

Antwort Beneschs in der »Deutschen Tageszeitung« vom 29.12.1936

Leider findet sich in dem ansonsten sehr ausführlichen Tagebuch[75] von Glondys keine Notiz über dieses Gespräch. Aber in den »Protokollen der Sitzungen des Landeskonsistoriums der evangelischen Kirche A.B. in Rumänien ist diese Osterbetrachtung« und das Gespräch mit Glondys festgehalten:

»Vorsitzender macht weiter Mitteilung über die dem Landeskonsistorium überreichte Denkschrift von Pfarrer Benesch betr. das Rundschreiben Z 924/1936 und über dessen Osterbetrachtung in der Folge 458 der Deutschen Tageszeitung. Diese Äußerungen sowie den Inhalt der heute stattgefundenen Unterredung ebenso wie die Schwierigkeiten bei dem

Auf der Terrasse. Vater und Sohn beim Studium der Tagespresse

seinerzeitigen Ordinationskolloquium bilden die Grundlage für eine Charakteristik des Pfarrers Benesch, wobei der Vorsitzende den Gang der heutigen Unterredung wiedergibt. Die Unterredung schloss damit, dass Pfarrer Benesch seinen Austritt aus der Kirche erklärte; er dürfte dabei bleiben, da sein Glauben mit den Paulinischen Grundlagen des reformatorischen Christentums kaum vereinbar sei.« Benesch hat aber, wie berichtet, den Austritt bald nach dem Gespräch widerrufen.

Das Rundschreiben Z 924/1936 bezieht sich auf eine Verordnung, die das kirchliche Amt am 16. Februar 1936 (Wortlaut im Anhang, S. 467) herausgegeben hatte. Damit sollten sich die Pfarrer, Dekane und Bischöfe sowie Professoren, Lehrer/innen und Kindergärtnerinnen, die im kirchlichen Dienst standen, durch Unterschrift verpflichten, sich kulturell-gesellschaftlich ausschließlich unter der durch die Kirche gegebenen Ordnung zu betätigen.

Die geforderte Unterschrift verweigerte Benesch. Und mehr noch: Er wurde – wohl durch Aufforderung von Alfred Bonfert, dem Führer des rechtsradikalen Flügels der Erneuerungsbewegung, zum Wortführer der Gruppe von anfänglich 86 – später waren es noch 64 – Pfarrern, Professoren, Lehrern/innen usw. ernannt, die sich ebenfalls weigerten, diese Unterschrift zu leisten. Die von Benesch daraufhin erstellten »Richtlinien für unser Verhalten in der Disziplinaruntersuchung im Zusammenhang mit dem Landeskirchlichen Rundschreiben 924/1936«, schließen mit den Worten: »So gehen wir in den Kampf. Wir haben ihn nicht gesucht, aber wir nehmen ihn getrosten Mutes auf. Denn mit uns geht das Recht und die gute Sache unseres Volkes und unserer Kirche. Sieg-Heil! Friedrich Benesch.«

In diesen Richtlinien werden Gesichtspunkte dargelegt, mit welchen Argumenten die in dem Schreiben des Landeskonsistoriums geäußerten Anschuldigungen und Forderungen aufgrund der rumänischen Staatsverfassung, des Kultusgesetzes und der Kirchenordnung zurückgewiesen werden können.

In einem Punkt dürfte das aber nicht ganz einfach gewesen sein. So hatte Glondys aus dem »Dienstbuch der nationalsozialistischen Selbsthilfebewegung der Deutschen in Rumänien (NSDR)« einen Passus zitiert, demzufolge Amtsträger, die gleichzeitig einer Partei angehören, sich als Angestellte der Kirche zu unbedingtem Gehorsam dem Führer (der NSDR) gegenüber verpflichten mussten, »positive Arbeit an den Aufgaben der Kirche abzulehnen [...], um die Lebensdauer dieses Systems nicht zu verlängern«. Auch wenn diese Formulierung aus dem »Dienstbuch« später wieder zurückgenommen wurde, so blieb sie doch wirksam.

Aus dem Archiv des Landeskonsistoriums [76] geht hervor, dass Benesch als Leiter der »Pfarrerarbeitsgemeinschaft« innerhalb der »Kampfgemeinschaft der enthobenen Angestellten«, eine Ordenswoche in Groß-Schenk organisierte, an der außer ihm 15 Personen teilnahmen (Tierarzt Dr. Bonfert und 14 Pfarrer oder Pfarramtskandidaten). »Die Teilnehmer, die [...] sich zur ›neuen Kirche‹ im Sinne der nationalsozialistischen Weltanschauung bekannten, sind in die Geschichte der evangelischen Landeskirche A.B. als die 16 Apostel der ›neuen Kirche‹ eingegangen.«

Die Verweigerung der Unterschrift beantwortete die Kirchenbehörde mit einer Disziplinarklage vor der kirchlichen Behörde. Ankläger war das Dekanat in Sächsisch-Regen.[77] (siehe auch Anhang S. 475, 481).

Als sich infolgedessen die Amtsenthebung von Friedrich Benesch abzeichnete – er war bereits vorläufig suspendiert und die Kirchenbe-

Eine Gemeinde kämpft um ihren Pfarrer!

Birk warnt das Landeskonsistorium zum letzen Male

Hochlöbliches Landeskonsistorium!

Vor drei Wochen hat die Kirchengemeinde Birk in geschlossener Einmütigkeit das hochlöbliche Landeskonsistorium ebenso entschieden wie dringend ersucht, die beiden ungesetzlichen Rundschreiben Z. 924/1936 und 2245/1936 zurückzuziehen, das gegen ihren Pfarrer Friedrich Benesch auf Grund dieser Rundschreiben angeordnete Disziplinarverfahren sofort einstellen nnd ihren Pfarrer unverzüglich wieder in sein Amt einsetzen zu wollen.

Da die Kirchengemeinde Birk bis zum heutigen Tage auf ihr Ansuchen keinerlei Erledigung erhalten hat, da es im Gegenteil den Auschein hat, daß das Landes- und Bezirkskonsistorium versuchen will, die Gemeinde durch Hinauszögern der Disziplinarangelegenheit mürbe zu machen und zu spalten, indem die religiöse Betreuung durch unseren Pfarrer der Gemeinde monatelang vorenthalten wird, da seit Amtsenthebung unseres Pfarrers in Birk kein Gottesdienst mehr besucht wird und dieser Zustand unsere Gemüter ernstlich bedrückt und wir großes Verlangen nach dem herrlichen Gotteswort haben, das uns durch unseren Pfarrer verkündet wurde, gibt die gesamte unterfertigte Kirchengemeinde Birk, bevor sie zur Selbsthilfe greift, noch ein letztes Mal folgende Erklärung ab:

1. Wir können es nicht weiter zulassen, noch ertragen, daß unserer Gemeinde weiter durch unsere Oberbehörde seelischer Schaden zugefügt wird.

2. Wir wollen die religiöse Verkündigung und kirchliche Betreuung durch unseren Pfarrer Friedrich Benesch keinen Tag länger missen und entbehren.

3. Wir haben allein zu unserem Pfarrer Friedrich Benesch das volle Vertrauen und brauchen keinen stellvertretenden Seelsorger, wer auch immer er sei.

4. So lehnen wir auch den Ersatz unseres Pfarrers durch unseren Prediger

»Wir können es nicht weiter zulassen…«. Schreiben der Birker Gemeindemitglieder …

hörde hatte versucht, einen Vertreter für ihn nach Birk zu schicken –, legte die Birker Gemeinde in einem Schreiben an das »hochlöbliche« Landeskonsistorium Protest dagegen ein, und nachdem drei Wochen lang keine Antwort auf dieses Schreiben erfolgt war, veröffentlichte sie am 18. Juli 1937 den Wortlaut in der »Deutschen Tageszeitung« unter der Überschrift: »Eine Gemeinde kämpft um ihren Pfarrer! Birk warnt das Landeskonsistorium zum letzten Mal!« Darin heißt es:

»Wir wollen die religiöse Verkündigung durch unseren Pfarrer Friedrich Benesch keinen Tag länger missen und entbehren. Wir haben allein zu unserem Pfarrer Friedrich Benesch das volle Vertrauen und brauchen keinen stellvertretenden Seelsorger, wer auch immer er sei.

auf das Entschiedendste ab, da wir zu Letzterem nicht das Vertrauen, weder in religiöser noch in kirchlicher Hinsicht haben. Darum meiden wir auch den von ihm geleiteten Gottesdienst.

5. Wir werden uns unseren Pfarrer Friedrich Benesch durch keinerlei ungesetzliche Gewaltmaßregeln rauben lassen, damit dadurch Aufbau und Einigkeit unserer Gemeinde zerstört werde, sondern wir wollen ihn wieder haben und wenn er uns nicht zurückgegeben wird, sind wir entschlossen, auch den letzten schwersten Schritt zu tun und uns von diesem jetzigen Landeskonsistorium loszusagen und von demselben in Angelegenheit dieser beiden oben erwähnten Rundschreiben keinerlei Erlässe mehr zur Kenntnis zu nehmen, bis nicht durch Aufhebung derselben wieder ein gesetzlicher Zustand in unserer Landeskirche wiederhergestellt wird.

Auf Grund dieser unserer unwiderruflichen Erklärungen, ersuchen wir das hochlöbliche Landeskonsistorium dringend, zum letzten Male, unsere berechtigten und auf gesetzlicher Grundlage fußenden Forderungen bis zum 15. Juli 1936 um so gewisser zu erfüllen, da wir sonst gezwungen sind, das gegenwärtige Landeskonsistorium, welches sich durch die oben erwähnten Rundschreiben außerhalb der Gesetze gestellt hat, nicht mehr anzuerkennen. Wir werden dann unser Recht uns selbst suchen, und unseren Pfarrer, den wir frei gewählt haben, selbst wieder in seine Pflichten und Rechte einsetzen.

Der erste Schritt, um zu unserem Rechte zu gelangen, wird darin bestehen, daß unsere gesamte Kirchengemeinde, Presbyterium, Gemeindevertretung, Männer, Frauen und Jugend, am Sonnabend bezw. Sonntag, den 18. und 19. Juli 1936, wieder in unser Gotteshaus einziehen wird, wo wir unseren Pfarrer Friedrich Benesch einmütig auffordern werden, uns das Wort Gottes und die Sakramente wieder zu verwalten, die uns eine Zeitlang durch unsere Oberbehörde aus politischen Gründen vorenthalten wurden.

Dieses ist unser fester und unwiderruflicher Entschluß. Wolle Gott unsere oberste Kirchenbehörde erleuchten, daß sie uns nicht zu diesem Schritt zwingt.

Birk, am 5. Juli 1936.

Die gesamte
ev. Kirchengemeinde A. B., Birk

Für die Richtigkeit:

Dienesch Johann 237 a
Johann Dietrich 300
Johann Geßner 334

… an das Landeskonsistorium »Deutsche Tageszeitung«, 18. 07. 1936

Wir werden uns unseren Pfarrer Friedrich Benesch durch keinerlei Gewaltmaßregeln rauben lassen.«

Die Birker Gemeinde hatte aber schon früher beim Landeskonsistorium einmütig protestiert und darin vor allem auch die Gründe genannt, welche die Gemeinde so strikt für ihren Pfarrer eintreten ließ:

»Hochlöbliches Konsistorium! Die gesamte Kirchengemeinde Birk, Presbyterium, Gemeindevertretung, Wählerschaft, Männer, Frauen und Jugend erscheint geschlossen und einig vor unserer höchsten kirchlichen Behörde […], und einmütig und feierlich sich zu verwahren gegen die ihrem Pfarrer Friedrich Benesch widerfahrene ungerechtfertigte Maßregelung.

Wir können es unmöglich begreifen und müssen es auf das Tiefste bedauern, dass unsere kirchliche Oberbehörde aufgrund der Rundschreiben Z. 924/1936 und Z. 2245/1936 unseren verehrten Herrn Pfarrer wegen nichts anderem als wegen seiner aufrechten völkischen Gesinnung hat in Disziplinaruntersuchung ziehen und von seinem Amte entheben können [...]

Unsere Kirche soll Kirche bleiben und sich nicht in Politik einmischen. Und unser Pfarrer soll bleiben, wie er ist. Denn so hat er unsere Gemeinde aus einer alten Zeit in eine neue Zukunft geführt. Die Gemeinde Birk hat durch falsche Maßnahmen und falsche Leitung in der Vergangenheit unendlichen materiellen, moralischen und religiösen Schaden gelitten. Erst durch den Einzug der neuen Weltanschauung konnte dieser Schaden in den Jahren 1932-1934 aus unseren eigenen Kräften ohne Pfarrer einigermaßen behoben werden.

Und nun ist seit 1934 der Mann da, der in wenigen Monaten aus dem zerrissenen Birk eine einige Gemeinde gemacht, den Weg zur wirtschaftlichen Genesung gezeigt und den Weg in die Kirche wieder frei gemacht hat. Wir haben ihn gewählt, wir arbeiten mit ihm, wir kennen ihn als den arbeitsamen, treuen, aufrichtigen und opferbereiten Mann und Führer, der uns zur Einigkeit und treuen Pflichterfüllung gegen Kirche und Schule führte. 93% der Kirchentaxen sind im Vorjahr eingeflossen [das Ausbleiben der Kirchensteuer-Beiträge war ein Hauptproblem in der evangelischen Kirche damals in Rumänien – HWS] und neben den laufenden Ausgaben haben wir über 200.000 Lei an Schulden, die uns eine dunkle Vergangenheit gebracht hat, abgezahlt.

Unsere Jugend hat ein neues Gesicht. Die verlorene Volkstracht zieht wieder ein, die Kirchenbänke, die leer standen, sind wieder voll. Das Landeskonsistorium hat uns in dieser Arbeit nicht geholfen. Dafür nimmt man uns nun unseren Pfarrer, der all dieses geleistet hat [...] In aller Einmütigkeit erklären wir, dass durch seine weltanschauliche und politische Einstellung bei uns nicht der geringste Zwiespalt entstanden, sondern gerade durch sie der Aufbau unserer Gemeinde geschehen ist. Darum billigen wir sie voll und ganz. Unser Pfarrer hat Frieden gebracht in unsere Gemeinde. [...]

Aus all diesen Gründen fordern wir in allerersten Reihe die sofortige Wiedereinsetzung unseres Pfarrers in sein Amt. Dieses ist für unsere Gemeinde eine Lebensnotwendigkeit, und wir kennen nichts, was die Trennung unseres geliebten Pfarrers von uns rechtfertigt. [...] Wir lehnen jeden Ersatz für ihn ab. Wir haben ihn nach dem uns zustehenden Recht frei gewählt, ihn wollen wir haben und behalten. Dazu verhelfe uns Gott. Die einige Gemeinde Birk.«

Aus dieser Stellungnahme geht noch einmal eindrucksvoll Beneschs Einsatz für seine Bauern und für die Jugend in seiner Gemeinde hervor, auf die schon hingewiesen wurde. Er hatte durch seinen enormen Einsatz, seine Persönlichkeit, seine Fürsorge, seine Predigten die Herzen der Bauern wirklich gewonnen. Darüber hinaus aber muss er auch im ganzen Gebiet als Jugendführer hohe Achtung genossen haben; seine rednerische Begabung, seine bildhafte Sprache, sicher auch seine radikale Art zu formulieren, verschafften ihm manche Möglichkeit, hervorzutreten; eine Reihe von Berichten liegt darüber vor, so zum Beispiel ein »Bildbericht vom Tag der deutschen Jugend in Heldsdorf 1937« [78] mit fast 4.000 Jugendlichen »aus allen sieben Siedlungsgebieten« Rumäniens.

Darin heißt es: »Kamerad Fritz Benesch führte [während der Morgenfeier – HWS] in seiner Ansprache aus, der Tag der Jugend solle uns allen ein heller und heiliger Tag sein. Darum stellen wir ihn licht und klar vor Gottes Angesicht [...] Kamerad Benesch schilderte dann den Kampf um eine Neugestaltung der Jugenderziehung. [...] Es sei nichts als das Eingeständnis der eigenen Unfähigkeit, wenn liberalistische Jugendpfleger sagen, es sei uns leicht, mit einer begeisterten Jugend einen schönen Tag zu gestalten. Allerdings, das ist leicht. Aber diese Jugend zu solcher Begeisterung zusammenzuführen, dazu gehört allerdings etwas mehr als eine kirchliche ›Jugendführung‹, die dieser Jugend verbietet, am Jugendtag teilzunehmen. Wir sagen diesen Leuten: Ihr könnt euch die Jugend, die diesem Verbot gefolgt ist, braten, räuchern und für den Winter vorsorgen!«

Die letzten Worte sind sicher »Orginalton«, und wir können nachfühlen, dass sie den Kirchenoberen nicht gerade gut in den Ohren geklungen haben. Andererseits entsprachen sie dem Temperament des Redners, das ihn mitriss und hier zu weit gehen ließ.

Der folgende Rechenschaftsbericht auf dem Jugendtag schildert, dass in den sieben »Gauen« (den deutschsprachigen Gebieten Rumäniens) in den letzten beiden Jahren über 100 Schulungswochen stattgefunden haben: Führerschulungen, Turnschulungen, rassenkundliche

Bei einer Bestattung

Schulungen, Singwochen, Sommerlager, Schulungen in Fest- und Feiergestaltung. Es gibt »eine Organisation mit über 100 Ortsgruppen und Stützpunkten«.

Hans Bergel kommt ebenfalls auf die nun beginnenden Auseinandersetzungen zu sprechen: »Ungefähr zu dieser Zeit [...], sei es im Pfarrhaus in Obereidisch oder in meinem Sächsisch-Regener Elternhaus, war siebenbürgenweit viel und aufgebracht die Rede von Friedrich Beneschs Auseinandersetzung mit der Leitung der evangelischen Landeskirche unter deren Bischof Dr. phil. Viktor Glondys – einem aus Biala bei Bielitz in Schlesien stammenden, während der Studienjahre nach dem Ersten Weltkrieg in Graz vom Katholizismus zum Protestanten konvertierten Philosophen und Theologen. Glondys war nach Jahren als Privatdozent der Philosophie und als Pfarrer in Czernowitz in der bis 1918 zur Habsburgischen Monarchie gehörenden Bukovina – mit der am weitesten im Osten gelegenen deutschsprachigen Universität – 1922 zunächst zum Stadtpfarrer im südsiebenbürgischen Kronstadt, 1932 dann zum Bischof der Evangelischen Landeskirche A.B. Rumäniens mit Sitz in Hermannstadt gewählt worden.

Die Themen der ganz Europa politisch erregenden Epoche erfassten – unter religionsspezifischem Vorzeichen – nicht zuletzt, ja besonders die Mehrvölkerlandschaft Siebenbürgen. Nicht allein die von Berlin ausgehenden radikalen Strömungen, auch die nationalistisch und ideell überhitzte rumänische Gruppierung »Eiserne Garde« – die sich zuvor »Legion des Erzengels Michael« genannt und dezidiert christlich verstanden hatte – trug das Ihre dazu bei, das Chaos des Pro und Kontra in den Alltag und die Geistes- und Kulturbereiche hineinzutragen. Es ist hier weder der Ort noch der Anlass, im Einzelnen auf die Meinungsvielfalt und die Schroffheit des Diskussionstenors einzugehen. Natürlich wurden auch die Deutschen Siebenbürgens in den Sog des Zeitdisputs hineingerissen.

Zu dieser allgemeinen Erregtheit – und von ihr gefördert – kam die immer heftiger zum Ausdruck kommende Kritik an Unzulänglichkeiten des kirchlichen Gemeindelebens. ›Mehr und mehr wurde mir klar‹, notierte Friedrich Benesch in einem 1948 entworfenen Rückblick, ›dass es nicht mehr richtig sei, die Erneuerung des Christentums durch die kirchlichen Gegebenheiten beschränken zu lassen.‹ Verächtlich sprachen die Kritiker von der ›Amtskirche‹.

Die Situation kann mit den Verhältnissen in Deutschland, ›von denen sie sich grundlegend unterschied‹, wie der Kirchenhistoriker Ludwig Binder 1980 feststellte, nicht oder nur fallweise verglichen werden. Dessen ungeachtet ließ sich der scharfsinnige und ungewöhnlich belesene Bischof, der auch Vorstandsmitglied des ›Internationalen Verbandes für Innere Mission‹ und Vorsitzender des Kirchenfragen behandelnden ›Südosteuropäischen Ausschusses‹ war, dazu hinreißen, ein Rundschreiben seines Landeskirchenkonsistoriums mit der Nummer 924/1936 zu versenden, das ›alle Angestellten in Kirche und Schule und alle Kandidaten und Studierenden der Theologie und des Lehramtes anwies‹, sich bedingungslos der – nicht zuletzt politischen – Orientierung der Kirchenleitung zu unterwerfen. Alle Genannten, so Binder weiter, ›hatten einen Revers zu unterschreiben, in dem sie die Kenntnisnahme des Rundschreibens bestätigten‹. Zur Erklärung: Das ›vielseitige und differenzierte Schulwesen von beachtlichem Niveau‹ (Stefan Sienerth) unterstand, wie auch der Lehrkörper, der Kirche.

Das Rundschreiben 924 enthielt mit Sicherheit die falsche Aufforderung zum falschen Zeitpunkt. Zu denen, die ihre Unterschrift verweigerten, gehörte – wie mein Vater – auch Friedrich Benesch. Stellvertretend für die Betroffenen, warf Benesch in einer polemischen Schrift der Kirche Machtgier vor: ›Die Kirche soll Kirche sein. Sie soll möglichst wenig Macht im politischen Sinne haben. Denn je weniger sie mit politischer Macht behaftet ist, umso reiner und klarer wird jene andere Seite ihrer ewigen Sendung in Erscheinung treten können, die ihr als eine heilige Ordnung in der Wahrheit aufgetragen ist.‹ Die Kirche versuche, ›durch Macht Religion zu pflegen‹, anstatt ›mitten im Volke zu stehen‹.

Diesen Anspruch hatte Benesch wie kaum ein zweiter Pfarrer in Siebenbürgen erfüllt. Er war ›mit seiner Gemeinde im Alltag wie im Glauben zu einer unlösbaren Einheit verwachsen‹, teilte mir ein in Kanada lebender Birker, Andreas Dienesch, brieflich mit. Der Beweis: Als Friedrich Benesch von Bischof Glondys trotz wiederholter offizieller Proteste der Gemeinde seines Amtes enthoben und aus dem Gemeindepfarrhaus mit Frau und Kindern ausgewiesen worden war, weigerten sich die Birker ausnahmslos, den Gottesdienst des neu eingesetzten Pfarrers zu besuchen; er musste den Ort nach Jahresfrist wieder verlassen.

Bei einem gegen ihn angestrengten kirchlichen Disziplinarverfahren soll er, wie ich von meinem Vater hörte, der Augen- und Ohrenzeuge des Ereignisses war, ›keine Verteidigungs-, sondern eine Angriffsrede‹ gehalten haben, ›mit der er die jüngeren Generationen der siebenbürgischen Deutschen auf seine Seite brachte‹. Die Rede wirkte wie ein Sturmwind auf die siebenbürgischen Geister. Noch über das historische Ende der Deutschen in Siebenbürgen 1944/45 und deren Massenexodus 1989/90 hinaus wurde sie ›wegen ihrer sachlichen Unwiderlegbarkeit, ihrer Zivilcourage und ihrer rhetorischen Brillanz‹, wie Andreas Dienesch (siehe oben) kolportiert. Benesch hatte darin Schwächen der Kirche aufgezeigt, die von ersten Vertretern des Klerus wohl erkannt, zum Ärger aber, ja, zur Empörung vor allem der Jüngeren, die eine ›Erneuerung‹ des Kirchenlebens forderten, niemals öffentlich ausgesprochen worden waren.«

*

Beneschs Amtsenthebung war wohl unausweichlich. Über die »öffentliche Schlussverhandlung« notiert Bischof Glondys in seinem *Tagebuch*[79] am 15. Februar 1937:

»Mit Pfarrer Fritz Benesch fand eine öffentliche Schlussverhandlung mit Saalschutz kirchentreuer Leute, zu denen auch der Gauobmann eine Gruppe stellte, und mit Heranziehung der Polizei, statt. Es wurde befürchtet, dass ähnliche Überraschungen vorbereitet seien, die sich in Kronstadt, Groß-Schenk und Sächsisch-Regen ereignet hatten.«[80] Schlägereien gab es, wie gelegentlich behauptet wird, aber nicht.

»Eine Gruppe von Birkern, die sich nicht mit Einlasskarten ausweisen konnten, wurde von der Polizei zurückgewiesen. Die Verhandlung verlief ruhig. Benesch hatte als Hauptargument den reformatorischen Kirchenbrief gewählt, bewies aber, als ich ihn in ein Kreuzverhör von Fragen, unter Heranziehung der Bibel und der Bekenntnisschriften stellte, sehr mangelhafte Kenntnisse, so dass sogar die theologisch ungeschulten Bauern lächelten, weil sie sahen, dass Benesch seine eigenen Thesen nicht verteidigen konnte.«[81]

Benesch focht das Urteil – sogar mehrfach – an, wurde im Dezember 1937 aber schließlich doch schuldig gesprochen und zu dreijährigem Amtsverlust verurteilt. Der Widerspruch zwischen Amtseid als Geistli-

Justiz-Komödie in Sächsisch-Regen

Mittwoch, den 9. Dezember. Schlußverhandlung im Disziplinarprozeß Friedrich Benesch, Birk. Als wir in Reen ankamen, hatten sich die Herren vom Gericht in die kleinste Lokalität zurückgezogen. Wir standen in den Gängen vor der Türe. Man schickte uns unter den Schuppen im Hof. Das war doch zuviel. Wir verlangten einen größeren Raum — da doch die Verhandlung öffentlich sei. Da pferchte man uns in einen kleinen Raum zusammen — wo wir so gedrängt standen — daß keiner seinen Arm heben konnte. Die Akten wurden verlesen. Das dauerte bis halb 12 Uhr. Dann wurde die Sitzung unterbrochen. Aber auch unsere Geduld war zu Ende. Unmißverständlich forderten wir einen größeren Raum! Wen geht diese Schlußverhandlung an — wenn nicht die Birker Bauern.

Dann kam der Nachmittag. 250 Bauern aus Birk füllten den großen Saal, als unter brausendem Sieg-Heil unser Pfarrer — und unter eisigem Schweigen die „Herren" einzogen. Dann begannen sie zu fragen. Scharf, klar, kurz kamen die Antworten des „Beschuldigten" — restlos überzeugend. Auf keine einzige von den teils gefährlichen Fragen ist er die richtige Antwort schuldig geblieben. Uns schlug das Herz — und von Mund zu Mund ging das Raunen: „Unser Herr Pfarrer hat mehr im Kopf — wie diese Herren alle zusammen."

Und dann kam die Verteidigungsrede. Wir wußten bisher noch nicht im Einzelnen, warum unser Pfarrer enthoben war — wir haben ihm aus persönlichen Gründen die Treue gehalten. Jetzt konnten wir alle endlich erkennen, wo die Wahrheit und das Recht sind. In fast zweistündiger klarer Rede legte unser Pfarrer seinen Standpunkt dar — und man konnte deutlich erkennen, wie seine Beweise auch auf die „Herren" einen außerordentlich starken Eindruck machten.

Aber als er dann aus seiner grundsätzlichen Beweisführung heraus die Konsistorien und Richter angriff — da verloren die Herren die Fassung, sie wackelten durcheinander wie wenn der Sturm durch die Stengel fährt, und sie versuchten ihn niederzuschreien. Unbeirrt durch ihre verzweifelten Zwischenrufe führte er seine Rede zu Ende. Da haben wir die Herren gründlich ausgelacht.

Dann verließen wir alle — mit unserem Pfarrer an der Spitze — den Saal. „Ihr Urteil — meine Herren ist nicht maßgebend — denn es liegt von vorneherein fest. Die Wahrheit ist maßgebend — und die habe ich Ihnen gesagt."

Und der Erfolg? 3 Jahre Amtsverlust! Wir wissen alle, warum! 1 Jahr wegen der Ordnung und zwei wegen der Wahrheit, die er ihnen gesagt hat. Interessant ist nur, wie lange es dauern wird, bis das Urteil zugestellt wird und bis die Vorladung vor das Landeskonsistorium erfolgt. Ob das wohl auch wieder ein halbes Jahr dauert?

Pressekommentar in der »Deutsche Tageszeitung«, 18.12.1936

cher und Parteimitgliedschaft war zugunsten Beneschs nicht zu lösen. Erst am 21. Dezember 1940 unter neuer, nun aber nationalsozialistisch orientierter Kirchenleitung wurde der Erlass über das Verbot einer Zugehörigkeit zu politischen Gruppen und Parteien wieder außer Kraft gesetzt (siehe S. 166, 168). Das ganze Verfahren hatte sich also bis Ende 1937 hingezogen. Am 1. Januar 1938 trat das Urteil in Kraft. Benesch wurden alle Bezüge gesperrt. Innerhalb von drei Wochen musste er mit seiner Familie das Pfarrhaus räumen. Außerdem wurde von dem Konsistorium beschlossen, einen Nachfolger für das Birker Pfarramt nicht durch die Gemeinde wählen zu lassen, sondern kommissarisch durch das Konsistorium in Hermannstadt.

Am 18. Dezember erschien ein Bericht: »Justizkomödie in Sächsisch-Regen«. Zu ihm ist nach Augenzeugenberichten Folgendes hinzuzufügen: In der Tat hielt Benesch eine zweistündige Verteidigungsrede, welche die Bauern tief beeindruckt haben muss – im Gegensatz vielleicht zu der Situation am 15. Februar 1937 in Hermannstadt, von der Bischof Glondys berichtet und wo Benesch wohl nicht sehr gut abgeschnitten haben muss (die Berichte von Glondys sind allerdings – Zeitzeugen zufolge – nicht immer ganz objektiv). Diese Verteidigungsrede machte dann sehr schnell in Siebenbürgen die Runde; sie erregte weithin Aufsehen. Aber auch hier – das sei ausdrücklich vermerkt – erschienen die Bauern nicht als »Schläger« – in anderen Gemeinden allerdings war es wohl bei ähnlichen Gelegenheiten zu Handgreiflichkeiten gekommen; aber damit hatte Benesch nichts zu tun.

Hier berichtet A. Dienesch, der schon zitiert wurde: »Davon, dass Benesch zur Austragung des Disziplinarverfahrens gegen ihn in der Stadt Sächsisch-Regen aus Birker Bauernburschen zusammengestellte ›Schlägertrupps‹ mitgebracht hatte, ist kein Wort wahr. [...] Wir fuhren etwa hundert Birker Männer und Frauen aus Neugier und aus Treue zu der Disziplinarsitzung in Reen mit Benesch mit, hörten ihm begeistert zu, und keiner von uns dachte auch nur im Traum an eine Schlägerei – wozu auch? Benesch siegte auch ohne uns.« »Saalschlachten« gab es damals im politisch aufgeheizten Siebenbürgen gelegentlich, laut Dienesch aber niemals in Birk oder in Gegenwart Beneschs!

»Und nun trat das ein, was ich befürchtet hatte: Die Bauern weigerten sich, sowohl meine Amtsaufhebung wie auch die Einsetzung eines Nachfolgers faktisch zu akzeptieren. Sie beschlossen, mich nach wie vor als ihren Pfarrer anzusehen, dem allein das Recht zustand, in ihrer Gemeinde kirchliche Handlungen zu vollziehen [...], sie weigerten sich, ihre Kinder zur Taufe, ihre Konfirmanden zum Religionsunterricht, ihre Brautpaare zur kirchlichen Trauung, ihre Verstorbenen zur kirchlichen Beerdigung zu bringen und verweigerten, an dem Gottesdienst in der Kirche teilzunehmen. Die Kirche blieb Sonntag für Sonntag

Der erste Siebenbürgische Gautag der DVR

Der Auftakt

Feierstunde auf der Freilichtbühne — Der große Fackelzug

Ansprache von Fritz Benesch

Meine Kameraden!
Deutsche Volksgenossen!

Wohin immer man heutzutage in unserem Volke kommt — überall hört man jammern und klagen. Jedermann seufzt über die schweren Zeiten, wo man trotz Mühe und Arbeit kaum leben kann. Die schwierigen wirtschaftlichen Verhältnissen bedrücken den Menschen, insbesondere die ärmeren Schichten unseres Volkes, die Handwerker, Kaufleute, Bauern. Und zu dieser wirtschaftlichen Not kommt die politische Zerissenheit hinzu. Parteien hadern miteinander, und der arge Streit will kein Ende nehmen. Wozu das alles? Was geht uns das alles an — so sagen die Leute — unser Leben hat keinen Sinn mehr. Seht und horcht in unsere Dörfern hinein: dumpf und verkrampft sitzt der Bauer in seiner Kammer oder geht schwer und mühselig seiner Arbeit nach, wenn nicht irgend ein seichtes Vergnügen ihn ins Wirtshaus oder zu den Karten zieht.

Sinnlos ist das Leben des Volkes geworden. Jahrzehnte lang hat man ihm vorgepredigt: Unsere Aufgabe ist, unsere sächsisch deutsche Art zu erhalten, „was deine Väter erworben, wofür sie gelebt und gestorben, das sei dir ein heiliger Hort, das wahre mit Schwert und Wort." Und nun sitzt der Bauer da auf Haus, Hof und Ackerscholle und sucht zu bewahren, so gut er kann. Er wird dabei immer dumpfer und schwerer. Und schließlich schränkt er in der Sucht, möglichst viel zu bewahren und zu erhalten, seine Kinderzahl ein und stellt sein ganzes Leben auf Erwerb und Sicherung des Vorhandenen ab. Damit ist aber auch schon der Niedergang des Volkes besiegelt und dessen Ende nur eine Frage der Zeit. Aber — meine Kameraden und Volksgenossen — auf die Dauer kann weder ein Mensch noch ein Volk leben ohne ein Ziel und ohne Sinn seines Lebens, ohne eine feste Aufgabe, ohne eine Sendung. Ist denn das eine Sendung für ein Volk: sich selbst zu erhalten? Nein — eine Sendung ist mehr — eine Sendung ist immer, etwas Neues zu erringen, eine Zukunftsaufgabe zu haben. Ein Volk, das keine Sendung und Aufgabe hat, kein Neuland der Tat vor sich steht, das verkommt und verludert langsam, aber um so sicherer. Also es ist klar: in all' der Not und dem Jammer unserer Tage brauchen wir eine Sendung, eine Aufgabe, einen Sinn, ein Ziel für die es sich lohnt, alles einzusetzen, Gut und Blut, Weib und Kind, uns selber.

Allerdings: woher kommt uns denn eine solche Aufgabe? Ist es nicht so, daß das Schicksal dem Einzelnen, wie dem Volke Aufgaben stellt, die dann der Einzelne sowohl als auch das Volk lösen müssen? Müssen wir also nicht warten, bis uns die Sendung gegeben wird?

Einer solchen Auffassung müssen wir ein ganz entschiedenes „Nein" entgegen-

Ansprache aus Anlass des ersten siebenbürgischen Gautages

halten. Nein, nein und tausendmal nein. Wir dürfen nicht die Hände in den Schoß legen und warten, bis uns unsere Aufgabe, unser Ziel, unsere Sendung von dem Schicksal gegeben wird. Wir selber, wir ganz allein — als Einzelner und als Volk — müssen uns unsere Aufgabe stellen.

Wir selber müssen uns unsere Sendung ergreifen und mit dem ganzen unseres Seins verwirklichen.

Diese Aufgabe, diese Sendung aber wird eine artgemäße, eine deutsche sein müssen. Und sie ist es wert zu leben, zu leiden, zu kämpfen und zu opfern.

Welches ist nun aber unsere Sendung als Volk? Wie gestalten wir sie? Wie erkennen wir unsere Art am besten, um unsere Sendung am besten zu ergreifen?

Meine Volksgenossen und Kameraden. Sehen sie sich einmal einen alten Bauern an. In ihm offenbart sich das Wesen, die Art unseres Volkes am reinsten. So zeigt sich mir das Bild seiner echten Art, wie ich es kürzlich geschaut: Unter breitkrempigem Schlapphut, eine scharfe Hackennase, unter buschigen Augenbrauen, blaublitzende Augen, weißes Haar, harte Züge — ein mythisches Bild unseres Blutes, unseres Wesens in reiner und klarer Einprägsamkeit.

Aber ein solches Bild unseres Wesens ist für unsere Sendung nicht genug. Denn — sie gehört der Vergangenheit an. Die Sendung der Zukunft wird dieses Bild des deutschen Bauerntums in sich enthalten — aber sie wird neue Züge hineinzeichnen.

Die Sendung unserer Art und unseres Blutes, die Aufgabe unseres Volkes hier im Osten, wie sie sich in dem ergreifenden Antlitz eines alten Bauern offenbart, wir kennen sie genau aus der Geschichte unseres Volkes.

Wir aber sind Menschen einer neuen Zeit. Die alte Sendung muß sich erneuern, wenn sie ein neues Geschlecht mit seiner ganzen Kraft ergreifen soll. Die neue Sendung muß die alte in sich einschließen. Und darum ist unsere eigentliche Aufgabe in der Gegenwart, die wir uns, und demnach auch unserem Volk stellen, die Erneuerung. Ein neues, reines, freies deutsches Menschentum herauszustellen, ein erneuertes Deutschtum — den deutschen Menschen der Erneuerung. Kämpfer werden für die Reinigung unseres Wesens!

Die Erneuerung unserer selbst und unseres Volkes bedeutet Kampf gegen alle Mächte der Finsternis in uns und um uns. Nicht mehr die Erhaltung unseres Selbst ist die Sendung unseres Volkes, sondern die Erneuerung desselben.

Nun kommen gleich die Leute gelaufen und rufen und fragen: Ja woher soll die Erneuerung kommen? Diese Welt ist verflucht und muß untergehen. Wie und woher kann sie sich erneuern?

Darauf antworten wir klar und einfach: Wir stellen als die Sendung unseres Volkes in der Zukunft die Erneuerung aus dem Herzstück unseres Lebens, aus unserem durchgeistigten Blute.

Aus unserem Blute kommt unsere Erneuerung — denn artgemäß muß sie sein, eine deutsche Erneuerung, blut- und lebensvoll. Und aus dem Geiste kommt unsere Erneuerung — denn licht und klar und geläutert muß sie sein!

Wir brauchen nicht mehr in dumpfen Kammern zu sitzen. Frei können wir unser Ziel ergreifen. All unser Sein können wir einsetzen und hingeben zur Erreichung dieses Zieles. Jeder kann bei sich selbst sofort beginnen.

Und, meine Kameraden und Volksgenossen, wozu sind wir im Jugendbund und in der Volkspartei zu einer Erneuerungsbewegung zusammengeschlossen? Um dieses Ziel, diese Sendung unseres Volkes, gemeinsam gestaltend vorzutragen bis hin zu jedem Einzelnen von den vielen Tausenden, die da jammern oder sinnlos verdämmern, um so die Gemeinschaft des Volkes, der deutschen Erneuerung in unserm Vaterland zu erkämpfen.

Hebt das Haupt, ergreifet die Sendung unseres Volkes, setzt alles ein dafür. Aus Blut und Geist wird sie geboren.

Blut und Geist — Schwert und
Glaube:
das sind die beiden Sinnbilder
unserer Sendung.
Seid mir gegrüßt ihr beiden —
Glaube und Schwert!

»Deutsche Tageszeitung« 8. Oktober 1936

leer.« Es gibt einen Bericht, der dies bestätigt; es ist dabei sogar von unschönen Protesten die Rede, zu denen es in der Anfangszeit kam. Aber auch hier müssen sich die »Gewalttaten« der empörten Birker Bauern im Rahmen gehalten haben. Die Augenzeugen wussten nichts von »eingeschlagenen Fensterscheiben« bei den wenigen, die sonntags noch den Gottesdienst besuchten. Am Anfang soll Benesch noch am Nachmittag in der Kirche, die dann vollbesetzt war, gepredigt haben, bis ihm auch dies untersagt wurde. Dienesch berichtet auch: »Wie groß die Anhänglichkeit der Birker zu ihrem Pfarrer war, wurde nach dessen Absetzung und polizeiartig angeordneten Vertreibung aus dem Pfarrhaus sichtbar. Da ihm auch das Betreten seiner ihm von Amts wegen zustehenden Felderflächen verboten wurde, zogen an die hundert junge Männer freiwillig aus, um innerhalb zweier Tage die Ernte einzubringen, die für den Unterhalt der großen Familie lebenswichtig war.« Die Bauern haben den »Pfarrer-losen« Zustand durchgehalten, bis Benesch 1940 zurückkehrte.

Von Benesch liegt aus dem Jahr 1937 eine Streitschrift vor, *Machtkampf und Kirche – Eine Antwort an Dr. Konrad Möckel* [82], die hervorgerufen wurde durch Möckels Schrift *Der Kampf um die Macht und unsere evangelische Kirche* aus dem Jahr 1936 [83], in welcher der Stadtpfarrer von Kronstadt auf die politische Gefahr hinweist [84], die der evangelischen Landeskirche A. B. in Rumänien von Seiten der radikal nazistischen DVR drohte. Möckel hat 1937 auch noch einmal auf Beneschs Beitrag geantwortet unter dem Titel *Christliches Glauben und völkisches Bauen* [85], um seinen Bemühungen um Wahrheit und Klarheit Nachdruck zu verleihen. Aus diesen Streitschriften wird der erbitterte Kirchenkampf deutlich, der schließlich zu Beneschs Amtsenthebung führte.

Der Ton der Schrift ist nicht gerade vornehm, auch nicht immer sachlich – man sieht einen jugendlich-kampfeslustigen Benesch vor sich. Seine eindeutige Einstellung zum Nationalsozialismus kommt auf der Grundlage seiner Marburger Aufsätze unmissverständlich zum Ausdruck. Es geht um die Frage, wie weit die Kirche Macht ausüben soll und darf in Angelegenheiten, die nicht ihre ureigenen sind wie Predigt und Verwaltung des Religiösen im engeren Sinne.

Dazu sagt Benesch: »Die erste Aufgabe hat die Kirche von sich aus als Kirche. Sie ist nicht vom Volk und durch kein Gesetz gegeben und kann ihr auch durch keine Macht genommen werden. Es ist die Aufgabe, das Evangelium zu verkünden und die Sakramente darzureichen. Von hier aus ist sie Kirche.

Das Volk hat aber dieser Kirche auch noch von sich aus völkische bzw. volkspolitische Aufgaben übertragen. Aber diese sind in den Staatsgesetzen und kirchlichen Vorschriften eindeutig festgelegt, und zwar erstens: die Organisierung und Amtsführung der zur Verkündigung des Evangeliums und zur Verwaltung der Sakrament gehörenden äußeren Formen des kirchlichen Lebens durch die kirchlichen Körperschaften und Ämter (geistliches Amt, Vertretungen usw.). Zweitens: Die Verwaltung des Besitzes und der Taxen, also die gesamte Wirtschaftsgebarung der Kirche. Drittens: Die Einrichtung der kirchlichen Nachbarschaften und anderer sozialer Institutionen. Viertens: Die Einrichtung von Jugendverbänden, Bruder- und Schwesterschaften. Fünftens: Die Erhaltung und Durchführung des Unterrichts der heranwachsenden Generation.

Diese fünf Aufgaben sind faktisch und praktisch der Kirche von dem Volk übertragen worden, und die Kirche ist damit aus einer reinen Kirche, die nur mit der Verkündigung des Evangeliums und der Verwaltung der Sakrament zu tun hat, zu einer Volkskirche geworden, die darüber hinaus noch andere (die oben erwähnten) politische Aufgaben von dem Volke übertragen bekommen hat. Außer den hier niedergelegten fünf Aufgabengebieten gibt es überhaupt kein einziges mehr, was das Volk der Kirche übertragen hätte, denn sonst wäre das in den kirchlichen Gesetzen und Ordnungen niedergelegt worden.

Vor allem ist der Kirche nicht übertragen worden die Sorge für die Volksorganisation. Das Volk hat sich ausdrücklich diese Sorge um seine Volksorganisation selbst vorbehalten. Es will diese Volksorganisation der Kirche in keiner Weise in die Hand geben. Es will sie nach seinen eigenen Notwendigkeiten und nach seinem eigenen Willen gestalten und bauen. Dieses ist der ganz entscheidende Punkt in der gesamten kirchenpolitischen Auseinandersetzung in unserem Volk.«

Partei und Kirche

Die Partei »hat einen rein politischen, von der Kirche klar geschiedenen Kampf geführt im Rahmen der politischen Organisationen und Körperschaften, und diese Auseinandersetzung geht die Kirche überhaupt nichts an. Dass an diesem Kampf der Partei auch wir kirchlichen Angestellten uns beteiligt haben, ist für die Kirche gleichfalls belanglos, denn auch wir haben in unserer kirchlichen Arbeit in Presbyterium und Schule, in Bruderschaft und Schwesternschaft und in kirchlicher Wirtschaftsarbeit rein nach den Gesichtspunkten der Kirche gehandelt und haben den politischen Parteikampf auch nur im Rahmen der politischen Organisation geführt, abseits von Raum und Rahmen der Kirche. Ich führe als Zeugen hierfür die Gesamtheit meiner Birker Gemeinde an. Dass wir an dem politischen Leben unseres Volkes, und zwar in eben dem, das der Machtsphäre der Kirche entzogen ist, gearbeitet und gekämpft haben, geht die Kirche überhaupt nichts an.«

»Ich hasse von ganzem Herzen jegliches klerikale Machtstreben. Darum schenke ich alle Macht, die sich aus meiner Arbeit entfaltet, der politischen Partei, der sie zukommt und lehne von mir aus für mich als Kirche jede machtmäßige Einflussnahme auf diese Partei restlos ab. Wenn die Partei von sich aus zu mir als Mensch außerdem so viel Vertrauen hat, dass sie mein von der Kirche her gesprochenes Wort hört und in ihrer politischen Arbeit die Volksgüter, die ich als Kirche nur verwalte (Schule, Taxen), stützt, so ist das ihrer freien Entscheidung überlassen und ich bin diesbezüglich nicht auf irgendeine Garantie angewiesen.«

»Unsere Stellung zu Kirche und Partei ist absolut sauber. Wir wollen: Die Partei soll Partei sein. Sie soll kämpfen um das Volk und in diesem Kampf um die Macht im Volke. Die Kirche soll Kirche sein. Sie soll möglichst wenig Macht im politischen Sinne haben. Denn je weniger sie mit politischer Macht belastet ist, umso reiner und klarer wird jene andere Seite ihrer ewigen Sendung in Erscheinung treten können, die ihr als heilige Ordnung in Wahrheit aufgetragen ist. Darum ist der politische Standpunkt Möckels der eines wirklichkeitsfernen lächerlichen Phantasten.«

Die Partei ist Christentums-freundlich

Benesch verteidigt gegen Möckel die Partei als »Christentums- freundlich«! Muss es – aus heutiger Sicht – für Benesch nicht geradezu Bestätigung und Aufforderung zugleich gewesen sein, wenn er ausgerechnet in den »Kirchlichen Blättern der evangelischen Landeskirche« Zitate bzw. Beiträge von Hitler und Goebbels lesen konnte? Die Redaktion trug jedenfalls keine Bedenken, die beiden mit Kirchen- und Glaubensfragen zu Wort kommen zu lassen. So konnte die evangelische Pfarrerschaft nachlesen, wie positiv man auf höchster politischer Ebene dachte.

Hitler auf dem Nürnberger Reichsparteitag 1935 in den Ausgaben vom 19. September und 3. Oktober: »Ich möchte da einige Grundsätze aussprechen. Die Partei hat weder früher noch hat sie heute die Absicht, in Deutschland irgendeinen Kampf gegen das Christentum zu führen. Sie hat im Gegenteil versucht, durch die Verfassung aus den unmöglichen protestantischen Landeskirchen eine große evangelische Reichskirche zu schaffen, ohne sich dabei im Geringsten in Bekenntnisfragen einzumischen. […] Der nationalsozialistische Staat aber wird unter keinen Umständen dulden, dass auf irgendwelchen Umwegen die Politisierung der Konfessionen entweder fortgeführt oder gar neu begonnen wird! Wir werden diesen Kampf nie kämpfen als Kampf gegen das Christentum oder auch nur gegen eine der beiden Konfessionen.« Und » […] ohne den Blick auf die antiken Staaten des Altertums und ohne die weltanschauliche Hilfe des Christentums würden keine germanischen Staatsbildungen zu jener Zeit denkbar gewesen sein. Das Schicksal Europas aber und der übrigen Welt wäre, soweit es sich um die weiße Rasse handelt, dann nicht ausdenkbar und heute jedenfalls nicht vorzustellen. […] Die Männer aber, die in diesem Prozess geschichtliche Vollstrecker waren, handelten im Auftrage einer Vorsehung, die wollte, dass wir Deutsche zu einem Volk werden.«

Und am 28. Dezember 1935 Goebbels, zitiert nach dem »Völkischen Beobachter«: »Es ist an der Zeit, gegen Mystizismen Stellung zu nehmen, die nur geeignet erscheinen, die öffentlich Meinung zu verwirren. Es kann nicht unsere Aufgabe sein, den Impuls unserer modernen Zeit in die Zwangsjacke längst vergangener Begriffe hineinzupressen. […] Im Anschluss an die kürzlichen Ausführungen Ministerpräsident Görings

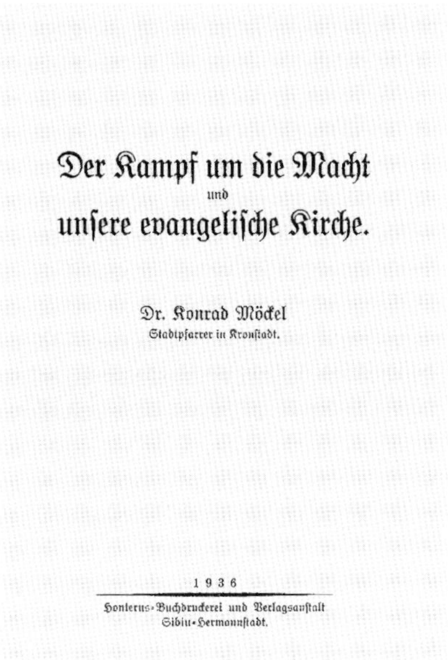

Der Kampf um die Macht
und
unsere evangelische Kirche.

Dr. Konrad Möckel
Stadtpfarrer in Kronstadt.

1936

Honterus-Buchdruckerei und Verlagsanstalt
Sibiu-Hermannstadt.

Möckel: »Die Macht kann für uns nur den Untergang bedeuten!«

in Breslau gegen die Einführung germanischer Trauungen sind diese Worte von Dr. Goebbels von großer Bedeutung und geeignet, die Übermütigkeit neureligiöser Kreise in die Schranken zu weisen.«

Selbst Bischof Glondys kann im Hinblick auf die Erneuerungsbewegung aussprechen. »Wir brauchen eine friedliche Durchdringung unseres Volkes mit dem Gedankengut und den völkisch-sittlichen Kräften der deutschen Erneuerungsbewegung unter Vermeidung aller staatspolitischen Belastung und wirtschaftlichen Schädigung.«[86]

»Möckel beschuldigt die Partei«, fährt Benesch fort, »dass sie sowohl der ewig göttlichen Seite der Kirche, also dem Christentum, dem Evangelium und den Sakramenten, feindlich gesinnt sei, indem er sie des Neuheidentums bezichtigt, als auch zweitens, dass sie der Volksordnung der organisierten Kirche gegenüber feindlich gesinnt sei und diese zerschlagen wolle. […] Zu der ersten Beschuldigung der Christentumsfeindlichkeit sei Folgendes gesagt: Die Partei als solche hat sich klar und eindeutig auf den Standpunkt eines positiven Christen-

Benesch: »Im ehrlichen Kampf um die Macht alles – mein Volk – für dich!«

Möckel: »Benesch erklärt, dass er meinen Standpunkt restlos ablehne.«

tums gestellt. Das heißt, von dem Standpunkt der Partei her gesehen, dass die Partei jederzeit bereit ist, die Verkündigung des Christentums anzuerkennen. Diese Haltung gewährleistet der Kirche die Möglichkeit ihrer ureigenen Aufgabe, der Verkündigung des Evangeliums und der Verwaltung der Sakramente jederzeit nachzukommen. Dass es innerhalb ihrer Anhängerschaft Menschen gibt, die dieser Verkündigung ablehnend gegenüber stehen, hat mit der oben erwähnten Beziehung der Partei zur Kirche nichts zu tun. […]

Denn die Partei hat erklärt, dass sie jedes ehrliche Glaubensbekenntnis achtet. Es geht also schon grundsätzlich nicht an, aus einigen Äußerungen in der Presse, die Anhänger der Partei getan haben, zu behaupten, dass die Partei als solche christentumsfeindlich sei. Die Partei als solche steht auf dem Strandpunkt des positiven Christentums und garantiert damit der Kirche ihre Freiheit und Arbeit in ihrem eigentlichen Gebiet.«

»Wir kommen zu dem Ergebnis, dass nicht die Kirche der absolute Machtfaktor in dem politischen Leben unseres Volkes ist, sondern das

Volk, und dass die Kirche nur insoweit Macht hat in unserem Volk, als sie von demselben bestimmte Aufgaben zuerkannt erhalten hat. Überschreitet sie dieses Aufgabengebiet, nimmt sie für sich eine Macht in Anspruch, die ihr ein für alle Mal, weder nach dem Willen des Volkes noch nach den zu Recht bestehenden Gesetzen und Ordnungen [der ev. Kirche – HWS] nicht zukommt, so werden wir gegen die machthungrige Kirche kämpfen. Und wenn man das als Kirchenfeindlichkeit bezeichnet, so kann man das ruhig tun. Uns kümmert das nicht.«

»Und so will ich denn am Schluss dieser Schrift gleichfalls ein doppeltes Bekenntnis ablegen. Ich bekenne mich als evangelischer Pfarrer, der ich trotz meiner Amtsenthebung noch immer bin, zu dem Lutherischen Evangelischen Standpunkt der Glaubens- und Gewissensfreiheit. Das bedeutet für mich, dass ich in Sachen des Glaubens vollkommen frei vor jedem Menschen, insbesondere vor jedem Volksgenossen stehe. Dass ich um diesen Glauben allein in mir selbst ringe und kämpfe und das Errungene frei vor alle Welt hinstelle, in Gottesdienst und anderer Rede, in Wort und Tat, so gut ich kann. Jeder nehme davon, so viel er will, und was er nicht braucht, das kann er ruhig stehen lassen. In diesem Streben suche ich zu der Tiefe des Glaubens und Weite der Weltanschauung vorzudringen, zu der sich alle deutschen Menschen, unbeschadet ihrer jetzigen konfessionellen und glaubensmäßigen Bindung, einmal werden bekennen dürfen aus der Freiheit ihrer persönlichen Entscheidung heraus.

Als Glied meines Volkes bekenne ich mich zweitens zu dem deutschen Volk schlechthin. Und ich suche in dem volkspolitischen Kampf um die Macht der völkischen Führung derjenigen Partei zum Sieg zu verhelfen, mit deren Durchdringung allein mir eine Gesundung und Erneuerung unseres Volkes gewährleistet zu sein erscheint, und keine Welt wird mich an dieser meiner Haltung hindern können. Für mich selber brauche ich nicht die geringste Macht, weder in der Kirche, – darum wende ich alle durch meine Arbeit entstehende Macht der Partei zu – noch in der Partei – darum verzichte ich auf die Mitgliedschaft und alle irgendwie geartete Führerstellen innerhalb der Parteiorganisation.

Beides tue ich immer im Hinblick auf das Volk, dem ich angehöre und dem ich zurufe:

Im ehrlichen Kampf um die Macht
alles – mein Volk – für dich!«

Diese Schrift zeugt von nicht geringem Selbstbewusstsein. Auch wenn die Position, die Benesch bezieht und verteidigt, für uns heute nicht in allen Punkten klar und überschaubar ist – so kann man doch bemerken, dass er nicht nur argumentiert, um Opposition zu bieten, sondern dass für ihn ein ernstes und ernst zu nehmendes Anliegen dahinter steht, nämlich letztlich die saubere Trennung zwischen kirchlichen und staatlichen Angelegenheiten anzumahnen, die ja schon in der Oberaufsicht der Kirche über die Schule und die Jugendführung durchbrochen war.

Benesch hatte seine Gemeinde in kurzer Zeit aus dem korrumpierten Zustand, in dem sie sich befand, herausgeführt, indem er die Erneuerungskräfte des Volkstums mobilisierte, und das eben mit Hilfe der Ideale, die sich von Deutschland her durch den Nationalsozialismus in Siebenbürgen bemerkbar machten. Die Kirchenleitung aber musste sich – mit vollem Recht, wie wir *heute* wissen – von der nationalsozialistischen Gefahr absetzen.

Wieder in Halle – Dissertation und SS-Bewerbung

Benesch hatte eine Familie zu ernähren. Seine Eltern hatten ihn mit seiner Frau und drei Kindern in ihr Haus in Sächsisch-Regen aufgenommen. Für den Unterhalt der Familie konnten sie aber nicht aufkommen.

In dieser Not kam ihm nun wieder einmal das Schicksal zu Hilfe. Professor Walter Schulz, dem Direktor der Landesanstalt für Vorgeschichte in Halle, war seine Lage bekannt geworden. Er berief Benesch als wissenschaftlichen Mitarbeiter in sein Institut und ermöglichte ihm so, den Lebensunterhalt für sich und seine Familie zu bestreiten. Darüber hinaus bot sich Benesch die Gelegenheit, durch die Forschungen an der Landesanstalt auch eine Dissertation und das Doktorexamen vorzubereiten.

Er ließ seine Familie in Sächsisch-Regen zurück und zog zu seiner Schwiegermutter, der Witwe von Hans Hahne, die in Halle eine größere Wohnung besaß. Er wählte die Studienfächer Anthropologie, Rassenkunde und Vorgeschichte und begann sein drittes Universitätsstudium vornehmlich mit Ausgrabungen in der Provinz Halle, wodurch er sich die Materalien für seine Dissertation über eine steinzeitliche vorgeschichtliche Siedlung erwarb.

Die Bewältigung der finanziellen Notlage der Familie scheint aber nicht so einfach gewesen zu sein, denn Benesch bewarb sich schon 1938 bei dem Forschungswerk »Wald und Baum« des »Ahnenerbes«[87] um ein Forschungs-Stipendium und bot als Beitrag eine Arbeit über den »Hirsch«, vom vorgeschichtlichen und volkskundlichen Standpunkte aus betrachtet (Jagd, Wirtschaft, Religion, Symbolik, Volkskunst usw.) an. Das »Ahnenerbe« war eine Stiftung, die 1938 aus dem Rasse- und Siedlungshauptamt der SS ausgegliedert war und wissenschaftliche Forschungsvorhaben betrieb. Sie hatte unter anderem die Aufgabe, »zu beweisen, und auszuwerten, dass das Blut allein Geschichte, Gesittung, Recht und Wirtschaft bestimmt«.

Benesch weist in seinem Schreiben vom 18. Juli 1938 darauf hin, dass Professor Schulz von der Landesanstalt für Vorgeschichte etwaige Anfragen über ihn beantworten wird. »Ich melde also auf jeden Fall die Arbeit bei Ihnen an mit der Bemerkung, dass ich sie bereits in Angriff genommen habe. Sollte aber die Möglichkeit bestehen, mich als beauftragten Mitarbeiter aufzunehmen und ein Forschungsstipendium zu geben, so ersuche ich hiermit darum.

Heil Hitler Friedrich Benesch.«[88]

Offensichtlich ließ aber eine Antwort von der Stiftung »Ahnenerbe« auf sich warten, denn am 1. November 1938 setzt sich Beneschs Schwiegermutter Magdalene Hahne mit einem Schreiben an den »Herrn Reichsführer Himmler« persönlich für ihn ein.

»Herr Reichsführer,

darf ich mir erlauben, mich heute mit einer persönlichen Angelegenheit an Sie zu wenden, der Sie stets meinem Mann so treu die Anerkennung und Hochachtung bewahrt haben. Mein Schwiegersohn, Friedrich Benesch aus Siebenbürgen, der schon seit 1927-28 bei meinem Mann und mit diesem zusammen in seinem Fache gearbeitet hat, der Weltanschauung meines Mannes eng verbunden, ist jetzt seit Ostern dieses Jahres bei Professor Schulz am Museum hier tätig, um einen schon lang gehegten und mit meinem Mann besprochenen Wunsch zur Tat werden zu lassen und seinen Doktor in Vorgeschichte, Rassen- und Volkskunde zu bauen. Damals 1927-28 fühlte er sich seiner Heimat verbunden, obwohl mein Mann es gern gesehen hätte, wenn er hier geblieben wäre, und zog mit seiner Frau als evg. Pfarrer in seine Heimat, wo er seiner Gemeinde im besten völkischen Sinne mit Rat und Tat half und sie zu einer lebendigen Gemeinschaft im Sinne unseres Führers zusammenschloss, wovon ich mich selber gelegentlich eines Besuches überzeugen konnte. Die Anhänglichkeit seiner Gemeinde, seine freiere naturverbundene Lehre sowie seine Weigerung, sich seine politische Haltung von der kirchlichen Behörde vorschreiben zu lassen, brachten ihn in weltanschaulichen Gegensatz zur Kirche. So wurde er auf 3 Jahre seines Amtes durch das kirchliche Disziplinargericht für verlustig erklärt und gezwungen, seine Arbeit aufzugeben. Nun, da er die kirchlichen Formen nicht mehr mitmachen wollte und die Heimat ihn zurückstieß, erstanden ihm die alten Beziehungen zu seinem Studienfache neu, das er seinerzeit nur aus Verantwortungsbewusstsein gegen die Heimat zurückgestellt hatte und er kam nach Halle zum Studium in den Gedankenumkreis von Vater Hahne zurück, den er in seiner Gemeinde mit seiner Frau praktisch verwirklicht hatte. Hier wurde er nun mit seinen Erfahrungen aufgenommen und dann auch auf das ›Ahnenerbe‹ aufmerksam gemacht, an dem er mitzuarbeiten mit einer Arbeit über das Thema, ›der Hirsch‹ in Vorgeschichte und Volksreligion sich entschloss. Prof. Schulz schrieb selbst eine Empfehlung für ihn zur Aufnahme als Mitarbeiter und wenn es gelänge, durch Ihre Fürsprache, Herr Reichsführer, diese Mitarbeit zu erreichen, wäre damit ihm einstweilen geholfen, da er gegenwärtig stellungslos ist.

Aus diesem Grund möchte ich Sie um ein empfehlendes Wort an den Leiter des Ahnenerbes Prof. Wüst bitten.

Mit verbindlichem Dank
Ihre Magdalene Hahne«[89]

Himmler antwortet darauf hin am 11. November 1938: »Ich begrüße die Mitarbeit Ihres Sohnes sehr und werde sie bei SS-Obersturmbannführer Wüst befürworten.

Mit besten Grüßen und
Heil Hitler!
Gez. Himmler.«

Die Festung Hutberg
eine jungnordische Mischsiedlung bei Wallen=
dorf, Kr. Merseburg

Inaugural=Dissertation

zur Erlangung des Doktorgrades

einer Hohen Philosophischen Fakultät

der Martin Luther-Universität Halle-Wittenberg

vorgelegt von

Friedrich Benesch

aus Sächsisch-Regen, Siebenbürgen

Halle (Saale) 1941

Gebauer-Schwetschke Buchdruckerei AG., Halle (Saale)

Inauguraldissertation, Martin-Luther-Universität Halle-Wittenberg

Dass zwei Tage zuvor ein erschütterndes Ereignis stattgefunden hatte, sei in Erinnerung gerufen: Am 9. November 1938 brannten in Deutschland über 1.400 Synagogen und Betstuben, etwa 800 Juden kamen noch in der Progromnacht oder unmittelbar danach ums Leben, 30.000 wurden in Konzentrationslager gebracht, und auch in Halle wurde Feuer gelegt, 124 Juden verhaftet und in das KZ Buchenwald verschleppt. Benesch spricht hierüber ebenso wenig wie später über den Ausbruch des Zweiten Weltkriegs.

Mit Datum vom 31. März 1939 wird Beneschs Gesuch um ein Stipendium vom Forschungswerk *Wald und Baum in der arisch-germanischen Geistes- und Kulturgeschichte* jedoch abgelehnt.

Im Juli 1939 reichte Benesch bei der 27. SS-Standarte in Halle einen Beitrittsantrag ein. Dieser wurde angenommen, führte aber über den Status eines Bewerbers nicht hinaus und wurde 1940 nicht weiterverfolgt. Benesch war zu diesem Zeitpunkt rumänischer Staatsbürger, und die zwischenstaatlichen Übereinkünfte schlossen eine reguläre Übernahme in die SS aus. (siehe Anhang, S. 421).

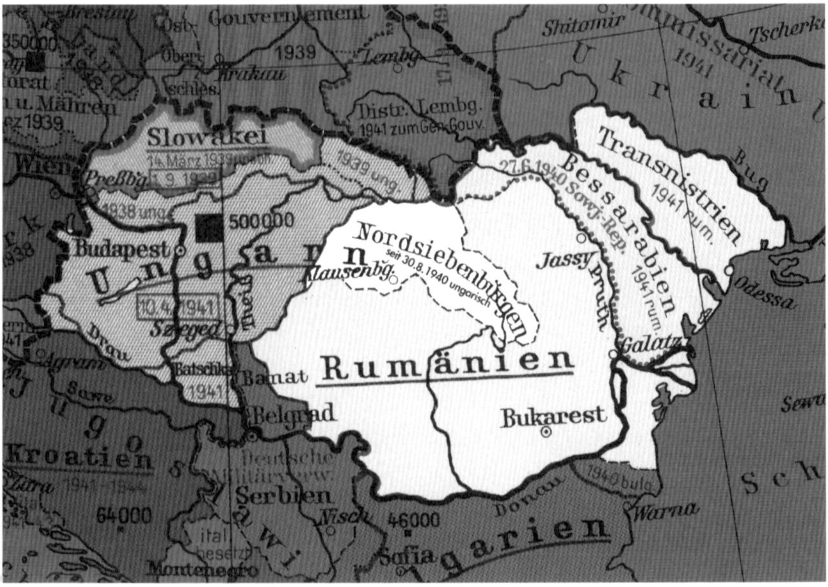

Nordsiebenbürgen als Teil Ungarns nach dem Zweiten Wiener Schiedsspruch 1940

Im Juli 1940 schloss Benesch sein Studium mit einem »sehr guten Examen« ab und legte seine Doktorarbeit vor: *Die Festung Hutberg, eine jungnordische Mischsiedlung bei Wallendorf, Kreis Merseburg.*[90] Prof. W. Schulz verweist auf die »wichtigen und weitgehenden Aufschlüsse«.

Im August 1940 kam es durch den »Zweiten Wiener Schiedsspruch« zur Teilung Siebenbürgens. Den nordöstlichen Teil mit den deutschen Siedlungen Bistritz und Sächsisch-Regen sowie den sogenannten Szeklerzipfel musste Rumänien an das Königreich Ungarn (Republik[91]) abtreten. Damit wurde die deutsche Volksgruppe in Siebenbürgen zum ersten Mal in ihrer 800jährigen Geschichte geteilt.

Diese Entwicklung hat einen entscheidenden Einfluss auf Beneschs erneute Initiative, sich ein weiteres Mal bei der SS zu melden, diesmal bei der vorgesetzten Dienststelle der 27. Standarte. Er sah eine vollständig neue der Lage in seiner Heimat, die es ihm nahe legte, sein politisches Engagement, seinen Einsatz für die ungarische Volksgruppe aufzunehmen. Es erfolgt nun eine weitere Eingabe. Am 6. September 1940 sprach Benesch beim SS-Abschnitt XVIII in Halle vor.

»Betr.: SS-Bewerber Dr. Friedrich Benesch, geb. am 6.7.07, 1, 16.
Bezug: Vorsprache des Genannten am heutigen Tag.

Der oben genannte SS-Angehörige sprach heute beim SS-Abschnitt XVIII vor und meldete:

›Ich bin gebürtiger Siebenbürger (geboren in Sächsisch-Regen) und bin jetzt mit meiner Heimat zu Ungarn gekommen.

Als im Jahre 1934 das Problem der deutschen Christen akut geworden war, entschloss ich mich, im Kirchendienst als Pfarrer tätig zu sein, das kam daher, weil in meiner Heimat bis vor kurzem Deutschtum und Kirche seit Jahrhunderten fest miteinander verbunden und in jeder Weise voneinander abhängig waren. Gegenüber dem rumänischen Staat war die Kirche die einzige staatsrechtlich fundierte Organisation des Deutschtums, was besonders für das Schulwesen von grundlegender Bedeutung war.

Bereits bei meiner Amtseinsetzung in Hermannstadt gab ich gegenüber der obersten Kirchenbehörde bestimmte Erklärungen über meine nationalsozialistische Einstellung ab, die den Bischofvikar in Stellvertretung des Bischofs dazu veranlassten, schwere Bedenken gegen meine Amtseinsetzung vorzubringen. Bereits nach kurzer Zeit entwickelte sich aus politischen und weltanschaulichen Gründen ein scharfer Gegensatz zwischen mir und der Kirchenführung. [...]

Wegen meiner Weigerung, eine Unterschrift unter eine kirchliche Zwangsverordnung, die das Verbot der Zugehörigkeit zur nationalsozialistischen Partei aussprach zu leisten, wurde ich schließlich 1936 amtsenthoben und abgesetzt. Die Bauern meiner damaligen Gemeinde Birk bei Sächsisch-Regen waren mir auf meinem Weg im Kampf gegen die Kirche restlos gefolgt und widersetzten sich meiner Absetzung durch passive Resistenz. Von einem Austritt aus der Kirche musste ich den Bauern abraten, weil sonst die deutsche Schule verlorengegangen wäre. Ich selbst entschloss mich nach meiner Absetzung meinen Beruf aufzugeben, zog nach Halle/S. und studierte dort Vorgeschichte, Rassenkunde und Volkskunde und bestand das philosophische Doktorexamen im Juli 1940. Inzwischen war aber meine ehemalige Gemeinde unerschütterlich auf ihrem Standpunkt stehengeblieben, hatte sich trotz der raffiniertesten und gewaltättigsten Versuche der Kirchenführung, einen anderen Pfarrer beizubringen, ihre alte Forderung nach Wiedereinstellung bewahrt und aufrecht erhalten. Im Juli stellte sie der Kirche ein Ultimatum, wonach sie bei Verweigerung meiner Wiedereinsetzung alle Beziehungen zur Kirche abbrechen und in den Zustand schärfster Resistenz treten würde. [...] Daraufhin gab die Kirche überraschenderweise – wie ich annehme angesichts der geschichtlichen Entwicklung – nach.

Ich selbst hatte mich inzwischen restlos von der Kirche getrennt und war in Halle im Juli 1939 der SS beigetreten.

Mit dem Nachgeben der Kirche stand ich vor einer sehr schwerwiegenden Entscheidung. Nach ernster Gewissensprüfung habe ich mich entschieden, die mir von meinen Bauern erwiesene Treue zu erwidern und wieder ihre Führung zu übernehmen. Alle meine persönlichen Wünsche und Bedürfnisse hätten mich hier festgehalten. Es wäre mir materiell und vor allem auch seelisch besser gegangen. Ich musste mich aber selbstverständlich für mein Volk in meiner Heimat und gleichzeitig für eine große nationalsozialistische Aufgabe entscheiden, nämlich die Herausführung des politischen Lebens des deutschen Volkes in meiner Heimat aus der Kirche und seine weltanschauliche Prägung. Diese Aufgabe, die ich als Berufung empfinde, verspricht durch die Trennung des nordsiebenbürgischen Deutschtums von Rumänien und seine Zuteilung zu Ungarn besonders Erfolg versprechend zu sein, wiewohl sie gerade dadurch auch besonders schwer wird, wozu die noch immer bestehende Verquickung von Kirche und Volkstum noch erheblich beiträgt. Die nächste Aufgabe dabei wird sein, gegenüber dem fremden Staat eine rechtlich fundierte Organisationsform zu finden, die das völkische Leben unabhängig von der Kirche garantiert.

Meine Entscheidung entspringt ausschließlich der Erwägung, dass ich mit meiner Arbeit dort anfangen muss, wo ich aufgehört habe, vor allem aber, dass ich meinen Bauern die Treue halten muss. Selbstverständlich hat sich an meiner durch eigene Erkenntnis und Erfahrung und eigenen Glauben gewonnenen nationalsozialistischen Weltanschauung nicht das Geringste geändert, wiewohl ich jetzt zunächst gezwungen bin, noch einmal in den kirchlichen Dienst zurückzukehren. Meine Entscheidung ist unabänderlich, und ich würde selbst, wenn das sein müsste, auch einen zeitweiligen Verlust der Zugehörigkeit zur SS auf mich nehmen.

Ich will zunächst am 6. 9. 40 bei der volksdeutschen Mittelstelle in Berlin vorsprechen, bitte aber außerdem, meine Meldung auf dem SS-Dienstwege weiterzugeben.‹«

Der SS-Obersturmführer Blümel leitet die Meldung wunschgemäß an den »Reichsführer-SS Reichskommissar für die Festigung deutschen Volkstums« weiter und fügt noch hinzu:

»Benesch macht einen ganz ausgezeichneten Eindruck. Er meint es mit seiner Aufgabe durchaus ernst. Seine weltanschauliche Einstellung scheint vollkommen gefestigt zu sein. Sein Entschluss entspringt logischen, aufgrund der gegebenen Verhältnisse gewonnenen Erkenntnissen.«[92] (Siehe auch Anhang, S. 421.)

Der Reichsführer-SS, persönlicher Stab, lässt am 2. Oktober 1940 eine Abschrift des Schreibens mit Bezug auf den »SS-Bewerber« Friedrich Benesch an das »Ahnenerbe« in Berlin weiterleiten mit der aufschlussreichen Bemerkung:

»Der Reichsführer-SS lässt auf Dr. Benesch, der nach seiner Rückkehr aus Siebenbürgen bestimmt auf Grund seines anständigen Verhaltens wieder in die SS aufgenommen werden kann, aufmerksam machen, falls er dem Ahnenerbe nicht schon bekannt ist.«[93]

Der SS-Sturmbannführer des »Ahnenerbes« hat daraufhin am 14. Oktober 1940 eine Stellungnahme über Benesch von seinem Doktorvater, Prof. Schulz, angefordert mit der Bitte um eine möglichst ausführliche Beurteilung, die Schulz am 18. Oktober 1940 übersendet. Dieses Schreiben liegt im Gegensatz zu dem bei Frau Hahne erwähnten Empfehlungsschreiben an das Ahnenerbe wegen Beneschs Gesuch um ein Forschungsstipendium vor. Schulz schreibt unter anderem: »Benesch vereinigt in sich bestes Erbgut und bietet rassisch eine gute Erscheinung. Er hat zunächst in Halle studiert und stand in besonders nahem Verhältnis zu Professor Hans Hahne [...], in dessen ›Jugendkreis‹ (Jahreslaufspiele und Märchenspiele zur Belebung deutschen Volksbrauches und deutschen Gedankengutes) er sich führend betätigte. [...] Benesch, der wohl nicht gerade an der Theologie hängt, fühlt sich nun verpflichtet, wenigstens zunächst seinen Bauern weiter zu helfen. In Siebenbürgen ist er in der jetzt auch vom Reich anerkannten nationalsozialistischen Bonfert-Bewegung (Jugend, Arbeitsdienst) führend. Ich nehme an, dass diese Einzelheiten in Ihrer Dienststelle bekannt sind, besonders auch die etwas zweifelhafte Einstellung des Landesbischofs und der Gegensatz der Bonfert-Bewegung zu der einstigen, überwundenen bürgerlichen nationalsozialistischen Richtung in Siebenbürgen. [...] Benesch ist wissenschaftlich außerordentlich befähigt und rednerisch sehr gut be-

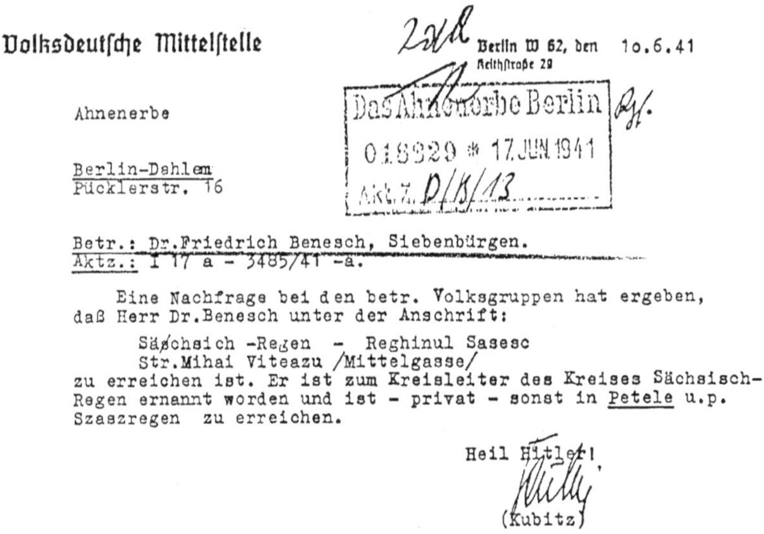

Volksdeutsche Mittelstelle Berlin W 62, den 10.6.41
Keithstraße 29

Das Ahnenerbe Berlin
018329 * 17. JUN 1941
Akt. Z. D/B/13

Ahnenerbe

Berlin-Dahlem
Pücklerstr. 16

Betr.: Dr. Friedrich Benesch, Siebenbürgen.
Aktz.: I 17 a - 3485/41 -a.

Eine Nachfrage bei den betr. Volksgruppen hat ergeben, daß Herr Dr. Benesch unter der Anschrift:

Säschsich -Regen - Reghinul Sasesc
Str. Mihai Viteazu /Mittelgasse/

zu erreichen ist. Er ist zum Kreisleiter des Kreises Sächsisch-Regen ernannt worden und ist - privat - sonst in Petele u.p. Szaszregen zu erreichen.

Heil Hitler!
(Kubitz)

Ernennung zum Kreisleiter

gabt. Kämpfernatur und Führereigenschaft hat er in Siebenbürgen in vergangenen Jahren bewiesen. Charakterlich ist ihm das beste Zeugnis auszustellen.«[94]

Der »Volksdeutschen Mittelstelle« (siehe S. 440) wird daraufhin am 21. November 1940 mitgeteilt, dass der Reichsführer-SS befohlen hat, mit Dr. Benesch Verbindung aufzunehmen, und deshalb gebeten wird, das »als Anlage beifügte Schreiben an ihn weiterzuleiten«. Es wird ihm von SS-Obersturmbannführer Sievers – nun schon nach Birk – übersandt mit folgendem Begleitbrief:

»Aufgrund Ihrer Meldung am 6.9. in Halle an der Saale hat der Reichsführer-SS angeordnet, dass wir mit Ihnen Verbindung aufnehmen und halten sollen. Da Sie mir überdies durch Prof. Walter Schulz, Halle, bekannt sind, komme ich dieser Aufforderung um so lieber nach, weil ich feststelle, dass sich auf unserem Arbeitsgebiet mit Ihnen vielfältige Arbeitsverbindungen ergeben. Da ich annehme, dass Sie auch jetzt schon in Ihrer dortigen Stelle auf Ihrem Fachgebiet weiter tätig sein können und wollen, würde ich es begrüßen, wenn dies in Fühlungnahme mit uns geschehen könnte, und bitte dazu um Ihre Vorschläge.«[95]

Die »Volksdeutsche Mittelstelle« teilt dem »Ahnenerbe« am 10.6.1941 mit, wo Benesch zu erreichen ist, und dass er »zum Kreisleiter des Kreises Sächsisch-Regen ernannt wurde«.

Triumphale Rückkehr nach Birk

In die Zeit, in der sich Benesch in Halle für die Rückkehr nach Birk vorbereitet hatte, fiel eine weitere, sehr intensive Begegnung mit der Christengemeinschaft. »Ich wollte nicht in das Pfarramt in Birk zurückkehren, ohne vorher mich dem auszusetzen, was ich auf Grund meines Urentschlusses, mit den Menschen christlich zu leben, die den Anschluss an das erneuerte Christentum nicht finden konnten, vermieden hatte, worauf ich verzichtete. Ich wollte [...] für mich selbst eine reale Wahrnehmung mit dem erneuerten Christentum herbeiführen.

Ich besuchte an einem Sonntag im September 1939 die Menschenweihehandlung in der kleinen Gemeinde in Halle. Die Handlung hielt Johannes Perthel. Ich nahm teil und ging auch zur Kommunion.

Ich hatte während der Handlung ein ganz unmittelbares Erlebnis der Trinität. Das reine Sonnengold der Aura des Auferstandenen, das sich am Altar an jeder Stufe der Weihehandlung immer verwandelt herstellte – ›der Himmel ist auf der Erde angekommen‹ –, das war der unmittelbare beeindruckende Inhalt des Erlebnisses. Ich war im Tiefsten erschüttert und bewegt.

Aber ich wollte meinem Urentschluss treu bleiben, ich wollte zu meinen Bauern, und so nahm ich schweren Herzens Abschied.«

In der Adventszeit 1940 konnte Benesch nun wieder heimkehren. Die drei Jahre Amtsverlust durch das kirchliche Urteil waren abgelaufen. Die Kirchenleitung in Hermannstadt hatte inzwischen teilweise gewechselt. Bischof Glondys war mit dem wachsenden Einfluss der Nationalsozialisten genötigt worden, sein Amt niederzulegen. An seine Stelle war Pfarrer Wilhelm Staedel (1890-1971) getreten, der wegen seiner Mitgliedschaft und politischen Tätigkeit in den Bewegungen NSDR, NEDR und DVR ebenfalls 1936 seines Amtes enthoben worden

Johannes Perthel

war. Als im Herbst 1940 die radikal nationalsozialistische DVR unter Volksgruppenführer Andreas Schmidt die Führung der Deutschen in Rumänien übernahm, wurde Staedel als ehemaliger Kultur- und Propagandaamtsleiter zum Bischof der Ev. Landeskirche in Rumänien ernannt. Eine der ersten Amtshandlungen der neuen Leitung war die Außerkraftsetzung des Erlasses 924/1936 vom 14. Februar 1936, den zu unterschreiben Benesch verweigert hatte.

Benesch wurde feierlich unter großer Anteilnahme und allen erdenklichen Ehrungen von der Bevölkerung begeistert begrüßt und erneut in sein Amt geleitet.

»Punkt ¾ 9 Uhr früh«, berichtet der »Deutsche Volksbote« [96], »erscheint ein 35 Mann starkes Banderium mit Hakenkreuzfahne und Staatsfahne vor dem Elternhause Pfarrer Dr. Fritz Benesch in Sächsisch-Regen. Der Jugendführer aus Birk begrüßt vor dem Haus den neugewählten Pfarrer, worauf dieser kurz antwortet: ›Ich hätte euch viel zu sagen, was mich in diesem Augenblick bewegt, aber ich glaube, es genügt, wenn ich sage: ›Wir kennen uns und wir wissen, was wir voneinander zu halten haben.‹ Nach der Bewirtung des Banderiums im Hof des Elternhauses erfolgt die Formierung des Zuges und die Abfahrt nach Birk.«

Am Dorfeingang von Birk begrüßt die ganze Gemeinde unter den Klängen der Dorfkapelle den Pfarrer. »Voran das Banderium, dann die Musikkapelle, die Fahnen, die marschierenden Kolonnen der Jugend, der Männer und Frauen, das Vierergespann mit Pfarrer und Frau [...], so bewegt sich der Zug durch die Gemeinde bis zu dem Pfarrhause, wo an der Spitze der spalierstehenden, stürmisch jubelnden Schulkinder Rektor Fleischer den Pfarrer begrüßt. Die Frauenvereinsvorsteherin heißt die Frau Pfarrer willkommen, worauf diese mit Worten des Dankes entgegnet: sie will von nun an wieder die Frau Mutter sein, so wie man sie vor sechs Jahren aufgefordert hat, es zu sein. Der Pfarrer weist hin auf die sechs schweren Jahre, die zwischen der heutigen und der ersten Präsentation liegen. Er weist hin auf die unerschütterliche Treue der Birker, trotz der Schwere des Kampfes und gelobt ihnen ›Treue um Treue‹«.

So stand Benesch wieder im Pfarrhof in Birk vor der versammelten Gemeinde, um von ihr neu aufgenommen zu werden. »Es gab Erinnerungen, Umarmungen und Tränen, aber es gab auch das Erlebnis der Treue, die sich durch volle vier Jahre ungewöhnlicher Zustände bewahrt und bewährt hatte. Es war nicht eine Wiederholung des schon einmal

Bischof Wilhelm Staedel im Ornat

Pfarrereinführung in Birk

Punkt ¾ 9 Uhr früh, erscheint ein 35 Mann starkes Banderium mit Hakenkreuzfahne und Staatsfahne vor dem Elternhause Pfarrer Dr. Fritz Benesch in Sächsisch-Regen. Der Jugendführer aus Birk Andreas Dienesch begrüßt vor dem Haus den neugewählten Pfarrer, worauf dieser kurz antwortet: Ich hätte Euch viel zu sagen, was nicht in diesem Augenblick bewegt, aber ich glaube, es genügt, wenn ich sage „Wir kennen uns und wir wissen, was wir voneinander zu halten haben". Nach der Bewirtung des Banderiums im Hof des Elternhauses erfolgt die Formierung des Zuges und die Abfahrt nach Birk. An der Hattertgrenze angelangt, begrüßt Ortsrichter Gellner und Notär Gabor, beim Dorfeingang die ganze Gemeinde unter den Klängen der Dorfkapelle den Pfarrer. Kurator Scherzer begrüßt im Namen der Kirchengemeinde den neuen, besser gesagt den alten jetzt wiedergewählten Pfarrer. Voran das Banderium, dann die Musikkapelle, die Fahnen, die marschierenden Kolonnen der Jugend, der Männer und Frauen, das Vierergespann mit Pfarrer und Frau. Bezirkssenior Pfarrer Klein, Pfarrer W. Roth, Gäste aus Reen und dem Kreise, so bewegt sich der Zug durch die Gemeinde bis zu dem Pfarrhause, wo an der Spitze der spalierstehenden, stürmisch jubelnden Schulkinder Rektor Fleischer den Pfarrer begrüßt. Die Frauenvereinsvorsteherin heißt die Frau Pfarrer willkommen, worauf diese mit Worten des Dankes entgegnet „... sie will von nun an wieder die Frau Mutter sein, so wie man sie vor sechs Jahren aufgefordert hat, es zu sein". Der Pfarrer weist hin auf die sechs schweren Jahre, die zwischen der heutigen und der ersten Präsentation liegen. Er weist hin auf die unerschütterliche Treue der Birker, trotz der Schwere des Kampfes und gelobt ihnen „Treue um Treue". Es erfolgt die feierliche Einsetzung in der Kirche durch Bezirkssenior Pfarrer Klein. Beim anschließenden gemeinsamen Mittagessen im Gemeindesaal erhebt als erster Redner Pfarrer Klein sein Glas auf unser Staatsoberhaupt Nikolaus v. Horthy. Kreisleiterstellvertreter, Otto Hallmann weist in merkigen Worten auf die Härte des Kampfes der letzten Jahre hin, auf das treue Ausharren der Birker und fordert auf, mit ihrem Pfarrer mitzuarbeiten am großen Aufbauwerk der Volksgemeinschaft. — Unter stürmischem Jubel und endlosen Heilrufen marschieren die Jungen der nationalsozialistischen Erziehungsanstalt St. Ludwig Roth, unter Führung Arnold Roths in den Saal. Sie singen zwei Lieder. Arnold Roth begrüßt dann Fritz Benesch als einen seiner besten Freunde, weist auf die Jahre der Amtsenthebung hin, die den Fanatismus bloß noch mehr entfacht haben. Seine Worte klingen in einem heiligen Bekenntnis zu diesen Jahren des Kampfes aus. Der Pfarrer antwortet, die Jahre des gemeinsamen Kampfes seien nun vorbei, die Jahre, wo aus ihren Herzen Blut geflossen sei, wenn man es auch nicht gesehen habe. Auch in Zukunft wolle er mit Arnold Roth Schulter an Schulter kämpfen, wie in den verflossenen Jahren. Nach einem Lied verläßt Arnold Roth, unter nichtendenwollendem Jubel, mit seinen Jungen den Saal. Ortsrichter Gellner will auch heute wie vor sechs Jahren vergleichsweise bitten, der neue Pfarrer möge das Steuer am Schifflein übernehmen, das in den letzten Jahren so hin und her geworfen wurde, Matrosen und Besatzung würden ihre Pflicht erfüllen. Pfarrer Benesch sprach, man darf jetzt nicht stehen bleiben und glauben, man habe alles erreicht. Jeder Einzelne müsse an sich arbeiten, um sich für die kommende Zeit vorzubereiten. Mann müsse immer weiter und höher hinauswollen, mit dem lauten Lippenbekenntnis allein sei noch gar nichts getan. Pflichterfüllung und ununterbrochene Arbeit müssen weiterhin vorhanden sein. Er von sich aus würde alles tun, er fordert alle auf, auch die, die ihn bisher nicht verstanden haben, ihm zu folgen und mit ihm zu arbeiten.

Erneute Amtseinführung, »Deutscher Volksbote« 1941

Gehabten, sondern eine Neubegründung des Vertrauens und der Liebe zwischen Pfarrer und Gemeinde. Es geschah das in der Adventszeit 1940. Und so konnte ich das Weihnachtsfest in tiefstem Frieden mit der Gemeinde begehen.

Gleich nach Weihnachten haben wir dann nachgeholt. Ich taufte alle Kinder, die in der Zwischenzeit geboren worden waren. Ich traute alle Ehepaare, die inzwischen standesamtlich geheiratet hatten. Ich besuchte der Reihe nach alle Gräber der Menschen, die inzwischen verstorben waren, und weihte die Toten. [...] Eine eigenartige Stimmung von Frieden und Versöhnung begleitete diese Ereignisse.

Die Bauerngemeinde von Birk hatte sich freiwillig mit einer Kirche versöhnt, zu der sie innerlich eigentlich nicht mehr gehörte.«

Christliches Leben und politische Aktivitäten

Der Ausbruch des Zweiten Weltkrieges bleibt in Beneschs Erinnerungen unerwähnt. Dagegen berichtet er relativ ausführlich von der Entwicklung des gottesdienstlichen Lebens in seiner Gemeinde, vor allem der Predigt. Er versuchte, religiöse Elemente zur Pflege der natürlichen Frömmigkeit in seine Predigten zu verweben. Dazu benutzte er Bilder, Wortgestalten und Gleichnisse aus den Evangelien, lernte aber auch mehr und mehr, Bilder aus dem Jahreslaufgeschehen der Natur als Gleichnisse für religiöses Leben und christliches Verhalten zu verwenden. Sein Anliegen war es, Evangelienfrömmigkeit und Naturfrömmigkeit zu durchdringen. »Und ich konnte beobachten, dass die Bauern dafür immer offenere Seelen hatten.«

In diesen Jahren konnte er auch ein fruchtbares Jugendleben in der Gemeinde entfalten, gab Kurse für die Bildung der Jugend und für deren geselliges Gemeinschaftsleben.

Im Herbst 1940 war Magdalene Hahne in Halle gestorben. Für Benesch war nach den Jahren der Trennung jetzt auch das Leben in der eigenen Familie wichtig, das sich nun wieder neu zu entfalten vermochte. »Zu unserer Tochter waren inzwischen 1936, 1938 und 1940 drei Brüder und 1942 und 1944 noch ein Sohn und eine Tochter geboren worden. Mit diesen sechs Kindern führten meine Frau und ich

Im Spiel mit seinen Kindern (Häschen in der Grube)

ein reiches und gesegnetes Familienleben.« Er schildert, dass er sich viel mit den Kindern beschäftigte, ihre Spiele anregte, indem er nach dem Vorbild von Hans Hahne auch selbst Spiele verfasste, er beaufsichtigte ihre Lernbemühungen und nahm Einfluss auf ihre Entwicklung.

Zur Familie trat nun als Haustochter Sara Ambrosi hinzu, und »damit war eine Lebensbeziehung begründet, die auf Jahrzehnte hinaus zu einem gemeinsamen Leben angelegt war. Sie wurde die Lebenshilfe im Haushalt für meine Frau, sie wurde die Miterzieherin unserer Kinder und die Mitträgerin unseres Lebens durch Jahrzehnte. Sara Ambrosi übernahm schon bei der Flucht die Führung des Pferdepackwagens mit unserem Fluchtgut und führte den Wagen von Siebenbürgen bis nach Österreich.« Sie ist auch später aus dem Leben der Familie – in Neukirchen, in Kiel und in Stuttgart – nicht wegzudenken: »Irgendwie verdanken wir Sara Ambrosi [...] unser irdisches Leben«, sagt Benesch im Blick auf ihren liebevollen, immer bereiten, treuen Lebenseinsatz.

In diesen Jahren sah er auch »die Möglichkeit, das Studium der Anthroposophie wieder aufzugreifen«. Die Anthroposophische Gesellschaft

»Ein Bär wurde erlegt.« Die Kinder fahren zum Ort des Geschehens

war 1935, die Christengemeinschaft 1941 in Deutschland und anderen Ländern verboten worden. Er hatte aber das Glück, durch einen befreundeten Buchhändler in Sächsisch-Regen Verbindung nach Dornach zu bekommen. So konnte er beim Philosophisch-Anthroposophischen Verlag alles, was bis etwa 1944 von Rudolf Steiner an Zyklen und Schriften erschienen war, bestellen. »Ich hatte neben meinem Pfarramt Muße, das alles vier Jahre hindurch zu lesen und zu studieren und mit der Quelle in Dornach in Verbindung zu bleiben. [...] Ich verband mich mit Rudolf Steiner, ich verband mich mit der Anthroposophie und nahm sie immer intensiver, wacher und tiefer in mich auf.«

Aber: Benesch wurde, wie schon berichtet, 1941 »Kreisleiter« in Sächsisch-Regen sowie Stellvertreter des Gebietsführers, und übernahm damit im Rahmen des »Volksbundes der Deutschen in Ungarn« (VDU) neben seinem Pfarramt politische Verantwortung. Immer deutlicher zeichnet sich eine Realität ab, die er ja mehrfach eingefordert hatte: Kirche und Partei sind in seinen Augen kein Widerspruch, wenn sie dem Zusammenhalt der Volksgemeinschaft dienen.

Da es in Ungarn nach dem Zweiten Wiener Schiedsspruch 1940 nicht möglich war, eine Nordsiebenbürgische NSDAP zu etablieren, konnte die Position eines Kreisleiters auch nur im Rahmen des »Volksbundes der Deutschen in Ungarn« (VDU) besetzt werden.

Die Nachricht der Volksdeutschen Mittelstelle (s. S. 440) vom 10. Juni 1941 bestätigt nachträglich die bereits am 23. März 1941 vollzogene Ernennung zum Kreisleiter. Was man aber in Berlin noch nicht zu wissen schien, ist die Tatsache, dass Benesch zuvor schon zum Stellvertreter des Gebietsführers Robert Clemens berufen wurde. Benesch bekleidete sein Amt als Kreisleiter nur ein Jahr lang bis 1942, Stellvertreter des Gebietsführers blieb er bis 1944.

Am 23. März fand in Sächsisch-Regen die Ortsgruppengründung durch »Volksgruppenführerstellvertreter Dr. Georg Goldschmidt« und »Gebietsführerstellvertreter Dr. Fritz Benesch« statt. Der »Deutsche Volksbote« berichtet von der Veranstaltung. Zunächst wird mitgeteilt, dass Dr. Fritz Benesch Kreisleiter geworden ist. Dann ruft Dr. Goldschmidt die »erste Ortsgruppe des Volksbundes der Deutschen in Nordsiebenbürgen, in Sächsisch-Regen«, ins Leben. »Langer, nicht endenwollender Beifall folgt den aufrüttelnden und tief zu Herzen gehenden Ausführungen Dr. Goldschmidts. Es spricht nun der Stellvertreter des Gebietsführers, der neu ernannte Kreisleiter Dr. Fritz Benesch: ›Mein Volksgruppenführer, meine deutschen Volksgenossen. Der heutige Tag ist für uns Deutsche in Nordsiebenbürgen ein entscheidender Tag. Es ist der Tag, an dem wir mit freier und von uns selbst gewollter Entscheidung nun einen Schritt vollziehen, der uns aus einer alten Schicksalsgemeinschaft heraushebt und in eine neue hineinstellt. [...] Aus dem Munde des Volksgruppenführerstellvertreters haben wir heute von einem Kampfe gehört, von einem Kampf, der uns eigentümlich berührt. Wir hören hier von einem Deutschtum der Städte, das in seiner individualistischen Eigenbrötelei versagt hat, und hören, dass die führenden Männer zum Bauerntum gingen, wo sie überall eine geheime Sehnsucht nach einer neuen Zeit, nach neuem Leben finden, und hier bei den Ärmsten erleben sie, was deutsches Schicksal, Volkstum und Volksgemeinschaft heißt. Es ist das gleiche Erlebnis wie bei uns, das heißt, dass auch hier aus der ureigensten Tiefe des deutschen Volkes mit gewaltiger Kraft etwas aufgebrochen ist, um ein neues Leben für Jahrtausende zu beginnen. Im Reich haben die nationalsozialistischen Führer genau das Gleiche erlebt, und daraus

Familientreffen 1943. In der ersten Reihe die Eltern Beneschs, dahinter stehend Friedrich Benesch mit Frau und Kindern, links Gerhard Benesch mit Frau und Kindern, rechts Schwager Roth mit Frau und Kindern

spricht nun eine ungeheure Gemeinschaftskraft, auf der das Deutschtum der Welt sich aufbaut. Wir schließen uns daher heute mit freiem Herzen dem Volksbund an, weil nicht Fremdes zu Fremdem, sondern in tiefstem Vertrauen Gleiches zu Gleichem kommt. [...] Unsere kleine Gemeinschaft hier ist gewillt, ihre ganze Kraft für das Deutschtum in Ungarn in die Waagschale zu werfen und sich jederzeit einzusetzen so, wie es unserer Geschichte würdig ist.

Ich übernehme nunmehr auch vor der Öffentlichkeit die Leitung dieses Kreises und werde meine gesamte Arbeit unter zwei Voraussetzungen erfüllen. Ich werde mit unablässiger Entschlossenheit, und wenn es sein muss, auch mit Härte, dafür sorgen, dass wir immer mehr und mehr zu einer Gemeinschaft werden. Und ich werde den Gesamtwert dieser Gemeinschaft ausschließlich in den Dienst der Volksgruppe der Deutschen in Ungarn stellen. Das ist mein Hauptprogramm! Alles, was wir sind und was wir noch werden wollen, wollen wir für euch werden!‹

Nun werden alle Amtsverwalter vom Kreisleiter mit Handschlag verpflichtet und erhalten als Ehrenzeichen die Armbinde mit dem Sonnenrad. Mit dem gemeinsam gesungenen Lied ›Auf hebt unsre Fahnen‹ und dem Ausmarsch [sic!] der Volksführung und der Formationen findet diese gewaltige Kundgebung ihren Abschluss.«[97]

In diesen Monaten ist Benesch bei fast allen größeren Veranstaltungen des VDU als Redner und Repräsentant anwesend. So unter anderem im Januar 1941 bei einem Wunschkonzert des WHW (Winterhilfswerk) und im Juni zum »Tag der Arbeit«. Beide Ansprachen sind im Anhang, S. 493 und 504 dokumentiert.

Ob über solche Ansprachen hinaus neben der Führung einer 1100 Seelen umfassenden Gemeinde wesentliche Zeit verblieb, sich in den Dienst der Volksgruppe zu stellen, ist fraglich (siehe Anhang, S. 431). Am Gymnasium in Sächsisch-Regen erteilte er den Biologie-Unterricht und in einem tabellarischen Lebenslauf sagt er für diese Zeit außerdem: »Fachdozent für Pädagogik und Psychologie am Pädagogischen Seminar in Sächsisch-Regen.«

»In den Mittelpunkt seines Naturkundeunterrichts«, so sein ehemaliger Schüler, der Historiker Dr. Johann Böhm, »stellte Benesch die Rasse- und Vererbungsfragen. Ich kann mich an seine Ausführungen gut erinnern, als er uns sagte, dass die ›Erbanlagen sowohl bei den Pflanzen und Tieren als auch beim Menschen sich bei der Befruchtung von väterlicher und mütterlicher Seite auf die Nachkommen übertragen‹, und dass sich ›Volk und Rasse‹ decken würden. Außerdem sei der Nationalsozialismus die erste politische Anschauung der Neuzeit, die diese biologischen Grundlagen klar erkannt habe. Sie bestehe darin, dem deutschen Volk die biologischen Grundlagen seines Seins vertraut zu machen, seinen Lebenswillen zu stärken und das Handeln im Sinne der biologischen Erkenntnis zum selbstverständlichen und notwendigen Ausdruck seines Seins erwachsen zu lassen. Benesch versuchte, uns aus seiner Sicht den Unterschied zwischen den Rassen und die Rolle, die die Rassen als Bestandteile der Völker und als Faktoren ihrer Kultur spielten, zu erklären. Auf diese Weise sollten wir den Besitz unseres Volkes an wertvollen Erbanlagen erkennen und erfassen. Daneben stellte er den Kampf ums Dasein als auslösenden Faktor in der Natur in den Vordergrund und versuchte den Gymnasiasten verständlich zu machen, dass das Vertrauen in die Unumstößlichkeit der Gesetze des Lebens und

Die Amtswalter des Gebietes Nordsiebenbürgen 1942/43.
Zweite Reihe links an fünfter Stelle Benesch

die Hingabe an das Ideal der Höherentwicklung des deutschen Volkes geweckt werden müsse.«[98]

Aufbau und Interpretation des Unterrichtsstoffes zeigen, dass Beneschs Beziehung zur Anthroposophie noch nicht so weit fortgeschritten war, auch für die Abstammungs- und Rassenfrage den Lehrinhalt geisteswissenschaftlich zu durchdringen und entsprechend zu gestalten.

Offensichtlich war die nationalsozialistische Ideologie im weiteren Verlauf der 40er Jahre nach wie vor seine persönliche Überzeugung. War die Anthroposophie für ihn zunächst doch mehr eine ganz von den äußeren Gegebenheiten losgelöste, rein innerliche Ideenwelt?!

Die Zeit der vierziger Jahre wirft aber auch noch eine weitere Frage auf, der nicht ausgewichen werden kann. Den jüdischen Teil der Gemeinschaft ereilte noch kurz vor Kriegsende (1944) das gleiche Schicksal wie das der Juden im Reich. Was wusste Benesch über ihre Verfolgung und spätere Vernichtung?

Benesch unterhielt gute Beziehungen zu Bischof Wilhelm Staedel, und mit dessen Wahl zum Bischof rückte die Ev. Kirche zwangsläufig in die Nähe der Volksgruppenführung. Staedels Auffassung kommt nirgends deutlicher zum Ausdruck als in seiner Rede vom 31. März 1941 während eines amtlichen Besuchs beim rumänischen Volksgruppenführer Andreas Schmidt. Einige Passagen sollen dies belegen: »[…] die deutschen Menschen unseres Vaterlandes streben unter der mächtigen Wirkung der nationalsozialistischen Bewegung Adolf Hitlers eine starke Einheit an, sind aber kirchlich-glaubensmäßig in mindestens zwei große Gruppen geteilt – Deutschtum und religiöser Glaube decken sich nicht mehr. Darum kommt der Volksgruppenführung vom gesamtdeutschen Standpunkt aus heute gegen früher eine ungleich größere Bedeutung zu […] Ich komme zu Ihnen in einer geschichtlich großen Stunde, da unter dem gewaltigen Anruf des Schicksals unser Volk unter der Führung Adolf Hitlers eine Kraftprobe ohnegleichen zu bestehen hat und da unter der Wucht der gegenwärtigen Ereignisse wie von selbst alte Gegensätze zurücktreten und immer mehr das ganze Volk zu einer einzigen Kampfgemeinschaft wird; und ich komme zu Ihnen in dem Glauben, dass wir mit beiderseitigem guten Willen – der vorhanden ist – eine gerechte Lösung finden für die reibungslose Zusammenarbeit zwischen der aus den Tiefen des Geistes zu erneuernden Kirche und der Volksgruppe, die ihre Kräfte in erfreulicher Weise emporrafft zu immer neuen Leistungen.« [99]

So musste Benesch zum Beispiel auch von der Gründung der »Arbeitsgemeinschaft des Instituts zur Erforschung des jüdischen Einflusses auf die Kirche« Kenntnis gehabt haben, und man ahnt die Ergebnisse dieser »Erforschung«. Die Presse war für jedermann nachlesbar voller Beiträge, die ein Vorgehen gegen die Juden nicht nur rechtfertigte, sondern geradezu forderte. Die Gewaltmaßnahmen gegen sie setzten in Siebenbürgen verhältnismäßig spät ein, in Ungarn lebten 1944 etwa 800.000 Juden.

»Aus den Artikeln«, so Hans Holzträger [100], »in der ungarndeutschen Presse geht hervor, dass die Zeitungspropaganda verschiedene Funktionen zu erfüllen hatte. Sie machte Stimmung gegen die Juden, bereitete damit Maßnahmen vor oder rechtfertigte sie, beschönigte sie und lenkte von kriegsbedingten Einschränkungen ab. […] Wie konnte es geschehen, dass die Leser der ›Siebenbürgischen deutschen Zeitung‹, der ›Deutschen Zeitung‹ in Klausenburg, der ›Deutschen Zeitung in Budapest‹, des ›Deutschen Volksblattes in Budapest‹ […] die unwahren und an den Haaren herbeigezogenen Hetzbehauptungen hinnnahmen? […] Niemand wagte es, schriftlich oder öffentlich, dieser – an der Geschichte gemessen für die Siebenbürger Sachsen untypischen – Feindseligkeit gegen ethnische Nachbarn zu widersprechen. Wo war die Kirche während dieser Zeit? Gab es vielleicht unterdrückte Proteste von Pfarrern und Presbytern bei den Zeitungsredaktionen? Ist jemand für die verfolgten und zu Tode gehetzten jüdischen Mitbürger, für seine eigenen Bekannten offen eingetreten?

Seit 1942 befasst sich die ›Siebenbürgische Deutsche Zeitung‹ in der Spalte ›An der scharfen Ecke‹ aggressiv mit der sogenannten Judenfrage.«

»Der Jude« wurde als ein Verschwörer gegen Deutschland dargestellt, der den Ersten und Zweiten Weltkrieg verursacht habe. Es wird beklagt, dass die Juden »noch immer mit uns in ein und dasselbe Kino gehen« dürfen, dass es ihnen nicht verboten ist, »auf unserer herrlichen Promenade herumzulaufen […], so lange die Juden noch frei auf all diesen Plätzen herumlaufen und die alten Jüdinnen sich auf den Bänken noch breiter machen, als sie es schon sind, kommen all diese Plätze für uns überhaupt nicht in Betracht. Also Augen und Ohren offen, Kampf dem Judentum bis zu seiner restlosen Vernichtung.« Das ganze Jahr 1943 über werden weiterhin Hetzartikel veröffentlicht.

»Bis zur Mitte des Jahres 1944 war der Boden für die Jagd auf die jüdische Bevölkerung aus Bistritz, Sächsisch-Regen, Klausenburg und aus den anderen Gebieten und für die Deportation und die Vernichtungslager gründlich vorbereitet. […] Die Redewendung ›Die Juden sind auch Menschen‹, verbreitete sich. Um ihr zu begegnen ließ der ›Deutsche Volksbote‹ […] einen SS-Mann […] dazu Stellung nehmen: […] ›Wer heute noch mit Juden irgendwie etwas Gemeinsames hat, wer diese Verbrecher in Schutz zu nehmen versucht, ist ihnen gleich gestellt, verdient es, genauso wie sie behandelt zu werden. Die Welt wird erst dann zur Ruhe und Frieden kommen, wenn das letzte Glied dieses Verbrechervolkes vernichtet ist. Die Juden sind keine Menschen, sie sind das Urbild des Bösen, Verbrecherischen, des Verkommensten schlechthin.«

»Im April (1944) nun wurden die Juden in Siebenbürgen aus ihren Wohnungen und Häusern vertrieben und in Lagern eingepfercht. […] Viele Deutsche in Nordsiebenbürgen redeten sich wohl lange ein, was den Juden widerfahre, sei nicht so schlimm und sei zu verantworten. Aber dann kam die Gefangensetzung von Frauen und Kindern. Es ist schwer zu begreifen, dass die jüdischen Mitbürger in den Tod deportiert wurden, ohne dass von uns Deutschen in Siebenbürgen dagegen wie auch immer protestiert worden ist. Bewohner der Stadt Sächsisch-Regen standen am Straßenrand, als der Elendszug mit 6000 Juden aus dem Judenlager (Hunderte waren vorher gestorben oder hatten sich das Leben genommen) über die Miereschbrücke zum Bahnhof geführt wurde.«

Noch am 12. April 1944 hatte Dr. Franz Riedel in der »Deutschen Zeitung« in Budapest geschrieben, dass man gegen Juden hart bleiben müsse. Der Artikel trug die Überschrift: »Nur kein Erbarmen!«

Die Fragen, die sich angesichts dieser furchtbaren Tragödie stellen, sind so ernst, dass gerade bei einer denkbaren Nähe Beneschs zu diesem Geschehen eine genaue Bewertung und Betrachtung der Umstände und der historischen Tatsachen unumgänglich ist.

Man wird unterscheiden müssen, was war grausamer Befehl und Vollzug durch den ungarischen Staat, unabhängig von der Politik der Volksgruppenführung und was hatte gleichwohl deren nationalsozialistischen Aktivitäten mit zu verantworten? Welchen Einfluss besaß die Volksgruppenführung und deren Gliederungen? Und welche Rolle spielten die Menschen, die Siebenbürger selbst in ihrer Gesamtheit angesichts der realen Situation?

Antisemitismus in Ungarn
und die Situation der jüdischen Bevölkerung 1944

Die seit 1920 existierende Ungarische »Republik«, traditionell antisemitisch gestimmt, schürte mit ansteigenden nationalfaschistischen Wahlerfolgen schon frühzeitig Animositäten gegen Juden, indem ihnen unter anderem eine direkte Mitverantwortung an Revolution und Inflation angelastet wurde. 1937 und in den Jahren danach erließ die Regierung darüber hinaus diskriminierende Gesetze gegen sie, die in nahezu allen gesellschaftlichen Bereichen zum Teil schwerwiegende Benachteiligungen beinhalteten.

1932 setzte der Reichsverweser Miklos Horthy den rechtsradikalen Gülar Gömbös als Ministerpräsidenten ein, Nationalsozialist, Rassist und Antisemit der ersten Stunde, der die »Achse« Ungarn, Italien, Deutschland vorschlug. Diese Idee rückte allerdings Ungarn auch in eine, dessen Selbstständigkeit bedrohende Nähe zum wieder erstarkten Deutschland, verbunden mit der Gefahr einer Einmischung in dessen Innen- und Außenpolitik, woran man aber keineswegs interessiert war.

Nach Gömbös Tod verlief, bedingt durch die internationale Konstellation, gleichwohl alles auf eine Position an der Seite der Achsenmächte hin. Ungarn wurde Verbündeter Deutschlands. Die Gefahr der Einmischung zeigte sich rasch, und zwar in Gestalt der Judenfrage. Dem Ansinnen einer Auslieferung an Deutschland widersetzte sich die ungarische Regierung jedoch unter Hinweis auf die eigene Souveränität und darauf, dass der Verlust dieser Bevölkerungsgruppe größte Nachteile, besonders auch in der Wirtschaft mit sich brächte, nun aber so entschlossen, dass sie praktisch nicht zustande kam. Später kam ein in die Zukunft gerichteter Gesichtspunkt hinzu. Man erkannte den gefährlichen Aspekt einer zu engen Bindung an Deutschland unter der internationalen Perspektive, dass die Achsenmächte den Krieg womöglich nicht gewinnen würden und Ungarn durch seinen bekannten antisemitischen Kurs zwangsläufig in eine bedrohliche Mitverantwortung hineingezogen würde. Die in der Geschichte einmalig dastehende Folge dieser Einsicht war ein Schutz der jüdischen Bevölkerung durch die ungarische Regierung, wie er im gesamten übrigen Europa undenkbar gewesen wäre. Der Schweizer Gesandte in Budapest Carl Lutz sprach vom letzten Reservat der jüdischen Bevölkerung in Osteuropa, in dem sie sich sicher wähnen durften. Das beschreibt in großen Zügen die Situation bis zum Frühjahr 1944.

Gleichzeitig waren es seit Jahren auch die deutschen Zeitungen, in denen die Hetzartikel gegen die Juden erschienen – aber gaben sie wieder, was man im Volk wirklich fühlte und dachte?

J. Goebbels notierte in seinem Tagebuch: »Solange die Juden in Budapest sitzen [durch den Schutz der Regierung] kann man mit dieser Stadt und auch mit dem Lande, insbesondere aber mit seiner öffentlichen Meinung nichts machen.«

Auch die kirchliche Presse musste, soweit sie zu antisemitischem Verhalten verpflichten wollte, zur Kenntnis nehmen, dass »die Mehrheit des Deutschtums […] das christliche Gebot der Nächstenliebe befolgte«.[101]

Das kann nicht heißen, dass es den hasserfüllten Antisemitismus nicht gegeben habe, der so unvorstellbar sein konnte, dass sich sogar der Ministerrat mit »den extremen Grausamkeiten, die bei der Konzentrierung und Deportation der Juden von der ungarischen Gendarmerie angewendet wurden« befassen musste. Aber es stellt sich die Frage, ob sich die Siebenbürger bei allem Beifall für den Nationalsozialismus aktiv an der Vertreibung und Vernichtung beteiligt haben bzw. konnten.

Die Deutsche Volksgruppe in Ungarn – und nur von ihr ist hier im Kontext der Biographie Beneschs die Rede – besaß, wie schon ausgeführt, als konzessionierte Institution Verantwortungen besonders auch im schulischen Bereich, und in diesem Zusammenhang ist es wahrscheinlich auf Druck der Regierung konkret auch zu Machtmissbrauch gekommen. Obgleich – anders als im Reich – kein Arierparagraph existierte, verfügte die ungarische Volksgruppenführung 1940, dass jüdische Kinder – als nichtarisch – die Gymnasien zu verlassen hätten.

Darüber hinaus war man aber mangels eigener Gesetze, Rechtsprechung und vollziehender Gewalt gar nicht imstande, anstelle der ungarischen Staatsführung zu handeln. In Sächsisch-Regen wurde demzufolge die jüdische Bevölkerung auch ausschließlich durch die ungarische Gendarmerie und die berüchtigte ungarische Organisation der »Pfeilkreuzler« zusammengetrieben und in bereit gestellte Lager gebracht. Wie grausam der Vollzug war, hat Hans Holzträger in einem erschütternden Dokument über die Deportation des Sächsisch-Regener Bürgers Mark Perl überliefert. »Beim Lesen«, so Holzträger, »der Autobiographie des Mark Perl (sind mir) des öftern die Tränen geflossen, aus Mitleid und Zorn.« [102]

Von entscheidender Wichtigkeit bleibt die Frage, welche Position Benesch eingenommen hat, was er dachte und tat. Ohne Zweifel war auch er Leser von Zeitschriften, auf jeden Fall der »Deutschen Zeitung«, und insoweit hatte er auch einschließlich interner Informationen einen genauen Kenntnisstand über die sich steigernde Hetze und die Grausamkeiten gegen die Juden. Welche Schlussfolgerungen lassen sich ziehen?

Zunächst muss festgehalten werden, dass sich in Beneschs Schriften und Reden kein Wort gegen Judentum und mosaischen Glauben finden lässt. Wissenschaftlich hat er sich mit Chamberlains Werk (siehe S. 129) auseinandergesetzt, kommt aber zu dem theologischen Schluss, »dass wir in Fortsetzung der Reformation, die nur ein Anfang und keine Vollendung sei, nach einem neuen, germanischen Christentum suchen müssten«.

In Beneschs »Arbeitsprogramm« (S. 117) von 1934, 3. Punkt, Einführung einer moralisch gesittungsmäßigen Kategorie, der sich auf »Zigeuner, Juden« bezieht, sollte nicht übersehen werden, dass unter artfremd »städtische Tracht, fremde Tänze usw.« angeführt werden und dass das Gesamtprogramm mit den Worten schließt: »Religiös: locken und rufen – in Freiheit und Güte. Hilf Herr!« Es handelt sich also um kulturelle Abgrenzung – nicht Diskriminierung und Verfolgung.

Das Bedürfnis nach *kultureller* Abgrenzung, das auch die anderen Minderheiten auszeichnete, ist hierzu kein Widerspruch, hatte aber gleichwohl viel mit einer toleranten Lebenswirklichkeit zu tun, innerhalb derer Benesch »Zigeuner« im Haushalt beschäftigte [103], ihnen gegen alle Gebote seiner Kirche das letzte Geleit gab, das heißt auf »seinem« Friedhof bestattete. Oder dass man bei der Hochzeit der Eltern im Kreis der Familie eine Zigeunerkapelle hatte aufspielen lassen.

Dass Benesch überzeugter Nationalsozialist war, ist dargelegt worden. Aber seine Möglichkeiten als Kreisleiter, der er ein Jahr lang war, sind mit reichsdeutscher Machtfülle in keiner Weise vergleichbar (siehe Anhang, S. 431). In der Hauptsache verfolgte er einerseits einen religiös-geistigen Strukturwandel und zum anderen den Schutz des alten Brauchtums in seiner Heimat. Er hat in erster Linie aus theologischen Gründen seiner Kirche den Kampf angesagt, und er hat in diesem Kontext ein Volkstum eingefordert, das er nahezu um jeden Preis bewahren wollte. Das waren die zwei Intentionen, um deren Willen er politische Ämter angenommen hat.

Von 1941 bis 1942 wurde Benesch, wie erwähnt, zum Kreisleiter des Volksbundes der Deutschen in Ungarn (VDU) / Kreis Sächsisch-Reen/ Nordsiebenbürgen ernannt und zum Stellvertreter der Gebietsführung, das heißt in die Gauleitung »Nordsiebenbürgen und Sathmar-Karpatenland« Ungarn berufen. Was nach politischer Karriere aussieht, stimmt bei ihm aber nicht mehr überein mit der notwendigen Überzeugung, die sie rechtfertigen müsste. Von seiner Umgebung unbemerkt, ist für ihn an die Stelle ehemaliger Gewissheit einer moralischen Integrität nationalsozialistischer Positionen eine umstürzende Erkenntnis getreten, wie sie radikaler nicht sein kann. In einem Brief an seine Frau vom 7. September 1942, die in Halle weilt, vertraut er ihr einen Gedanken an, der den bisherigen Lebensweg grundsätzlich in Frage stellt: »Klar wurde mir neu: Wir müssen lernen, in vollem Bewusstsein und klarer Kenntnis im *Angesicht des Bösen* mit unseren Schwächen zu leben!« Man kann diesen Zeitpunkt als Beginn eines Prozesses annehmen, der sich drei Jahre später in Neukirchen vollenden wird. Es muss etwas eingetreten sein, das von uns nur vermutet werden kann, aber dennoch einen richtunggebenden Hinweis auf die vorliegende Frage erlaubt.

Im Januar und Februar 1943 konnte man in der *Nationalzeitung* mahnende und mutige Beiträge der bekennenden Christin Margit Schlachta lesen. Im Januar: »Wage etwas zu tun, zu bitten, zu wünschen, dränge bei deinen Angehörigen, etwa bei den Kommandanten der Arbeitslager, sie sollten die ihnen Unterstellten so behandeln, wie sie es ihrem eigenen Sohn an der Front oder in der Gefangenschaft gewünscht hätten.« Und am 16. Februar 1943: »Die Christliche Moral kennt keine kollektive Vergeltung. [...] Jeder Anhänger einer Hassreligion ist ein Feind von sich selbst, der Öffentlichkeit und seiner Heimat.«

Im Verlauf des beginnenden Bewusstseinsprozesses, der die Wahrnehmung des bösen Prinzips schrittweise und immer stärker vertieft, konnte es nicht ausbleiben, dass Einsicht zur mitteilenden Kritik wird.

Die von Hans Holzträger zu Recht gestellte Frage, »ob denn niemand im *Land der Duldung* dieser – an der Geschichte gemessen – für die Siebenbürger Sachsen untypische Feindseligkeit gegen ethnische Nachbarn zu widersprechen« da gewesen sei, findet in Beneschs Verhalten eine Antwort, die auf Widerspruch hindeutet.

Am 23. März 1944 nimmt Beneschs Bruder Erich (der noch nach Kriegsende am 27. Juni 1945 im Lazarett Neumarkt/Oberpfalz verstorben ist) in einem Brief an seine Eltern Bezug auf einen ihn betreffenden Antrag der Kreisleitung (Leiter Andreas Schell), der »schon in Budapest stecken bleibt«, was ihn aber nicht sehr verwundert, »denn der Name Benesch hat daselbst einen schlechten Klang«.

Im März oder April – ein halbes Jahr vor der Räumung Siebenbürgens – ist es demnach zu einer nennenswerten Verstimmung gekommen, die immerhin ausreichte, einen bereits eingeleiteten Vorgang der Kreisleitung zu verhindern.

Es ist nicht sehr wahrscheinlich, dass Benesch in diesem Zusammenhang offiziell Zweifel an seinem politischen Standpunkt ausgesprochen hat, denn Tatsache bleibt, dass er bis in die letzten Tage des Reiches in unmittelbarer Verbindung zur »Volksdeutschen Mittelstelle« blieb, die für sämtliche Angelegenheiten aller Auslandsdeutschen höchste Vollmachten besaß, was so viel besagt, dass in der letzten Phase der sich überschlagenden Ereignisse ein Konflikt auftaucht, der auf dieser Ebene überhaupt eine Rolle spielen konnte.

Am 19. März 1944 überschritten Einheiten der Deutschen Wehrmacht samt einem Einsatzstab von Adolf Eichmann die Grenze des verbündeten Ungarn. Der amerikanische Präsident Franklin D. Roosevelt spricht einige Tage später aus, was dieser Einmarsch für die ungarischen Juden bedeuten dürfte: »Die Ereignisse der letzten Tage haben dazu geführt, dass hunderttausende Juden, die zwar unter Verfolgung lebten, aber in Ungarn und auf dem Balkan wenigstens einen Schutz vor dem Tod gefunden hatten, nun, da Hitlers Truppen sich schwerer auf diese Länder werfen, von Vernichtung bedroht sind. Es wäre eine riesige Tragödie, wenn diese unschuldigen Menschen, die bereits zehn Jahre des Wütens Hitlers überlebt haben, gerade am Vorabend des Triumphes über die Barbarei, die ihre Verfolgung symbolisiert, umkommen würden.«

Genau wie befürchtet kam es. Horthy trat zurück, die radikal-faschistische Partei der »Pfeilkreuzler« stürzte die Regierung, und damit war auch das Los der ungarischen Juden wenige Monate vor der Kapitulation Ungarns entschieden.

Es gibt zu diesem Zeitpunkt eigentlich nur einen Sachverhalt, der die Bedeutung und das Gewicht haben konnte, »den schlechten Klang« des Namens Benesch hinreichend zu begründen: die Judenfrage!

Dass die jüdische Bevölkerung nach allem, was man aus dem Reich, von Fronturlaubern und über internationale Nachrichten längst wusste, keineswegs endgültig in Sicherheit war, dürfte vielen vorausblickenden Zeitgenossen klar gewesen sein. Benesch wird Zeuge eines unmenschlichen Treibens, wird unmittelbar mit dem »Angesicht des Bösen« konfrontiert und spricht vermutlich aus, was er denkt.

»Die Art und Weise«, so Hans Holzträger, »mit der die Judenfrage brutal gelöst werden sollte, hatte viele Ungarn und Ungarndeutsche [...] schockiert. Die Redewendung ›die Juden sind auch Menschen‹ verbreitete sich.« Und weiter: »Gegen diese Gewaltmaßnahmen widersetzten sich in Klausenburg der Obergespan (erster Verwaltungsbeamter eines ungarischen Komitates), der Vizegespan des Komitates (Landkreis) Szolnok Doboka in Des, Graf Bela Bethlen und Dr. Jonas Schilling. Graf Bethlen erklärte, er wolle nicht zum Massenmörder werden, und trat zurück.« Über die jüdischen Ghettos war bereits im Juli 1944 einiges bekannt geworden. Das evangelische Hilfswerk in Zürich veröffentlichte Berichte unter dem Titel »Soll ich meines Bruders Hüter sein?«[104] In Sächsisch-Regen mussten die Juden auf freiem Feld hausen, und viele starben, bevor sie nach Auschwitz deportiert wurden. Über die Massenmorde in Auschwitz gab es bereits Mitte 1944 in Siebenbürgen genaue Berichte.

Benesch hatte Intentionen, Vorstellungen und Ziele anderer Art verfolgt, aber nicht das, was sich nun vor seinen Augen abspielte. Dass er selbst oder die Siebenbürger Bevölkerung an den brutalen Aktionen der Pfeilkreuzler oder der ungarischen Gendarmerie einen Anteil gehabt haben könnten, ist ausgeschlossen.

In seiner Rede vom 18. Oktober 1944 hatte der Innenminister Gábor Vajna die Schuldfrage eindeutig festgehalten: »Niemand soll eigenmächtig über das Judentum richten, die Lösung dieser Frage ist Aufgabe der Staatsmacht. Und diese Frage – darüber kann jeder beruhigt sein – werden wir lösen. Ich mache das Judentum und alle diejenigen, die seinem Interesse dienen, ausdrücklich darauf aufmerksam, dass alle Organe der Staatsmacht streng über ihr Verhalten wachen, und die bereits getroffenen sowie die späteren Maßnahmen werde ich auch in Anbetracht des Krieges mit besonderer Strenge durchführen. [...] Im Augenblick stehen die in Ungarn lebenden Juden unter Kontrolle und Leitung des ungarischen Staates, und in diese Frage hat niemand, weder vom In- noch vom Ausland hineinzureden.«

Dass die Pfeilkreuzler für die Deportation der ungarischen Juden in deutsche Vernichtungslager die Verantwortung zu tragen hatten, wird vom Simon Wiesenthal-Center bestätigt.

Von den neun Sammellagern in Siebenbürgen befanden sich drei, nämlich Bistritz, Klausenburg und Sächsisch-Regen, im näheren Umkreis, und Benesch hatte erlebt, was mit ihnen geschah. Der Ungeist dieser Zeit lässt im Rückblick verstummen, und soweit Benesch Mitwisser wurde, kann man wohl nun mit Gewissheit sagen, dass in diesem Zusammenhang auch für ihn angesichts dieser unvorstellbaren menschlichen Tragödie die alten Überzeugungen und Ideale zerbrechen.

Ein Ende kündigt sich an, eine Höllenfahrt, in der die ganze Volksgruppe selbst ihrem Untergang entgegengeht und alles verliert, was eine kulturell gefügte und geistig geführte Gemeinschaft verlieren kann. »Ihr werdet auch bald diesen Weg gehen, so wie wir«, schrie eine Jüdin aus Sächsisch-Regen den am Wegesrand Stehenden zu.

Die Katastrophe

Es war Krieg. Aber noch spielte er sich im Umkreis von Europa in einer gewissen Entfernung von Siebenbürgen ab. In Birk merkte man noch kaum etwas davon. Das bäuerliche Leben und die Arbeiten in Saat und Ernte vollzogen sich in einer friedlichen Welt, um die herum Tod und Vernichtung tobten.

Dennoch machte sich bei den Menschen mehr und mehr eine geheime Sorge, eine Bangigkeit und eine Furcht geltend. 1943 setzten Deutschland und Ungarn vertraglich fest, dass alle Volksdeutschen aus dem ungarischen Militärdienst entlassen und in die Waffen-SS eingegliedert werden. Die Ahnung kommenden Unheils begann unbewusst in den Seelen zu wirken. Das erforderte Schicksalsbereitschaft. Benesch versuchte in sich selbst wie auch in seiner Gemeinde durch seine Predigten im Vertrauen auf die göttliche und geistige Welt eine solche zu wecken und zu stärken. Er war dankbar, dass er in diesen Jahren für Familie, Gemeinde und Jugend da sein durfte. »Dabei hatte ich immer das Erlebnis der Menschenweihehandlung in der Christengemeinschaft in Halle vor Augen.« Der Gedanke an dieses neue Kirchentum trug ihn durch diese vier Jahre.

Aber unaufhaltsam rückte der Krieg näher. Der 1941 angelegte Flugplatz von Sächsisch-Regen erhielt plötzlich eine zentrale strategische Bedeutung. Es gab zeitweise Einquartierungen von ganzen Schulklassen aus Deutschland. Nachschubkolonnen passierten Birk ab Februar 1944 in steigender Zahl. In Sächsisch-Regen erfolgte der Umschlag von Nachschubgütern auf die Eisenbahn und Nachschubkolonnen. Ein Kommando dieser Umladestäbe quartierte sich in Birk ein. In den Schulräumen lagerten die Möbel und die Ausstattung für ein Lazarett. Im April erhielt Birk erstmals Großeinquartierung. Zunächst kamen nur einige wenige Soldaten in den Gottesdienst, den Benesch hielt, aber sehr rasch füllte sich die Kirche von Sonntag zu Sonntag mit immer mehr Wehrmachtsangehörigen. Beim Ostergottesdienst war die Dorfkirche bis auf den letzten Platz besetzt. In den Wochen darauf kamen die ersten versprengten deutschen Soldaten von der Front durch Birk – ein böses Vorzeichen für die nächsten Wochen! So kam die Katastrophe 1944 nicht unerwartet, war aber doch ganz plötzlich da.

Im Norden Siebenbürgens lebten seit Jahrhunderten etwa 40.000 deutsche Bauern in ihren Dörfern und deutsche Handwerker und Bürger in den beiden deutschen Städten Bistritz und Sächsisch-Regen. Siebenbürgen war ihre Heimat. Würden sie von der Roten Armee überrannt, drohte Männern, Frauen und Kindern die Deportation. Flucht erschien als einziger Ausweg. Die deutsche Volksgruppe in Nordsiebenbürgen konnte sie gerade noch vorbereiten.

Abschließende Amtshandlungen Beneschs spiegeln sich in den Birker Kirchenbüchern[105] wider.

Am 29. Juli 1944 letzte Taufe, am 27. August – sechzehn Tage vor Beginn der Flucht – die letzte Trauung, und am 7. September, vier Tage, bevor Benesch die sofortige Räumung Birks anordnet, die Bestattung des zwei Jahre alten Johann Schuller, der durch eine Verbrennung ums Leben gekommen ist.

Am 8. und 9. September bewegte sich eine ununterbrochene Kolonne von Truppen und Fahrzeugen auf der Hauptstraße durch Birk. Die Front rückte immer näher. Man hörte schon das Grollen der Artillerie. Am Sonntagnachmittag kam eine Kolonne von Rode durch Birk. Am Montag, dem 11. September versammelte Benesch um zehn Uhr seine Gemeinde, gab den sofortigen Räumungsbefehl bekannt und traf die Anordnung zur Evakuierung des Dorfes. Eisenbahnzüge standen mit Ausnahme für Frauen und Kinder nicht zur Verfügung. Es musste mit Fuhrwerken gefahren werden. Eigentlich sollten nur Pferde die voll beladenen Wagen ziehen, weil sie aber nicht ausreichten, mussten auch Ochsen und Kühe eingespannt werden. Befehlsgemäß sollten die Wagen nur Futter und Verpflegung für sechs Tage mitnehmen. Sie durften nicht überladen sein, weil nicht klar war, ob man überhaupt noch aus dem Siebenbürger Kessel herauskommen könne. Um 16.30 Uhr setzte sich eine von Benesch angeführte lange Fahrzeugkolonne auf der Straße von Birk nach Sächsisch-Regen in Bewegung. Es war ein sonniger Tag. Die Kirchenglocken läuteten einen Abschiedsgruß.

Benesch hat später öfters von diesem Aufbruch erzählt: In dem Augenblick, als er die Kutsche bestieg, mit der er sich an die Spitze stellte, und der Treck sich in Bewegung setzte, hatte er eine Vision. Es wurde »hell« um ihn, die ganze Erde wurde durchsichtig, und er hörte innerlich eine Stimme: Alles wird gut! Und wenig später, als am Dorfende die Birka-Brücke erreicht wurde, brach überraschend ein furchtbares

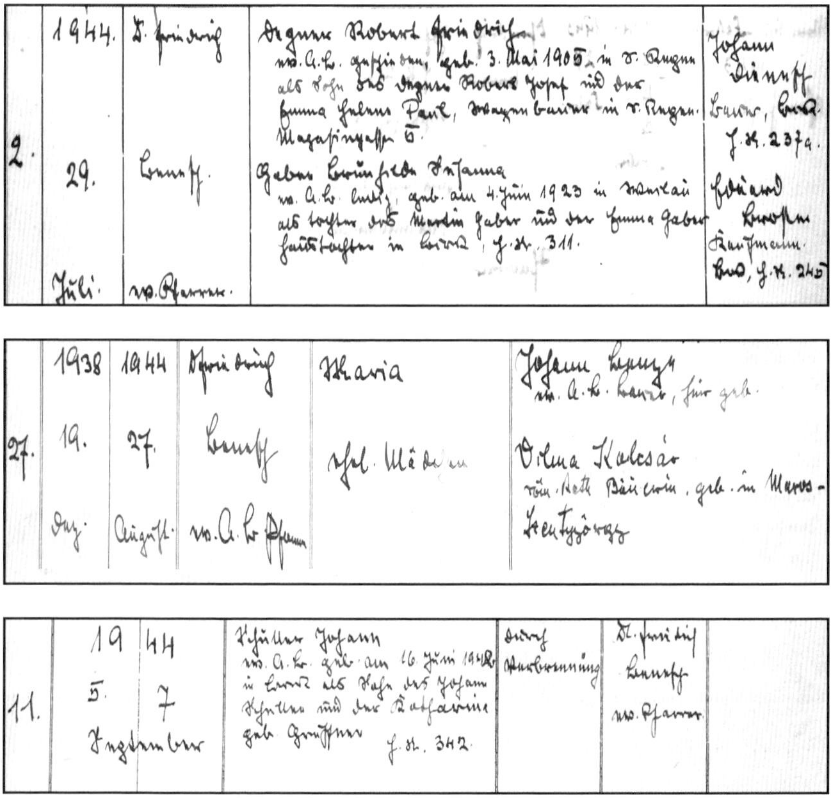

Letzte Eintragungen in den Kirchenbüchern

Gewitter los, das die ganze Szenerie mit grellen Blitzen und gewaltigem Donnerkrachen begleitete – wie ein Bild für die ungeheuren inneren menschlichen Erschütterungen, welche mit diesem Aufbruch aus Jahrhunderte langem Besitztum verbunden waren.

Alles wurde durchnässt, doch man fuhr die ganze Nacht durch bis nach Bortsch. Dort wurde gerastet und alles getrocknet. Am Dienstagabend traf die Kolonne in Schogen ein. Jetzt schlossen sich auch die Botscher und die Deutsch-Zeplinger dem Zug an. Am Mittwoch wurde ein Rasttag zur Erholung eingelegt. Das nächste Etappenziel hieß Kyrieleis. Hier boten abermals zwei Tage Rast Gelegenheit zu Erholung und Ausbesserungsarbeiten.

Die Birker Bauern

Unterdessen hatte sich der Flüchtlingszug des Bezirks Sächsisch-Regen formiert, der von Benesch angeführt wurde. Professor Gellner aus Sächsisch-Regen unterstützte ihn als Stellvertreter nach Kräften. In Kyrieleis wich der Treck von der Hauptstraße ab und erreichte auf Nebenwegen Dees nördlich von Klausenburg. Die Hauptstraße war inzwischen zu gefährlich geworden. Auf ihr bewegte sich nur noch die Wehrmacht.

Über die Landschaft von Nordsiebenbürgen und die Westkarpaten zog der Treck nun hinüber nach Ungarn. Es dauerte zwei bis drei Wochen, bis sich die Bauern nach anfänglichem Chaos daran gewöhnt hatten, im regelmäßigen Tempo mit ihren Fuhrwerken, Pferden und Ochsen von Tag zu Tag weiter zu ziehen.

Sara Ambrosi berichtet, dass der Treck jedoch nur nachts weiterzog, um im Schutz der Dunkelheit dem Beschuss durch russische Tiefflieger zu entgehen. Tagsüber suchte man im Wald oder am Waldesrand Deckung. Die Wagen waren mit Zweigen getarnt. Trotzdem kam es zu Luftangriffen, und es gab Verwundete und Tote.

Als man über eine Brücke den Weg nehmen musste und Benesch die Sorge hatte, dass die russischen Jagdflieger ihren Angriff auf die vor ihnen

Bilder von der Flucht

liegende Brücke richten würden, hatte er wieder eine hellseherische Wahrnehmung, die ihm sagte, alle würden die Brücke glücklich überqueren. Als der ganze Treck die Stelle passiert hatte, fiel die Bombe, die alles zerstörte. Einige Augenblicke früher, und alles hätte in einer Katastrophe geendigt.

Die Rote Armee war »glücklicherweise inzwischen durch Reste der Wehrmacht in ihrem Vormarsch aufgehalten worden. So konnten wir, wenn auch langsam, aber stetig die Flucht von Siebenbürgen nach Österreich fortsetzen.«

Benesch sah unter den Flüchtlingen immer wieder nach seinen Bauern aus Birk und versuchte, die über den Verlust von Haus, Hof und Heimat Verzweifelten zu trösten mit dem Hinweis auf das tiefe Gottvertrauen, das auch in den Stunden eines völlig unbestimmten Schicksals immer noch irgendwie Geltung hat.

Sara Ambrosi erinnert sich, dass Benesch, der zunächst in einer Kutsche den Treck begleitet hatte, diese aufgab und von Wehrmachtsangehörigen ein Motorrad erhalten konnte, weil er so leichter den sich lang hinziehenden Treck seiner Bauern zu begleiten und betreuen vermochte. Besonders am Anfang musste er wohl auch manchmal mit ganzer Energie

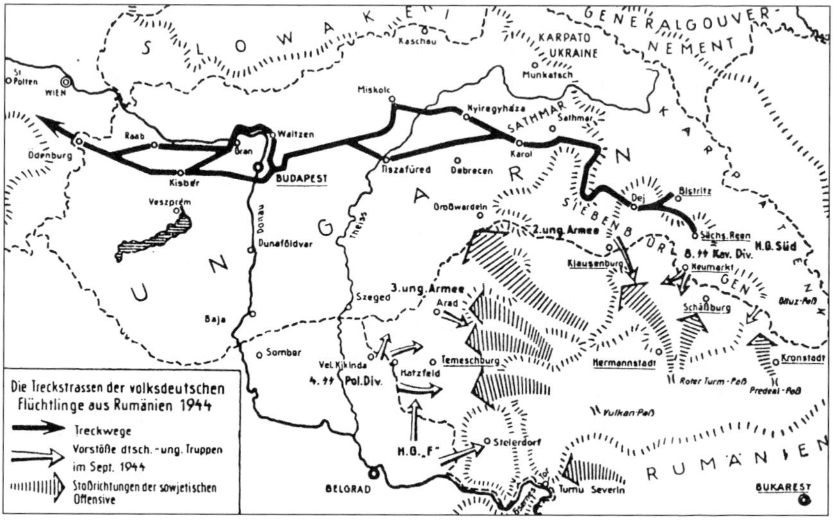

Streckenverlauf des Trecks von Sächsisch-Regen nach Österreich

eingreifen, um die Ordnung aufrecht zu erhalten, zum Beispiel wenn ein Gespann andere überholen wollte. Der Zug, bestehend aus etwa 18.000 Menschen, zog sich mit hunderten schwerbeladenen Wagen über viele Kilometer hin und konnte von Benesch, der uniformiert und bewaffnet war, ohnehin wohl nicht auf voller Länge kontrolliert werden. Aber selbst in Teilabschnitten war ein Motorrad besser geeignet als eine Pferdekutsche. In den Wochen, die der Treck unterwegs war, wurden schätzungsweise etwa 1.000 Kilometer zurückgelegt.

Die Birker Pferdekolonne strebte von Dees aus auf Landstraßen und Feldwegen westwärte. Sie gelangte über Szatmárnémeti – Nagykároly – Theißübergang – Gyönygyös – Vác – Donauübergang – Esztergom – Komárom – Györ – Sopron –Neuhöflein – Wiener Neustadt – St. Pölten und Melk nach Wieselburg/Erlauf in Niederösterreich.

Am 27. September – so berichtet der Kaufmann Traugott Keller aus Sächsisch-Regen – kam es zu einer wohl nur aus dem Chaos der Tage erklärbaren Aktion: »Die schwere Lade mit Schriften und Akten der Kreisleitung« wurde auf Befehl des Kreisleiters Andreas Schell zu dem Bahnhof Nagykároly gebracht mit Zielort Budapest. Dort soll sie verbrannt sein.

Von der Heimat bis an die österreichische Grenze waren neun Wochen vergangen, immer verfolgt von der Roten Armee, »die merkwürdigerweise immer jeweils so aufgehalten wurde, dass wir weiter kamen«.

An der österreichischen Grenze angekommen – es war Mitternacht – ergab sich kurz vor Erreichen des sicheren Landes ein unerwartetes Hindernis: Der Grenzbeamte wollte den Treck nicht durchlassen! Benesch verlegte sich aufs Bitten, musste aber sein ganzes Redetalent aufbieten, um zu erreichen, dass die Grenze schließlich wenigstens für eine Stunde geöffnet wurde, zu kurz für den langen Treck. Benesch begann ein angeregtes Gespräch mit dem Grenzbeamten, der nun gar nicht bemerkte, dass die Stunde längst vergangen war und der Treck die Grenze inzwischen passiert hatte. Es war zu diesem Zeitpunkt wahrscheinlich nur noch ein Teil des langen Zuges, unter ihnen die Bauern von Birk, die am Ende der Flucht den Grenzübergang nach Österreich schaffen mussten; andere Teile hatten kurz zuvor andere Grenzübergänge gesucht. Stunden danach wurde ein Kind geboren – ein Mädchen, aber auch »viele kleine Kinder hatten längs dieses Weges ihre letzte Ruhestätte gefunden«, so Beneschs Bruder Gerhard. Dann erreichten sie endlich Wieselburg/Erlauf in Niederösterreich.

Benesch war manchmal tief erschöpft von den mit der Flucht einhergehenden Strapazen und der Zuwendung, die er den Menschen zuteil werden ließ. Einmal war er völlig am Ende seiner Kraft eingeschlafen; eine Bombe schlug nicht weit von ihm ein und begrub ihn fast ganz mit Erde, ohne dass er es gleich bemerkte – so tief war der Erschöpfungsschlaf.

Die Frauen und Kinder waren von Anfang an nicht an dem Flüchtlingstreck beteiligt gewesen, so auch Beneschs Familie. Sie waren in Waggons verladen worden, die an Sanitätszüge nach Deutschland angehängt wurden. Benesch wusste lange nicht, ob seine Frau und seine Kinder durchgekommen und gerettet worden waren.

Am Neusiedler See in Österreich wurde der Treck aufgelöst und die Bauern mit ihren Familien als heimatlose Flüchtlinge auf Österreich, Bayern und Thüringen verteilt. Benesch selbst wurde von der »Volksdeutschen Mittelstelle« (siehe Anhang S. 440) nach Weimar befohlen, um die Verteilung der Siebenbürger in thüringische Städte und Dörfer zu organisieren.

Inzwischen hatte er erfahren, dass seine Frau und seine Kinder mit dem Lazarettzug glücklich in Wien angelangt waren und dort bei einer alten Freundin des Hahne-Kreises, der Schwester von Professor Mannhardt, dem einstigen Leiter der Marburger Burse, Unterkunft gefunden hatten. Die arg mitgenommenen Kinder, die durch das Leben im Güterwagen auch krank waren, wurden nun einigermaßen wieder gesund gepflegt, so dass sie die Reise von Wien nach Halle in die dort jetzt von Beneschs Schwester und deren Kindern bewohnte Wohnung seiner Schwiegermutter unternehmen konnten.

Inzwischen standen die Amerikaner nur noch wenige Kilometer vor Weimar und Halle. Benesch zog die notwendige Konsequenz: »Ich desertierte von der ›Volksdeutschen Mittelstelle‹ in Weimar.« Jetzt musste er nämlich versuchen, noch vor Einnahme der Stadt zu seiner Familie zu kommen. Letzte Bombenangriffe, der Einmarsch der Amerikaner und die Kapitulation Deutschlands erfolgten unmittelbar darauf.

ZWEI JAHRE IN NEUKIRCHEN

DIE ZERMÜRBENDEN EREIGNISSE DES ZUSAMMENBRUCHS

DIE GROSSE UMWANDLUNG MEINES LEBENS, MEINES SCHICKSALS

1945–1947

Dorfgemeinde in Neukirchen

»Da war sie nun – die absolute Katastrophe, der apokalyptische Untergang. [...] Es gab nicht mehr die Bauern von Birk, und es gab auch nicht mehr die christliche Bauerngemeinde. Es war merkwürdig, wie frei ich war für einen Neuanfang in meinem Leben, der aber doch problematisch war. Denn es meldete sich das irdische Leben einer großen Familie mit voller Wucht. Ich war da mit Frau und sechs Kindern in der Wohnung meiner Schwiegermutter in einem Haus, arbeitslos und mittellos. Ich nahm unmittelbar teil an den Flüchtlingsschicksalen von Millionen Menschen.«

So meldete sich Benesch »als Flüchtlingspfarrer bei der evangelischen Landeskirche in Halle mit der Bitte um eine Pfarrstelle. Und schon im Herbst 1945 wurde mir die vakante Pfarrstelle in der Dorfgemeinde in Neukirchen bei Halle zugewiesen. Ich konnte zusammen mit meiner Schwester und deren Kindern die Wohnung in Halle aufgeben und in das geräumige Pfarrhaus in Neukirchen einziehen. Wir konnten leben.«

Und gleich neben dem Pfarrhaus, von einer hohen Mauer umfasst, steht eine stille, schmucklose Dorfkirche aus der zweiten Hälfte des 12. Jahrhunderts, umgeben von großen alten Bäumen. Im Querturm Schallarkaden mit Würfelkapitellen, die trotz ihrer Schlichtheit Erhabenheit ausstrahlen. Das niedrige Eingangsportal nötigt zu einer leichten Verbeugung, ehe man das kleine Kirchenschiff betreten kann. Romanische Kirchen stehen meist auf einem besonderen Stück Erde, und hier vielleicht in einer Beziehung zur nahen Saale. Und wer sie betritt, so Emil Bock, »taucht in eine ältere Schicht des Menschheitslebens zurück, in einen Weltzustand, der von allem, was später kam, grundlegend verschieden war«. Das könnte hilfreich gewesen sein.

Draußen war zwar Frieden, aber auch großes Elend. Die Amerikaner hatten sich gemäß der Beschlüsse von Jalta aus Sachsen und Thüringen wieder zurückgezogen. »Die Russen besetzten sofort die Provinz, und die Gewaltherrschaft des Kommunismus über Mitteldeutschland begann. In diesem Winter 1945/46 haben wir gehungert wie viele Familien.« Auch die älteste Tochter berichtet von einer Zeit harter Entbehrungen mit Ährenlesen auf den Feldern und Hunger, und wie die Mutter die Kinder durch ihre Zuwendung, durch Geschichten und Spiele durchzu-

Dorfkirche Neukirchen. Spätgotisches Nordportal

Kirchenschiff, Ost-Schluss.
Im Hintergrund Westquerturm mit romanischen Schallarkaden

tragen vermochte. »Erst im Sommer 1946 wurde es mit der Verteilung der Lebensmittel besser. Von einer Selbstbestimmung meines eigenen Lebens konnte also seit der Flucht in diesen Jahren keine Rede sein. Das Leben war vollständig bestimmt und abhängig von den Verhältnissen der Umwelt, wie sie durch die Siegermächte des Krieges bestimmt und hergestellt wurden. Und so blieb nichts anderes übrig als der Versuch, in diesen Lebensverhältnissen katastrophaler Zusammenbrüche zu überleben und das Leben der Familie so gut es ging weiterzubringen.«

»Die große Umwandlung meines Lebens, meines Schicksals.«

Mit diesen Worten charakterisiert Friedrich Benesch – er steht im Herbst 1945 in seinem 38. Lebensjahr – die gewaltige Umwälzung aller seiner inneren und äußeren Verhältnisse, in die er nun eintritt; und diese Umwälzung wird für ihn zum Ausgangspunkt eines völlig neuen Lebensabschnittes; sie erst wird das aus ihm werden lassen, was er im zweiten Teil seines Lebens und Wirkens sein konnte.

Einerseits löst er sich jetzt ganz entschieden, ja mit großer Radikalität von allen Bindungen an seine siebenbürgischen Vergangenheit und an die menschlichen Verhältnisse, in denen er bis zum Ende der Flucht und der Überführung der Bauern in die neuen Gegebenheiten darinnen gestanden hatte. Es gab auch später von ihm keine Versuche, an diese alten Verhältnisse irgendwie anzuknüpfen. Er wollte offenbar die Vergangenheit auf sich beruhen lassen. Die Gewaltsamkeit, mit der er diese Loslösung vollzog, entsprach ganz seinem cholerischen Temperament.

Sehr viel radikaler und schmerzhafter aber musste die Wendung sein, die er nun innerlich zu vollziehen hatte; denn jetzt musste ja – viel radikaler, als ihm vorher bewusst war – all das vor sein Bewusstsein treten, was an Ungeheuerlichkeiten und Lügen mit dem Nationalsozialismus verbunden gewesen war; und er musste erkennen, wie tief er sich durch sein vehementes politisches Engagement in Siebenbürgen darin verstrickt hatte.

In einem Vortrag, gehalten 1976 in Kassel, mit dem Thema »Die Macht des Bösen und der Mensch« stellt er eine Frage an den Anfang seiner Rede. »Ich darf vielleicht die Älteren unter uns versuchen anzuregen, sich zu erinnern an die Gedanken und Stimmungen, die wir hatten nach dem Jahre 1945. Wir haben ja so etwas wie eine Art Erwachen erlebt, denn wenn auch vielleicht der eine oder der andere unter uns eine gewisse Ahnung hatte von dem, was da sich abgespielt hat, man hat ja doch erst nachträglich das Ausmaß und die Art und Weise dessen, was da vor sich gegangen ist, erfahren, und man stand eigentlich vor einer ungeheuerlichen Frage, die ganz einfach so formuliert wurde: Wie war so etwas möglich?«

Was ging da in ihm vor? *Wir wissen es nicht*. Benesch hat *nie* darüber gesprochen: nicht in seiner Familie (von der die Älteren davon wussten, aber *gesprochen* wurde nicht davon), nicht zu seinen engsten Freunden, später auch nicht zu seinen Kollegen im Priesterkreis. Immerhin macht er in seinem »Lebensgang«, den er vor seiner Priesterweihe für den Priesterkreis geschrieben hat, über den Beginn des Studiums in Marburg die Bemerkung – nachdem er von seinem Erkenntnisringen und seinem Verhältnis zur Anthroposophie gesprochen hat: »Neben diesem mich sehr beschäftigenden Erkenntnisringen ging das Suchen nach sozialen Zusammenhängen. Es führte über zwei Semester studentischer Korporation nach dem Austritt zur sozialistischen und *völkischen Jugendbewegung und durch sie zu Herman Wirth und der Welt des Nordisch-Germanischen.* Ich kam nach Halle zu Hans Hahne. Vorgeschichte, Volkskunde und Anthropologie traten zu den naturwissenschaftlichen und theologischen Bemühungen. Sozial lebte sich das in der *Zugehörigkeit zur Artamanenbewegung und zu dem Jugendkreis um Vater Hahne* aus.« [Hervorhebungen HWS] Vielleicht hätten diese Sätze damals schon Fragen, Vermutungen aufkommen lassen müssen.

Die einzige Andeutung der Probleme in der Vergangenheit, die mir bekannt geworden ist, machte er gelegentlich eines Berichts aus seinem Leben während einer geologischen Exkursion mit den Studenten des Priesterseminars (etwa 1975), die ein Teilnehmer – Jürgen Meier (Hamburg) erinnert. Da »warnte er auch vor Fehlern, die er in seinem Leben gemacht habe. Er habe sich ›für das Völkische einfangen lassen‹. Und er habe seiner Abneigung gegen die ›Anthroposophen‹ zu große Bedeutung beigemessen und sich deshalb vom Mitarbeiten in der anthroposophischen Bewegung lange fern gehalten. Gebt nicht so viel auf die Menschen, setzt euch für die Sache ein. Die ist wichtig.‹«

Aber im Übrigen muss man sagen: Er wollte die Fragen, die ihn bewegten, offensichtlich ganz mit sich selbst abmachen. Bis zu seinem Tode und auch Jahre danach hat deshalb niemand in seinem engsten Arbeits-Umkreis etwas von seinen politischen Aktivitäten in seiner Siebenbürger Zeit gewusst. Das aber heißt ja nicht, dass er seine Vergangenheit beiseite geschoben, ignoriert hätte: Das hat er sicher nicht getan. Dafür gibt es Hinweise.

Wir haben von Friedrich Benesch einige spärliche Tagebuch-Notizen aus den Jahren 1946-1948; darin finden sich unter dem Datum 3. Februar 1948 Rückbesinnungen, die das belegen können.

»Wann war es noch – dass ich die Worte schrieb: Wunden der Seele sind die Organe, durch die Heilung in uns einziehen kann. Mögen sie von der Hand eines unerbittlichen Schicksals geschlagen sein, mögen sie andere Menschen uns zugefügt haben – mögen schließlich wir selbst in Wahn und Unersättlichkeit uns die allertiefsten gerissen haben – sie sind die offenen Tore der Seele – durch sie findet uns die Liebe, die heilt, indem sie die Wunde zum Auge wandelt und das Geschwür zum Ohr umbildet – für eine höhere Welt. Toren sind die Menschen, die versuchen, sich ihrer Wunden zu entledigen, indem sie sie oberflächlich zuwachsen lassen. Denn in der Tiefe schwärt das Unglück nur weiter – und bei dem geringsten Anlass zerbricht der Schorf und das Unheil ist größer als jemals zuvor.

Offene Wunden – zu Liebesorganen gewandelt – ewig trägt sie der Auferstandene an seinem Leibe und sie sind der Quellort des ewigen Heiles für die Welt, Erde und Mensch.«

In diesen Worten ist vielleicht etwas von dem Prozess zu ahnen, den er die »große Umwandlung meines Lebens, meines Schicksals« nennt. Er stand ja vor den Trümmern seiner bisherigen Existenz; er musste sich das völlige Scheitern seiner bisherigen Lebensziele eingestehen – sicher auch mit dem Gefühl, betrogen worden zu sein und den Betrug begünstigt zu haben, mitschuldig zu sein und dies für sich und vor den anderen Menschen nicht entschuldigen zu können; wie sollte und konnte er sich durch solche Erfahrungen hindurch als moralische Persönlichkeit aufrecht erhalten? Das ging nur durch eine tief greifende innere Verwandlung, die einer Umschmelzung im Innern gleich kam, die ihn erst zu der Persönlichkeit machte, welche er dann in den weiteren Jahren seines Lebens in so besonderer Weise sein konnte.

*

Hier sei der Bericht des Holländers Emanuel Zeylmans van Emmichoven eingeschoben, der aus wachem Miterleben die Wirksamkeit Friedrich Beneschs so beschreibt, dass etwas von der Umschmelzung seines Wesens darin zum Ausdruck kommt: »Als ich als Holländer 1964 nach Stuttgart ans Priesterseminar kam und dort zwei Jahre studierte, hatte ich – entgegen meiner Erwartung – das Erlebnis, wie ›westeuropäisch‹ das Leben in Deutschland war. In Holland hatten wir nach 1945 die Amerikanisierung des Lebens durchgemacht. So war die Erwartung begreiflich, dass man in Deutschland eine mehr östliche Stimmung vorfinden würde. Um es gleich zusammenzufassen: Was mir nach dem Fall der Mauer 1989-1990 ein tiefes geistiges Erlebnis war: das Ostdeutsche in den Menschen aus der DDR – es fehlte mir in den Jahren davor mehr und mehr, und zwar sehr schmerzlich. Die Größe des deutschen Wesens, im besten Sinne, so wie es zum Beispiel in Rudolf Steiner wirkte, war nicht da – alles war nur ›halb-deutsch‹.

So wurde mir das Erleben von Dr. Benesch etwas Einmaliges: In seinen Vorträgen sprach die andere Seite des deutschen Wesens mit. Das Warme, die Feuerkraft, die Menschlichkeit – ja, ich muss eigentlich sagen: Ein ganz großer Aspekt der Volksindividualität, die von Rudolf Steiner so eindrucksvoll beschrieben worden ist, welche mit Michael und Christus durch ihre Ich-Werdungs-Mission zusammenhängt, sprach sich für mich in Benesch direkt aus! In seinem Sprechen verschwand die Teilung Deutschlands in West und Ost. Es war das Ganze wieder da. Während all den Jahren der Teilung, welche so desaströse Folgen für Europa gehabt hat, sprach in ihm, wenn er da stand und so viele ihm zuhörten, der ganze Osten mit, heilend, erhebend, so fruchtbar, so originell.

Als ich dann aus Rudolf Steiners Darstellung die verschiedenen Aspekte der Ichwerdung des Menschen vernahm, auch die Abgründe, die damit verbunden sein können, konnte ich gut verstehen, dass Friedrich Benesch das alles selbst durchgemacht hat.«

*

Es ist – sicher mit einem gewissen Recht – gefragt worden, wie denn Benesch später als *Priester* mit einer solchen Vergangenheit hat leben und wirken können: in der Seelsorge, im Beichtsakrament, im Gottesdienst, im Spenden der Kommunion?

Aber: Gerade weil er durch die zurückliegenden Erfahrungen durchgegangen war, konnte er jetzt umso entschiedener sein Leben für die Zukunft einsetzen. Das hat er getan. In der Geistesgeschichte gibt es nicht wenige vergleichbare Schicksale.

Benesch hat später – ich habe schon darauf hingewiesen – im Rückblick auf die Jugendgenerationen des 20. Jahrhunderts in verschiedenen Städten Vorträge gehalten, in denen er vor allem auch über die Zeit des Nationalsozialismus sprach und über die Verführung, die für eine ganze Jugendgeneration davon ausging. Darin charakterisiert er eigentlich auch seine eigene Jugendsituation, und er hätte sich in solchen Momenten selbst ohne Weiteres in die Darstellung einbeziehen können; auch hier hat er es nicht getan.

Zunächst schildert er die Situation und die Ideale der ersten Jugendgeneration, aus der viele im Ersten Weltkrieg gefallen sind, wie zum Beispiel Franz Marc und Karl Thylmann. Er zeigt, dass die Ideale dieser Generation mit Erlebnissen zusammenhingen, welche die Seelen in der vorgeburtlichen, geistigen Welt durchgemacht hatten, und die unter anderem im »Wandervogel« ihren Ausdruck fanden.

So kam auch die nächste Generation, die dann weitgehend dem Nationalsozialismus verfiel, mit bestimmten Erlebnissen aus dem geistigen Dasein auf die Erde. Seit dem Jahre 1909 nämlich – so schildert Rudolf Steiner – ist im Geistigen die Wiederannäherung des Christus an die Menschheit erlebbar, die im Christentum als die »Wiederkunft Christi« erwartet wird; er spricht davon ganz konkret als von dem »Wiedererscheinen des Christus im Ätherischen«. Benesch sagt nun:

»Während dieses Schicksal [des Ersten Weltkrieges – HWS] sich abspielt, kommt die zweite Generation zur Erde [...] in den Jahren zwischen den beiden Weltkriegen, [...] wo die große Krise der Weltwirtschaft, die große Arbeitslosigkeit zum ersten Mal durch die Zivilisation [...] geht. [...] Da kommen jetzt die Seelen herunter, die dann nachher in großen Scharen gelandet sind in den mehr rechts gerichteten Bewegungen, in diesem merkwürdigen Nationalismus, Nationalsozialismus, Faschismus usw.

Und man kann wieder die Frage haben: Was haben diese Jugendlichen in der geistigen Welt erlebt? Was haben sie eigentlich mitgebracht, suchend auf der Erde? […] Das war dies […], dass jetzt das göttliche Wesen des Christus Jesus selber in diesen geistigen Welten erleben musste, wie abgrundtief die Menschheit in den Materialismus, in den Atheismus, in das Antichristentum versinkt, und dieses göttliche Christuswesen fasste den Entschluss, näher an die Menschenseelen heranzukommen so, dass die Menschen in ihm den Führer für ihr irdisches Dasein finden sollten hier unten auf der Erde, den helfenden Führer. […]

Und was kam zustande? Es kam zustande, dass dieser Impuls abgefangen wurde und verfälscht wurde mit den ›Führergestalten‹, die dann diese Jugend angebetet hat. […]

Und ich erinnere mich heute noch unvergesslich an eine große Kundgebung, die wir damals im Jahre 1948 in Stuttgart hatten, wo über tausend Jugendliche, vor allem die, die aus dem Krieg zurückgekommen waren, da saßen und wie der Leiter der Christengemeinschaft, Emil Bock, zu dieser Jugend sprach und sagte: ›Der Idealismus der deutschen Jugend, der war schon in Ordnung, aber die Popanze‹ – so nannte er sie –, ›an die sich dieser Idealismus angeschlossen hat, das war die Katastrophe. Eine richtige Verfälschung und Verführung eines ganz hohen, aus der geistigen Welt mitgebrachten Impulses.‹ […]

Das sind die geschichtlichen Realitäten, wenn man die geistige Forschung zu den äußeren historischen Tatsachen hinzufügt. Die enträtseln einem dieses Unbegreifliche, wovon so viele Menschen immer wieder sagen: Wie konnte man bloß?!‹« (18. Mai 1979)

In einem anderen Vortrag geht Benesch noch etwas weiter:

»Es gehört zu den erschütternden, zu den bewegenden Mitteilungen des Geistesforschers aus der geistigen Welt, dass sich nach zweitausend Jahren mit dem Beginn des 20. Jahrhunderts in den geistigen Welten eine Fortführung des Mysteriums von Golgatha in der Art vollzieht, dass das Christuswesen […] die Erde und auch die Menschheit […] durchdrungen hat. […]

Jetzt hat der Christus Jesus die Möglichkeit entfaltet, den Menschen […] näher zu kommen. […] Er wendet sich selbst den Menschen in der Weise zu, dass die Wiedererscheinung Christi im Ätherischen vor sich geht und dadurch in den Menschenseelen ein ganz entscheidender Impuls entsteht. […]

Die Menschen, die in der geistigen Welt sind, erleben diese Wiederkunft. Und dieses Christusgeschehen entzündet in den einzelnen Menschenseelen einen Impuls, nämlich den, dass sie, wenn sie auf die Erde herunterkommen, den Auferstandenen als den Führer ihrer Seele suchen. [...] Tausende und Tausende suchen auf der Erde den Führer, den geistigen Führer suchen sie. Da sich auf der Erde (aber) inzwischen Verhältnisse ausgebildet haben, die genau auf diese Führersuche passen, aber im negativen, im verführerischen Sinne, strömen wiederum die mitgebrachten Kräfte in die falsche Richtung. [...]

Man sollte verstehen, was sich da weltgeschichtlich abgespielt hat und dass es den Widersachermächten gelungen ist, eine ganze Jugendgeneration abzufangen und in die politisch-irdischen Verhältnisse hineinzutreiben mit Hilfe von Weltanschauungen, die den schlimmsten Darwinismus repräsentieren: ›Blut und Boden.‹

Aber die ›geistige‹ Waffenrüstung dafür war ja schon im neunzehnten Jahrhundert fabriziert worden, denn der materialistische Darwinismus war da, und die Rassenlehre war da, und der Rassenfanatismus war veranlagt.«

Hier schildert Benesch, wie diese Dinge in sein persönliches Schicksal hineingereicht haben:

»[...] ich kannte Faschisten aus Italien, aus Spanien, aus Rumänien, das waren glühende Idealisten! Und dann passierte diese wahnsinnige Verdrehung mit der wahnsinnigen Verfälschung der mitgebrachten Impulse in das vollständige Gegenteil. Die meisten sind gefallen. Wenn ich mich an meine eigenen Jugendgenossen erinnere, so sind fünfzig, sechzig, siebzig um mich herum. Sie sind alle im Krieg gefallen.«[106]

Und noch aus einem dritten Vortrag sei zitiert:

»[...] die Ideale dieser Jugend [...], die da aufleuchten anhand der Erfahrungen, die in der geistigen Welt gemacht werden, bevor die Menschen auf die Erde kommen, und dann immer wieder der Versuch, diese Ideale auf der Erde zu finden. Ja, meine lieben Anwesenden, da sind sie aber nicht zu finden! Die Ideale sind nicht auf der Erde zu finden! Denn, nicht wahr, ich kann noch so sehr mit heißem Herzen das Ideal der Menschenliebe anerkennen und suchen und zu verwirklichen suchen, vielleicht auch fordern und verlangen und erwarten und mich danach sehnen. Aber volle Wirklichkeit ist dieses Ideal nur und nur im Herzen Jesu Christi. Von daher kommt es in den Menschen! [...]

Die Ideale sind in der geistigen Welt Wirklichkeit. Und wer Ideale verwirklichen will, *muss* die geistige Welt suchen! Und das war der fatale Irrtum der ersten und der zweiten und der dritten Jugendgeneration, dass sie gemeint haben, die Impulse, die sie in der geistigen Welt empfangen haben [...] müssten sie auf der Erde erwarten, verlangen und verwirklichen, *ohne* sich mit der geistigen Welt zu verbinden. Und das geht nicht. [...]

Und die bittere, harte Belehrung, dass das nicht geht, ist eigentlich dieses Jahrhundert. Dieses Jahrhundert hat ein Antlitz wie eine Lehrschule. Eine Generation nach der anderen kommt und verfällt dem gleichen Irrtum. Aber das Jahrhundert sagt: so nicht! Das ganze Jahrhundert ist wie eine Lehrschule, das Geistige zu suchen durch die Verbindung des Menschen mit der göttlich-geistigen Welt! [...]

Man kann nicht mit einem Schlag die Welt verbessern! Lernen muss man, geduldig lernen! [...] Die Erwachsenen sollten sich so verhalten, dass die Jugendlichen die Freude am Lernen als die wahre Menschlichkeit entdecken und entwickeln können, dann wird auch aus diesem Lernen das Lernen in der geistigen Welt hervorgehen. Sonst nicht – das Lernen-Wollen und das Geduld-Haben!« (29. September 1978).

Zu dem Finnen Jussi Tuuri sagte Benesch 1978 in Helsinki: »Jede Generation hat ein eigenes Licht- und Schattenschicksal. Die Lichtempfindung meiner Generation war ›Christus als Seelenführer‹, und diese lautere Empfindung hat meine Generation getauscht mit politischem Führertum. Meine Generation wird nie loskommen von der Schuld dieses Unheils. Die Lichtempfindung Ihrer Generation ist ›freie Gemeinschaft‹, und ihr habt diese Lauterkeit mit dem politischen Sozialismus getauscht und werdet eure Schuld tragen müssen.«

In Beneschs Leben tritt uns wie in einer eindrucksvollen Rune etwas von dem tragischen Schicksal einer ganzen Generation im 20. Jahrhundert vor Augen: der Verfall, die innere Bindung an Geschehnisse, die ein ganzes Volk ergreifen und verblenden und die sich schließlich als radikal böse erweisen.

Aber bei ihm zeigt sich genauso deutlich eben auch das Andere: dass er nicht den alten Bindungen verhaftet blieb, sondern in jenem Umschmelzungsprozess seinem bisherigen Schicksal etwas abzuringen vermochte, was weit in die positive Menschheitszukunft hineinführt. Insofern stellt seine Biographie doch auch eine innere Einheit dar.

Wer ihn in seinem späteren Wirken kennen lernte, spürte wohl mehr oder weniger unbewusst den Schicksalshintergrund, aus dem er sprach; mit seiner Rede war etwas wie eine innere Kraft verbunden, die aber gleichzeitig ganz liebevoll, ganz menschlich war. Benesch sprach aus einer tiefen Verbundenheit mit dem wahren Christentum, die er aber völlig anderen Schicksalskräften abgetrotzt hatte; unbewusst war das dem Zuhörer wahrnehmbar, und das machte etwas von der tiefen Wirksamkeit seines Wortes aus.

Evangelischer Pfarrer in Neukirchen

Benesch tritt also im Herbst 1945 die Pfarrstelle in Neukirchen bei Halle an, der zwei weitere dörfliche Filialen – Delitz am Berge und Dörstewitz – angegliedert sind. Er berichtet anschaulich, wie er nun unter ganz anderen menschlichen Verhältnissen als den bäuerlichen, die er aus Siebenbürgen kannte, sein Pfarramt zu verwalten hat – unter den äußerst bedrängten, ärmlichen Umständen der ersten Nachkriegszeit, mit einer großen, achtköpfigen Familie – zu der auch seine Schwester mit ihren Kindern und Sara Ambrosi mit ihrer Tochter hinzukamen –, und unter dem wachsenden Druck und den Beschränkungen durch das kommunistische Regime in der damaligen Ostzone. »[...] die Kommunisten begannen, die Landwirtschaft und die Industrie zu verstaatlichen, und engten das christliche Leben immer mehr ein. Ich übte Gottesdienst und Seelsorge mit den wenigen Gläubigen, die der Kirche treu geblieben waren in diesen Dörfern. Ich lebte, strebte und litt mit ihnen.«

Und an anderer Stelle schreibt er über diese Zeit: »Die Bevölkerung, mit der ich hier zu tun hatte, war genau das Gegenteil von dem, was ich in meiner Heimat erlebt hatte. Die Entwurzelung des Industriearbeiters, der Egoismus der Stadtrandbauern und die Seelenlosigkeit von Intellektuellen und Halbgebildeteten begegneten mir hier in der Zeit des Zusammenbruchs in erschreckendem Ausmaß.« [107]

Aber auch hier gewinnt er bald die Herzen der Menschen. Die ersten Jahre nach dem Zweiten Weltkrieg waren ja überall in Deutschland von einer großen Aufgeschlossenheit der Seelen für geistige und religiöse

Fragen geprägt; und der *äußere* Hunger ließ viele Menschen nach *geistiger* Nahrung suchen. Benesch ist diesem Suchen in seiner Gemeinde jetzt auch dadurch entgegen gekommen, dass er Arbeitskreise einrichtete, in denen ganz direkt anthroposophische Themen angesprochen wurden. Aber nach einiger Zeit scheint sich eine gewisse Ernüchterung bei ihm eingestellt zu haben. Die Herzen der Menschen konnte er gewiss erreichen – aber ihr Denken?

An den Superintendenten in Merseburg schreibt er am 29. Juni 1946: »[…] dass ich zu der meiner früheren Gemeindemitglieder in Siebenbürgen so diametral entgegengesetzten Art der Menschen, unter denen ich zur Zeit als Pfarrer wirken muss, sehr schwer oder fast gar nicht in die so nötige engere Fühlung kommen kann«.[108] Es ist nicht ausgeschlossen, dass es vielleicht gerade die »anthroposophischen Themen« sind, die zu begreifen der Gemeinde schwerfällt.

Der stellvertretende Superintendent Krüger schreibt demnach am 11. September 1946 einfühlsam und bestätigend an das evangelische Konsistorium in Magdeburg:

»Herr Pfarrer Dr. Benesch, den wir bei seinem Eintritt in unseren Kirchenkreis als sehr angenehmen, ruhigen und bescheidenen Amtsbruder kennen gelernt haben, hat uns in den letzten Monaten einen sehr niedergeschlagenen und körperlich sehr matten Eindruck gemacht. In persönlichem Gespräch erfuhren wir die Nöte, die ihn bedrückten, die Sorge um die Kinder, die das Niederungsklima gerade in dem in der Saaleniederung gelegenen Neukirchen nicht gut vertragen können, ferner die Einwirkung der großen Umstellung vom Siebenbürger Pfarrer mit seinen großzügigen Verhältnissen in die in jeder Beziehung jetzige enge Umgebung und den keineswegs immer sympathischen Menschenschlag dieser Gegend. Seine bestgemeinten Bestrebungen in der Gemeinde stoßen nicht auf den erwarteten Widerhall.«[109]

Er hatte inzwischen auch den Kontakt zu der kleinen, nicht weit entfernten Gemeinde der Christengemeinschaft in Halle aufgenommen, und zu Dr. Rudolf Köhler, der dort wirkte; er besuchte in Halle, soweit ihm das neben seinem Pfarrdienst möglich war, auch Vorträge und die Menschenweihehandlung und schickte seine älteren Kinder dorthin in die »Sonntagshandlung für die Kinder«, den Kindergottesdienst der Christengemeinschaft. Neben Rudolf Köhler hörte er auch Vorträge von Rudolf von Koschützki und Lic. Emil Bock.

Dr. Rudolf Köhler

Beneschs Teilnahme am Leben der Gemeinde blieb natürlich nicht unbemerkt. Zu Rudolf Köhler entwickelte sich bald ein naher Kontakt; Köhler besuchte ihn mehrfach im Neukirchener Pfarrhaus. »Es wurde für ihn im Grunde selbstverständlich, dass ich in die Gemeinschaft der Priester der Christengemeinschaft hineingehörte.« Köhler legte Benesch den Besuch des Priesterseminars in Stuttgart nahe; auch Rudolf von Koschützki und wohl auch Bock taten dies.

Aber Benesch zögerte; durfte er diesen Schritt wagen? »Sollte ich jetzt meinen Urentschluss, nur bei den Menschen für das Christentum zu wirken, die den Zugang zu einem erneuerten Christentum nicht gefunden hatten, aufgeben?!« Sein Zögern begründete er mit seiner großen Familie. Und »er sei noch nicht so weit!«

Von zwei Seiten kam ihm nun wieder das Schicksal zu Hilfe: Er wurde krank. Das feuchte Klima im Neukirchener Pfarrhaus (nahe der Saale gelegen) hatte seine Wirkung in Gestalt rheumatischer Schmerzen, die ihn niederwarfen. »Und so konnte ich in der Einsamkeit meiner Krankheit den Schicksalsgang meines Lebens innerlich überblicken und anschauen«, auch die langjährige bisherige Tätigkeit als evangelischer Pfarrer.

In dem schon zitierten Schreiben vom 29. August an den Superintendenten geht Benesch genauer auf sein Befinden, aber auch auf die »zermürbenden Ereignisse des Zusammenbruchs« ein. »Die Flucht im Herbst und Winter 1944/45 – ich war damals mit einem Treck von 18.000 Flüchtlingen neun Wochen lang von meiner Heimat bis Oberösterreich unterwegs – die zermürbenden Ereignisse des Zusammenbruchs, die schwierige Ernährung meiner großen Familie – ich habe Frau und sechs Kinder und muss noch für eine völlig mittellose Schwester, die Kriegswitwe mit drei Kindern ist, gleichfalls sorgen – vor allem aber das mir aus meiner Heimat ungewohnte Niederungsklima um Halle haben meine Gesundheit so untergraben, dass ich ständig abnehme und mich allgemein sehr schwach fühle. Die ärztliche Untersuchung hat ergeben, dass mein Herz gelitten hat, im vergangenen Herbst hatte ich in beiden Füßen Wassersuchterscheinungen sowie Gichtknoten in den Händen.«[110]

Benesch bittet das Konsistorium in Magdeburg um Gewährung eines Krankenurlaubs vom 20. September bis 20. Dezember 1946, der ihm mit der Begründung gewährt wird: »Pfarrer Dr. Benesch ist körperlich

Rudolf von Koschützki

und seelisch in einem solchen Zustand, dass wir sein Gesuch dringend befürworten.«[111] »Körperlich und seelisch« ist er am Ende. Auch seelisch! Es ist eben keineswegs so, dass die zurückliegende Phase seines Lebens einfach in die nächste übergeht; hier geht etwas vor, was sicher als die »Umschmelzung« seines Wesens durch schmerzhafte innere Läuterungsprozesse bezeichnet werden kann.

»Ich begann, in der Stille dieser Krankheit die Möglichkeit einer totalen Lebenswende auch mit meiner Frau zu besprechen.« Seine Frau stimmte – wie er schreibt – spontan zu.

Im vertraulichen Gespräch hat Benesch später aber noch einen zweiten Beweggrund für den Entschluss genannt, den Schritt in das ganz Neue zu wagen. Köhler, von Koschützki und Bock hatten ohne Erfolg versucht, ihn für die Sache der Christengemeinschaft zu gewinnen. Den Ausschlag gab aber – wie er erzählte – ein sich mehrfach wiederholender eindrucksvoller Traum: Gottfried Husemann, den er damals noch gar nicht persönlich kannte und der das Seminar in Stuttgart leitete und in Beneschs Leben später noch eine entscheidende Rolle spielen sollte, erschien ihm im Traum am Ende eines langen, dunklen Tunnels und winkte ihm zu kommen. Das gab den Ausschlag. Jetzt endlich entschloss sich Benesch, nach Stuttgart zu gehen. Dort erkannte er dann den Mann im Traum wieder.

»Ich machte meinen kirchlichen Vorgesetzten, den Dechanten in Merseburg, mit meinem Vorhaben, die Kirche zu verlassen, vertraut. Er stimmte zu und hatte Verständnis für meinen Entschluss.« Ja, er war sogar einverstanden, dass die Familie und auch Beneschs Schwester mit ihren Kindern in dem Pfarrhaus in Neukirchen zunächst wohnen blieb, Benesch eine Zeit lang für Studien vom Pfarramt beurlaubt wurde und dadurch auch die finanzielle Sicherung gegeben war.

Wir erfahren bei dieser Gelegenheit auch, dass Benesch zu Beginn der Jahres 1947 ein zweites Mal erkrankte, also einen Rückfall erlitt und deswegen nochmals drei Wochen beurlaubt wurde. In der abschließenden Stellungnahme schreibt der Superintendent Krüger, der ebenfalls für einen Wechsel zur Christengemeinschaft Verständnis aufbringt und eine für Benesch sehr soziale Übergangslösung findet, am 23. Mai 1947: »Inzwischen hat Herr Pfarrer Dr. Benesch die Pfarrstelle in Neukirchen endgültig verlassen, um in Stuttgart einen anderen Wirkungskreis zu übernehmen. […]

Lic. Emil Bock

Pfarrer Dr. Benesch war von uns Mitte Februar auf drei Wochen beurlaubt, um seine Angelegenheiten in Süddeutschland zu erledigen. In einem Schreiben von Anfang März des Jahres teilte Pfarrer Dr. Benesch mit, dass er in das Seminar der Christengemeinschaft in Stuttgart eingetreten sei und auch nicht mehr hierher zurückkehren werde. Er bat darum, dass seine Familie bis zur endgültigen Übersiedlung im Pfarrhaus Neukirchen wohnen bleiben dürfe. Diese Angelegenheit ist mit Pfarrer Pleßke und Frau Pfarrer Benesch durch persönliches Übereinkommen geregelt worden. Die Dienstbezüge sind laut Anweisung des Konsistoriums mit dem 31. März des Jahres eingestellt worden.«[112]

Ehe das weitere Wirken Beneschs nach seinem Weggang aus Neukirchen geschildert wird, erhebt sich aber nochmals die Frage: Was heißt es, seine Vergangenheit wahrzunehmen und zu begreifen? Kann man Getanes ungeschehen machen, verdrängen oder auslöschen? Sind die herkömmlichen Fragen zu Schuld und Sühne bewusstseinsgeschichtlich richtig gestellt? Verlangen sie eine andere, höhere Betrachtungsebene? In einem anderen, aber verwandten Zusammenhang[113] hat Michael Debus eine Betrachtung von grundsätzlicher Bedeutung verfasst, die auch die zentrale Schicksalsfrage in der Biographie Beneschs erhellt. Sie soll hier folgen und den ersten Lebensabschnitt beschließen.

»Die wirkliche Wahrheit ist der überwundene Irrtum«

Der Gedanke der biographischen Wandlung, der inneren Umkehr, ist zutiefst mit dem Christentum verbunden. Als charakteristisches Beispiel dafür kann das Gleichnis vom verlorenen Sohn gelten, der den Vater verlässt und in einem heillosen Leben das väterliche Erbe verschleudert. Dann kommt der Wendepunkt: »Da ging er in sich und sprach: Wie viele Tagelöhner hat mein Vater, die Brot in Fülle haben, und ich verderbe hier im Hunger!« (Lukas 15:17) Er kehrt zum Vater zurück und wird von ihm – überraschend – mit großer Freude aufgenommen, ein Motiv, das zuvor schon angeklungen ist: »So wird auch Freude im Himmel sein über *einen* Sünder, der sich wandelt, mehr als über neunundneunzig Gerechte, die der Verwandlung nicht bedürfen.« (Lukas 15: 7) Die »Brüche« in der Biographie beginnen nun im Christentum eine positive Bedeutung zu haben insofern sie zum Anfang einer Wandlung werden können, die ganz Neues zur Erscheinung bringt. Auch die Heiligen der Christenheit werden sehr oft erst durch die Brüche in ihrer Biographie und die daraus hervorgehenden inneren Erfahrungen – Umkehr- oder Bekehrungserlebnisse – zu »Heiligen« (etwa Augustinus oder Franz von Assisi). Dieses Erlebnis der biographischen Wandlung kommt ursprünglich aus den vorchristlichen Mysterien. Wenn damals eine Persönlichkeit den Weg in die Mysterien und zur Initiation fand, machte sie etwas durch, was Rudolf Steiner zuerst so beschreibt: »Was mit ihr nun vorgeht, verhüllt sich den Uneingeweihten. Sie scheint der irdischen Welt für einige Zeit völlig entrückt. Wie in eine geheime Welt versetzt erscheint sie. Und wenn sie wieder dem Tageslicht gegeben ist, steht eine andere, eine völlig verwandelte Persönlichkeit vor uns.«[114] Solche Erfahrungen treten heute in entsprechender Form immer öfter auch als biographische Erlebnisse auf. Es sind die Brüche, die wir als »Tode« in der Biographie durchmachen und die uns, wenn wir es zulassen, als »eine andere, eine völlig verwandelte Persönlichkeit« zu ganz neuen Wirklichkeiten führen können. Brüche in der Biographie können heute aber auch in eine ganz andere Richtung führen. Dann führt die Diskontinuität vielleicht nur zu verschiedenen »Identitäten«, die eben in einem Leben möglich sind, aber wie unverbunden sind und wenig miteinander zu tun haben. Nach dem Ende des »Dritten Reiches« haben tatsächlich viele Persönlichkeiten bis zu ihrem Namen rein äußerlich eine neue Identität gesucht. Es kommt aber auf die Kontinuität in der Biographie an. Durch sie äußert sich die wahre Individualität des Menschen. Ohne sie kann man nicht wirklich von Wandlung sprechen. Erst wenn sich Diskontinuität mit der biographischen Kontinuität verbindet, erleben wir Lebenswandlung.

Ein Bruch, eine biographische Diskontinuität höchsten Grades war das Damaskuserlebnis des Paulus (Apostelgeschichte 9:3-9). Er war nach diesem Erlebnis »eine andere, eine völlig verwandelte Persönlichkeit«: Aus dem Christenverfolger Saulus wurde Paulus, der für die Ausbreitung des Christentums vielleicht wirksamste Apostel. Entscheidend war bei ihm, dass die Kontinuität seiner Biographie ohne Einschränkung weiter ging und so der »Bruch«, die Diskontinuität in seiner Biographie, von ihr getragen war. Wodurch war das möglich? Dadurch, dass er seine »alte« Biographie mit der »neuen« auf eine Weise verband, die entgegengesetzt ist dem, was wir normalerweise tun würden. Wir sind gewohnt, das Spätere vom Früheren her zu verstehen. In dieser Linie würde es auch liegen, nun ein Schuldbekenntnis und Reue zu erwarten. Es gehört aber zu den überaus erhellenden und zugleich provozierenden Gedanken Rudolf Steiners, auf die Unfruchtbarkeit der Reue – einer bestimmten Art von Reue – hingewiesen zu haben. Unfruchtbare Reue ist da, wo ich die Vergangenheit ändern möchte, wo ich den Wunsch habe, eine bestimmte Tat nicht begangen zu haben. Ich habe aber die Tat begangen – und das muss ich *bejahen*, während die unfruchtbare Reue *verneint*. So sagt Steiner: »Nicht Reue soll man entwickeln. Diese ist für die eigene Persönlichkeit und für die Welt wertlos. Aber lernen sollen wir jeden Tag aus unserer Vergangenheit für unsere Zukunft, und so das Leben zu einer Lektion machen.«[115] Wir können also unserer Vergangenheit dankbar sein, wenn wir aus ihr *für die Zukunft* lernen. So betrachten wir das Vergangene von der Zukunft her, das Frühere aus der Perspektive des Späteren. Paulus verschweigt nicht seine »erste« Biographie als Christenverfolger. An vier Stellen spricht er in seinen Briefen davon. (1. Korinther 15:9-10; Galater 1:13-24; Philipper 3:5-13; 1. Timotheus 1:11-13). Aber er drückt auch aus, dass der Sinn seiner ersten Biographie in der zweiten liegt, die erste also nur von der zweiten her zu verstehen ist. Deshalb bereut er auch seine Vergangenheit nicht, aber er bekennt sich zu ihren Folgen. An die Gemeinde in Philippi schreibt er: »Ich lebte als Pharisäer nach dem Gesetz. Aus Übereifer wurde ich zum Verfolger der Kirche. Soweit auf dem Wege des Gesetzes die Vollkommenheit erreicht werden kann, bin ich ihr fehlerlos gerecht geworden. Doch alles, was ich mir einst als Gewinn errungen habe, musste ich auf dem Weg des Christus als Hindernis und Schädigung erkennen. Brüder, ich denke wirklich nicht, ich hätte es schon erreicht. Eines aber darf ich sagen: Was hinter mir liegt, belastet mein Bewusstsein nicht; mein ganzes Wesen ist ausgestreckt nach dem, was vor mir liegt.« Paulus »bewältigt« seine Vergangenheit, indem er sie von der Gegenwart (Weg des Christus) her versteht; und er blickt in die Zukunft, wo er auch ihren Konsequenzen begegnen wird. Er ist durch das Damaskuserlebnis »ein anderer« geworden, er hat fortan zwei Biographien, eine vor und eine nach Damaskus. Das gibt seinem Leben eine Diskontinuität. Er hat aber aus der Vergangenheit gelernt, indem er das, was ihm als das Wesentliche erschienen war, »auf dem Weg des Christus als Hindernis und Schädigung« erkannt hat. So kann man von der neuen Biographie her sich mit der alten verbinden und seinem Leben Kontinuität geben. Er ist wirklich durch eine *Wandlung* gegangen: Ein anderer ist er geworden und zugleich er selbst geblieben.

»Die wirkliche Wahrheit ist nicht die Wahrheit,
sondern der überwundene Irrtum.
Und die wahre Wirklichkeit ist nicht die Wirklichkeit,
sondern die überwundene Illusion.
Und die wirkliche Reinheit ist nicht die ursprüngliche Reinheit,
sonder die geläuterte Unreinheit.
Und das wahrhaft Gute ist nicht das ursprünglich Gute,
sondern das überwundene Böse.

Das gilt für das ganze Weltall – auch für die Götter.

Denn auf dem Wege,
auf dem Böses umgewandelt wird,
kann sich etwas entwickeln,
was ursprünglich gar nicht in dem Guten enthalten war.

Dadurch, dass Gott sich die Widersacher geschaffen hat,
hat er sich gezwungen,
sein tiefstes Wesen noch anders zu offenbaren,
als er es ohne sie hätte tun können.«

Friedrich Benesch

DIE ENTSCHEIDUNG IST GEFALLEN

PRIESTERWEIHE UND GEMEINDEPFARRER

1947-1957

Am Seminar in Stuttgart und Priesterweihe

Im Februar 1947 erschien Benesch in Stuttgart am Priesterseminar der Christengemeinschaft. Die Stuttgarter Innenstadt war noch ein einziges Trümmermeer. Alle drei Gebäude, welche die Christengemeinschaft vor dem Krieg in Stuttgart errichtet hatte, waren Ruinen, auch das Haus des Priesterseminars.

So war das Seminar – zusammen mit der Stuttgarter Gemeinde – in dem unzerstörten Gebäude einer Burschenschaft notdürftig untergebracht. Alle Seminarkurse fanden dort statt. Die Verpflegung der Studenten und auch ihre Unterbringung waren den Umständen entsprechend dürftig. Benesch konnte in der Nähe eine Dachkammer beziehen.

Was traf er nun in diesem Ausbildungszusammenhang an? Ein Blick auf die Christengemeinschaft sei vorausgeschickt.

Die Kriegsereignisse und der Zusammenbruch 1918 waren auch für das kirchliche Leben in Deutschland nicht ohne Folgen. Etwas Neues bereitete sich seit langem vor. Darauf deutet schon der Aufbruch der Wandervogel-Jugend am Beginn des Jahrhunderts; er weist auf die bereits vor dem Krieg vorhandene tiefere Sehnsucht der neuen Generation hin. Ein bedeutendes Potential an menschlichen Kräften war 1922 um den Kreis der Begründer der Christengemeinschaft versammelt, eine geistige und menschliche Universalität zeigte sich in ihnen. Ihnen brannte die Frage nach dem Schicksal des Christentums im Herzen. Rudolf Steiner konnte für die umfassende Notwendigkeit einer Erneuerung des Christentums ein Bewusstsein erwecken. Ihm war es möglich, die Zeitsituation auch ihren geistigen Hintergründen nach zu überschauen und damit zusammenhängende Impulse und Wirksamkeiten an diejenigen weiterzuleiten, die bereit waren, sie aufzunehmen und in irdische Wirklichkeit umzusetzen. Die Ausübung des Kultus aber und die damit gegebene neue religiöse Verantwortung hat er nicht auf sich genommen; sie oblag fortan diesem Kreis.

So konnte Anthroposophie der Geburtshelfer des erneuerten Christentums werden. Die Christengemeinschaft ist die erste christliche Kirche, die mit vollem Bewusstsein eine Beziehung zu den heute möglichen Geisterkenntnissen der Anthroposophie sucht.

Im Kultus, der Menschen-Weihehandlung, ist eine Sprachform gegeben, die sich an das mitgehende Verstehen des Hörers wendet. Auch die Sakramente haben eine Neugestaltung erfahren. Die alte Messe ist in der Menschen-Weihehandlung von allem Beiwerk befreit und auf das Wesentliche zurückgeführt worden. Die vier Schritte, die von der Evangelienlesung über Opferung und Wandlung zur Kommunion hinführen, treten hier erstmals deutlich hervor.

Die Priesterschaft ist hierarchisch gegliedert, das heißt, in ihr wirkt eine Stufenfolge von Ämtern, die von Pfarrern, Lenkern, Oberlenkern und dem Erzoberlenker ausgeübt werden. Diese Form des Zusammenwirkens innerhalb der priesterlichen Gemeinschaft ist mit der Begründung 1922 unmittelbar verbunden; sie war notwendig, um in bestimmten Bereichen des Kultuswirkens eindeutige Kompetenzen und Verantwortungen zu schaffen.

Die Ausbildung zum Pfarrer muss deshalb ganz andere Elemente enthalten als die theologischen und praktischen Studien, die auf das katholische und evangelische Pfarramt vorbereiten. Sie muss ein Weltbild vermitteln, das Irdisches und Geistiges einheitlich umfasst; sie muss zeigen, dass Geistiges in seiner Wirksamkeit in Stein, Pflanze, Tier, Mensch und Kosmos anschaubar werden kann – nicht als Glaubensinhalt, sondern als konkrete, der Sinneswelt abgelauschte Erfahrung. Dies ist heute möglich durch die Anthroposophie und durch die aus ihr entwickelte Naturanschauung des Goetheanismus. So gehören Kurse über die »Metamorphose der Pflanze«, »Geologie und Mineralogie«, »Farben- und Lichtlehre« Kosmologie und astronomische Weltbilder zu den zentralen Inhalten der Ausbildung. Damit wird eine wesentliche Grundsäule der materialistischen Weltanschauung, dass Mensch und Welt letztlich doch nur materiell zu verstehen seien, umgestoßen. Außerdem kann durch eine richtige Anschauung der Erde (Geologie) gezeigt werden, dass diese Erde nicht das unbedeutende Staubkorn im Weltall ist, ein Nichts in der Unendlichkeit des Kosmos, sondern dass wir in der Erde einen sinnvoll gestalteten Weltkörper haben, der selbst einen kleinen Kosmos darstellt. Einen lebendigen Organismus, der die Prägung gottgewollten Daseins an sich trägt. Mit dieser Einsicht wird eine zweite Säule des Materialismus, der nichts von der besonderen Bedeutung und Stellung der Erde im Weltall weiß, angegriffen.

Ein weiteres Ziel der Ausbildung ist, erfahrbar zu machen, dass in jedem Menschen Geistiges lebt und bewusst ergriffen werden kann.

Dazu führen einerseits die entsprechenden Übungen des Gebets, des kultischen Lebens, der Konzentration und Meditation. Andererseits gehören philosophische Kurse und Übungen hierher, die das Denken in seiner Tätigkeit bewusst machen und zu einer unmittelbaren Erfahrung der geistigen Kräfte im menschlichen Bewusstsein führen. Grundlagen dafür sind die erkenntnistheoretischen Arbeiten Rudolf Steiners, aber auch ausgewählte Kapitel aus der Philosophie seit Plato. Wenn dies zum Erlebnis werden kann, fällt eine dritte Säule der materialistischen Weltanschauung: dass unser Denken nur Abbilder der sinnlichen Wirklichkeit erscheinen lässt und keine schöpferische Kraft darstellt.

Noch auf einer vierten Säule ruht der Materialismus, der sich heute in den Lebensempfindungen der Menschheit etabliert hat: auf der Anschauung, dass der Mensch vom Tier abstammt. Auch diese Anschauung muss durch ein richtiges Tier- und Menschenbild überwunden werden, bevor an eine gesunde priesterliche Existenz gedacht werden kann. Denn solange noch Reste der materialistischen Weltauffassung in der Seele vorhanden sind, wird eine ehrliche Verkündigung vom Schaffen und Wirken Gottes in der Welt und im Menschen und von den Wandlungsgeschehnissen in den Sakramenten nicht möglich sein.

Selbstverständlich sind auch die klassischen Fächer der Theologie in der Ausbildung vertreten: Bibelkunde und -interpretation, Kirchengeschichte, Dogmatik, Ethik, Predigtarbeit bis hin zu ersten Predigten, Vorbereitung auf den Religionsunterricht und die praktische Gemeindearbeit, ergänzt durch Praktika in Gemeinden oder sozialen Arbeitsfeldern wie Krankenhäusern, Altersheimen, heilpädagogischen Einrichtungen, Vorbereitung auf die Seelsorge und auf die in der Arbeit wichtigen finanziellen Handhabungen. Zum Verständnis des Neuen Testaments sind außerdem Kenntnisse des Griechischen erforderlich; Hebräisch-Kenntnisse für das Alte Testament werden heute nur in Einzelfällen verlangt. In alle genannten Gebiete wirken die erhellenden und vertiefenden Ergebnisse anthroposophischer Forschung so herein, dass überall neue Erkenntnisausblicke entstehen und dadurch Erneuerung der »Religionserkenntnis« möglich wird.

Ein weiteres wichtiges Element der Ausbildung sind alle künstlerischen Übungen. Geht es doch bei der Priester-Bildung nicht nur um Wissens-

Gottfried Husemann

vermittlung, um ein bestimmtes Lernpensum: Wer Priester werden will, muss sein inneres Leben in Zusammenhang mit der göttlichen Welt bringen können, das heißt, er muss nicht nur etwas anderes wissen und gelernt haben, als in anderen Ausbildungen vermittelt wird, sondern er muss auch etwas anderes geworden sein; dazu gehört die Umbildung der gewöhnlichen Seelenkräfte, wobei die Übungen in verschiedenen Künsten wesentliche Hilfen sind.

Besondere Aufmerksamkeit ist hier auf die Umbildung der Sprachkräfte zu richten – soll das Wort in Kultus, Predigt, Seelsorge Träger der göttlichen Kräfte werden können. Umbildung ist in zweierlei Richtung gemeint: erstens Überwindung der persönlichen Spracheigenschaften zugunsten eines Sprechens, das offen sein kann, objektiv das sakramentale Geschehen ermöglichend, durchlässig für geistige Vorgänge. Zweitens aber muss auch im freien Sprechen – also nicht nur im Zelebrieren der Sakramente, sondern auch in Predigt oder Vortrag – die Fähigkeit geschult werden, religiöse Inhalte zum Ausdruck zu bringen: nicht als abstrakt moralisierende Forderungen oder mit sentimental-pastoraler Gefühligkeit, sondern als objektiv wirkende Kraft. Dazu bedarf es sehr vieler vorbereitender Übungen und fortdauernder Schulung.

Als Benesch 1947 an das Priesterseminar kam, stand es unter der Leitung von Gottfried Husemann (1900-1972). Benesch nahm noch am Ende des Wintersemesters teil. »Das Sommersemester begann Anfang Mai 1947 mit der Teilnahme sehr verschiedener älterer und jüngerer Menschen.«

Nach allem, was sich Benesch in seiner Jugend und in seiner Naturverbundenheit und -anschauung selbst erarbeitet und was er dabei erfahren hatte, lässt sich erahnen, wie sehr er sich hier angekommen fühlen musste.

So bekam er gleich den Auftrag, sich mit naturwissenschaftlichen Kursen am Unterricht zu beteiligen; seine Befähigung dazu musste also bekannt geworden sein. Arnold Suckau berichtet aus dieser Zeit: »Während der kurzen Zeit, da er vor seiner Weihe am Priesterseminar war, war er bereits lehrend tätig. [...] So behandelte er einen Vortrag Rudolf Steiners über die geistigen Hintergrunde atmosphärischer Erscheinungen wie des Gewitters. Er sprach von Cherubim und Seraphim.« Benesch selbst aber betonte stets: »Ich bin nur ein Schüler Rudolf Steiners.«

Emil Bock und Friedrich Benesch

Zu den künstlerischen Fächern des Seminars gehörte die Bewegungskunst der Eurythmie – die von Micaela Mohr, einer zarten, ganz von Eurythmie durchdrungenen Persönlichkeit unterrichtet wurde. Benesch hat später nicht ohne Humor erzählt, wie er mit seiner massigen Gestalt in den Eurythmiestunden »hinter Frau Mohr hergeschwebt« sei.

Bereits im Laufe dieses Sommersemesters stellte Gottfried Husemann aus den Studenten eine »Weihegruppe« zusammen, in die Benesch mit drei anderen Kandidaten aufgenommen wurde: Walter Barck (geb. 1897), Otto Behr (geb. 1907) und als weitaus Jüngste Barbara Nordmeyer (geb. 1920). Es war ein lustiges Quartett, das neben den intensiven und ernsten Studien unter der außerordentlich strengen Führung Husemanns manch heitere Momente erlebte, wozu – wie Barbara Nordmeyer später erzählte – Benesch nicht wenig beigetragen habe.

Nach Ende des Sommersemesters begann durch Gottfried Husemann die eigentliche Vorbereitung auf die Priesterweihe, die Emil Bock dann am 1. Adventssonntag 1947 in Stuttgart (30. November 1947) vollzog. Die Ausbildungszeit am Seminar war demnach für Benesch außerordentlich kurz, hatte nicht einmal ein Jahr gedauert. »Ich stand in der Mitte meines 40. Lebensjahres. Das Schicksal hatte sich für mich innerhalb eines Jahres vollständig umgewandelt.«

Dem Ereignis der Priesterweihe gehen natürlich ausführliche Gespräche über das bisherige Leben der Kandidaten voraus. Es ist anzunehmen, dass Benesch in diesem Zusammenhang dem Erzoberlenker Emil Bock (1895-1959), etwas von seiner politischen Vergangenheit erzählt hat, und Bock – überzeugt von der Wandlungsfähigkeit des Menschen – das akzeptierte; vielleicht geschah das, wie vor der Priesterweihe üblich, im Zusammenhang mit dem Beichtsakrament, was Bock Schweigen auferlegt hätte. Husemann jedenfalls – dafür bin ich Zeuge – wusste nichts von einer politischen Aktivität Beneschs.

Beneschs Familie war zunächst noch in Neukirchen geblieben, aber nach und nach fand auch sie sich im Westen ein. »Die Kinder konnten schon Anfang 1947 über die ›Zonengrenze‹. Sie wurden von einer Betreuerin für siebenbürgische Flüchtlinge übernommen, der es gelang, in der kleinen schwäbischen Dorfgemeinde Eschenstrud bei Murrhardt unweit von Stuttgart ein leeres Schulhaus für sie ausfindig zu machen. Bald kam auch die Mutter dorthin nach.«

Erste Gemeinde in Coburg

Die neu geweihten Priester blieben zunächst noch einige Zeit in Stuttgart. Im Januar 1948 trat Benesch dann seine erste Tätigkeit in Coburg an, einer kleinen Gemeinde in Franken. Dort gab es einen Stamm von Mitgliedem, die das Verbot der Christengemeinschaft 1941 und den Krieg überlebt hatten und die neue Gemeinde bildeten. Filialen gab es in Würzburg und Schweinfurt, wo auch regelmäßig die Menschen-Weihehandlung zelebriert wurde: in Coburg und Schweinfurt jeweils in einem großen Wohnzimmer, in Würzburg in einer Wirtsstube; dazu musste der Raum jedes Mal hergerichtet und der Altar neu aufgebaut werden.

Benesch richtete nun regelmäßige Gemeindeabende ein und hielt Vorträge über die Sakramente, die Evangelien, die Jahresfeste. Es zeigte sich, dass die Zahl der Zuhörer von Monat zu Monat zunahm. Immer mehr Menschen fanden Zugang zur Christengemeinschaft. Benesch war die Bedeutung religiöser Vorträge für die Erneuerung des Christentums bewusst geworden. Bei diesen Erkenntnisbemühungen zielte alles auf das tiefere, bewusstere Erleben des Kultus, der Menschen-Weihehandlung, ab. »Der Kultus war die eigentliche Wirklichkeit des religiösen Lebens. Die Anwesenheit des Christus am Altar bewirkte eine sich entwickelnde Wahnehmungsmöglichkeit für seine Gegenwart und sein Wirken in den Herzen der Menschen. Dazu den Menschen die Wege zu vermitteln, empfand ich als die Aufgabe für meine Tätigkeit.«

Die Entsendung nach Coburg bedeutete für Benesch allerdings auch wieder eine Trennung von seiner Familie. Die kleinen Gemeindeverhältnisse boten keine Möglichkeit, die Familie unterzubringen und zu versorgen, zumal sich im Mai 1948 noch ein siebtes Kind eingefunden hatte. Nun aber wurde die Zusammenführung der Familie dringend, und deshalb musste eine entsprechende Unterkunft in einer anderen Gemeinde gefunden werden. Dafür kam Kiel in Frage.

Gemeinde Kiel

Dort wurde der im Krieg zerstörte Kirchenbau mit dem Gemeindehaus gerade wieder hergestellt; der Wiederaufbau, zunächst des

Johannes Hemleben

Die Familie in Kiel

Kirchenraums, stand vor dem Abschluss – das Richtfest war am 14. Juli 1948 gefeiert worden –, als Friedrich Benesch am 9. Oktober 1948 durch den norddeutschen Lenker Dr. Johannes Hemleben (1899-1984) in die Kieler Gemeinde eingesetzt wurde. Hemleben überreichte ihm die Schlüssel der Kirche und hielt einen Eröffnungsvortrag über das Thema »Christ und Antichrist«; dazu waren, wie die sorgfältig geführte Gemeindechronik berichtet, »267 Mitglieder und Freunde aus Kiel und Schleswig-Holstein anwesend«. Am folgenden Sonntag, 10. Oktober, vollzog Hemleben die Raumweihe des neuen Kirchenraumes; Benesch sprach in einer Abendpredigt über »Michael der Zeitgeist«.

Hans Lüthje, damals Pfarrer in Lübeck, berichtet von Beneschs Einsetzung in Kiel: »Seine dortige Einführung war ein bewegendes Ereignis, nicht nur für die ungeduldig wartende, freudig erregte Gemeinde, sondern auch für alle, die fühlten, dass eine ungewöhnliche Persönlichkeit zu uns gestoßen war. Wir übrigen Mitarbeiter beschlossen, eng mit ihm zusammenzuarbeiten. Er selbst sagte damals: ›Jetzt bringen wir in Schleswig-Holstein eine Volksbewegung zustande!‹«

Vor dem Gemeindehaus in Kiel

Mitte November fand die endgültige Übersiedlung nach Kiel statt, und Benesch entfaltete sogleich eine vielseitige Tätigkeit mit Einführungskursen, einer Abendpredigt, einer Adventsfeier und mit dem Beginn der Proben für das Oberuferer Paradeis- und Christgeburtsspiel. In dieser Zeit wohnte er noch bei einer Familie, die zur Gemeinde gehörte.

Die Bauarbeiten am Gemeindehaus gingen indessen zügig weiter und im Sommer 1950 konnte auch die Familie nach Kiel folgen und der Einzug ins Gemeindehaus stattfinden. Neben seiner Tätigkeit als Pfarrer war Benesch nunmehr auch wieder Mittelpunkt einer großen, blühenden Familie. Die Kinder fanden Aufnahme in der neu gegründeten Waldorfschule in Rendsburg und fuhren täglich mit dem Zug dorthin. Die Größeren nahmen begeistert am Leben des Kieler Jugendkreises teil und auch Sunhilt Benesch und Sara Ambrosi, die bei ihnen geblieben war, beteiligten sich aktiv am Leben der Gemeinde.

Es gab in Schleswig-Holstein nun zwei Gemeinden: in Kiel mit Friedrich Benesch und eine weitere in Schleswig mit Walther Voigt. Dazu

Pfingstjugendtagung 1951 in Fleckeby bei Schleswig

kamen sieben Filialen mit Gemeindegliedem, die teilweise auch durch die Kriegsschicksale dorthin verschlagen worden waren: in Rendsburg, Eckernförde, Neumünster, Heide, Husum, Flensburg und Westerland; sie alle wollten regelmäßig betreut werden, kamen aber auch zu bestimmten Gelegenheiten nach Kiel.

Benesch erzählte später einmal von einer Frau, die über gewisse hellsichtige Fähigkeiten verfügte und ihm sagte, beim Zelebrieren der Menschen-Weihehandlung sähe sie immer Männer mit großen schwarzen Hüten um ihn herum. »Das waren meine siebenbürgischen Bauem!«, meinte er schmunzelnd.

Neun Jahre blieb er in Kiel. Auch hier blühte das Gemeindeleben auf, immer mehr Menschen fanden sich hinzu. Die Gemeindechronik zeigt, dass Benesch diese Jahre hindurch ganz konsequent Einführungskurse gehalten hat, zunächst über die Grundlagen der Christengemeinschaft: die Menschen-Weihehandlung und die anderen Sakramente, die christlichen Feste, das Credo, die Evangelien, das Gebet, Glauben und Erkennen. Zunehmend behandelte er dann auch allgemeinere Themen wie

Volkstanz

Lebensführung, Berufs-, Schicksals-, Erziehungs- und Ehefragen, aber zum Beispiel auch Goethes »Faust« oder »Geist und Materie«, so dass für ältere Mitglieder eine Vertiefung, für neu hinzutretende Menschen ein erstes Kennenlernen der Christengemeinschaft möglich wurde.

Die christlichen Grundwahrheiten gaben die Thematik für die Festeszeiten: Advent und Weihnachten waren der Menschwerdung Christi und dem Mariengeheimnis gewidmet, die Passionszeit und besonders die Karwoche dem Leidensweg Christi und seinem Tod auf Golgatha,

Ostem dem Geheimnis der Auferstehung und später auch dem »Gral«, Himmelfahrt der Erhöhung des Auferstandenen und seiner Wiederkunft, Pfingsten dem Wirken des Heiligen Geistes, Johanni der Gestalt Johannes des Täufers, in späteren Jahren auch mit Blick auf Pinehas, Elias, Raphael und Novalis, zu Michaeli der Wirksamkeit des Erzengels Michael in unserer Zeit und den damit verbundenen Zeitfragen und schließlich im November meist den Fragen zum Tode, zu den Verstorbenen und zum Leben nach dem Tode.

Hinzu traten bald öffentliche Vorträge, meist in der Kieler Universität über »Persönlickeitsbildung und Massenbildung«, »Christentum und Anthroposophie«, über das Vorgeburtliche und Nachtodliche bis hin zu dem Gedanken der Wiederverkörperung. Die Themen waren auch noch weiter gefasst mit Blick auf das Christentum und Christus als Weltmacht und die Wiederkunft Christi durch seine fortwirkende Offenbarung.

Im dritten Jahr seiner Arbeit in Kiel bezog Benesch schrittweise die Naturanschauung in die Verkündigung ein; ihm lag daran, die äußerlich gewordene Naturanschauung und Naturwissenschaft wieder mit Geisterfahrung zu verbinden und dadurch dem religiösen Erleben neu zugänglich zu machen

So wählte er in der Weihnachtszeit 1951/52 für die Vorträge, die zu den zwölf heiligen Nächten gehalten wurden, den Titel »Das Wort Gottes in den Reichen der Welt«. Er sah den Menschen als »Mitte der Welt«. Ein Jahr später verband er Weihnachten mit den »Elementarreichen der Erde«. Die Betrachtungen führten durch alle vier Elemente hindurch. Wiederum ein Jahr später war es »Der Erdenleib des Schöpfergottes – Erdenleben in Nord und Süd« und 1954 zu Johanni: »Materie und Geist -– Naturgesetz – Moralgesetz – Geistesschöpferkraft«.

Benesch wurde mit seinen Vorträgen auch in andere norddeutsche Gemeinden eingeladen und auf den größeren Tagungen der Christengemeinschaft erschien sein Name immer öfter unter den Rednern.

Aber auch einzelnen Menschen wandte er sich persönlich zu in seelsorgerlichen Gesprächen und Beratungen. Für die Vorbereitung der bald zahlreich stattfindenden Taufen, Trauungen und Bestattungen musste ebenfalls viel Zeit aufgewendet werden. Hinzu kam die regelmäßige Betreuung der Filialen und der dort lebenden Menschen.

Jedes Jahr gab es eine ansehnliche Gruppe von Konfirmanden. Bald gehörten auch Kinder aus der eigenen Familie dazu; die Konfirmation wurde meist von Johannes Hemleben, dem norddeutschen Lenker, vollzogen; einmal kam auch der Oberlenker Gottfried Husemann aus Stuttgart dazu. Er wollte gewiss in Erfahrung bringen, wie sich die Gemeindearbeit in Kiel unter Friedrich Benesch entwickelte

Die Jugendarbeit belebte sich nicht zuletzt durch die jährlich neu hinzutretenden Konfirmierten. Das Gemeindeprogramm zeigt, dass bald nicht nur die Weihnachtsspiele, später auch das Dreikönigsspiel Jahr für Jahr aufgeführt wurden, zu Ostern kam das »Redentiner Osterspiel« hinzu, dann zum Beispiel auch Spiele von Friedrich Doldinger wie »Das Tag-Ausklang-Spiel« oder »Der Schwanenritter« und »Wovon die Menschen leben« nach Leo Tolstoi, »Das heilige Drama von Eleusis« von Edouard Schuré und anderes. Benesch studierte Volkstänze ein und auch der Fasching wurde fröhlich gefeiert, vom Jugendkreis auch für die Gemeinde ausgerichtet.

Das Leben mit der Jugend brachte Fahrten und kleinere Tagungen in Norddeutschland, zum Beispiel in Güldenholm, mit sich, die oft mit geologischen Exkursionen und Naturbeobachtungen verbunden waren. Der Höhepunkt war eine dreiwöchige Italienfahrt des Jugendkreises bis hinunter nach Sizilien im Herbst 1955 – für alle Teilnehmer ein unvergessliches Erlebnis in einer Zeit, da weite Reisen noch keineswegs so üblich waren wie heute.

Von ihr wird erzählt, wie eine Teilnehmerin beim ersten Grenzübergang entdeckte, dass sie ihren Pass vergessen hatte – guter Rat war teuer! Benesch ermutigte das Mädchen, trotzdem im Bus zu bleiben; und nun spielte sich an den Grenzübergängen immer eine kleine Komödie ab, indem die Teilnehmer versuchten, die Grenzbeamten auf alle mögliche Weise abzulenken – und siehe da, es klappte sowohl bei den schweizer als auch bei den italienischen Grenzern; erst als die Gruppe auf der Rückfahrt bei deutschen Zollbeamten die gleichen Tricks versuchte, hatten sie keinen Erfolg. Aber da konnte schon nicht mehr viel passieren. Benesch soll sehr stolz gewesen sein auf diese Gemeinschaftsleistung.

Hier sei eine kurze Schilderung von Wilhelm Hoener aus seinem Buch »Spurensuche einer Schicksalsführung im 20. Jahrhundert« eingefügt. Hoerner war noch kurz vor dem Verbot der Christengemeinschaft als junger Mensch Priester geworden, dann aber eingezogen worden und im Osten in russische Gefangenschaft geraten, aus der er erst 1951 nach Deutschland zurückkehrte. »A!s Letzter der Pfarrer in der

Christengemeinschaft aus schwerer Kriegsgefangenschaft heimgekehrt, durfte ich meinen zukünftigen Arbeitsort selbst wählen. Ich entschied mich für Bremen. […] So kam es, dass ich an der Jugendtagung zu Pfingsten 1952 in Halendorf/Schleswig-Holstein mit Friedrich Benesch teilnehmen konnte. Seine Ausführungen über ›Die Sonne‹ und seine Herkunft aus Siebenbürgen ermöglichte ihm eine besonders einfühlsame Aufnahme meines balkangeschädigten Wesens. Das an Griechenland erinnernde Licht und die Buchenbestände des Landes gaben ihre Heilkraft hinzu.«

Bei einer späteren Pfingst-Jugendtagung mit Friedrich Benesch im »Schafstall« des biologisch-dynamisch wirtschaftenden Bauern Karl von Hörsten in Wörme in der Heide, so nochmals Wilhelm Hoerner, wurden die Teilnehmer durch ein einmaliges Naturereignis reich beschenkt. »Am Pfinstsonntagmorgen nach der Weihehandlung saßen wir in der geöffneten Halle beim Frühstück. Plötzlich rief Benesch laut: ›Auf, raus, die Roggenmuhme geht über das Feld!‹ Wir liefen alle zu dem großen Roggenacker in allernächster Nähe. Da wogten die mannshohen Ähren in wallenden Wellen und darüber schwebte die dichte goldgelbe Wolke des Blütenstaubes, sich lautlos auf die Ähren herabsenkend. Im gleichen Augenblick hatten sich die Staubbeutel aller Ähren geöffnet und die befruchtende Wolke erzeugt. Das nannten die Altvorderen ›die Roggenmuhme‹, und Benesch sagte kurz und patriarchalisch: ›So, jetzt haben wir wieder unser tägliches Brot!‹« Ebenfalls bei einer Jugendtagung hat sich eine sehr bezeichnende Episode zugetragen, von der Rudolf Brinkmann berichtet: »Benesch sprach oft über Meteorologie. Dabei stellte er gern die seinerzeit neuesten Erkenntnisse der meteorologischen Forschung dar, wie beispielsweise die inhomogene Struktur der Atmosphäre in Zellen. Für mich waren seine Beschreibungen der Entstehung von Gewittern besonders eindrucksvoll. Er begann mit der Schilderung der sommerlichen Schönwetterwolken, der Cumuli, von denen im Anfang der Gewitterentstehung eine größer wird, in der Folge wie eine grasende Kuh über den Himmel zieht und die kleineren in sich aufnimmt.

Mit den mir im Physikunterricht vermittelten Kenntnissen bereitete ich ein Experiment vor. Ich setzte in einen Korken auf einer transparenten Glasflasche ein sogenanntes Patentventil von einem Fahrradreifen ein und erzeugte mit Hilfe einer Luftpumpe einen Überdruck im Innern der Flasche. Dann zog ich den Korken ruckartig heraus, worauf durch den steilen Druckabfall die Luftfeuchtigkeit innerhalb der Flasche zu Nebel kondensierte.

Das führte ich am Beginn des folgenden Vortrages von Friedrich Benesch mit seiner Zustimmung vor. Als ich jedoch ansetzte, das Phänomen physikalisch erklären zu wollen, unterbrach er mich, nahm mir die Flasche aus der Hand, hielt sie für die Zuhörer hoch und sagte nur: ›Die Wolke!‹ Mir führte dieses Verhalten früh vor, dass es neben der erklärenden Vermittlung von Phänomenen auch die bildhafte Darstellungsweise gab, die viel stärker im Zuhörer wirkt und ihn in die Lage versetzt, ungestört von fixierenden Vorstellungen, seine Fragen gegenüber den Naturwundern zu entwickeln, die so viel eher zu einem schöpferischen Umgang mit dem gezeigten Phänomenkomplex anregen konnten.«

Von einem Erlebnis anderer Art berichtet Uwe Lemke: »Es war im November 1950, dass ich zum ersten Mal in die Christengemeinschaft ging. Mein älterer Bruder hatte mir davon erzählt. Das war in Kiel, und die erste Menschen-Weihehandlung, die ich erlebte, wurde von Friedrich Benesch zelebriert, Klaus Raschen stand ihm zur Seite. Es war gerade fünf Jahre nach dem Ende des Zweiten Weltkrieges, als die Städte noch verwüstet und die Menschenseelen von dem unglaublichen Geschehen der Katastrophe durchgerüttelt waren. Die großen Rätselfragen des Lebens waren im Bewusstsein aller und der Inhalt ihrer Gespräche.

Ich war gerade 20 Jahre alt, und als junger Mensch hat man einen ›Röntgen-Blick‹ für die Ehrlichkeit im Gebaren anderer Menschen. Bei mir und meinem Bruder war der Blick besonders geschärft, weil unsere Eltern schon sehr zeitig den Nationalsozialismus durchschaut und innerlich davon Abstand genommen hatten. Das hatten wir Kinder gemerkt.

Ich habe Benesch unzählige Male in der Kieler Gemeinde und dann auch – ein Jahr später – am Priesterseminar in Stuttgart erlebt, immer mit den offenen Ohren, ob bei ihm noch etwas aus der vorhergehenden Zeit nachklang. Denn viel wusste man davon nicht [...] niemals ist mir auch nur ein Rest von nationalsozialistischem Gedanken- oder Gefühlsgut bei ihm aufgefallen. Wenn es da etwas gegeben hat, war es restlos ›aufgearbeitet und bewältigt‹.

Im Gegenteil: In einer Reihe von Vorträgen konnte er wie kein anderer den falschen Ansatz, die Unwissenschaftlichkeit und Unehrlichkeit, die

Unmenschlichkeit, die Lebenslüge und den Gebrauch von Magie beim Nationalsozialismus entlarven.«

Auch auf den großen Jugendtagungen wirkte Benesch jetzt mit. Ich selbst erinnere mich lebhaft an einen Vortrag von ihm auf der internationalen Jugendtagung in Murrhardt (1950) – eine der ganz wenigen konkreten Erinnerungen, die mir geblieben sind; er sprach über die sieben Metalle Gold – Silber – Eisen – Quecksilber – Zinn – Kupfer – Blei in Beziehung zu den sieben (klassischen) Planeten. Und ich weiß noch wie heute, wie mir anhand seiner Darstellung zum ersten Mal eine geistige Ordnung in der Natur und im Weltall fassbar wurde.

Später – 1953 – begegnete ich ihm kurz auch persönlich auf der großen Jugendtagung in Stuttgart. Ich lief ihm in einer Pause über den Weg, er begrüßte mich mit ein paar Worten, blickte mich an und gab mir die Hand. Auch dieser kurze Augenblick steht mir unvergesslich vor Augen: Diese Art, angeblickt zu werden, kannte ich nicht – es war darin etwas wie ein tieferes Erkennen, ein Staunen und – ich kann nicht anders sagen als – auch Ehrfurcht lag in diesem Blick, die Anerkennung des Anderen, ja eben ein fast ehrfürchtiges Hinblicken zu dem anderen Menschen. In diesem ›Augenblick‹ stand auch etwas von dem Wesen Friedrich Beneschs unverrückbar vor mir. Und ich hatte damals noch keine Ahnung davon, dass uns das Schicksal einst als Kollegen noch eng mit einander verbinden sollte.

Ich denke, viele Menschen haben Ähnliches erlebt. Eine solche Erfahrung sei hier erwähnt: »Während meiner Priesterweihe«, so Bastiaan Baan aus Holland, »war es, als ob ein geistiges Feuer mein Herz durchglühte und von dort aus Leib, Seele und Geist bis in die Konstitution veränderte: eine unaussprechliche Erfahrung der Umwandlung.

Nach der Priesterweihe ging Dr. Benesch an der Reihe der Neugeweihten entlang und gab jedem von uns die Hand. Als er mich wortlos begrüßte, ging sein Blick tief in mich hinein – und ich fühlte, dass da jemand vor mir stand, der durchschaute, was in mir war. Er hielt meine Hand lange fest und schaute mich an – und es war für mich, als ob es eine Ewigkeit dauerte.«

In der Leitung der Christengemeinschaft entstand offensichtlich die Meinung, dass Kiel ein guter Ort für jüngere Priester sei, um für kürzere oder längere Zeit in die Arbeit eines Gemeindepfarrers eingeführt zu werden. Als Erster kam Klaus Raschen nach seiner Priesterweihe 1949 nach Kiel; 1952 folgte Arnold Suckau, 1953 Arno Jauernig, 1955 Johannes Hertzberg.

Klaus Raschen berichtete mir wiederholt von seinen Erlebnissen mit Benesch: »Er hatte eine bewundernswerte Kraft, die ihn manchmal Tag und Nacht arbeiten ließ. Diese Kraft ließ nie nach. Sie nahm uns junge Leute mit, wenn wir bei ihm lernten.

Er hatte in seiner siebenbürgischen Heimat vielseitige Erfahrungen gesammelt – als Bauer, Naturwissenschaftler und als Pfarrer –, die ihn mit der Natur und dem Menschenleben vertraut gemacht hatten. Deswegen musste er auch vor nichts die Augen verschließen, auch dann nicht, wenn die Menschen ein Leben lebten, das sie immer am Abgrund entlang führte. Er nahm sie auf. Aber er hatte ein Ideal in sich, und das half ihm, immer wieder aus den Dunkelheiten ins reine Leben aufzutauchen. Ich hatte immer den Eindruck, dieses Ideal ginge neben ihm in menschlicher Gestalt: es war seine Frau Sunhilt. Es war einzigartig, wie diese Frau ihre Kinder betreute und behütete und auch ihn umhüllte und besorgte. Sie machte ihrem Namen Ehre. Man konnte in der Gegenwart dieser beiden Menschen, wenn man den rauen Verhältnissen des Krieges entronnen war, erleben, wie schön das Zusammenleben zweier Menschen sein kann, und wie nicht nur die leiblichen Kinder in dieser Polarität von Mann und Frau Platz haben, sondern auch andere Menschen, die der Fürsorge bedurften.

Benesch hatte aus Siebenbürgen aber nicht nur reiche Lebenserfahrungen mitgebracht, sondern auch eine unverbrauchte Beobachtungs- und Denkkraft, die uns jungen Leuten in den Großstädten und der Industrielandschaft Mitteleuropas längst ausgetrieben war. Was seine Augen erfassten, blieb zusammen und fiel nicht in Teile auseinander. Deswegen gelang es ihm so gut, mit Goethes Methode die Welt anzuschauen, aufzugreifen und sich damit zu verbinden. Diese zukünftige Weltanschauung hatte ihn ganz ergriffen, oder besser gesagt, er hatte sie ganz ergriffen. Er konnte sie anwenden auf die mineralische Welt, auf das Pflanzen- und Tierreich und auch auf die Welt des Menschen. Manches, so erlebte er es, müsse noch weitergebildet werden. Aber es gibt ja immer neue Generationen, die diese Arbeit leisten können – das war seine Ansicht.

Ich sehe ihn vor mir, wie er die schönsten Edelsteine und Halbedelsteine vor sich ausbreitete und sie sich in ihrem Wesen aussprechen ließ, in seiner eigenen Seele. Man mochte zunächst, wenn man schulwissenschaftlich ausgebildet war, den Eindruck haben, er systematisiere die Steine und die Pflanzen. Aber dann musste man entdecken, dass er nicht ein System erarbeitete, sondern lebendige Übergänge und Ursprünge innerlich ›ertastete‹. So habe ich ihn in vielen Stunden erlebt.

Bei all diesen Bemühungen war die Anthroposophie seine Erkenntnishilfe. Sie studierte er unermüdlich, bis sie in ihm immer mehr das Organ gebildet hatte, das ihn mit den Tiefen der Welt verband. Wenn man pflügen will, muss man die Pflugschar hinten etwas anheben, damit sie mit der Spitze tief genug in die Erde eingreift und eine Furche zieht. Dieses Bild ergab sich mir, wenn Benesch mit einem Vortrag begann: Er pflügte immer in der geeigneten Tiefe, nie nur oberflächlich. Man konnte viel bei ihm lernen.«

Das Erste, was Klaus Raschen an Friedrich Benesch beeindruckte, war das Einstudieren der »Oberuferer Weihnachtsspiele«. »Das hatte Kraft, weil der Dialekt der Spiele dem Siebenbürgischen ähnlich war und von ihm sehr willenshaft gesprochen wurde. Das übertrug sich auf die ganze Kumpanei – es war sehr originell.

Das Zelebrieren und Predigen hatte ebenfalls diesen Charakter, aber er sprach dann natürlich Hochdeutsch. Da ich auch in bäuerlichen Verhältnissen aufgewachsen war und gut Plattdeutsch sprach, kam mir seine Wesensart sehr entgegen. Es war die Zeit von meinem 23.-28. Lebensjahr.

Ich lernte bei ihm predigen und auch Vorträge halten. Beides konnte er damals schon mit einer gewissen Meisterschaft. Ich habe auch andere Dinge bei ihm gelernt, zum Beispiel rauchen! Es war in seiner ›Rauchbude‹ einfach nicht auszuhalten, wenn man bei der Konferenz nicht mitrauchte. Einmal erwarteten wir den Besuch von Emil Bock. Benesch rauchte drei Tage vorher nicht mehr in seinem Zimmer. Er hatte eine Flasche Eau de Cologne gekauft und versprühte drei Tage lang den köstlichen Geruch. Als Bock zur ersten Besprechung das Zimmer betrat, schnupperte er und sagte nur: ›Ik denk', Sie roochen!‹ Benesch war ›ganz klein mit Hut‹ (sagt man bei uns) und knickte zusammen wie ein Taschenmesser. Es war nun nichts mehr übrig von dem stattlichen Kerl. Bock grinste mich an, dann war dieses Thema beendet.

Manches hat mich auch etwas erschreckt. Benesch konnte seinen Kindern gegenüber außerordentlich jähzornig werden. Außer den ei-

»Ik denk', sie roochen!«

genen lebten in seiner Familie immer noch ein oder zwei Kinder von seinem Bruder oder andere Pflegekinder sowie Sara Ambrosi mit ihrer Tochter; sie waren wie Familienangehörige im Haus. Neben Vater und Mutter lebten also zehn Menschen in dieser Familie, in die ich dann als junger Mann freundlich aufgenommen wurde. Das Zusammenleben war demzufolge nicht gerade leise.«

Arnold Suckau berichtet aus dieser Zeit: »Zwischen 1952 und 1957 wohnte ich als Pfarrer im Gemeindehaus in Kiel, wo auch Benesch mit seiner Familie lebte. Ich war als Gast immer zum Mittagstisch eingeladen, bei dem er mit patriarchalischer Geste das Mahl austeilte.

Die Konferenz begann dann damit, dass er die große Holzschachtel mit den Zigaretten öffnete und man, wenn man Raucher war, sich bedienen konnte. [...] Zahlreich sind die selbst erlebten kleinen Ereignisse um den Raucher Friedrich Benesch. Gegen Mitternacht wanderte ich zum Zigarettenautomaten ein paar Straßen weiter. Wer steht da mit dem gleichen Vorhaben? Dr. Benesch. Bei einer Jugendtagung in den Hüttener Bergen entdeckte er, dass er keine Rauchwaren mehr hatte.

Er erkundigte sich bei dem Herbergsvater, ob der ihm aushelfen könne, was unbeschränkt möglich war. Da rief Benesch aus: ›Dann ist das Vaterland ja gerettet!‹ Im Frühzug fuhr Benesch gelegentlich mit. Er saß da in der Ecke, isoliert durch dichte Rauchwolken, vollkommen versenkt in einen Zyklus von Rudolf Steiner.

Als Menschen, die aus dem Geistesleben außer Rudolf Steiner für ihn eine herausragende religiöse Bedeutung hatten, bezeichnete er mir gegenüber Augustinus, Meister Eckhardt und Luther.

Einmal war er in einem Haus der evangelischen Kirche zu einem Vortrag mit Aussprache eingeladen. Dabei ging es auch um die Heilsmöglichkeiten von Menschen aus anderen Religionen. Einer der Veranstalter fragte ihn in der Diskussion: ›Was haben Sie denn für ein Interesse an den Nichtchristen?‹, worauf Benesch antwortete: ›Ein christliches!‹«

1957 gingen die Kieler Jahre für Friedrich Benesch zu Ende. Am 3.12.1956 sprach er zur Gemeinde von seiner Entsendung an das Stuttgarter Priesterseminar für das Sommersemester 1957. Am 2. Mai 1957 reiste er ab.

BERUFUNG IN DIE LEITUNG DES PRIESTERSEMINARS
1957-1991

Friedrich Benesch als Lehrer

In der Einladung des Stuttgarter Priesterseminars zum Sommersemester 1957 erscheint erstmals die Unterschrift von Friedrich Benesch als Seminarleiter neben der von Gottfried Husemann und Arnold Goebel. Er hatte nach längerem Zögern der Berufung zugestimmt – unter der Bedingung, seine Mitarbeit zunächst als Probezeit anzusehen.

Schon vorher hatte er am Seminar Kurse gegeben, angekündigt unter »Metamorphose der Pflanze von Goethe und Verwandtes«, der später zu einem seiner eindrucksvollen »Standard-Kurse« werden sollte. Jetzt, im Sommersemester 1957 war ein Kurs mit dem Thema »Meteorologisch-geologische Beiträge« angekündigt.

Am Ende des Jahres 1957 war deutlich, dass Benesch endgültig in Stuttgart bleiben und in der Seminarleitung weiterhin mitwirken würde. Seine Familie siedelt nun ebenfalls nach Stuttgart über.

In einem »Kurzen Seminarbericht« vom 29. April 1958 schreibt Gottfried Husemann: »Mit der Eröffnung des Sommersemesters am 28. 4. 1958 habe ich die Leitung des Priesterseminars an unseren Dr. Friedrich Benesch übergeben.« Diese Mitteilung bedeutete aber keineswegs den vollständigen Rückzug Husemanns von der Verantwortung; so findet sich bald dazu auch eine Mitteilung von Benesch über die neuen personellen Verhältnisse: »Es handelt sich bei dieser Übergabe nicht etwa darum, dass die gesamte Leitung des Seminars in einer Hand liegen soll. Gemeint ist, dass die Verwaltung des Betriebes [...], die Einrichtung der Seminarkurse und die Betreuung des täglichen Lebens und Lernens der Seminarteilnehmer jetzt in meine Hände übergeht, der ich hauptamtlich dafür eingesetzt bin, was dann auch zur Folge hat, dass Herr Husemann von vielen Einzelheiten bis zur Korrespondenz hin entlastet wird.

Im Grunde wird es so sein, dass jetzt Gottfried Husemann, Arnold Goebel und Friedrich Benesch gemeinsam die Seminarleitung darstellen werden. [...] Alle personellen Entscheidungen über Aufnahme, Studiengang und der endgültige Vorschlag zur Zulassung der Weihe vom Seminar aus werden gemeinsam gehandhabt. Führung und Betreuung der Weihegruppe wird auch weiterhin Husemann durchführen.«

Damit war nun eine außerordentlich fruchtbare Periode der Seminararbeit eingeleitet, die zwei Jahrsiebente bis zum Tode Husemanns

Das zweite Seminargebäude, erbaut 1953

1972 dauerte. Benesch und Husemann ergänzten sich mit ihren ganz verschiedenartigen Fähigkeiten. Er war ein umfassend begabter, geistig hervorragender Mensch, der mit außerordentlicher Intensität aus den Gründungsimpulsen der Christengemeinschaft und aus einem lebendigen Umgang mit der Anthroposophie arbeitete; Benesch konnte dem seine umfassende naturwissenschaftliche Bildung hinzufügen, was der Priesterausbildung ein gesundes, gediegenes Fundament verlieh und Vertrauen in die zeitgemäßen Grundlagen des Priestertums bildete, zumal Beneschs Auftreten immer mit einer herzlichen Menschlichkeit verbunden war.

Das Zusammenwirken der beiden war natürlich auch nicht ohne Spannungen. Husemann wandte Benesch seine volle Anerkennung zu, und Benesch hatte andrerseits die Größe, Husemanns geistige Bedeutung immer im Auge zu behalten, auch wenn ihm dessen Eigenwilligkeiten und genialen Einseitigkeiten gelegentlich zu schaffen machten; Benesch trug das wie selbstverständlich zugunsten der Gesamtarbeit, die sich immer deutlicher entfaltete; er blieb ihm gegenüber immer absolut loyal.

Arnold Goebel

Exkursionen im Schwarzwald 1974

In einem »Seminarbrief« an die Freunde des Seminars im Dezember 1958 sprach Benesch ganz offen über die Gefühle, die ihm beim Wechsel aus seiner Kieler Gemeinde nach Stuttgart überkommen hatten: »Für die Teilnehmer des Seminars bin ich also der Seminarleiter. Für mich selbst aber ist nach wie vor Husemann der Seminarleiter. [...] So ist in Wahrheit der Tatbestand, durch den Herr Husemann und ich das Problem, das uns vom Schicksal auferlegt wurde, gelöst haben. [...] Und die Seminaristen, die diese Zusammenarbeit sehen, freuen sich darüber.

Ob ich mich selber auch so freue – das weiß ich tatsächlich noch nicht so ganz genau. Wenn man plötzlich – nachdem man viele Jahre lang Gemeindepfarrer gewesen ist – nun in eine so ganz andersartige Arbeit hineinversetzt worden ist – möchte man manchmal sprechen wie der Dichter Christian Morgenstern:

›Palmström fühlt sich in die Welt / überall / hineingestellt.‹

Palmström gefiel das ganz gut. Ich selber bin vielleicht noch nicht ganz bei Palmström angekommen.«

Nach 1958 weisen die Semesterprogramme den ganzen Umfang von Beneschs Lehrtätigkeit auf. Dazu gehörten die großen Weltanschauungsfragen, die durch das Aufkommen der Naturwissenschaft an der Jahrhundertwende entstanden waren, mit Blick auf die Gegenwart, Goethes »Metamorphose der Pflanze als Einführung in die Botanik«, weiterhin sprach er über »Die Ergebnisse einer Palästina-Reise für die topographischen Angaben im Neuen Testament« – dies gemeinsam mit Johannes Lenz –, über »Grundprozesse der Wetterkunde«, »Urphänomene der Erdgeschichte«; später wurden ganz besonders eindrucksvoll seine Kurse über das Leben der Erde im Jahreslauf, auch in Beziehung zu den christlichen Festen; 1960/61 kamen dann »Ausgewählte Kapitel aus der Geheimwissenschaft Rudolf Steiners« und der »Epheserbrief des Paulus« hinzu.

Im Sommer 1961 erschien zum ersten Mal sein Kurs »Propädeutik – Einführung in das Studium am Seminar« im Programm. Solche einführenden Kurse am Anfang des Studiums hatte es auch schon früher gegeben, aber sie waren eher zufällig und hatten nebenbei stattgefunden. Benesch entwickelte diese Propädeutik-Stunden zu einem Höhepunkt gleich zu Beginn des Semesters, indem er sie einerseits zu einer ganz praktischen Anleitung zum Studium machte, damit aber zugleich einen Überblick über die geistige Situation der Gegenwart verband. In großen Zügen wurde der Gesamtinhalt des Studiums am Priesterseminar eingeleitet und dargestellt als Inhalte und als Methode. Die Inhalte waren das »Buch der Natur«, das »Buch der Offenbarung«, natürlich vor allem das Alte und Neue Testament, aber auch andere Offenbarungsbücher aus der vorchristlichen Zeit, das »Buch der Geschichte der Menschheit«, das »Buch der Erkenntnis« und das »Buch der Übung« als Anleitung für den Übungs- und Schulungsweg des Priesters. Die Methode war das »Lesenlernen« in diesen »Büchern«.

Später folgten Kurse über Zoologie, ausgewählte Kapitel aus der »Theosophie« Rudolf Steiners und Goethes Farbenlehre.

1964 begann die Gepflogenheit, den Seminarkurs über die »Metamorphose der Pflanze«, der inzwischen zu einem Standard- und Schulungskurs in goetheanistischer Anschauung geworden ist, teilweise als eine längere Exkursion im Schwarzwald abzuhalten. Das wurde auch für Beneschs zweiten Standardkurs, »Geologie und die Gestalt der Erde«, üblich. Man sah ihn dann mit den Studenten mit Hämmern bewaffnet

Sommersemester 1972. Geologische Exkursion im Schwarzwald

in Steinbrüchen und auf Halden der Bergwerke im Schwarzwald nach Mineralien suchen. Diese Exkursionen hatten immer etwas durch und durch Erfrischendes. Benesch konnte sich im lebendigen Austausch mit den Studenten auf diesen Fahrten noch einmal von einer ganz anderen Seite zeigen; meistens erzählte er – von den Studenten dazu herausgefordert – auch an einem der Abende in gemütlicher Runde aus seinem Leben.

»Ein besonderes Erlebnis war es stets, mit Dr. Benesch eine Exkursion zu unternehmen, sei es als Seminargruppe, auf einer Jugendtagung oder bei einem Gemeindeausflug«, erinnert Christian Thomas. »Meist ging er mit einem Spazierstock voraus, gefolgt von den Exkursionsteilnehmern. Dann konnte es geschehen, dass er mit dem Stock das Laub beiseite schob oder vor einem Baum oder Strauch stehen blieb und auf etwas Interessantes aufmerksam machte, was man sonst gewiss übersehen hätte. Er lehrte zu beobachten und schulte die Sinneswahrnehmung. Stand er in der Natur, so war er auch nicht nur Wissenschaftler, der über Zusammenhänge Bescheid wusste, er war wie ein Teil der Natur, von deren Wesen durchdrungen. Das erlebte man an seinen Gesten, seiner Sprache, seiner ganzen Gestalt.

Und er konnte staunen! Wie oft hörte man ihn mit seiner tiefen Stimme ein bewunderndes ›Donnerwetter‹ sagen. Und sprach er über Naturerscheinungen, so sprach daraus eine tiefe religiöse Empfindung gegenüber den Kräften in der Natur. Die ganze irdische Welt war für ihn durchzogen von Wesenhaftem, in dem er selbst mitten darinnen stand. Aber auch vergangene Zeiten konnte er vergegenwärtigen. Bei einem Ausflug auf die Schwäbische Alb mit weit über hundert Teilnehmern der Stuttgarter Gemeinde schilderte er das alte Jurameer so unmittelbar, als ob es einen im Augenblick umgeben würde. Benesch konnte Wissen zu Erlebnissen gestalten.«

Benesch war ein Meister der goetheanistischen Methode. Die naturwissenschaftlichen Kurse sollten die Studenten nicht zu Naturwissenschaftlern machen, sie konnten aber an Grundphänomenen zu der Erfahrung anleiten, dass die Welt geistdurchdrungen erlebt werden kann. Der Pflanzenkurs leistete das im Prinzip für die Bereiche des Lebendigen – Benesch brachte es immer fertig, die »Urpflanze«, wie Goethe sagte, nicht als abstrakte Idee, sondern als lebendige innere Anschauung erfahrbar zu machen. Er sagt selbst: »Der Botanikkurs bot Gelegenheit, durch Beobachtung des Gestaltwandels der Pflanzenwelt, von Sinnesbild zu Sinnesbild zu lernen, die übersinnlichen Kräfte, die ihn bewirkten, als sich selbst verwandelnd zu erfassen und innerlich anzuschauen, das heißt die äußeren Vorstellungsbilder nicht als *Ergebnis*, sondern als *Bildetätigkeit* zu erleben. Durch fortgesetztes Üben entwickelte sich das äußere Anschauen zu innerem Anschauen von Bildekräften. Ein Erleben geistiger Bildekräfte konnte jetzt der Inhalt der Vorstellungen, bis fast zur Imagination erweitert, werden. Ich nannte das die Durchgeistigung des Vorstellungslebens. Die Wirklichkeit geistiger Lebenskräfte konnten so in die Anschauung aufgenommen werden.«

Auch Volker Harlan beschreibt seine Eindrücke über Friedrich Benesch als Lehrer: »Christologie, Menschenkunde und Naturkunde sind die drei großen Gebiete, in die man Friedrich Beneschs Lehrtätigkeit untergliedern könnte.«

Als promovierter Naturwissenschaftler ergriff er die ›Durchchristung der Naturanschauung‹ als sein erstes Lehrgebiet. Er erzählte, dass er in den acht Jahren, in denen er als Pfarrer in Kiel gearbeitet hatte, ›das gesamte Feld der Naturwissenschaften goetheanistisch durchgearbeitet‹ habe. Um herauszufinden, was für eine Priesterausbildung das Wichtigste wäre, ging er die verschiedensten Fachbereiche durch. In Wochenkursen von sechs, manchmal zwölf Stunden führte er ein in Geologie, Petrologie und Mineralogie und in Meteorologie und die Jahreszeiten, um ein Verhältnis zur Erde als einem lebendigen Organismus, zur Erde als dem Leib des auferstandenen Christus zu schaffen. Dann ließ er die Naturreiche von den meist doch ahnungslosen Studenten erstehen: Botanik, Baupläne im Tierreich, Embryologie des Menschen. Mit besonderer Ausführlichkeit widmete er sich Goethes Farbenlehre.

Aus dieser Fülle destillierte sich im Laufe der Jahre ein Kanon von drei Kursen heraus: Die Erde und ihre Gesteine, die Pflanze in ihrer Metamorphose und die Farben- und Sehlehre.

Die Betrachtung der Erde begann bei der Bildung der Kontinentgestaltung, ihrer Verschiebung in der Erdgeschichte und ihrer Ausformung. Meteorologische Prozesse und die Bewegungen der ozeanischen Wasserströme ergänzten das Bild, ehe dann die Exkursion in den Schwarzwald begann, wo der Morgenkurs in die Gesteinskunde einführte und anschließend der Besuch ausgewählter Aufschlüsse ermöglichte, vor Ort die Gesteine zu finden, herauszuschlagen, zu vergleichen und natürlich auch zu sammeln. Wenn sich dann bei einer Wanderung ein großartiger Blick über die Landschaft hin öffnete, wusste er darauf aufmerksam zu machen, wie anders der Blick in die Weite geht, als wenn er sich, mit gebeugtem Haupt und auch mit suchend-gierigem Blick abwärts den Steinen vor den Füßen zuwandte. Trat bei der Landschaft im Bewusstsein das Atmosphärische hervor, so bei den Gesteinen eher das Kristallinkritisch-Analytische. Dann aber auch das Bewusstsein davon, dass alle Gesteine eine Genese hinter sich haben: Granitentstehung, Gneisbildung, Metamorphose von Sandstein zu Quarzit, Entstehung von Pegmatiten, Gängen und Klüften und ihr oft reiches Vorkommen voll ausgebildeter Minerale, die sich aus einer Restschmelze herauskristallisieren – etwa Turmaline und Bergkristalle. Neben reichen Kenntnissen vermittelte Benesch dabei ein Gefühl, ein Verhältnis zu dieser unserer Erde. Die Treue und Tragekraft, das Beharrungsvermögen einmal gebildeter Gesteine, die ganze Erdzeitalter über bleiben, was sie geworden sind, und Wälder und Menschen tragen. Und andererseits der ununterbrochene Gestaltungs- und

Exkursion im Südschwarzwald 1974

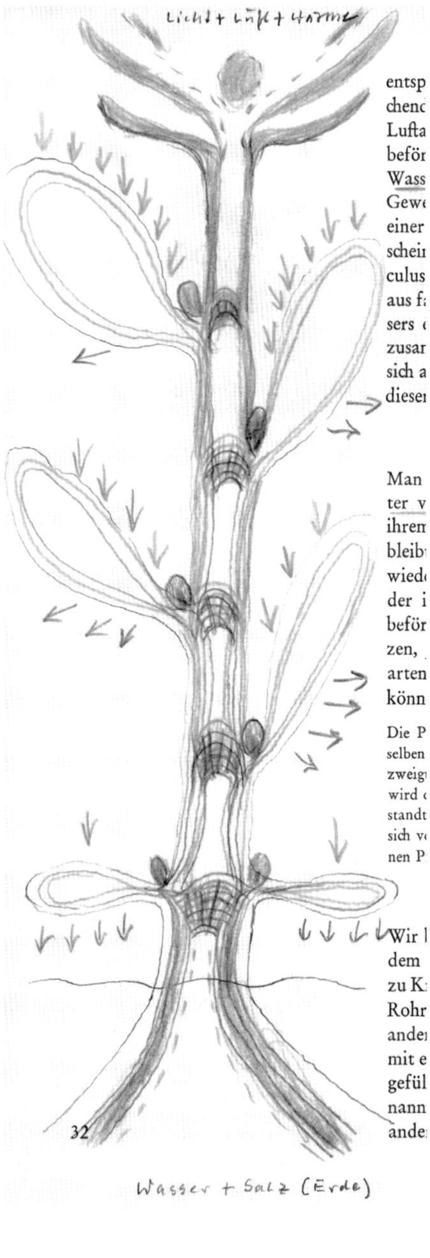

Beneschs Randzeichnung

Umgestaltungsprozess, der Kontinente zusammenschiebt, untereinander verschwinden und zu Gebirgsketten aufquellen, Vulkane explodieren und Asche regnen lässt. Beneschs Freude, das Staunen, die heilige Ehrfurcht angesichts dieser Wirklichkeiten teilte sich dem Kursteilnehmer mit und öffnete ihn für die Ausführungen, die aus der Geisteswissenschaft dann dazugestellt werden konnten, wenn das Erklären-Wollen endlich dem Beschreiben-Können wich. Ob die Einzelheiten immer dem neuesten Stand der Wissenschaft entsprachen, war gleichgültig angesichts dessen, was Benesch an Interesse, Neugier, Staunen, Bewundern und Verehren hervorrufen konnte. Er war Lehrer, nicht eigentlich Forscher, aber Lehrer mit nie zu sättigendem Erkenntnisdrang, mit unbändiger Entdeckerlust, mit tiefem Dank der Schöpfung und dem Schöpfer gegenüber.

In noch gesteigerter Weise wurden seine Anregungen zum Erlebnis für jeden Einzelnen, wenn der Botanikkurs kam. Um diesen Kurs vorzubereiten, bekam jeder Teilnehmer ein Referat zugeteilt und hatte die Keimung von Samen zu beobachten. Wer hatte je vorher genau beobachtet, wie so ein Weizenkorn überhaupt aussieht? Und wenn, wer hätte das gezeichnet – Tag für Tag? Genaueste Beobachtung als Grundlage der Welterkenntnis, der Erkenntnis überhaupt – dann die Erfahrung, wie ein Lebendiges in ununterbrochener Veränderung begriffen ist. Das Referat betraf eine Pflanze, die jeder sich aussuchen konnte. Ein Lindenbaum, eine Trauerweide, ein Buschwindröschen oder der Löwenzahn, eine Distel oder eine Getreideart. Nicht nur die Pflanze in allen typischen Einzelheiten, sondern auch ihren Standort und ihr Verhältnis zu den Jahreszeiten galt es zu erfassen, tagebuchartig mitzuerleben und den anderen Seminaristen zur Anschauung und zum Erleben zu bringen. So wurde eine Begegnung eingeleitet – wie die Begegnung des kleinen Prinzen mit seiner Rose. Nie würde der Referent diese Begegnung vergessen. Dann kam das systematische Studium des Pflanzenwerdens, angelehnt an Goethes Schrift von 1790 ›Versuch, die Metamorphose der Pflanze zu erklären‹. Diese Schrift hatte Benesch sorgfältig Satz für Satz durchgearbeitet; man kann das an einem hinterlassenen Buch-Exemplar nachvollziehen. Eine farbige *Randzeichnung* zu Goethes Theorie von der Verfeinerung der Säfte, die zu den zarten Blütengebilden führt, ergänzt die mehrfarbigen Unterstreichungen. Höhepunkt des Kurses war jedes Mal das vorsichtig-sorgfältige Auseinandernehmen einer Rosenblüte und dabei die Beobachtung, wie der Blühimpuls sich im Zusammenziehen der Sprossenblätter ankündigt, sich in Hochblättern und Kelchblättern vollendet und dann in die erneute Ausdehnung, Metamorphose und Zusammenziehung in den Blüten und Staubblättern fortsetzt. Der ganze Zauber der Rosenblüte tat sich auf – und die analytische Tätigkeit steigerte sich in eine Synthese, die nur auf diese Weise zu erreichen war. Wenn das Ganze dann noch mit einer Exkursion in eine blühende Pfingstlandschaft verbunden war, wurde der Kurs zum Fest. Einmal hatten wir dabei das Glück, einen Bienenschwarm zu entdecken – und Benesch sprach über das Wesen des Biens und der Bienen; einmal erzählte er abends – zum 70. Geburtstag – aus seinem Leben: ein unvergesslicher Abend.

Mit diesem Kurs war die Grundlage für evolutive Vorstellungen geschaffen, die auch bei der mit ihm geübten Erarbeitung der ›Geheimwissenschaft im Umriss‹ zum Tragen kam.

Ein weiterer Kurs im Kanon der goetheanistisch zu durchdringenden Naturbetrachtungen war die Farbenlehre, verbunden mit der Sehlehre nach Lehrs.[116] Auch hier hatte jeder sich an der Vorbereitung eines Experiments zu beteiligen, so dass das genaue Beschreiben der Bedingungen, die zu einem Phänomen führen, zur eigenen Erfahrung werden konnte. Hier ging es nicht um Metamorphosen, sondern um Variationen oder, wie Goethe es nannte: *Vermannigfaltigungen*, die das gleiche Urphänomen in immer neuem Gewand zufälliger Bedingungen zeigte und so zum Herausschälen und zur Beschreibung der notwendigen Bedingungen führte. Der Kurs leitete von den natürlichen Erscheinungszusammenhängen nicht zu einer Theorie, sondern zum Kunst-Bild des Farbenkreises, den es in der Natur ja nicht gibt. So wurde anstelle von mathematischen Erklärungen der physikalischen Optik und von physiologischen Erklärungen des Sehens zuletzt ein Bild hingestellt, das weiterhin der Betrachtung, ja der Meditation offen war und doch die Farben in einer Ordnung zeigte, die Benesch poetisch das Farbenantlitz nannte. Das Ziel der Farbenlehre Goethes, eine sinnlich-sittliche Anschauung der Farben zu bekommen, streifte Benesch ebenfalls. Die Besprechung der kultischen Farben war nicht sein Ziel, sondern ›die methodische Überwindung des Materialismus in der Naturanschauung‹.

Getragen waren die in den Kursen möglich werdenden Erlebnisse durch die tiefe Frömmigkeit des Lehrers. Er war für uns wie ein Paulus der Naturwissenschaften, der uns selbst vom Saulus unbewusst-naiver materialistischer Weltanschauung zum Paulus einer spirituellen Welterfahrung führen wollte und konnte.«

Im Geologie- und Meteorologiekurs wurde die Erde als lebendiges Wesen anschaulich. Auch »die Gesteinswelt der Erde als ursprünglich belebtes und beseeltes Wesen« – sagt Benesch – »konnte in die innere Anschauung einer Erdenseele aufgenommen werden«. Im Kurs über Meteorologie kam es ihm darauf an, »die drei großen Wettergestalten der Atmosphäre: Gewitter, Zyklone und Antizyklone so zum Erlebnis zu bringen, dass sich auch in ihnen übersinnliche Lebens- und Seelenvorgänge des Erdorganismus offenbaren konnten«.

Exkursion 1980. Neben Friedrich Benesch Gérard Klockenbring

Im Kurs über die Farben und das Licht lernten die Studenten, wie in den äußeren Sinneswahrnehmungen des Auges Qualitäten wahrnehmbar werden können, die zu einer tieferen Weltsicht hinleiten. Dieser Kurs »führte durch Übung zu einer Beseelung und Vergeistigung der Sinneswahrnehmung«.

Zu diesen Erfahrungen durch die Naturanschauung musste aber immer wieder – alle zwei Jahre drei Wochen hindurch – die Behandlung der Erkenntnistheorie treten; auch hier handelte es sich nicht um beliebige philosophische Studien, sondern um den Versuch, zu Erfahrungen am eigenen Gedankenleben anzuregen, und zu zeigen, wie man sich im erkennenden Bewusstsein der realen Geistigkeit in der eigenen Seele vergewissern kann. In einer von den Naturwissenschaften und der Psychologie dominierten Welt braucht der werdende Priester klare Einsichten und die persönliche Erfahrung, dass die irdische Welt nicht nur Materie darstellt, sondern als geistdurchdrungen erlebt werden kann, und dass mit der Seele jedes Menschen konkrete geistige Kräfte verbunden sind, für die das Menschen-Ich das Zentrum darstellt. Darüber

Benesch und Hans-Werner Schroeder mit Studenten vor dem Seminarportal, 1976

sagt Benesch: »Anhand der Schrift Rudolf Steiners über die ›Erkenntnistheorie der Goetheschen Weltanschauung‹ wurden die Kursteilnehmer Schritt für Schritt, Satz für Satz bis zu jener Fundamentalanalyse des menschlichen Bewusstseins geführt, bis zu dem konkreten Erleben des grundlegenden Unterschieds von Erfahrung und Denken. [...] War die Fundamentalanalyse erreicht, war der Kurs gewonnen, weil jetzt die menschliche Erkenntnis als die Vermählung reiner Erfahrung mit reinem Denken, reinen Denkens mit reiner Erfahrung [...] als eines rein geistigen Vorgangs erlebbar wurde.«

Die Befreiung von den Einseitigkeiten einer bloß materiellen Weltanschauung wurde von den Studenten immer wieder auch als eine innere Befreiung erlebt. Religion musste nun nicht neben der gängigen Weltsicht *geglaubt* werden – sie bekam ein Fundament aus klarer *Einsicht* und überschaubarer *Erfahrung*.

Es gibt vom Dezember 1963 einen Bericht von Gottfried Richter, der damals Pfarrer in Ulm war und an einem Farbenlehrekurs Beneschs teilgenommen hatte: »Was mich dabei so beeindruckte, war nicht nur die

Dozent und Student 1977

souveräne Art, in der er dies Gebiet beherrscht und die wohl ihresgleichen sucht – es war vor allem die Art, wie er den Gegenstand behandelte. Man konnte nämlich erleben, dass hier ein Lehrer am Werk war, der den Gegenstand nicht als Selbstzweck, sondern nur als Mittel zu einer tief greifenden methodischen Schulung benutzt. Ich meine damit nicht nur, was man wissenschaftliche – in diesem Fall also natürlich goetheanistisch-wissenschaftliche Methode nennt. Das griff viel tiefer. Man konnte erleben, wie sich im Verlauf der Stunde die Schüler veränderten; wie die, die anfangs viel zu schnell mit der Antwort bei der Hand waren, besonnener wurden, andere sich belebten, in sich Verschlossene sich auftaten usf. Sie lernten nicht nur Neues, sie lernten auch nicht nur neu denken, sie wurden neu.« Und in einem Gespräch mit Benesch wurde Richter dann deutlich, »dass da im Laufe der Jahre offenbar eine wirkliche Methodik des Lehrens entwickelt worden ist, die mehr ist als belehren«.

Auch eine von Ursula Hausen aufgeschriebene Erinnerung über den Farblehrekurs zeigt, wie lebendig und anschaulich Benesch diese Inhalte vermittelte:

»Ein Glasbehälter, von hinten durchleuchtet. In das klare Wasser gießt Dr. Benesch langsam blaue Tinte. Die Seminaristen sollen beschreiben, was sie sehen, während das Wasser sich immer tiefer blau färbt. Stufe für Stufe wird es dunkler, die Farbe intensiver, keiner findet etwas anderes, was er beschreiben könnte. Dr. Benesch wird ungeduldig. Er erwartet eine bestimmte Wahrnehmung, die wir schildern sollen, die aber nicht genau genannt wird. Noch einmal gießt er Farbe nach, wartet wieder, keine Antwort.

Plötzlich bricht ein erschütterndes Donnerwetter los: Er wird sofort den ganzen Kurs abbrechen, wenn keiner in der Lage ist, auch nur die einfachsten, vor Augen stehenden Wahrnehmungen zu beschreiben! Es hat doch überhaupt keinen Sinn, mit Seminaristen zu arbeiten, die nicht in der Lage sind, zu sehen! Es ist doch völlig offensichtlich, was eben geschehen ist! – Wir zucken erschreckt zusammen, und doch sieht keiner, was er sieht und bestätigt haben will.

Der Versuch geht weiter. Nochmals eine Stufe dunkler wird das Blau im Behälter, noch weniger dringt das Licht der Lampe durch die Trübung. Nochmals eine Stufe weiter, eine dritte Stufe, – da sehen es plötzlich alle: Das tiefe Blau schlägt um in Rot.«

Auf naturwissenschaftlichem Felde kamen Benesch natürlich seine ausgedehnten Studien in der ersten Hälfte seines Lebens zugute. Überraschend allerdings war, dass er die naturwissenschaftlichen Inhalte inzwischen vollständig mit lebendiger geistiger Anschauung durchdrungen hatte. Für die Licht- und Farbenwelt hatte er das schon als Jugendlicher übend veranlagt (s. S. 42f.); aber nun konnte er es auch für andere Bereiche lebendig machen. Und er hatte jetzt auch die Anthroposophie zur Verfügung, die ihm half, die Naturerfahrung zur Erfahrung der geistigen Welt und geistiger Wesen zu steigern.

Benesch selbst sagt zu seinen Kursen: »Ich hatte ein ganz bestimmtes pädagogisches Ziel: Ich wollte nicht Inhalte vermitteln. Ich wollte den Seminaristen durch entsprechende Übungen an bestimmten Gegenständen dazu anregen, auf allen Gebieten des normalen, an der Sinnenwelt orientierten menschlichen Seelenlebens zu geistigen Erfahrungen zu gelangen. Alle Inhalte der Kurse dienten der Übung zu einem geistigen Leben hin.«

So wurden auch die Kurse, welche sich auf anthroposophische Inhalte bezogen wie »Theosophie« und »Geheimwissenschaft« fast immer zu festlichen Ereignissen. Und ebenso kann das von den Stunden gesagt werden, in denen er theologische Inhalte behandelte. Immer wieder neu konnte man erleben, wie hier ein Mensch die geistigen Inhalte der Anthroposophie mit dem Herzen durchdrungen hatte und zugleich den religiösen Erfahrungen in sich weiten Raum zu geben vermochte.

»Alle Kurse von Dr. Benesch waren von hoher geistiger Dichte«, erinnert sich E.-M. Hoerner. »Die stärkste Verdichtung war in jeder Kursstunde des Philipper- und des Epheserbriefes zu erleben. Die ernste Konzentration und die tiefe, heilig-nüchtere Liebe zu den geistigen Inhalten, gepaart mit großer Devotion vor Paulus, das allein war schon ein bewegendes Erlebnis und Vorbild zugleich. Dazu kam dann der meisterhafte Umgang mit der griechischen Sprache, der ihren Glanz und ihre Aura zum Erlebnis werden ließ, verbunden mit dem souveränen Schöpfen aus dem Brunnen der Anthroposophie. In den Kursstunden war Benesch noch viel mehr ›er selbst‹ als sonst, aber völlig selbstlos. So konnte man manchmal den Eindruck haben, Paulus selbst sei mit im Raum.

Viele ehemalige Studenten berichten, dass die Inhalte der Anthroposophie, die sie aus seinem Mund im gelesenen Zitat, aber mehr noch in der freien Darstellung durch seine eigenen Worte hörten, sich viel tiefer und unauslöschlich in ihre Seelen eingeprägt haben, als es Eigenstudium je vermocht hätte, denn er sprach nicht ›über‹ Anthroposophie, sondern ›aus‹ ihr.«

Wenn er in seinen späteren Jahren von zentralen christlichen Fragen und von Christus sprach, konnte das für den Zuhörer selbst zu einer religiösen Erfahrung werden. »In unserer Weihegruppe«, erinnert der Holländer Bastiaan Baan, »sprach Friedrich Benesch einmal intim und persönlich über die Erfahrung der Nähe Christi, kraftvoll und zart zugleich. In seiner Stimme waren die beiden Qualitäten von Kraft und Zartheit zu spüren. Es war, als ob diese Worte – und vor allem die Art, wie sie ausgesprochen wurden – die Anwesenheit Christi hervorriefen. In der Stille, die auf diese Worte folgte, während das Sonnenlicht den Raum durchflutete, war Seine Nähe für uns alle spürbar. Es dauerte lange, bis Benesch das Wort wieder ergriff. Er ›demonstrierte‹ uns in seiner unnachahmlichen Art, wie man Christus einladen und aufrufen kann. Diesen kostbaren Moment in meiner Priesterausbildung werde ich niemals vergessen.«

Auch andere Teilnehmer haben solche Momente in den Kursen von Benesch erlebt. In solchen Augenblicken schwang zweifellos auch etwas von den Christuserfahrungen mit, die er in seiner Jugend gemacht hatte (s. S. 77). Derartige Eindrücke konnten sich noch verstärken, wenn er die Weihehandlung zelebrierte; auch diese Augenblicke waren einerseits immer wieder durchdrungen von tiefer Devotion und Zartheit – auch, wenn er sich zum Beispiel umwandte und zur Gemeinde das »Christus in euch« aussprach.

All diesem lag ein ganz außergewöhnlicher Fleiß zugrunde. Benesch arbeitete unausgesetzt, oft bis tief in die Nacht hinein. Er brauchte offensichtlich sehr wenig Schlaf und war doch am nächsten Morgen absolut parat. Wenn man die Gelegenheit hatte, Kurse ein zweites Mal und öfter zu hören, konnte man bemerken, dass er den wohl bekannten Inhalt ganz neu durchgearbeitet und neu »gegriffen« hatte – ganz frisch und lebendig, auch mit neuen Motiven, darzubieten vermochte.

Gemeindearbeit in Skandinavien, Finnland und Kopenhagen

1947 hatte es in Skandinavien nur zwei Priester der Christengemeinschaft gegeben: Christian Smit in Oslo und Karl Engquist in Stockholm – mit der Filiale Göteborg. In Dänemark und in Finnland gab es damals noch keine Gemeinden. Man konnte in Skandinavien gut religiöse Vorträge in deutscher Sprache halten – natürlich mit Übersetzung – und auch die Menschen-Weihehandlung in deutscher Sprache zelebrieren.

Schon von Kiel aus hatte Benesch Reisen dorthin unternommen. Das setzte er als Seminarleiter fort.

Eine erste ausgedehnte Reise führte wohl im September 1954 nach Järna, Stockholm, Uppsala, Oslo, Trondheim, Bergen und Kopenhagen. Im April 1959 unternahm er mit den Studenten des Priesterseminars eine Reise nach Skandinavien. Ihm lag daran, mit dem ganzen Seminar auf Reisen zu gehen, um es einerseits in den Gemeinden bekannt zu machen, andrerseits aber auch, um die Studenten etwas von der Verschiedenartigkeit der Gemeindearbeit in den einzelnen Ländern und Regionen erleben zu lassen.

Bei solchen Gelegenheiten hielt er meist einen Vortrag, und die Studenten berichteten aus ihrem Leben und aus der Arbeit am Seminar. Oft wurde auch ein in Stuttgart vorbereitetes Theaterstück aufgeführt, zum Beispiel »Das heilige Drama von Eleusis« von Edouard Schuré. Diese Reisen hatten eine starke Ausstrahlungskraft.

Benesch wurde zunächst zu Tagungen in Skandinavien eingeladen, schließlich zur regelmäßigen Mitarbeit in den Gemeinden und zu Zusammenkünften mit der Jugend, die durch ihre Teilnahme an den Jugendtagungen den Anschluss an das Jugendleben gefunden hatten. Johannes Hertzberg, ein junger Norweger, der in Kiel bei Benesch seine ersten Gemeinde-Erfahrungen machen konnte, hat einige Erinnerungen aus der Zeit aufgezeichnet, als er Pfarrer in Norwegen war.

»In den sechziger Jahren kam Benesch vier Jahre nacheinander – und dann in einem Jahr sogar viermal. Er war gebeten worden, Tagungen für junge Leute abzuhalten. An einem Neujahrsabend hatte ein Teilnehmer einen Rucksack voller Mineralien mitgebracht. Benesch schilderte dann bei jedem einzelnen Stück, wie und wo es über die ganze Erde hin zu finden ist.

Einmal wollte er nach einer Tagung noch zu den Lofoten in Nordnorwegen. Tag und Nacht verweilte er auf verschiedenen Berghöhen im Betrachten der Sonne und dann auch der Mitternachts-Sonne zu Johanni. Ich habe ihn danach auf dem Flughafen in Oslo abgeholt. Mit ausgebreiteten Armen kam er durch die Absperrung auf mich zu: ›Nun, Hertzberg, nun habe ich es erlebt!‹

Zurück in unserem Haus schilderte er, dass er sich in einer Stimmung wie gleich nach der Schöpfung der Welt empfunden habe. Das Jahr bestand nur aus einem Tag – und einer Nacht. Wo man in der Sonne saß, da war es glühend heiß, und schon eine Armlänge zur Seite konnte eisige Kälte herrschen. Urheidnische Verhältnisse!

In einem anderen Gespräch sprach er von den Trollen, die man bei großen Wasserfällen wahrnehmen konnte, und wie sie ihren Spaß hatten beim Purzelschlagen die Fälle hinunter. Es war nicht ganz klar: Wollte er nur eine witzige Bemerkung machen? Oder hatte er wirklich etwas davon gesehen?

Einmal fragte ich ihn, ob er Interesse habe, die Michaelhöhle in Telemark – zwischen Notodden und Skien – zu sehen. Er bejahte. Wir fuhren mit dem Auto hin, der steile Aufstieg zu der 90 m hoch gelegenen Höhle war beschwerlich. Auf der letzten Strecke waren Eisengriffe zu benutzen.

In der Höhle gingen wir schweigend umher. Dann sagte er: ›Hier in der Decke muss ein Loch sein!‹ Das stimmte. Er weiter: ›In der Mysterien-Einweihung lag der Einzuweihende am Boden, direkt unter dem Loch. Der Hierophant sprach in die Öffnung von oben hinein, sein Wort tönte durch den Kanal direkt nach unten, so, als würde die ganze Höhle erklingen. Das war ein wesentlicher Moment der Einweihung! Diese Höhle hat mir noch gefehlt!‹ Benesch hatte etliche andere kennen gelernt und wies auch auf die Externsteine in Deutschland hin. Er sprach dann davon, dass solche Stätten der Mysterien-Einweihung vor etwa zehntausend Jahren dazu da waren, die dekadent gewordene europäische Bevölkerung, die sich nach dem Untergang der Atlantis im Norden gesammelt hatte, wieder zu gesunden.«

Er besuchte mit den Seminaristen auch die norddeutschen Gemeinden. »Da kamen sie«, erzählt Helga Totzeck, »vorneweg ein kräftiger Mann – ›Big Ben and his Eleusis-Boys‹, wie sie genannt wurden. Während ihres Aufenthaltes wurden entscheidende Gespräche mit Seminar-Anwärtern geführt. ›Kommen Sie, kommen Sie!‹, hieß es.«

Im Anschluss daran unternahm Benesch eine Vortragsreise nach Oslo, Stockholm, Göteborg, Norrköping, Järna und Kopenhagen, mit *öffentlichen* Vorträgen in Oslo und Stockholm, wo er über »Das Ost-West-Problem als Frage an das Christentum« sprach. Zwei weitere Vortragsreisen folgten noch im gleichen Jahr im Oktober und November, mit einem öffentlichen Vortrag in der Universität Uppsala.

Im März/April 1963 führte ihn eine Reise nach Bergen und im Juni eine weitere nach Narvik mit einer Jugendtagung in Oslo und einem Vortrag dort im Zweig der Anthroposophischen Gesellschaft; schließlich fand im Herbst noch eine dritte Reise nach Oslo und Stockholm

Skandinavische Sommertagung 1964 mit Rudolf Frieling

statt, mit einer Jugendtagung in Oslo über »Hauptströmungen in der modernen Psychologie«.

1964 wird zum ersten Mal Finnland als Reiseziel genannt, und zwar gleich zweimal, im Frühjahr und im Herbst. Im Juli des gleichen Jahres veranstaltete die Christengemeinschaft in Ljungskile in Schweden eine große skandinavische Sommertagung, bei der auch Dr. Rudolf Frieling und Gottfried Husemann, aber auch weitere Priester aus dem Norden, die neu hinzu getreten waren, wie Britt Anderson, Inger Carlsen, Britt Haglund, Harald Falck-Ytter, Johannes Hertzberg, Uwe Lemke mitwirkten.

Benesch hielt drei Vormittagsvorträge mit dem übergreifenden Titel: »Die Erde – der Leib Christi.« Der erste behandelte »Die Erde als Organismus«, im zweiten gab er eine Betrachtung über »Besondere Landschaften: Palästina – Irland«, im dritten war es »Der Mittelmeerraum, Mitteleuropa und Skandinavien«. Hinzu kamen sechs Nachmittagskurse über »Menschenkunde – Schicksalskunde – Gegenwartskunde.« Außerdem fanden Zusammenkünfte mit der Jugend statt.

Bei dieser Tagung kam es während der Gespräche mit der Jugend zu einem Zwischenfall, von dem ein Teilnehmer, der spätere Waldorflehrer Wolf Pietsch, berichtet: »Für mich war diese Tagung in Lungskile ein großes Erlebnis. Ich war seit einigen Jahren Anthroposoph und hatte auch an anthroposophischen Tagungen teilgenommenen, bei denen man sich auf Rudolf Steiners goetheanistische Arbeiten beschränkt hatte. Hier aber sprach man in wunderbarer Art von den geistigen Welten und Hierarchien! Und dann die Menschen-Weihehandlung!

Beneschs Vorträge waren eher naturwissenschaftlich ausgerichtet, und er erzählte auch von vielen persönlichen Erlebnissen. Einer der jungen Teilnehmer, Erik mit Namen, brachte nach einer Weile etwas positivistische Einwände gegen Beneschs Ausführungen vor. Benesch hat ihn daraufhin ›kleingemacht‹. Ich habe Eriks Ansichten gar nicht geteilt, aber die Art, wie Benesch ihn ›kleingemacht‹ hat, fand ich ganz unfair. Mir war das Aufkommen einer solchen Stimmung zuwider, und das habe ich Benesch auch gesagt. Er konnte nichts dagegen sagen. Die Seminararbeit lief dann zwar weiter, aber die Stimmung war etwas gedrückt, da die meisten jungen Leute entsetzt darüber waren, dass jemand es gewagt hatte, gegen den großen Dr. Benesch etwas vorzubringen. Sie waren voll schöner, aber naiver Bewunderung für ihn und empfanden mich als Störenfried.

Am nächsten Nachmittag ging die Arbeit dann weiter. Da die Stimmung aber immer noch etwas gedrückt war, nahm ich mir vor, eine ganz neutrale Frage zu stellen, um mein Interesse am Fortgang der Arbeit und an einer guten Atmosphäre zu zeigen. Daraufhin ist Benesch, ohne ein Wort zu sagen, hinausgegangen. Mag sein, dass er geraucht hat – wie ein anderer Teilnehmer berichtet –, aber er war eben aufgeregt und musste sich beherrschen.

Daraufhin hat man ihn wieder hereingeholt, und da sagte er, dass er das Seminar nicht weiterführen wolle! Großes Entsetzen natürlich. Schließlich sagte er, dass er es nur unter einer Bedingung tun könne, nämlich, dass wir den Raum wechselten! Damit waren dann alle einverstanden.

Ich saß da und überlegte, was ich tun sollte. Ich habe mich dann doch entschlossen mitzugehen, da er gesagt hatte, dass der Raumwechsel das Wesentliche sei und nicht meine Abwesenheit! Die restlichen Seminartage sind dann ruhig verlaufen.«

Im Gespräch mit Lucia Wachsmuth und Iwao Takahashi

Dieser Vorfall ist sicher in mancher Hinsicht bemerkenswert. War der große Mann nicht in der Lage, über einen solchen Zwischenfall souverän hinwegzugehen? Gewiss war er das. Man konnte erleben, dass er viele Situationen mit absoluter geistiger Souveränität meisterte. Andrerseits gab es doch auch immer wieder ähnliche Situationen wie die beschriebene, in denen eben etwas anderes zum Vorschein kam: ein Mensch mit außerordentlicher Sensibilität, mit einer ungewöhnlichen inneren Offenheit, die ihn auch verletzlich machte, oder in anderen

Botanische Exkursion 1965 mit Peter Allen

Situationen aggressiv. Meistens konnte er dies überspielen, aber eben doch nicht immer.

Dem Verursacher von Beneschs Reaktion in Ljungskile wurde empfohlen, Benesch am Ende der Tagung noch um ein Gespräch zu bitten.

»Nun gut. Ich habe mir im Voraus fest vorgenommen, ganz ruhig zu sein und nichts Provozierendes zu sagen. Das Gespräch ist dadurch dann wohl auch etwas langweilig verlaufen, ich habe mit dem Kopf genickt und ein paarmal halblaut ›ja‹ gesagt. Natürlich hätte ich meinen Einwand gegen seine Art nochmals wiederholen können, aber es hatte ja schon seine Wirkung gehabt. Darauf schloss er das Gespräch mit den bezeichnenden Worten: ›Aber wir sind uns doch einig: Einer muss König sein!‹«

Drei Jahre später, im Herbst 1967, fand die Einweihungsfeier eines Neubaus der Waldorfschule in Stockholm statt, an der Wolf Pietsch inzwischen Lehrer war. Benesch war dazu eingeladen. »Vor der Einweihungsfeier stand ich im großen, leeren Saal, als da ein paar Kinder hereintobten und anfingen, irgendwelchen Unfug zu treiben. Mit ein bisschen gelungener Pädagogik habe ich sie wieder in Ordnung gebracht. Als ich mich dann umdrehte, sah ich plötzlich Friedrich Benesch dort sitzen und mir zulächeln! Ich war sowohl von seiner Anwesenheit als auch von seinem Lächeln so überrascht, dass ich damals nur weitergegangen bin, aber es war für mich doch eine gute Abrundung unserer einstigen Begegnung.«

Auch die Erinnerungen Birger Wärns aus Schweden sollen hier zu Wort kommen: »Anfang der sechziger Jahre besuchte Dr. Benesch Stockholm regelmäßig. Meine erste Begegnung mit ihm muss Ende 1963 oder Anfang 1964 stattgefunden haben. Ich habe damals von der Christengemeinschaft erst seit ein paar Monaten gewusst und war mit meinem freikirchlichen Hintergrund sowohl erstaunt als auch provoziert.

Wir – etwa 30 Jugendliche – trafen uns zu einem Gespräch mit Benesch. Ich konnte nicht an mich halten und fragte direkt nach der Reinkarnation und wie sie mit dem Christentum vereinbart werden könne. Benesch antwortete natürlich ohne zu zögern, und dann ereignete sich das, was ich als eine zweistündige Auseinandersetzung zwischen ihm und mir erlebt habe. Wie das möglich sein konnte, verstehe ich nachträglich nicht, denn mein Deutsch war mehr als dürftig. Ich war nicht besonders ehrfurchtsvoll, aber andrerseits konnte Benesch den Text des Evangeliums wirklich auslegen.

Als der Meinungsaustausch beendet war, erhob er sich und ging mit festen Schritten quer durch den Raum auf mich zu. Ich wurde wirklich etwas unruhig: War ich so unverschämt gewesen, dass er mich jetzt zurechtweisen wollte? Als er bei mir angekommen war, reichte er mir die Hand, sah mir fest in die Augen und sagte nur: ›Vielen Dank für die Fragen!‹

Im Jahre 1968 besuchte ich das Priesterseminar in Stuttgart ein Semester lang als Gast. Es war der ›Revolutionssommer‹ und unter anderem wurde ein Studentenführer zu uns ans Seminar zu einem Gespräch eingeladen. Nachher wurde dies in einem Kolloquium besprochen, in dem Benesch unter anderem äußerte, ein Problem der Sozialisten sei, dass ihr Denken wesenlos wäre, das heißt, sie dächten nur in Relationen.

Ich stand in den sechziger Jahren mit vielen Kommunisten in Stockholm in Verbindung und war gewohnt, mit ihnen einen Dialog zu versuchen. Aber oft verstanden wir einander nicht, und ich fand, dass Benesch mir eine sehr gute Erklärung dafür gegeben hatte. Das habe ich ihm auch gesagt – mit Emphase – während eines Spazierganges auf dem Weg zum Mittagessen. Ich dankte ihm, weil er mir geholfen hatte, zu verstehen. Als ich schwieg, wurde es ganz still. Ich sah auf zu Benesch und sah, dass er Tränen in den Augen hatte. Er war offenbar von meiner Dankbarkeit berührt worden. Es dauerte lange, bis ich die Stärke einsah in seinem Vermögen, ›gerührt‹ werden zu können durch die Äußerung eines Schülers, der ihm in Kenntnis und Erfahrung weit unterlegen war.«

1965 war Benesch fünfmal im Norden, zweimal auch wieder in Finnland, auch wieder mit öffentlichen Vorträgen und einem Jugendkurs über »Länder, Völker und Sprachen« in Norwegen. An diese Reise schlossen sich im Januar 1965 weitere Gemeindebesuche im Norden an, zum Beispiel mit dem Thema »Der Stern von Bethlehem«.

»Bei einer Jugend-Silvestertagung in Oslo über ›Astronomie und Christologie‹ feierte er mit uns die Silvesternacht in das Jahr 1967 durch«, erinnert sich Dan Lerche-Petersen, »tanzte mit Britt Andersen und spielte Wiener Walzer und klassische Schlager auf dem Flügel bis vier Uhr morgens. Er wohnte ganz primitiv hinter einer Glastür mit Vorhang unter einer Treppe in der Rudolf-Steiner-Schule, in der die Tagung stattfand. Ein paar Stunden später zelebrierte er am Neujahrsmorgen in der Gemeinde die Menschenweihehandlung.

Bei dieser Tagung kam er auch auf das dauernde Reden- und Vorträge-halten-Müssen zu sprechen, und ich erinnere sehr deutlich, mit welcher Wucht und innerem Seufzer er uns allen sagte: ›Schaffen Sie sich niemals ein Redner-Karma an – es ist schrecklich, dauernd reden zu müssen!‹«

Bezeugt ist auch, dass er davon sprach, er habe vor jedem Vortrag »Lampenfieber« –, was man als Zuhörer allerdings nie bemerkte oder

Jugendtreffen Neujahr 1966/67 in Oslo

auch nur vermuten konnte –, allerdings begann er Vorträge vor großer Zuhörerschaft, die er ja oft hatte, immer sehr leise, wohl *auch*, um die Konzentration bei den Hörern herbeizuführen.

Zum Lampenfieber erzählt Rudolf Brinkmann: »Friedrich Benesch trat als Redner stets sehr souverän auf. Seine Aussagen waren klar und ausformuliert. Er vermittelte nicht den Eindruck, dass er um seine Aussagen innerlich ringen musste. Menschen, die ihn näher kannten und mit ihm arbeiteten, wussten, dass dieser Eindruck nicht die Ebene der schöpferische Tätigkeit dieser Persönlichkeit traf. Er rang tatsächlich bis zum letzten Augenblick sowohl mit dem Inhalt als auch mit der Form der Darstellung.

Ich hatte Gelegenheit, dies näher kennen zu lernen. Ich war etwa 33 Jahre lang Mitglied im Vorstand der Anthroposophischen Gesellschaft in Stuttgart, dem sogenannten Initiativkreis, und war mitverantwortlich für das interne und das öffentliche Veranstaltungsprogramm. In dieser Verantwortung führte ich viele Vorträge von Friedrich Benesch in die Programme ein. Dabei sprach ich mit ihm über alle Einzelheiten von den ersten Konzepten bis zur endgültigen Formulierung des Themas.

Bei der Planung eines seiner Vorträge über meteorologische Phänomene hatten wir einen intensiven Austausch über inhaltliche Fragen. Friedrich Benesch änderte in der Vorbereitungsphase seine Konzepte mehrfach. Vor seinem Vortrag im Rudolf-Steiner-Haus in Stuttgart saß ich mit ihm zusammen im Saal, während sich die große Zuhörerschaft versammelte. Ich wünschte ihm gutes Gelingen für seine Darstellung. Er wandte sich zu mir und sagte, er sei gar nicht sicher, ob das gelingen würde. Dabei spürte ich deutlich seine Nervosität vor dem Auftritt, von der man nie etwas wahrnahm, wenn er einmal begonnen hatte, zu sprechen. Dann lehnte er sich einen Moment zurück, ich meinte dabei, eine leichte Entspannung zu spüren, und sagte: ›Oder wollen Sie den Vortrag halten, Brinkmann?‹ Ich verneinte, war jedoch sicher, dass er mich an seiner Stelle hätte reden lassen, wenn ich zugestimmt hätte. Eine solche Entscheidung wäre ja schon der Zuhörerschaft gar nicht zu vermitteln gewesen. Aber das Erlebnis zeigte mir deutlich, dass die Souveränität des älteren Friedrich Benesch auch das Verhalten sich selbst gegenüber einschloss.«

Zur Vorbereitung der Gründung der Gemeinden in Dänemark zwischen März 1962 bis Oktober 1982 war er allein zwanzigmal in Kopenhagen. Inger Carlsen charakterisiert diese Zeit: »Es war alles nicht so einfach! Aus einem Land ohne Christengemeinschaft kommend, mit sehr schlechten Deutschnoten beim Abitur und auch schon über die Mitte des Lebens hinaus! Und dann unvorbereitet vor diesem Riesen von einem Seminarleiter zu stehen, der ein anderes Deutsch sprach als die meisten und jeden Satz mit ›Geld‹ abschloss – das war überwältigend. Erstaunlich: War das Geld am Priesterseminar denn so wichtig? Später verstand ich erst, dass er die Sätze nicht mit ›Geld‹, sondern mit ›gelt?‹ (›nicht wahr?‹) beendete – eine große Erleichterung!

Als Seminarist Anfang der sechziger Jahre erlebte ich Benesch als sehr ernst und streng. Später, nach der Priesterweihe, habe ich ihn besser kennen gelernt und verstanden, dass die Strenge aus Liebe zur Sache, zu den Mitmenschen und zur Anthroposophie herrührte, und er war dann für mich weiterhin Lehrer und gleichzeitig Freund.

Die ersten Jahre in Dänemark, allein auf mich gestellt, waren schwer und einsam. Ein wahres Glück war aber, dass ich Benesch – so oft ich es für nötig befand – bis 22 Uhr anrufen durfte. Dabei ergaben sich häufig lange, trostreiche und aufmunternde Gespräche über die Lage der Christengemeinschaft in Kopenhagen und überhaupt in Dänemark. Benesch war immer bereit, auch spirituelle Beobachtungen zu erläutern, die Wahrnehmungen mit anthroposophischen Begriffen zu unterbauen und Fragen auf geistigem Gebiet aus seiner enormen Einsicht und seinen eigenen Erfahrungen zu beantworten. Er war sogar froh, in solche Beobachtungen und Fragen einbezogen zu werden, weil sie – wie er sagte – ihm selbst neue Aspekte und neue Ideen gaben.

Diese abendlichen Telefongespräche wurden durch viele Besuche in Kopenhagen ergänzt. Was er für die Entwicklung der Christengemeinschaft in Dänemark bedeutet hat, ist kaum zu ermessen.«

»Vielleicht gehört es auch zu dem Thema ›Dr. Benesch und Dänemark‹«, erinnert Dan Lerche-Petersen noch eine Einzelheit aus dieser Zeit, »dass er mehrmals sagte: ›In diesem Lande kann ich schlafen und schlafen und schlafen!‹ Bei einem seiner letzten Besuche sollte er sonntags die Weihehandlung halten, die Ministranten, Inger Carlsen und ich standen bereit in der Sakristei. Als Benesch fünf Minuten vor zehn Uhr noch nicht aufgetaucht war, sagte Inger Carlsen: ›Hoffentlich ist er nicht wieder eingeschlafen!‹, legte schnell die Gewänder ab und lief hinüber in das Vorderhaus, um nachzusehen.

Sie kam kurz darauf zurück und sagte: ›Doch, so war es, er war wieder eingeschlafen!‹ – Darauf kam Benesch in die Sakristei mit den Worten: ›Mein Wecker ist stehen geblieben!‹. Dies ist jetzt ein geflügeltes Wort bei uns.«

»Die letzte Phase meiner Mitarbeit im Norden war mein Mitwirken für die Gründung einer Gemeinde in Finnland«, schreibt Benesch. »Ich wurde von dem schwedischen Zweig der Anthroposophischen Gesellschaft in Helsinki eingeladen. Es zeigte sich aber aus Gesprächen mit Freunden, dass die Menschen in Finnland nicht nur die Anthroposophie, sondern auch den Kultus suchten. In dem Waldorflehrer Helmer Knutar fand ich den Freund, der die Frage nach dem Kultus beantworten konnte. Er wurde 1966 geweiht und gründete die Gemeinden in Finnland, zunächst in Helsinki und in Tampere.«

*

Pfingsten 1972 starb Gottfried Husemann. Von da an war Friedrich Benesch der entscheidende Mann in der Seminarleitung. Ich war 1968 als Seminarleiter hinzugekommen, 1973 und 1978 gab es eine weitere Ergänzung durch Gérard Klockenbring und Michael Debus.

Inzwischen hatte sich Beneschs Reisetätigkeit in andere Gegenden ausgeweitet. Erst 1978 finden wir ihn noch einmal in Kopenhagen und in Helsinki zur Weihe der dortigen Kapelle und 1979 zu einer Vortragsreise in Norwegen, 1980 in Kopenhagen und 1982 zum letzten Besuch bei der »Nordischen Tagung« mit dem Thema »Michael und Christus – Der Mensch und das Böse«. Da stand er schon im 75. Lebensjahr.

Wenn man diese Tätigkeit überblickt, so zeigt sich, dass er in diesen Jahren an die 300 Tage im Norden gewesen ist. Die Folge war unter anderem, dass Jugendliche aus dem Norden ans Priesterseminar und vor allem auch an das »Freie Jugendseminar« nach Stuttgart kamen – auch seinetwegen.

Zum Abschluss sei ein Brief vom 4. Mai 1966 an eine Heilpädagogin in Schweden zitiert, in dem Friedrich Benesch versucht, die heilpädagogischen Aktivitäten in Schweden in eine von ihm wahrgenommene übergreifende Situation zu stellen, indem er auf die entscheidenden geistigen Hintergrundtatsachen aufmerksam macht. Es ist zugleich ein Beispiel, wie Benesch Briefe schrieb.

»Meine sehr liebe Frau Stella!

Ihr Brief war mir in der österlichen Zeit eine herzinnige Freude, weil aus ihm die starke Bewusstseinskraft mir wieder entgegenleuchtet, der zu begegnen für mich immer etwas Bedeutsames hat. Erst in dem Lichte solcher Kräfte wird alles, was wir bis in die intimsten Vorgänge des Lebens und der Seele erfahren, in den Zustand immerwährender

Hans-Werner Schroeder

Michael Debus

Gérard Klockenbring

Verwandlung und Erneuerung gebracht. Es sind doch letzten Endes die Christuskräfte, die sich bei uns heutigen Menschen zunächst in reine Bewusstseinskräfte verwandeln, damit wir immer in Freiheit Ihn als unseren helfenden Führer erfahren. In ihnen wird alles Erleben leise schmerzdurchzogen, aber diese Tinktur hat etwas unendlich Schöpferisches in sich. Wer diese Mysterien auch nur ahnungsweise kennt, ist heimatlos, immer auf dem Wege und doch immer geschützt. In diesem Sinne grüße ich Sie herzlich!

Ihr Bericht über die Situation der Heilpädagogik hat mich sehr bewegt. Das Wenige, das ich davon wusste, wurde noch deutlicher und wenn man auf der einen Seite ein gewisses Versagen auf Seiten der Anthroposophie schon durchaus sehen muss, so wird auf der anderen Seite ebenso deutlich, wie weit die Amerikanisierung des Bewusstseins in Schweden bereits vorgedrungen ist. Denn dieselben Bewusstseinskräfte, von denen oben die Rede war, können auch von Ahriman okkupiert werden, und alles wird plötzlich ganz einleuchtend. Ich habe schon seit zwanzig Jahren diese Verhältnisse in Schweden beobachtet und gesehen, wie das schwedische Volk und der schwedische Staat gegenüber dieser Amerikanisierung des Bewusstseins überhaupt keine Widerstandskräfte haben. Ich habe vor dem Schloss in Stockholm die abgrundtiefe Trauerklage der schwedischen Volksseele vernommen, das war im Jahre 1952, ich habe sie immer wieder gehört. Das ganze Verhältnis der den Staat repräsentierenden Menschen auf politischem, ökonomischem, medizinischem, pädagogischem und sozialem Gebiet ist amerikanisiert und die zarten, intimen Kräfte der Volksseele verkümmern von Jahr zu Jahr. Die anthroposophische Bewegung sieht das nicht, weil bei den Anthroposophen diese Vorgänge nur partiell auftreten. So schaue ich immer mit tiefem Kummer und Sorge nach Schweden hin, finde aber kaum jemanden, dem gegenüber ich offen sprechen kann.

Nehmen Sie bitte dieses auch nur ganz persönlich für sich, vielleicht können wir diese Mysterien gelegentlich persönlich berühren.

Ich grüße Sie sehr herzlich und wünsche Ihnen vor allem, dass Sie immer wieder jene wenigen Mitarbeiter finden möchten, die Sie für Ihr Werk brauchen.

Mit allen guten Wünschen!

Ihr Friedrich Benesch.«

*

Friedrich Benesch führte im Laufe jedes Semesters mindestens ein oder zwei Gespräche mit jedem Studenten, oft waren es mehr. Da die Zahl der Seminaristen in den siebziger Jahren stark anwuchs – zeitweise waren es bis zu 80 –, war schon mit dieser Aufgabe eine enorme Arbeitslast verbunden, die er aber wie selbstverständlich auf sich nahm.

Viele sahen in ihm den geistigen Führer und für viele wurde er auch der entscheidende Seelsorger, der durch die Art und Weise seiner menschlichen Präsenz und Herzlichkeit ein tiefes Gefühl der persönlichen Verbundenheit und des Vertrauens vermittelte. Nicht selten ging man erfüllt und beglückt von solchen Gesprächen weg, weil man seine warme Anteilnahme, sein herzliches Einfühlungsvermögen und seine Kompetenz erlebte, auch in schwierigen Fragen zu raten und zu helfen. Ich selbst habe dies auch immer wieder in persönlichen Gesprächen erfahren.

Mit diesen Gesprächen waren oft auch tiefgreifende Schicksalsentscheidungen verbunden: die Frage nach dem Fortgang des Studiums auf dem Weg zum Priestertum oder der Rat, andere Berufsmöglichkeiten zu ergreifen. Es konnte nicht ausbleiben, dass solche Entscheidungen von den betroffenen Studenten manchmal auch mit Bestürzung und Unwillen aufgenommen wurden. Aber in den meisten Fällen – allerdings nicht immer – gelang es Benesch, auch solche Gespräche mit dem Gefühl zu durchdringen, dass damit nicht *gegen*, sondern *für* einen anderen Menschen gefühlt, gedacht und gewollt wurde. So traf er später auf seinen vielen Reisen überall – auch im Ausland und in Übersee – Menschen, die ihm tief verbunden waren und ihm Dankbarkeit für die Zeit am Seminar entgegen brachten. Manchmal aber schlug bei ihm noch das starke cholerische Temperament durch – das war dann schwierig.

»Man war als Seminarleiter an Schicksalsentscheidungen weitreichendster Art beteiligt und musste bereit sein, deren Folgen auf sich zu nehmen. Das freundschaftliche, kollegiale Zusammenwirken der Seminarleiter konnte einem dabei helfen.«

Die wachsende Zahl der Studenten – inzwischen auch aus Nord- und Südamerika, Südafrika und Japan – brachte es mit sich, dass das 1953 nach dem Krieg errichtete Seminargebäude, das für 20 bis 30 Seminaristen ausgelegt war, zu klein wurde. Eine Erweiterung wurde dringend notwendig. Da es sehr schwierig war, in Stuttgart ein geeignetes Grundstück für einen Neubau zu finden, musste nach langen anderen Erwägungen und schweren Herzens der Entschluss gefasst werden, ein größeres Seminargebäude an die Stelle des bisherigen zu setzen und das alte (zweite) Seminarbauwerk – das erste, 1933 erbaute, war 1944 im Krieg zerstört worden – abzureißen. Die damit verbundenen Entscheidungsprozesse erwiesen sich als sehr schwierig.

Bevor der Abriss getätigt wurde, zeigte sich wieder einmal Beneschs Verhältnis zu den Elementarwesen: »Zu meiner Überraschung konnte er sie nicht nur sehen, sondern auch mehr oder weniger dirigieren«, berichtet Bastiaan Baan. »Bevor das alte Gebäude des Priesterseminars abgerissen wurde, ging er in den Garten und sagte den Elementarwesen, dass sie im Nachbargarten ihre Zuflucht nehmen sollten. Als er nach Hause kam, sagte er zu Sara Ambrosi: ›Ich habe ihnen gesagt, sie sollen gehen. Nur der eine Dicke, hinter dem Holunderstrauch, der mit dem dicken Schwanz, der will nicht gehen.‹«

Benesch gab auch bezüglich des Baus in manchen Einzelheiten – zum Beispiel bei der Gestaltung des Eingangs, des Foyers, des Treppenhauses, der Kapelle – wichtige Anregungen. Bei der Einweihung des neuen Seminars im September 1982 hat er noch entscheidend mitgewirkt. Er legte den Grundstein und hielt einen Vortrag über »Sechzig Jahre Christengemeinschaft. Keim für die Zukunft« und hielt nach der Raumweihe am 16.9.1982 die erste Weihehandlung.

Im Wintersemester 1985/86 konnte er seinen Kurs über Farbenlehre nur noch wenige Stunden halten, ein weiterer, schon angekündigter im Sommer 1987 musste ganz ausfallen.

Im Juli 1987 konnten wir noch seinen 80. Geburtstag gemeinsam mit ihm feiern. Aus diesem Anlass schrieb Michael Debus: »Durch die Zeit eines ganzen Saturn-Umlaufes von 30 Jahren hat Friedrich Benesch nun am Wesen des Seminars mitgebildet und durch sein Wirken in der Seminarleitung die Priesterausbildung wesentlich gestaltet und geprägt. Es gibt wohl kaum ein Gebiet zwischen Theologie und Geschichte, Naturwissenschaft und Philosophie, auf dem er nicht lehrend und forschend und immer impulsierend tätig gewesen wäre. Ganze Generationen von Priestern haben den Segen dieses Wirkens empfangen. Die äußere Mitwirkung hat er nun aus gesundheitlichen Gründen fast vollständig zurücknehmen müssen; aber er ist dennoch zu Hause äußerst tätig und auf seine Weise bei unserer Arbeit ›dabei‹.«

Benesch gibt diese Jahre selbst in einer Überschau wieder: »Ich war vom Frühjahr 1957 bis zum Sommer 1985 als Dozent und Seminarleiter am Priesterseminar der Christengemeinschaft voll tätig. Das ist ein Zeitraum von 28 Jahren, der sich durch den Tod von Gottfried Husemann fast genau gliedert in zweimal vierzehn Jahre. Als ich meine Tätigkeit am Priesterseminar aufnahm, stand ich in meinem 50. Lebensjahr Als

Freie Hochschule der Christengemeinschaft, das dritte Seminargebäude, erbaut 1982

ich sie durch den Ausbruch einer schweren Krankheit beenden musste, stand ich in meinem 78. Lebensjahr. [...] So sind in diesen Jahren viele Schicksale durch mich hindurchgegangen. In den 28 Jahren meiner Tätigkeit als Seminarleiter sind etwa 200 Persönlichkeiten zu Priestern geweiht worden« – und etwa drei- bis viermal so viele »durch meine Hände gegangen«, denn längst nicht alle Studenten wurden Priester.

Mitwirkung in der Stuttgarter Gemeinde – Große öffentliche Vorträge

Die Anwesenheit Friedrich Beneschs am Stuttgarter Priesterseminar seit Ostern 1957 brachte von Anfang an auch seine Mitwirkung in der Stuttgarter Gemeinde mit sich. Zunächst wurde er gelegentlich in die Pfarrerkonferenzen eingeladen; das hatte immer etwas Anregendes, Befruchtendes, Herz-Erwärmendes. Bald fand er zu jedem der Teilnehmer ein freundschaftliches, herzliches Verhältnis. Durch sein Interesse an den Gemeinde-Angelegenheiten, durch sein Gespür für die Möglichkeiten der einzelnen Mitarbeiter und durch seine Lebenserfahrungen gelang es ihm, ohne viel Aufhebens und gleichsam ganz von innen her die Stuttgarter Gemeinde mitzugestalten und mit zu tragen. Mit der Zeit ergab sich auch eine reiche Seelsorgetätigkeit, weil viele Menschen durch sein Auftreten einfach Vertrauen zu ihm fassten.

Die wesentliche Aufgabe aber erwuchs ihm auf dem Feld der öffentlichen Vortragstätigkeit. Zunächst war Emil Bock – bis zu seinem Tode am 2. Advent 1959 – noch der überragende Redner, und auch Rudolf Frieling entfaltete eine weit reichende Vortrags- und Predigttätigkeit. Nun aber trat Benesch neben diese beiden.

Ich erinnere mich gut an seinen ersten Vortrag. Noch war nichts von dem besonderen Fluidum zu spüren, das später jeden seiner Auftritte zu Höhepunkten im Gemeindeleben und in der Öffentlichkeit werden ließ; und doch erlebten wohl schon damals alle Anwesenden, dass sich hier etwas Außerordentliches ankündigte. Die Ausstrahlung dieser Tätigkeit wuchs von Mal zu Mal.

Bald wurden seine Vorträge aufgenommen, so dass wir heute eine Fülle von Nachschriften besitzen, die Einblick gewähren in die außergewöhnliche Spannweite der Themen und Inhalte, die er im Laufe der Jahre behandelte. Ein kleiner Teil davon ist inzwischen gedruckt, anderes liegt in hektographierter Form vor.

Viele, die Friedrich Benesch in der Öffentlichkeit oder im kleineren Rahmen unserer Gemeinden oder schließlich im engsten Kreis sprechen hörten, werden Eindrücke davon in Erinnerung behalten haben. Sie entstanden meist nicht nur durch den Inhalt des Vorgetragenen, zum Beispiel durch die erstaunlich weit reichenden Kenntnisse des Redners und durch seine enorme Gestaltungskraft in der Darstellung des Stoffes – sondern gingen in besonderer Weise von seiner Wesensart aus, die sich in seiner Stimme und in der Art, wie er menschlich und geistig mit dem Dargestellten verbunden war, dem Hörer mitteilte. Wer Benesch Jahrzehnte hindurch bei den verschiedensten Gelegenheiten zuhören konnte – auch in persönlichen Gesprächen –, stand diesem Phänomen immer wieder staunend gegenüber. Seine dunkle, volle Stimme hatte eine wohltuende Wärme; seine Sprache trug noch das Gepräge der siebenbürgischen Herkunft und verriet die Wurzeln seiner Familie im

Bauerntum. Selbst große Säle mit über tausend Zuhörern konnte er scheinbar mühelos durchdringen, ja in wichtigen Augenblicken des Vortrags war es ihm auch vor vielen Zuhörern möglich, die äußere Stimme sogar noch zurückzunehmen, wodurch eine außerordentliche Intimität im Sprechen zu entstehen vermochte.

Oft hatte man den Eindruck, dass da nicht jemand von außen mit Inhalten an die Seele des Zuhörers herankommen wollte, sondern dass er den Inhalt der Rede wie in Gemeinsamkeit mit den Zuhörern im Moment des Sprechens unmittelbar entstehen ließ, gleichsam aus den Seelen der Zuhörer heraus entwickelte. Das hing wohl auch mit der tiefen Achtung zusammen, mit der er den Erscheinungen der Welt entgegentrat, und mit der brüderlichen Gesinnung, die man im Zusammensein mit ihm erlebte: Dies alles schwang in seiner Rede mit und bestimmte sie. Und im Hintergrund stand immer wieder auch sein zurückliegendes Schicksal und dessen Umschmelzung, Verwandlung.

Von all dem können die Nachschriften seiner Vorträge kaum etwas wiedergeben. Die ursprüngliche Kraft, Lebendigkeit und Wärme der Sprache sind nicht mehr unmittelbar wiederzufinden. Der Leser müsste an entscheidenden Stellen im Lesen »auf-hören«, im wahren Sinne des Wortes, das heißt sich auf ein höheres Niveau des inneren Hörens, Lauschens begeben, um etwas davon zu erahnen.

Etwas anderes aber wird man den Nachschriften entnehmen können: die durchdringende geistige Kraft Friedrich Beneschs, die sich in der Vielseitigkeit und Fülle der behandelten Themen widerspiegelt. Er zeigte sich einerseits kompetent in der Darstellung der verschiedensten naturwissenschaftlichen Bereiche, die er auf Grund seiner naturwissenschaftlichen Bildung und dank der Tatsache, dass er sich fortwährend mit den aktuellen naturwissenschaftlichen Forschungen weiter befasste, behandeln konnte. Ebenso eindrucksvoll aber waren seine Darstellungen zu religiösen und geisteswissenschaftlichen Themen, vor allem zur Christologie und zum Neuen Testament, zu den christlichen Festen und zu vielem anderen.

Seine Liebe zur Natur sprach aus jedem Wort, wenn er über Licht und Farben, über Pflanzen und Minerale und Erscheinungen des Tierreiches, über Embryologie, über Sterne oder Wettergeschehen redete. Dieselbe Liebe jedoch sprach aus ihm auch bei der Hinwendung zu Fragen der Religion und des Menschentums. Er hatte die Fähigkeit, geistiges und

Rudolf Frieling

irdisches, religiöses und Natur-Erleben miteinander in Beziehung zu setzen und dadurch zu steigern.

Besondere Ereignisse – in seinen öffentlichen Vorträgen zum Beispiel – waren es immer, wenn er zu Tagesfragen, zu aktuellen Themen oder zu allgemein-menschlichen Problemen Stellung nahm. Er wusste die geistige Dimension der entsprechenden Fragen oft in überraschender Art aufzuzeigen. Von diesen Darstellungen ging Ermutigendes, Bereicherndes und Wegweisendes aus; in den besten Momenten verdichtete sich das Erleben im Vortrag zur Ahnung einer göttlichen, in unsere Zeit hereinragenden Gegenwart. Solche Vorträge brachten Benesch in den letzten Jahren seiner öffentlichen Wirksamkeit – zum Beispiel in den Sälen der Universität Stuttgart – eine nach vielen Hunderten zählende Zuhörerschaft in allen Altersstufen, auch viele junge Menschen.

An dieser Stelle möchte ich eine Bemerkung machen, die an eine Andeutung Rudolf Steiners über die Zukunft Mitteleuropas anknüpft: *Diese Zukunft sei in gewisser Weise gesichert, wenn nach der Mitte des 20. Jahrhunderts in der deutschen Sprache noch geistige Inhalte vermittelt werden könnten.*

Wir haben miterlebt, wie tief die deutsche Sprache durch die Nazi-Phraseologie gesunken ist. Außerordentlich anschaulich schildert das zum Beispiel Hans Bergel in seinem autobiographischen Roman aus Siebenbürgen »Die Wiederkehr der Wölfe«.[117] 1945 wurde ernsthaft die berechtigte Frage diskutiert, ob in der deutschen Sprache überhaupt noch gedichtet werden könnte; für viele Menschen in anderen Ländern, die unter der deutschen Besatzung gelitten hatten, waren die deutschen Sprachlaute tief verhasst, ja unerträglich, und manchmal sind sie es bis heute noch. An solche Tatsachen kann man bei den Worten Rudolf Steiners denken.

Daneben aber steht das andere Erlebnis, das gleich nach Kriegsende deutlich wurde: Ungemindert konnten die spirituellen Kräfte im Erleben des Kultus, in der religiösen Verkündigung und in der geisteswissenschaftlichen Arbeit wieder aufblühen. Das war nicht nur so, wenn Benesch sprach – es war bei Bock, bei Frieling und vielen anderen so und ist es in der Gegenwart; aber bei Benesch trat es mit besonderer Eindeutigkeit und Kraft zu Tage; und diese Tatsache erscheint umso bedeutsamer, wenn wir an den ersten Teil seines Lebens zurückdenken.

Gemeindeleben

Helmut Lindheimer erinnert sich an das Schlusswort, das Benesch auf der Jahresversammlung der Stuttgarter Gemeinde im Januar 1983 sprach: »So wie über den Gipfeln der Berge immer die erhabene Ruhe der Götterwelt anwesend ist, so lebt in den christlichen Festen die Wirklichkeit des Göttlichen, zu der wir uns immer wieder wenden dürfen.«

In den letzten Jahren seiner Öffentlichkeitsarbeit sprach Benesch über »Die schweigende Sprache der Gottheit. Christusahnungen in der Gegenwart. Humanität – göttliches Wirken im Menschen«, und befasste sich mit dem Wesen und den Absichten der Widersachermächte, stellte die Fragen des Menschen in den Raum, der auf der Suche nach sich selbst ist, weist er auf die Schwächen des Ich und die Ich-Erkraftung, spricht über Meditation, Gebet, Kultus und immer wieder über die Zerstörung und die Verwandlung und Auferstehung der Erde und über die Zukunft der irdischen Materie in Bezug auf die »menschliche Technologie«.

Helmut Lindheimer, ein Mitglied dieser besonderen Initiative in Stuttgart berichtet: »Die fünfziger Jahre waren eine Blütezeit in der Jugendarbeit in Stuttgart. Ein Spender ermöglichte 1957 den Kauf eines Hauses, das zum Jugendhaus bestimmt wurde, wodurch die Raumnot für die Jugendaktivitäten behoben werden konnte. Bis zu sechs Jugendkreise und eine Reihe von Werkstattinitiativen in der Kinderarbeit bevölkerten bald dieses Haus. In die im ersten und zweiten Stock gelegene Wohnung zog Benesch mit seiner großen Familie.

Die beiden ›ältesten‹ Jugendkreise aber hatten allmählich ein Problem. Ihre Teilnehmer waren über 21 Jahre alt geworden, manche schon 28 Jahre. Wie sollte die errungene Gesprächskultur und die Freude am gemeinsamen Treffen und Arbeiten an Lebensfragen im Erwachsenenalter fortgesetzt werden? Das Bedürfnis war elementar.

Es gab verschiedene Ideen und Initiativen: Wichtig war, dass über alles gesprochen werden konnte, es gab also keine Einschränkungen etwa bei ›anthroposophischen‹ Themen auf christologische. Da gab es Für und Wider bei den angesprochenen Persönlichkeiten.

Selbstverständlich wurde auch Benesch angesprochen, und er sagte zu, im Falle eines Zustandekommens eines alle Themen umfassenden Gespächskreises mitzumachen. Im Sommer 1959 war es dann soweit: Auf einer entscheidenden Sitzung, an der die Pfarrer der Stuttgarter Gemeinde, Friedrich Benesch, Gottfried Husemann für die Oberlenkung und Martin Borchart als Lenker teilnahmen, wurde die ›Junge Gemeinde‹ gegründet als ein selbstständiger Organismus auf dem Boden der Christengemeinschaft, die aber allen jungen Menschen ohne Rücksicht auf eine Mitgliedschaft offen stehen sollte und ihre Referenten selbst einlädt. Im ersten Jahr wurden die monatlich stattfindenden Gesprächsabende von den Gemeindpfarrern und Benesch mitverantwortlich getragen, dann aber entwickelte sich die ›Junge Gemeinde‹ zu einer Gemeinde von Benesch. Jeweils zwei der jungen Pfarrer hielten die Verbindung zur Gemeinde.

Die Fragen, die aus dem Kreise kamen, waren sehr vielfältig, vor allem waren es Lebens- und Erkenntnisfragen. Ein Vorbereitungskreis bearbeitete die Themen vorab, und am eigentlichen Abend wurde das

Thema eingeleitet und von verschiedenen Seiten beleuchtet. Anschließend folgte das Gespräch der Teilnehmenden. Benesch hielt sich zunächst ganz zurück und hörte zu. Meist erst im letzten Drittel des zwei Stunden dauernden Abends ergriff er das Wort. Zuletzt wurde dann noch nach einem neuen Themenwunsch für das nächste Mal gefragt, soweit es sich nicht schon aus der Arbeit des Abends von selbst ergeben hatte.

Es entwickelte sich eine hervorragende Gesprächskultur, an der Benesch wesentlichen Anteil hatte. Das wirkliche Zuhören wurde erübt. Er erwies sich auf allen Gebieten als kompetent und konnte viele Fragestellungen erst einmal zusammenfassen und in größere Zusammenhänge einordnen. Für viele wurde er so eine absolute Autorität.

Die Teilnehmerzahl wuchs von ursprünglich 40 bis 50 Menschen auf über 80; 120 bis zu 160 Teilnehmer waren es schließlich. Selbst in dieser großen Runde kamen jedes Mal gute Gespräche zustande. Ein Teil der Teilnehmer kam in erster Linie deshalb, ein immer größerer Teil wegen der Persönlichkeit von Benesch, wegen seines umfassenden Wissens und seiner Fähigkeit, die geistigen Hintergründe der entstehenden Fragen aufzudecken.

Im Sommer hielt Benesch meist einen Kurs für die ›Junge Gemeinde‹, später wünschte die ›große‹ Gemeinde, dass diese Kurse doch für alle gehalten werden sollten. Das geschah, aber dann waren sie natürlich – jetzt im großen Gemeinderahmen, vor Hunderten von Zuhörern – nicht mehr so intim. Die Kursthemen waren in der Regel naturwissenschaftlicher Art: Astronomie, Embryologie, das Heilige Land, Irland, Geologie, das Antlitz der Erde in geographischer Hinsicht und Ähnliches. Man konnte in diesen Kursen auch goetheanistisches Denken üben und schulen.

Auf die Frage, woher er all sein Wissen habe, sagte Benesch oft: ›Alles Rudolf Steiner, alles Rudolf Steiner!‹ Bei den Gesprächsabenden erzählte er kurz eingestreut auch manches von seinen Erlebnissen in seiner siebenbürgischen Heimat oder von seinen Reisen nach Israel, Irland, Skandinavien oder Amerika.«

Auch Ingeborg Lang war beeindruckt von Benesch: »Ich bin unendlich dankbar, dass ich ihn kennen gelernt habe. Ja, ich möchte sagen, er war der wichtigste Mensch in meinem Leben, denn ich kannte sonst niemand, der so weise war wie er, obwohl ich mir auch seiner Grenzen als Mensch bewusst war.

Ich war nicht getauft und nicht konfirmiert, mein Vater hatte das nicht gewollt. Er war in der Entwicklungsabteilung bei Porsche gewesen und als SS-Mitglied aus der katholischen Kirche ausgetreten. Meine Mutter war evangelisch aufgewachsen mit sehr frommen Eltern, war aber ausgetreten, als die Kirche sie pfänden ließ: Sie unterstützte in der Weltwirtschaftskrise die Eltern und acht Geschwister und hatte die Kirchensteuer nicht bezahlt.

Benesch beantwortete mir meine nach der Lektüre Rudolf Steiners aufgestauten Fragen zum Christentum. Er führte mich auch in die Christengemeinschaft ein. Man durfte auf Anmeldung hin zu ihm kommen. Eine Antwort auf meine Lebens- und philosophischen Fragen erhielt ich selten direkt. Meistens leitete er mich auf den Weg, die Antworten selbst zu suchen und eventuell zu finden. Das ging auch anderen Menschen so, zum Beispiel im Jugendforum.« So entstand zu seinem 70. Geburtstag ein Gedicht, von dem hier der Schluss zitiert sei:

»Die Hacke oder das ideale Handwerkszeug

Der Mensch bemerkt, dass auf sein Fragen
der andre konnt´ ihm auch nichts sagen,
nur immer einen Namen nennt,
den er bis dahin gar nicht kennt.
Der Mensch will diesen Mann mal seh´n.
Du musst zum Jugendforum geh´n:
Am Samstag Abend um Punkt Acht,
wird über so was nachgedacht.

Beschwingt geht unser Mensch dorthin,
beschwingt sieht man ihn wieder zieh´n.
Bestimmt, so denkst du, ist sein Feld
aufs Beste nun von selbst bestellt;
die Pflanzen steh´n in Reih und Glied,
kein Unkraut man dazwischen sieht.
Hier irrst du, lieber Leser, geh´
doch einmal selber hin und seh´,
was unser Mensch gelernet hat,
seit um guten Rat er bat.

Dort steht er an des Feldes Rand
mit einer Hacke in der Hand!
Dies Handwerkszeug ward ihm gegeben!
Wohl dem, der so was hat im Leben!«

Arbeitskreise für Ärzte – Lehrer – Landwirte - Priester

Mit der Zeit bildeten sich um Benesch mehrere Gruppen, die mit ihm an bestimmten Themen arbeiteten. Es war ein Kreis von anthroposophischen Ärzten, von Waldorflehrern, Landwirten und von jungen Priestern.

Ärztekreis

Im Herbst 1970 kam Dr. Bernhard Wöhrmann nach Stuttgart und besuchte Friedrich Benesch, der ihn sogleich bat, die ärztliche Betreuung der Studenten am Priesterseminar zu übernehmen, und er fügte hinzu: »Jetzt können wir ja mit der Pastoralmedizin beginnen!« Das war der Anfang einer langjährigen Zusammenarbeit vom Oktober 1971 bis Dezember 1988 in einem Kreis von Ärzten. Dazu gehörten Dr. Hilde Kiefer, Dr. Bernhard Lauinger, Dr. Gudrun Merker, Dr. Klaus Wilde und Dr. Bernhard Wöhrmann. »Die Themen waren hauptsächlich den medizinischen Schriften gewidmet«, so Lauinger, »vor allen Dingen dann auch der ›Pastoralmedizin‹, aber sie wurden so erweitert, dass auch Geologie, Mineralogie und Stoffkunde im engeren Sinne hinzukamen.«

Dieser Kreis erweiterte sich dann zum »Turmalinkreis« – weil dieses Mineral zeitweise das Thema war –, und die Frauen der genannten Ärzte traten hinzu, aber auch Sunhilt Benesch, Werner Perrey, Christl Stalf, die Ehepaare Winfried Sperling und Dr. Friedrich Vogel, zeitweise auch Lucia Wachsmuth, Priesterin in Basel, und Ruth Wocke und die Eurythmistinnen Karin Mittmann und Carina Schmid. Dieser Kreis traf sich ab 1978 ein- oder zweimal im Jahr zu Seminaren am Wochenende.

Man befasste sich mit vielen Themen wie der Megalithkultur, mit Meditation und Japan. Sprach über die Trinität, die Erbsünde, das Fünfte

Evangelium, über Isis – Maria – Anthroposophia, Glaubensfragen und geisteswissenschaftliche Inhalte.

Lehrerkreis

Auch mit Waldorflehrern und anderen an Pädagogik interessierten Menschen begann eine intensive Arbeit. Davon berichtet der Musiker Rudolf Gleißner: »In vielen Jahren regelmäßiger und strenger Arbeit an menschenkundlichen und pädagogischen Texten im Lehrerkreis konnten wir in einer kleinen, intimen Gemeinschaft unendlich viel an geisteswissenschaftlicher Substanz erleben und in uns aufnehmen. In der Hauptsache waren es aber nicht nur Inhalte, die wir bei Benesch aufnahmen, sondern mehr noch ihre Umwandlung in konkrete Lebenspraxis und der atmosphärische Umgang mit diesen Inhalten.

Tief berührte mich immer, mit welcher Gelassenheit und gesammelter Konzentration Benesch die einfachsten und die allerhöchsten Fragen anging. Ich bin in meinem Beruf als ausübender Musiker fortwährend mit dem Problem der Konzentration in verschiedenster Form befasst. Bei ihm erlebten wir, wie seine Konzentration niemals verkrampfte oder einengte, sondern im Gegenteil viele Gesichtspunkte in großer Ruhe umfasste, zusammenfasste und, ohne zu simplifizieren, in eine geordnete Einheit führte. Der Humor spielte dabei eine entscheidende Rolle, war aber niemals ablenkend oder zerstreuend, sondern führte noch näher an den Kern der Sache heran. Äußerst komplexe Probleme wurden handgreiflich und plausibel.

Jede Stunde bei ihm war ein Ereignis, das wir in Empfang nehmen und konkret in die Praxis, zum Beispiel des Unterrichtens, einbringen konnten. Denn es wurde niemals theoretisiert, sondern alles war aus dem Leben gegriffen und konnte wieder direkt ins Leben übergeführt werden. Oft sind mir zum Beispiel in meinem Beruf musikalische Zusammenhänge klarer geworden, obwohl an dem Abend vorher bei Benesch gar nicht über Musik gesprochen worden war, sondern die Art der Sammlung und Konzentration auf das Wesentliche hat mich in meinem Metier entscheidend weitergeführt. Von Andacht und Ernst war die Arbeit mit ihm getragen und gleichzeitig mit konkretem, oft lustigem Leben erfüllt.«

Auch Friedgard Gleißner nahm an den Abenden teil: »Im Rückblick auf die Jahre, in denen wir regelmäßig an der pädagogischen Arbeit im

Lehrerkreis teilnahmen, stehen mir einige Dinge vor Augen, die über die vergangene Zeit hinweg immer lebendig blieben. Dankbarkeit für die wunderbare Hinführung in die pädagogisch-anthroposophischen Inhalte, die von Dr. Benesch so vermittelt wurden, dass Begeisterung, Staunen und Ehrfurcht im Innern angeregt wurden. Gleichzeitig wurde durch die ›Methode‹ der Arbeit – Lesen der Texte im Voraus, Referieren des zuletzt durchgenommenen Vortrags, Formulieren der eigenen Fragen – ein hoher Anspruch gestellt, der zu einer ›heiligen Verpflichtung‹ im besten Sinne anspornte. Vor allem aber wurde etwas schwer Beschreibbares veranlagt, eine Art Vertrauen, dass durch die von Benesch vermittelten Maßstäbe in einem selbst Ideen, Antworten auf Schwieriges – zum Beispiel in pädagogischer und lebenspraktischer Hinsicht – entstehen können.

Vorbildhafte Größe, Großzügigkeit und Menschlichkeit durchzogen jede Begegnung, und diese Stimmung, die sicherlich das Wichtigste nicht nur im Zwischenmenschlichen, sondern vor allem auch in der Pädagogik ist, kann wunderbarer Weise nie verblassen: ein Geschenk.«

»Im Lehrerkreis erklärte uns Dr. Benesch tiefste anthroposophische Inhalte und beantwortete Fragen, wenn sie relevant waren. Neugierige und dumme Fragen wies er zurück«, erinnert sich Ingeborg Lang. »Ich habe mich oft gefragt, warum er so viel Zeit für uns aufwendete, und fühlte die Verpflichtung, ein guter Lehrer zu sein. Das ist später, ohne die anfeuernden Impulse, die er gegeben hatte, viel schwerer geworden, und dennoch fühlte ich mich immer, schon allein im Gedanken an ihn, gestärkt. Nie wieder habe ich solch glänzende, direkt an den Willen appellierende Vorträge gehört wie die von ihm.«

Beneschs praktischer Umgang mit Kindern hat Rudolf Gleißner ebenfalls beeindruckt: »Die wenigen Male, da wir ihn ›außerhalb‹ unserer pädagogischen Arbeit zusammen mit unseren Kindern erlebten, zeigten uns, wie ein auch körperlich großer und Ehrfurcht gebietender Mann im Umgang mit kleinen Kindern mühelos von vornherein eine Atmosphäre der inneren menschlichen Verbundenheit und des Lebenszutrauens schuf, die uns diese wichtigste Grundlage aller Pädagogik eindrucksvoll vor Augen stellte.

Bei der Taufe unseres Sohnes Florian war unsere Tochter Maria gut zwei Jahre alt und ein sehr scheues, extrem ›fremdelndes‹ Kind. Benesch hatte uns eine Haustaufe vorgeschlagen und unsere Bedenken wegen unseres engen Wohnzimmers in einem winzig kleinen Einfamilienhäuschen mit dem Hinweis, für den lieben Gott sei überall Platz, zerstreut. Maria war wegen der vielen fremden Menschen aufs Äußerste verschreckt und lugte, mit ihrem Püppchen im Arm, scheu hinter Mutters Rockzipfel hervor, als plötzlich der große breite Pfarrer vor ihr stand und sie in seinem wunderbar einfachen und menschlich-gütigen Ton fragte: ›Wie heißt denn dein Püppchen?‹ Sie kam strahlend aus ihrem Hinterhalt hervor, streckte ihm die Puppe entgegen und rief triumphierend: ›Florian!‹«

Landwirtschaftlicher Kreis

Auch mit biologisch-dynamisch wirtschaftenden Landwirten entstand eine intensive Zusammenarbeit. Sie begann 1972, als im Ärztekreis davon gesprochen wurde, wie wichtig es vor allem auch für Säuglinge und Kleinkinder sei, gesunde Milch und Milchprodukte aus biologisch-dynamischer Landwirtschaft zu bekommen. Gemeinsam mit den Ärzten entstand daraufhin der Impuls, direkt in der Landwirtschaft unterstützend tätig zu werden.

Es wurde eine entsprechende Verarbeitung von Demetermilch und Milchprodukten organisiert, die dann ab Ende 1973 in Reformhäusern und Naturkostläden erhältlich war.

Welche Bedeutung Benesch dem landwirtschaftlichen Impuls zumaß, ergibt sich aus den vielen Vorträgen und Kursen, die er vor Landwirten auf Höfen gehalten hat. Diese Kurse dauerten immer drei bis vier Tage, mit oft bis zu 120 Teilnehmern von den Höfen der Umgebung im Schwarzwald bis in den Chiemgau. Benesch war stets mit ganzem Herzen präsent und sprach als jemand, der wusste, was Arbeit in der Landwirtschaft ist. Liebevoll ging er auf alle Fragen der Bauern ein.

Als Beispiel sei hier ein Auszug aus einem Vortrag vom 4. November 1979 in Unterrieth/Chiemgau gebracht.

»Das Sternbild des Stieres
im Zusammenhang mit dem Lukas-Evangelium«.

»Es war mir so wichtig, heute Morgen von dem Freund aus der Schweiz zu hören, wie sich das Verhältnis, nicht wahr, vom Kind über den Burschen und den Landwirt gegenüber dem Tier ändert, und zwar so, dass er allmählich immer mehr Respekt bekommt vor dem, was er als dieses komische Rindvieh da vor sich sieht. Dass er immer mehr Respekt bekommt davor, dass er immer mehr und mehr ein Gefühl dafür bekommt: Menschenskind, womit gehe ich denn da um? Was lebt denn da mit mir zusammen auf meinem Hof, das ich behandeln kann so und so, das ich aber auf der anderen Seite erleben muss als eine Art Realimagination, als eine Art Realbild für etwas ganz Hohes, das irgendwie mit den beiden Grundkräften, mit der Wortkraft und mit der Heilkraft, zusammenhängt? Schauen Sie, man kann eigentlich sagen: Die Rinder, der Stier und die Kuh, sind im Grunde genommen in unseren Bauernhöfen etwas von den höchsten Wesen. Sie sind auch die gewaltigsten Wesen. Es ist ja im Neuen Testament von den Rindern kaum die Rede. Sie wissen, wie der Christus Jesus immer das Bild mit den Schafen heranzieht, wenn er deutlich machen will, sowohl, was er selber ist – das sagt ja Johannes von ihm: Er ist das Opferlamm – als auch, wenn er sagt, wie sein Verhältnis zu den Menschen ist: So, wie der gute Hirte zu den Schafen. Das Rind, dieses merkwürdige äußere Wesen, mit dem wir da leben und mit dem wir umgehen, mit dem wir arbeiten, das wir heilen, ist aber selber eigentlich der Träger ganz bestimmter Heilkräfte. Man kann bemerken, wie empfindlich dieses doch zunächst so grobschlächtige, nicht wahr, so starke, so kräftige, so massige Wesen ist für feinere seelische Reaktionen. Das war ja heute Morgen und am Nachmittag deutlich zu sehen, nicht wahr?

Im Grunde genommen sind die Rinder die Heiler der bäuerlichen Landwirtschaft. Sie haben die Heilkräfte in sich. Warum? Sehen Sie, darum, weil nämlich wirksam ist die Heilung, die im Lukas-Evangelium zunächst seelisch begründet ist durch jene Tugenden, von denen ich vorhin gesprochen habe:

Das Einfühlungsvermögen, das schöpferische Hilfsvermögen
und der Helferwille.

Diese Tugenden wirken herein – ja, verehrte, liebe Anwesende, wohin denn? Nun, *in den Stoffwechsel des Jesusleibes*, in den Stoffwechsel des Jesusleibes! Denn der Jesusleib ist dadurch, dass der Christus in ihm wohnte durch die drei Jahre, in seinem Stoffwechsel verändert worden. Das heißt: Es war da ein Impuls, der auf die Stoffe gerichtet ist, auf das Ergreifen, auf das Verwandeln, auf das Durchseelen, auf das

Durchgeistigen der Stoffe. Die Rinder aber sind Träger dieses Impulses, dieses stoffergreifenden Impulses. Das Schaf ist es ja auch, die anderen Wiederkäuer sind es ja auch, aber das Rind ist es eben wirklich in einer urbildlichen Weise, gewissermaßen total.

Und das ist das Erste. Dass die Heilerkraft die Materie ergreift, den irdischen Stoff ergreift, vor allem den Stoff, der aus der Pflanzenwelt herankommt an das Weidetier, an den Wiederkäuer, und dass dieser Stoff dann so verwandelt wird, dass auf der einen Seite die Opferfähigkeit entsteht – das ist das Rind in dem Moment, wo wir es schlachten – und auf der anderen Seite eben die Fähigkeit, die die Milch hervorbringt. Also, die Verwandlungskraft gegenüber dem Stoff, das ist eigentlich die Heilwirkung, die heilwirkende Kraft, die in dem Jesus gelebt hat, und das hat der Arzt Lukas wahrgenommen. Der hat beschrieben, wie diese Seelenfähigkeit, diese heilerischen Seelenfähigkeiten doch so waren, dass sie nicht nur seelisch gewirkt haben, sondern dass sie hereinwirken konnten bis in die Leiblichkeit, in den Stoffwechsel dieses Menschen, so dass diese Leiblichkeit dann so verwandelt worden ist, dass *was* möglich wurde? Nun, die Auferstehung! Dass die Auferstehung möglich wurde!

Und so wie das Rind außen in der Natur als Hauswesen, als Haustier die Fähigkeit hat, diese Stoffesverwandlung durchzuführen wie kein anderes Wesen, so hat der Mensch die Fähigkeit, den menschlichen Stoffwechsel vom Geistigen her allmählich so zu ergreifen, dass er durchlichtet, durchgeistigt, durchseelt werden kann.

Darum ist dieser merkwürdige Zusammenhang zwischen dem Cherub, der für die Imagination in der Gestalt des Stieres erscheint, und dem, was dieser Cherub im Weltall bewirkt, so, dass einerseits das Rind entsteht und auf der anderen Seite im Menschen das Gebiet, wo das menschliche Ich, wo die menschliche Seele, wo das menschliche Leben mit den Stoffen ringt und arbeitet. Der Stoffverwandlungsimpuls als Heilungsimpuls – das ist es, was von diesem Cherub im Tierkreis-Stierbild ausgeht.«

1975 wurde gemeinsam mit Landwirten und dem Ärztekreis um Benesch der Verein »Internationale Forschungsgesellschaft für Umweltschutz und Umwelteinflüsse auf Mensch, Tier, Pflanze und Erde e.V.« gegründet. Friedrich Benesch war mit dieser Initiative eng verbunden und gehörte zu den Gründungsmitgliedern des Vereins. Der Ärztekreis war dann maßgeblich daran beteiligt, dass der »Breitwiesenhof« in Üh-

Der Breitwiesenhof / Ühlingen, Südschwarzwald

lingen im Südschwarzwald übernommen werden konnte. Später kam der »Rohrhof« dazu.

Hier ein Auszug aus der Festansprache vom 13. November 1977 anlässlich der Übernahme des »Breitwiesenhofes«, in dem Benesch besonders auf das Wirken von Elementarwesen zu sprechen kommt.

»Und da kommen wir ja nun mitten hinein in das Problem und kommen zu den Elementarwesen, den Gnomen und den Sylphen, den Nymphen und den Salamandern – es sind ja die Salamander, die hauptsächlich um die Viehherde herum sind. Wie wird's mit den Schafen? Nicht wahr, darum ist es ja so wichtig, dass die Rinder nicht nur im Stall stehen, sondern auch rauskommen auf eine Weide, so dass die Salamander über ihnen in dieser warmen Wolke, die von so einer Schafherde ausgeht, von einer Rinderherde ausgeht, dass da die Salamander wirtschaften können, dass das Seelische und das Geistige hereinwirken kann; die Luftgeister, die Sylphen, die Wassergeister. Na, die größte Gefahr droht hier tatsächlich, dass eines Tages, wenn es zu viel regnet, ein bisschen versäuft die ganze Geschichte. Das ist eigentlich das Gefährlichste bei dem Boden hier. Aber sonst kann man eigentlich den Eindruck haben: Auch wenn er karg ist – man wird schon allerlei damit machen können.

Aber was meinen Sie, in was für einer Beziehung stehen die Elementarwesen auf diesem Hof jetzt zu unserem Hiersein, zu dieser Begegnung, die wir hier jetzt feiern? Feste feiern heißt, Begegnungen feiern. Man kann nicht den Eindruck haben, dass die schon sehr aufmerksam geworden sind. Die brauchen Zeit. Sie sind so misshandelt worden durch diese ganze Wirtschaft, die man hier so gemacht hat, dass die misstrauisch sind; die glauben den Menschen nicht mehr ohne Weiteres. Sie sind misstrauisch. Dann ziehen sie sich in sich selber zurück, und sie warten: Na, was kommt?

Als wir uns zum ersten Mal über diesen Hof unterhielten und die Frage war: Was macht man hier? Da hatte ich zunächst persönlich eine sehr radikale Auffassung. Ich hatte eigentlich den Eindruck: Man soll genau so weitermachen, also ›antibiologisch‹ und ›antidynamisch‹ wie vorher, man soll aber Mist machen und weiter nichts. Nun haben Sie ja den Mut gehabt, nicht bei dieser radikalen Auffassung zu bleiben, sondern bereits einiges zu unternehmen, was darüber hinausgeht. Aber man hätte auch so denken können, dass man mit den Kühen weiter so macht wie bisher, höchstens, dass man riskiert, eine geringere Ernte zu kriegen, wenn man einfach aufhört, Kunstdünger zu streuen. Aber sonst nichts als Mist und Präparieren und Mist und Präparieren und weiter nichts. Und dann, nicht wahr, wenn man damit einigermaßen Breite gewonnen hat, dass man dann anfängt mit der Umstellung. Sie haben es ja anders gemacht. Sie haben die Umstellung schon ein bisschen angefangen an verschiedenen Ecken und Enden. Ist vielleicht auch richtig. Aber wenn man so etwas unternimmt wie hier, dann muss man tatsächlich mutig sein und unter Umständen auch mal etwas tun, wovon man überzeugt ist, dass es genau das Verkehrte ist. So'n Mut muss man im Leben haben. Also schön langsam wird man sehen, dass die Elementarwesen aufmerksam werden.

Nun haben wir ja hier auch noch etwas. Wir haben ja heute Morgen hier den Kultus herangeholt, den christlichen Kultus herangeholt, und das hat ja auch eine Begegnung gegeben: die Weihehandlung. Ich meine, dass ja das Eigenartige dieses ist, dass ja in dem christlichen Kultus, dass da ja etwas direkt geschieht mit der Erde. Es wird ja von der Erde etwas heraufgehoben, nämlich Wasser und Wein, Brot und Weihrauch, und das wird unmittelbar mit der geistigen Welt verbunden, und zwar mit der geistigen Welt, die natürlich die höchste ist. Aber sehen Sie mal: Die biologisch-dynamische Landwirtschaft ist nämlich tatsächlich auch so etwas, dass nämlich der Boden und die Pflanzen und die Tiere und die irdischen Stoffe, dass die heraufgehoben werden und wieder verbunden werden mit den Kräften, die auf der einen Seite aus dem Kosmos herunterkommen von den Sternenwelten und auf der anderen Seite aus den Erdentiefen heraufkommen auf dem Weg über die Elementarwesen. Ich spreche absichtlich in dieser Stunde hier direkt von den Elementarwesen.

Nun haben wir Menschen den Elementarwesen gegenüber ein ganz komisches Verhältnis. Wir nehmen sie nämlich nicht direkt wahr, so wie in alten Zeiten die Menschen die Elementarwesen wahrgenommen haben. Denken Sie mal: Vor drei-, vier-, fünftausend Jahren, wenn der Bauer morgens aufwachte, da sah er zunächst tatsächlich die Elementarwesen. Das war die erste Wahrnehmung, die er hatte, wenn er aus dem Schlafe kam und dann erst alles andere. Nun, bei uns heute ist das natürlich lange nicht mehr so, aber wenn man schon immer wieder und immer wieder an sie denkt, sie immer wieder denkt, immer wieder sich vorstellt, wenn man das aus der Anthroposophie Notwendige immer wieder ein bisschen studiert, dann fängt man an, wahrzunehmen, wo die so sein könnten und in welchen Momenten – ah, jetzt wuselt da was, jetzt ist da was los! Man kriegt dann so ein Gespür für die ganze Geschichte, dass da eben nicht nur Materie ist, sondern dass da Wesen sind, die da herumwirtschaften und das Leben der Erde bedeuten.

Aber von denen aus gesehen ist die Sache genau umgekehrt. Es ist nämlich nicht etwa so, dass die uns nicht wahrnehmen, sondern die nehmen uns *gerade* wahr! Das ist das Interessante! Und darum kann man das Vertrauen haben, dass, wenn man anfängt, hier mit diesen Gesinnungen und mit diesen Kräften, mit diesen Gedanken, mit dieser *Praxis* an die Sache heranzugehen, dass man dann tatsächlich von ihnen wahrgenommen wird, und, sehen Sie, jetzt gibt es immer wieder eine gefährliche Klippe in Bezug auf die praktische Anwendung der biologisch-dynamischen Landwirtschaft, und das ist die Klippe der Prinzipienreiterei. Man rechnet nämlich nicht damit, dass die Elementarwesen gewissermaßen menschliche Züge haben, und sehen Sie, der nimmt nämlich nicht nur wahr, ob ich mit dem Pferd den Acker ackere oder mit dem Traktor – das nimmt er natürlich wahr, aber er nimmt auch wahr, mit welcher *Gesinnung* ich das mache und dass ich unter Umständen etwas tun muss, obwohl ich weiß, dass es nicht genau dem Ideal entspricht, also dem Prinzip entspricht, so wie es eigentlich sein müsste, sondern eben so sein kann, wie es sein kann und nicht anders, im Moment. Dies möchte ich Ihnen ans Herz legen, meine lieben Hofgesinde: Die Elementarwesen sind dann bereit, den Menschen etwas zu vergeben. Was habe ich jetzt gesagt? Ja, sie werden nicht gleich unbedingt bitterböse, wenn man mal was tut, das nicht dem entspricht, was sie eigentlich brauchen, was also nicht den Prinzipien der biologisch-dynamischen Landwirtschaft entspricht. Denn sie sind bereit – wenn das mit der richtigen Gesinnung geschieht – wenn sie merken, das ist eine Notwendigkeit, oder irgendetwas anderes begründet das, da sind sie bereit, es nachträglich den Menschen zu vergeben. Die haben menschliche Züge, die sind nicht so stur, weil sie nämlich nicht nur das wahrnehmen, was der Mensch tut, sondern auch die Gesinnung wahrnehmen, aus der heraus er das tut, und darauf können Sie vertrauen. Diese Gesinnungen zu entwickeln, wirklich die gute Gesinnung, die guten Absichten, die guten Impulse und so weiter, darauf kommt es an. Und das nehmen die nämlich wahr, denn das hat ihnen ja gefehlt die ganze lange Zeit. Die sehnen sich ja danach, dass sie wieder Anschluss an den Menschen kriegen, denn den haben sie jahrtausendelang gehabt. Die alte Menschheit in Europa, sowohl die Kelten wie die Germanen, nicht wahr, haben ja mit den Elementarwesen den innigsten Kontakt gehabt, das heißt, mit der Erde. Denn was heißt Erde? Das heißt eben diese unsichtbaren, fleißigen, emsigen, getreuen verzauberten Wesen, die nichts weiter tun, als den Naturprozess zu betreiben, natürlich mit Hilfe der anderen, der obersten und großen, die aus dem Kosmos hereinwirken; das ist ja klar. Aber machen müssen *die* das. Da haben Sie die eigentlichen Helfer, und Sie müssen sich mit diesen Helfern in Gedanken so befreunden, dass Sie sich sagen: So wie die merken, dass man irgendwie an sie denkt, dass man irgendwie Interesse für sie hat, dann fangen die an, mit den Menschen wieder mitzufühlen und sich an den Menschen anzuschließen, und dann machen die mit. Und wenn man etwas tun muss, was vielleicht nicht unbedingt hundertprozentig dem Prinzip der biologisch-dynamischen Landwirtschaft entspricht, nicht wahr, dann sage ich das noch einmal: Sie sind bereit, dem Menschen zu vergeben, weil sie nämlich, wenn sich der

Mensch für sie interessiert, Liebe zum Menschen entwickeln. Denn die Elementarwesen in *Europa* sind christlich, nicht in Amerika, schon nicht in Lappland, aber ungefähr im Mittelmeergebiet und im mitteleuropäischen Gebiet, überall, wo die Kelten gesessen haben, im nördlichen Spanien, Frankreich, nach Irland hinauf, nach England, südliches Skandinavien, tief nach Russland hinein. Da sind sie christlich, denn die wissen, dass in der Erde der Christus lebt, und sie haben solche Empfindungen auch den Menschen gegenüber; und nachdem sie von den Menschen im Stich gelassen worden sind durch viele Jahrhunderte, nicht wahr, sehnen sie sich danach, wieder mit dem Menschen zusammenwirken zu können, und schauen Sie, das ist der Segen der biologisch-dynamischen Landwirtschaft. Das ist er. Der ist so konkret wie dieser Tisch, denn die sind sehr konkret, diese Wesen, und man kann mit ihnen leben. Man kann sie an sich heranholen und kann mit ihnen wirtschaften, und das muss man einfach wahrnehmen. Wir sind nicht hellsichtig wie die alten Bauern, sondern wir müssen es denken und wissen und vertrauen, dass die mitmachen, dass die anfangen werden, euch zu lieben. Und ich kann sagen: Ich war im Februar hier und jetzt wieder. Es hat sich gewaltig verändert auf diesem Hof! Das kann man schmecken, wenn man ein bisschen aus der eigenen bäuerlichen Vergangenheit her ein wenig das Gespür für solche Dinge hat. Es hat sich verändert, es ist in Gang gekommen, aber, nicht wahr, sie sind noch misstrauisch, sie trauen sich nicht, an das Gute zu glauben, das ihnen hier entgegengebracht wird, und darum ist es vielleicht auch ganz gut, wenn es euch gelingt, das herbeizuführen, dass ab und zu mal hier der Kultus zelebriert wird, wo dann der direkte Anschluss der Elementarwesen an die Christussphäre wieder hergestellt wird.

Also, ich kann verraten: Sie waren heute da. Ich habe sie ein bisschen grob angesprochen, aber sie waren da. Also, in diesem Sinne möchte ich zu diesem Fest, das heißt zu dieser Gelegenheit der Begegnungen ein freundliches, ein dankbares und ein aufmunterndes Wort sprechen, und ich kann nur sagen: Ich wünsche also den breiten Wiesen, dass sie gut gedeihen mögen!«

Priesterkreis

Auch ein Kreis von jungen Priestern hatte sich um Benesch gebildet, der einmal im Jahr zusammenkam und mit ihm geisteswissenschaftliche und theologisch-religiöse Themen bearbeitete. Diese Arbeit lief neben den Priesterkursen, die in den ersten vier Jahren nach der Weihe eingerichtet waren, und an denen Benesch nach dem Tod von Gottfried Husemann ebenfalls maßgeblich beteiligt war. Außerdem sprach er oft auf den jährlichen Priestersynoden, meist in mehrtägigen Kursen.

Jugendtagungen und »Wirsbergkreis«

Friedrich Benesch hatte ein besonderes Interesse an der Jugendarbeit, für die er eine Begabung, ja, man kann wohl sagen: ein wirkliches Charisma mitbrachte. Dies hatte sich schon in seiner siebenbürgischen Tätigkeit gezeigt. Jetzt stand ihm diese Begabung noch in einer ganz neuen Weise zur Verfügung. War ein fanatischer Zug in den früheren Jahren unüberhörbar gewesen, so traten jetzt, wie aus vielen Lebensberichten hervorgeht, menschliche Offenheit, Ehrfurcht und Hingabe an die geistigen Tatsachen der Welt und des Lebens an diese Stelle. Zugleich wirkten seine warme Menschlichkeit und sein aufrichtiges Interesse am Schicksal eines anderen Menschen anziehend und heilsam.

Schon in früheren Zeiten war er zu kleinen und großen Jugendtagungen eingeladen worden. Jetzt gab es kaum noch größere Jugendveranstaltungen in Deutschland, später auch in Holland, ohne ihn. Gemeinsam mit anderen Priestern brachte er vieles auf diesem Felde in Bewegung.

»Großes Interesse hatte er an der akademischen Jugend – sowohl an der Generation als Ganzer wie auch an den Schicksalen der einzelnen Menschen«, erinnert sich Irmgard Bauer. »In den sechziger Jahren des 20. Jahrhunderts fürchtete er, die vorgeburtlichen Impulse der Studenten könnten infolge der Radikalisierung ins Politische abgelenkt werden. Benesch sah die Möglichkeit eines Scheiterns der damaligen Bestrebungen voraus und suchte die Ursachen dafür in dem Bedürfnis der Jugend, *Erlebnisse* statt *geistiger Erkenntnisse* zu suchen.

Hoffnungen setzte er auf die Jugendtagungen, die damals zwischen 130 und 140 Teilnehmer hatten. Veranstaltet wurden sie von Pfarrern und einem Kreis von Jugendlichen, dem ›Wirsbergkreis‹, dem ich angehörte. Tagungsorte waren Tübingen, Bochum, Burg Ludwigstein,

Theologie-Exkursion 1965 in Weckelweiler. Friedrich Benesch, Erhard Rehm, Johannes Rath

Burg Rotenfels, Engelberg. Während der Vorbereitung der Tagungen überlegten wir: Was bewegt die Jugendlichen – und uns – heute? Wo und wie können und wollen sie sich und wir uns engagieren? Für uns war deutlich, dass ein Tätigwerden in der Welt nur aus dem Geiste der Bewegung für religiöse Erneuerung erfolgen könne. Einige Mitglieder des Wirsbergkreises kamen später an das Seminar und wurden Priester.«

Berlin (DDR)

Eine besondere Situation ergab sich in Ostberlin, lange vor dem Fall der Mauer. Dort fand in den sechziger Jahren zu Ostern in den Räumen der Christengemeinschaft Jahr für Jahr ein großes Jugendtreffen für Jugendliche aus der DDR statt – nicht ganz »legal«, aber umso wirksamer und intensiver. Man musste dazu, aus Westdeutschland kommend, in Westberlin Quartier nehmen, täglich über die Grenze nach Ostberlin gehen und sich dabei langen Wartezeiten und recht unangenehmen Grenzkontrollen unterziehen. Benesch tat dies Jahr für Jahr ohne Murren, obwohl er leicht hätte Gründe vorweisen können, dies nicht zu tun.

Es waren stets bewegende Ereignisse. Aus der ganzen DDR kamen Jugendliche zusammen; der Ostberliner Gemeinderaum konnte die Teilnehmer kaum fassen. Meist ging es um sehr grundlegende Fragen, zum Beispiel Erkenntnistheorie, durchaus mit dem Ziel, die materialistische Weltansicht aus den Angeln zu heben. Oder das Thema »Was ist Glaube?« wurde behandelt; es entspannen sich heiße Diskussionen, denen Benesch meist – wie auch sonst in solchen Situationen – weiten Raum gab, um dann souverän zusammenzufassen und die Fragen weiterzuführen, überraschend zu wenden und schließlich zur allgemeinen Zufriedenheit zu klären. Diese Tagungen strahlten weit in unsere Gemeindarbeit in der DDR aus.

»An zwei dieser Tagungen, 1964 und 1965, habe ich teilgenommen«, erinnert sich Hans-Dieter Oehme aus Dresden. »Als damals 29- bzw. 30-Jähriger gehörte ich wohl mit zu den durchaus älteren ›Jugendlichen‹, aber nach einer Assistententätigkeit 1963 in Ungarn sehnte ich mich nach frischen Begegnungen in der Christengemeinschaft.

In einer ersten Runde des Beisammenseins hatte ich den Eindruck, dass Dr. Benesch mit gütigem Blick, den er wohl auf jeden Einzelnen richtete, einem tief ins Innere schaute: Es entstand eine ruhige, getragene, dichte Stimmung als eine schöne Voraussetzung für die nachfolgenden Darstellungen und Gespräche.

Beim Bemühen um erkenntnistheoretische Fragen wurden diese innerlich praktisch erlebbar herausgearbeitet, Denken, Fühlen, Wollen gleichermaßen gefordert. – Wie kommen wir von einer Wahrnehmung zum Begriff? Hier blieben Begriffe nicht nur abstrakte Spiegelbilder, sondern wurden regelrecht wesenhaft erlebbar. – Welche Sinne haben, beziehungsweise betätigen wir eigentlich, einzeln oder mit anderen zusammen, zum Beispiel beim Betrachten einer Kuh auf der Weide? Wie wirkt da neben dem Sehsinn der Bewegungssinn mit?

Es war immer wieder beeindruckend, wie Benesch alle vorgebrachten Fragen als gleichwertig aufnahm; anstelle von rezeptartigen Lösungen gab er vielmehr zusammenschauende Antworten, bei den Fragenden wohl Phantasie und eigenen Willen weckend, wie zum Beispiel bei der gerade von jüngeren Teilnehmern gestellten Frage: Wie könnten wir als Mitglieder der Christengemeinschaft im Osten darauf hinwirken, dass diejenigen, die die Christengemeinschaft nicht kennen, auch zu ihr finden?

Während der Pausen war mir mitunter aufgefallen, dass die Teilnehmer unter sich miteinander befasst waren, während Benesch allein im engen Hof stand, an eine alte Hauswand gelehnt, die Augen mehr oder weniger geschlossen. Das wirkte offenbar nicht nur auf mich ehrfurchtgebietend, und den Teilnehmern erschien es wohl eher als unschicklich, unpassend, ihm jetzt noch persönliche, über das im Plenum Bewegte hinausgehende Fragen zu stellen.

Wenn Benesch einmal mit großer, ruhiger Armbewegung nacheinander nach Ost, West, Nord, Süd jeweils mit den Worten zeigte: Wohin gelangen wir, wenn wir in diese Richtung immer weiter und weiter schreiten? – dann öffnete sich uns nach und nach der innere Blick für die ganze Welt – besonders beeindruckend für die Teilnehmer aus der DDR. Wir fühlten uns nicht mehr allein in einem überfüllten Ostberliner Gemeinderaum, sondern wir waren plötzlich wie eingebunden in die großen Zusammenhänge, in denen sich die Christengemeinschaft immer weiter entfaltete.

Ähnlich wirkte es auf uns aus der DDR, als Benesch einmal einige Studenten vom Stuttgarter Priesterseminar mitbrachte, die nacheinander ihren persönlichen Werdegang bis zum Entschluss für das Seminar schilderten. Uns beeindruckte ihre lockere und freie Art der Rede sowie die als selbstverständlich erscheinende Möglichkeit, den eigenen Lebens- und Bildungsweg zeitlich und thematisch individuell, ohne staatliche Reglements, frei gestalten zu können.«

Bis ins hohe Alter blieb Benesch mit der Jugendarbeit verbunden. Im Alter von 80 Jahren hielt er in Hamburg bei dem großen Jugendkongress im August 1986 im dortigen Kongresszentrum vor fast zweitausend Jugendlichen den Eröffnungsvortrag, sitzend und auf einen Stock gestützt, aber geistig präsent wie eh und je. Er sprach über »Anthroposophie – eine Herausforderung. Sozialfragen der Gegenwart«. Seine Rede gipfelte in einer Anekdote: »Wenn Sie sich in diesen Tagen, meine lieben Freunde, mit den Inhalten der Anthroposophie beschäftigen wollen, dann werden Sie fragen, was denn Anthroposophie eigentlich ist: Auf der Kärntner Straße in Wien, da trifft der eine Spezi den anderen und sagt: ›Servus, wie geht's dir?‹ – ›Ah, dankschön, ganz gut.‹ – ›Ja, hast' schon was g'hört von der Anthroposophie?‹ – ›Ja, freilich.‹ – ›Kannst' mir vielleicht sagen, was des is, die Anthroposophie?‹ – ›Ja, das kann ich schon.‹ – ›Ja, sag mal, ist denn die Anthroposophie a Religion?‹ – ›Noa, goar nit.‹ – ›Ja, was ist sie dann, is das a Weltanschauung?‹ – ›Ah, noa, goar nit!‹ – ›Is die Anthroposophie a Wissenschaft?‹ – ›Ah, noa, goar nit!‹ – ›Ja, was is sie dann?‹ – ›A Strapazen ist sie!‹«

Orientierungskurse

Bald nach dem Krieg waren im Zusammenhang mit dem Priesterseminar und vor allem auf Initiative von Gottfried Husemann in Stuttgart »Berufs-Orientierungs-Kurse« entstanden, die viele Jugendliche anzogen, welche eine Orientierung vor allem über die aus der Anthroposophie entstandenen Berufe suchten. Diese Kurse fanden jedes Jahr nach Ostern statt und wurden von zahlreichen – meist über hundert – Teilnehmern besucht. Als Benesch nach Stuttgart kam, wurde er unmittelbar in diese Arbeit einbezogen. Bald fielen ihm auch die Hauptkurse zu, und die Plenumsgespräche erhielten durch ihn ihre Prägung.

Gründung des »Freien Jugendseminars« in Stuttgart

Das Priesterseminar zog Ende der fünfziger Jahre und in den sechziger Jahren viele Jugendliche an, die gar nicht die Absicht hatten, Priester zu werden. Auch durch die Orientierungskurse fragten immer mehr Jugendliche nach einer weiter führenden Lebensorientierung. Daraus ergab sich die Frage, ob man für diese Bedürfnisse nicht ein eigenes Seminar, ein »Jugendseminar«, gründen müsse.

Es bildete sich aus dem Kollegium, das die Orientierungskurse vorbereitete, ein Gremium, das sich mit dieser Frage befasste. Vor allem Benesch griff den Gedanken auf und war dann auch derjenige, der sich energisch für seine Verwirklichung einsetzte. So entstand das »Freie Jugendseminar« in Stuttgart, unter eigener Leitung, aber bis Anfang der achtziger Jahre immer wieder gestützt durch den Rat und die Mitarbeit von Benesch. Das Jugendseminar hat sich als eine sehr segensreiche Einrichtung erwiesen und durch die Jahre hindurch bis heute viele junge Menschen aus der ganzen Welt angezogen. Bald wurde deutlich, dass sich ein solches Seminar für viele Teilnehmer erst dann wirksam entfalten kann, wenn es nicht nur theoretische Studien, sondern auch praktische Tätigkeiten in handwerklichen, landwirtschaftlichen und gärtnerischen Bereichen bietet. So entstand ein »Ableger« der Stuttgarter Einrichtung in Engen unweit von Singen am Bodensee, wiederum stark gefördert und gestützt durch Friedrich Benesch.

Seminartreffen

Die anthroposophische Arbeit in Stuttgart hatte sich seit den fünfziger Jahren immer mehr auch in verschiedenen Ausbildungsstätten entfaltet; schließlich gab es zwölf Einrichtungen, die mehr oder weniger neben einander her existierten und kaum Kontakt miteinander hatten. Von Wilfried Hammacher, der die »Novalis-Schule«, eine Schauspiel-Ausbildungsstätte mit Bühne, leitete, kam die Frage, ob man nicht mindestens einmal im Jahr ein gemeinsames Wochenende veranstalten könnte, um sich gegenseitig kennen zu lernen und wahrzunehmen, denn im späteren Berufsleben wäre es doch gut, von einander zu wissen und persönliche Kontakte zu haben.

Es war selbstverständlich, Benesch in eine solche Überlegung einzubeziehen. Denn von seiner Stellungnahme – so fühlte man – würde weitgehend das gute Gelingen eines solchen Unternehmens abhängen. So kam es zu Gesprächen mit den verschiedenen Seminarleitern. Benesch nahm sofort eine sehr positive Haltung zu dieser Frage ein, und so kam es zu dem ersten »Seminarientreffen« im überfüllten Rudolf-Steiner-Haus, mit Abendvorträgen, Arbeitsgruppen, Vorstellung einzelner Seminare und Plenumsgesprächen. Es entstand ein sehr fruchtbares Zusammenwirken der Seminarlehrer und bot den Studenten eine schöne Begegnungsmöglichkeit, die viele Jahre hindurch lebendig blieb. Aber auch hier bildete Beneschs Persönlichkeit so etwas wie einen »Katalysator«, was auch daran deutlich wird, dass der Impuls nach und nach erlosch, als er sich zurückziehen musste.

Studienreisen

Von der Reise- und Vortragstätigkeit Friedrich Beneschs in den Norden, durch die er wesentlich zur Unterstützung der Arbeit der Christengemeinschaft in Skandinavien und Finnland beigetragen hat, wurde bereits berichtet. Natürlich hatten ihm diese Reisen auch dazu gedient, Nordeuropa in seiner besonderen Eigenart kennen zu lernen.

In den späteren Jahren seines Lebens hat er dann Studienreisen über die ganze Erde hin unternommen. Auch sie waren häufig mit Besuchen und Vorträgen in den Gemeinden oder auch in den anthroposophischen Zusammenhängen verbunden. Sie hatten jetzt aber vor allem ein zweifaches Ziel: Zum einen wollte Benesch dabei die alten Kulturen studieren – die Megalithkultur, Ägypten, Israel, Griechenland, die Kulturen Asiens und Amerikas, dann aber wollte er auch die Erde in ihrer Gesamtheit kennen lernen. So waren die Vorträge, die er anschließend über die alten Kulturen und über die Erde hielt, von innerer Anschauung gesättigt. Nur einige wenige, aber bezeichnende Reiseerinnerungen konnten in dieses Kapitel aufgenommen werden, die jedoch wiedergeben, in welch innerer Verfassung Benesch die Welt studiert hat. Ein Überblick über diese Studienreisen findet sich im Anhang. (S. 416)

Er machte diese Reisen nicht allein. Seine Reisebegleiter waren über viele Jahre – in verschiedener Konstellation – Ruth Wocke und Christl Stalf, Dr. Bernhard Lauinger und Frau, Werner Perrey und Dr. Friedrich Vogel und Frau. Die Reisen wurden in der Gruppe intensiv vorbereitet und die kulturellen und geschichtlichen, die geographischen und insbesondere die geologischen Gegebenheiten, auf die man treffen würde, genau besprochen.

Es bildete sich bald eine richtige »Reise-Kultur« heraus: Während der Besichtigungen sollte nicht oder nur das Notwendigste gesprochen werden – alles war auf die intensive Wahrnehmung der Landschaft, der Pflanzen und Tiere, des Lichtes und der Wetterverhältnisse und die Zeugnisse der Kultur ausgerichtet. Erst am Abend setzte man sich dann zusammen, ließ die Erlebnisse Revue passieren und begann, sie zu verarbeiten, das heißt Begriffe zu den Wahrnehmungen hinzuzufügen, wobei Benesch oft die entscheidende Bemerkungen machte oder den großen Zusammenhang der Kulturen oder der Geologie aufleuchten ließ. Dann wurde der nächste Tag vorbereitet. Benesch wusste meist sehr genau, was er sehen wollte.

Nie versäumte er, die Sonnenauf- und -untergänge zu beobachten, beginnend mit dem Hellwerden bis zum eigentlichen Sonnenaufgang, abends bis zum Erscheinen der Sterne. Was er bereits als Jugendlicher so intensiv geübt hatte, setzte er in dieser Weise fort. Er konnte in diesen Wahrnehmungen ganz Hingabe sein.

Einmal berichtete er, von einer Japanreise zurückgekehrt, dass er sich am Ostermorgen eigens an das Ufer des Pazifik habe bringen lassen, um dort den Aufgang der Sonne zu sehen: »Ja, es war die Ostersonne, das Auferstehungslicht!« Wenn irgendwem, so traue ich *ihm* zu, dass mit diesem Urteil keine Illusion, sondern eine reale Wahrnehmung verbunden war.

Palästina

Die erste Reise dieser Art machte Benesch 1958 nach Israel; diesmal begleiteten ihn Gérard Klockenbring und Johannes Lenz.

Johannes Lenz hat darüber ausführlich berichtet. Aus längerer russischer Kriegsgefangenschaft zurückgekehrt, hatte er das Priesterseminar besucht und war seit Frühjahr 1955 als Pfarrer in der Stuttgarter Gemeinde tätig. »1956 bekam ich überraschend vom Sozialamt Bescheid, dass mir für die Zeit der sowjetischen Gefangenschaft 1.320,- DM ausgezahlt würden. Trotz materieller Not war ich entschlossen, diesen unerwarteten Batzen Geld für ein einmaliges Erlebnis auszugeben, das so lange vorhalten sollte wie die Erfahrung der Gefangenschaft. Was konnte das anderes sein, als das Heilige Land zu besuchen? Würde das Land etwas von der Einmaligkeit des Christuslebens zeigen? Wenn Christus als Logos der Weltenschöpfer war (Johannes 1), dann müsste an den Reichen der Natur noch ablesbar sein, was dieses Land zum ›Heiligen Land‹ macht.

Ich erzählte Benesch von meinen Reiseplänen. Das zündete. Sofort fragte er, ob er sich anschließen könne. Er wünsche sich seit langem, Palästina zu erleben. Dann hörte ein Dritter davon: Gérard Klockenbring. Auch er wollte mit. Keiner hatte genügend Geld zur Verfügung. Es musste eine Pilgerreise unter dem Vorzeichen der Beschränkung und Bescheidung sein.

In Palästina 1958 mit Gérard Klockenbring (links) und Johannes Lenz (Mitte)

Manche Hindernisse waren im Vorfeld zu überwinden: Palästina und Jerusalem waren zweigeteilt – im Westen der junge Staat Israel mit dem westlichen Teil der Stadt Jerusalem, im Osten Jordanien mit dem östlichen arabischen Teil der Stadt. Dazwischen der Streifen Niemandsland, von weiß behelmten UNO-Soldaten geschützt, um eine Fortsetzung des Krieges zu verhindern. So brauchten wir zwei Pässe: Die arabischen Länder verlangten einen christlichen Taufschein, weil kein Jude einreisen durfte; Israel anerkannte keinen Pass mit einem arabischen Visum. Die deutschen Behörden halfen mit *zwei* Pässen. Am 21. Februar 1958 reisten wir von Stuttgart ab.«

Es ging über Venedig nach Ägypten, sie besuchten Kairo mit dem ägyptischen Museum, Memphis und die Pyramiden in Gizeh und Sakkara »ließen uns in diese Kulturepoche eintauchen.

Der Libanon war das nächste Ziel. Überall war Nachkriegsgeschichte lebendig. Die Unterkunft war dürftig, wir fuhren aber in das Gebirge hinauf und studierten die herrlichen Libanonzedern, die Salomon einst beim Tempelbau in Jerusalem dienten.

In der Wüste Israels mit Beduinen

Von Beirut aus fuhren wir im überfüllten Sammeltaxi nach Damaskus. Die Hauptstadt Syriens zeigt heute noch – mit der ›Geraden Straße‹, die in der Apostelgeschichte vorkommt und die die Hauptachse der Stadt bildet – den Charakter einer Oase, an deren Rand Saulus, der glühende Verfolger der Christen, zu einem feurigen Bekenner Christi, zum Paulus, wurde.

Von Damaskus aus reisten wir in einem vorsintflutlichen Wagen zur syrisch-jordanischen Grenze, dann weiter nach Amman, der Hauptstadt Jordaniens. Überall erregten wir Staunen: Der Tourismus war noch nicht entwickelt, und weiße Europäer, die nicht in einem Luxushotel verschwanden, sondern mit den Einheimischen in kleinen Gaststuben aßen und zu Dritt ein Zimmer in einem Araberhotel teilten, waren oft Thema auf der Straße.

Mit einem arabischen Christen, der das Kreuz um den Hals trug, fuhren wir südwärts durch die Wüste, bis wir auf der Höhe von Machärus waren. Eine Fußwanderung führte uns durch die steinige Wüste bis zu der flachen Berghöhe 1.100 m hoch am Ostufer des Toten Meeres. Hier stand die viertürmige Feste des Herodes, hier war Johannes der Täufer gefangen, hier fand auf Anstiften der Herodias der Tanz ihrer Tochter Salome statt, der zur Enthauptung Johannes des Täufers führte. Der Blick ging hinab auf das weißliche Salzmeer und die Schwefeldämpfe der heißen Quellen am Fuße des Machärus: In der gleißenden Hitze der Sonne kann man heute noch etwas von der tödlichen Macht des Herodes verspüren.

Benesch hatte die Eigenart, erst in Ruhe und mit Sorgsamkeit intensiv alles aufzunehmen, was das Auge sah. Er trank – wie wir auch – die Bilder der Landschaft in sich hinein. Dann stellte er sich auf den höchsten Punkt und sprach: ›Ich stehe auf dem Machärus. Hier stand Johannes der Täufer.‹ Er brachte das Erlebte immer ins Wort, wie um es in sich zu befestigen. Im Wort vollendete sich der Eindruck. Erst dann kamen die Aufnahmen für spätere Lichtbildervorträge.

Die Abendgespräche dienten dem Nachklingen und Verarbeiten des Erlebten wie dem Vorblick auf den nächsten Tag.

Vom Machärus ging es zum Berg Nebo, wo Moses starb, und dann hinunter zum Jordan. Der Jordan war schwer bewacht. Die Taufstelle war unser Ziel. Der Strom, tief in die Wüste eingegraben, war erst zu sehen, als wir unter Tamarisken an seinem oberen Ufer standen: ein unsichtbarer Lebensstrom mitten in der Wüste, der hineinstirbt in das Tote Meer, in welchem es kein Leben gibt. Man erlebt die Grenze von Leben und Tod; hier fand die Taufe Jesu durch Johannes statt: offener Himmel im Hinuntertauchen in den Strom.

Dann Jericho, die quellenreiche Palmenoase unterhalb des Berges der Versuchung mit dem Kloster; selten schmeckte der Tee so gut wie hier in der Gluthitze des Tages; die Gastlichkeit slawischer Mönche bewegte uns. Dann die uralte Straße hinauf nach Jerusalem, an der Ruine des barmherzigen Samariters vorbei bis auf etwa 800 m Höhe.

In Jerusalem durchschritten wir das ›Mandelbaum-Tor‹, der einzige Durchgang, der die verfeindeten Länder miteinander verband, Abschied von den Arabern, Begrüßen der Juden. Der zweite Pass trat nun in Kraft. Wir wollten auf den Berg Zion, in den Raum der Fußwaschung und des Abendmahls. Damals lag er im Niemandsland, Bild und Zeichen einer höheren Wirklichkeit: Der Raum des heiligen Mahles als sakramentales Zeichen der Verbindung des Menschen mit Gott, lag im ›Niemandsland‹. Eine Verhandlung mit einem Offizier bewirkte die Genehmigung, ›auf eigene Gefahr‹ das Coenaculum zu betreten. Wir waren allein. Das Fenster war offen, Stille umgab uns. Hinter Sandsäcken waren Soldaten der arabischen Legion in ihren Waffen zu sehen. Wir sprachen den Wortlaut der Menschen-Weihehandlung und spürten den Frieden zwischen den Fronten des unheiligen Landes.

Alle wichtigen Stätten vom Ölberg über den Garten Gethsemane bis zur Kirche am heiligen Grab erwanderten wir – das Neue Testament diente als Reiseführer, die jeweiligen Stellen des Evangeliums lasen wir am Ort des Geschehens. Es war, als würde die Zeit schwinden, Ewiges ist unabhängig von der jeweiligen Zeit erlebbar.

Zur Konzeption der Reise gehörte, dass wir Judäa und die Landschaft des Todes auf Golgatha vor der Lebenslandschaft Galiläas besuchten. Ein spannender und gefährlicher Augenblick war unser Besuch in Hebron, am Grabe Abrahams. In Hebron lebten Palästinenser, viele waren aus ihren Heimatdörfern vertrieben. Wir wurden gewarnt: Melden Sie sich auf der Polizeistation und gehen Sie nur unter Schutz zur Moschee – dem Grab Abrahams, dem Stammvater des jüdischen und auch des arabischen Volkes! Ein Polizist begleitete uns. Bald säumten junge Männer in drohender Haltung die Straße – da rief der Polizist: ›Es sind Deutsche, es sind Deutsche!‹ und sofort schlug die Stimmung völlig um. ›Heil, Heil, ihr seid Feinde der Juden – willkommen!‹ Durch ein Spalier mit erhobenen Armen zogen wir in die Grabstätte ein. Heiliges Land – unheilige, drohende Gegenwart gingen ständig in einander über.

In Galiläa bezogen wir eine Woche das ›Hospizio Italiano‹ auf dem Berg der Bergpredigt. Franziskanerinnen sorgten für uns, wir waren die einzigen Gäste. Wohltuende Stille, nur in der Ferne, an der Einmündung des Jordan in den See Genezareth war die Grenze, fiel immer wieder mal ein Schuss. Sonst war Friede – im Haus, auf dem Berg, in der Landschaft.

Wir lebten mit der Bergpredigt, mit allen Szenen des Evangeliums – von der Berufung der Jünger bis zur Stillung des Sturmes und zu den Erscheinungen des Auferstandenen. Kapernaum als dörfliches Zentrum der Wirksamkeit Jesu Christi. Alle Zonen der Erde waren hier zusammengezogen: der Schnee des Hermongebirges, die tundrenartig wirkende Zone ganz nördlich, der gemäßigte Bereich mit ›europäischer‹ Dämmerung, die subtropische Zone mit Orangen, Zitronen, Bananen: vom Pol bis zum Äquator breitete die Erde sich aus, die Schöpfung umgab den Schöpfer bei seinem Erdenwandel. Der Fluss, der See, das Meer, der

›Siebenquell‹ Tabgha. Das Wasser und die Elemente waren präsent, als der Herr der Elemente hier lebte und wirkte. Und neben den Pflanzen und Tieren der fischreiche See, die kreisenden Störche, Vogelwolken von Geiern und Adlern, denn viele Zugvögel machen in Galiläa am See Station, bevor sie weiterfliegen. Die Landschaft war damals, 1958, noch fast ganz unberührt, später haben die Israeli zur Bewässerung ihrer landwirtschaftlichen Projekte stark eingegriffen.

Der Naturwissenschaftler Benesch konnte es kaum fassen, wir staunten und staunten: die Geologie in den Gesteinsschichten, Botanik in den Pflanzen, die gesamte Zoologie in der Tierwelt, aber schließlich auch die außerordentliche Vielfalt der Menschen und Völker in den Jahrtausenden der Geschichte des Landes und in seiner Gegenwart – das alles lag vor uns; es waren unvergessliche Tage der Stille, der Einkehr, des Zusammenklanges von Evangelium und Landschaft. Und die Stunden am See – in der Morgendämmerung, in der Abendstunde des Sonnenunterganges – die Wüste im Osten, das Meer im Westen, vor Augen der See der Seen, ohne den auch heute niemand in Israel leben könnte.

Benesch fasste das Erlebte ins Wort: ›Ich stehe hier auf dem Berg der Bergpredigt. Ich sehe vor mir das galiläische Meer. Ich blicke auf Kapernaum hinab.‹

Diese Reise in das Heilige Land war eine Erfahrung, die uns zu den Urbildern der Landschaft führte und uns dadurch mit den Ereignissen des Christus-Lebens tiefer verband. Die Dramatik und der kriegerische Ernst der Gegenwart waren der äußere dunkle Hintergrund, vor dem sich Leben und Taten Christi lichtvoll abhoben.«

Das Heilige Land hat Benesch am häufigsten besucht. »Die Dinge sind nicht so groß, dass sie übermenschlich, gigantisch sind«, sagte er, »sie sind aber auch nicht so klein, dass sie nicht eine gewisse kosmische Größe atmen. Palästina ist das Land der Erde, das ›Menschenmaß‹ hat, wie wirklich für den Menschen gemacht, so dass es Jesus von Nazareth ohne Mühe hatte durchwandern können.«

Emil Bock war in den dreißiger Jahren dort gewesen und hat – im Anschluss an Schilderungen von Ernest Renan[118] – vielfach darüber gesprochen, dass im Heiligen Land die Gliederung von Galiläa im Norden, Judäa im Süden und Samaria in der Mitte eine eindrucksvolle Dreigliederung des Landes ergäbe, die gleichzeitig die Grundkräfte des Daseins, Leben und Tod, abbildet: das paradiesische Lebensgebiet Galiläa im Norden mit dem See Genezareth, mit Nazareth und dem Berg Tabor, und das von Todes-Kräften durchdrungene Judäa mit dem Toten Meer, der Wüste Juda und Jerusalem. Bock sprach auch davon, dass die Landschaft durchzogen sei von »Urbildern« der Erdgestaltung: Der See Genezareth sei *der* See, der Berg Tabor *der* Berg, der Jordan *der* Fluss.

Benesch hat diese Sicht in vollstem Maße bestätigt. Selbst das Gebiet intensiv erkundend, hat er viele weitere Entdeckungen hinzugefügt. Er war es wohl, der zum ersten Mal das »Heilige Land« als Zusammenfassung aller wesentlichen landschaftsbildenden Kräfte auf der Erde beschrieben hat.[119] Er schließt mit einer solchen Schilderung an eine »Legende« an, die man in Schwaben von der Entstehung ihres »Muschterländles« erzählt: »Als der liebe Gott beschloss, die Erde zu schaffen, da überlegte er, wie er das machen solle, und da berief er eine große Engelkonferenz ein. Der Erzengel Michael schlug vor: Wir machen vorher ein Modell! In diesem Modell nehmen wir alle Elemente im Kleinen vorneweg, die nachher die Erde im Großen braucht. Wir schaffen also erst einmal ein kleines Meer – das ist der Bodensee – , dann schaffen wir ein kleines Schollengebirge – das ist die Schwäbische Alb – , dann schaffen wir ein kleines Faltengebirge – das ist der Schwarzwald –, dann schaffen wir einen Fluss – das ist der Neckar – , eine Ebene – die Rheinische Tiefebene – , und einen Grabenbruch – den Oberrheinischen Grabenbruch. Und du kannst dann sehen, ob das recht ist.

Und die Engel schufen ein solches Modell und brachten es von Engelsflügeln herangetragen vor den lieben Gott. Der guckte sich das an und sagte: ›So werden wir das machen.‹ – ›Aber‹, sagte der Erzengel Michael, ›wäre es nicht schade, wenn wir dieses schöne Modell zerstören; es wäre doch viel besser, wir bewahren es auf!‹ – ›Ja‹, sagte der liebe Gott, ›setzen wir es nach Schwaben!‹ Man sieht also, die Schwaben haben ein kosmisches Selbstbewusstsein. Aber dasselbe kann man von Palästina sagen. Was heißt das? Es gibt eben in Palästina urbildliche topologische Erscheinungen.«[120]

Durch neuere eingehende Forschungen[121] wird diese Sicht bestätigt, und auch andere Darstellungen Beneschs erweisen sich als wohl begründet: Palästina vereint in sich wesentliche Elemente des Pflanzen- und Tierreiches, die an sich für die angrenzenden Kontinente Europa, Afrika und Asien *spezifisch* sind! Palästina enthält also tatsächlich etwas von der *ganzen* Erde in sich, wirklich wie ein »Modell« des *Ganzen.* So dass der

Christus Jesus, als er dort sein Menschenschicksal durchlebte, im Kleinen zugleich die ganze Erde zu umfassen vermochte. »[…] so ist Palästina tatsächlich eine Art Konzentrat aus der ganzen Erde; alles, was auf der Erde ist, hat in Palästina einen konzentrierten Anteil.«[122]

Und so wurde auch auf allen anderen Reisen Beneschs immer der Blick für diese Tatsache geübt, mit der Frage: Wie spiegelt sich ein Stück Palästina in dieser Landschaft, die wir gerade hier an einer ganz anderen Stelle der Erde erleben?

Noch ein weiteres »Forschungsergebnis«, das Benesch von den Palästinareisen mitbrachte, sei hier erwähnt: die »Entdeckung« der vier Ätherarten in Galiläa.[123] Diese vier Ätherarten, die allen Bildungen auf der Erde zugrunde liegen, hat Benesch – wohl als Erster – in Galiläa entdeckt: in der geologisch rhythmischen Gestaltung des nordgaliläischen Berglandes die Wirkung des »Klangäthers«, der im Berg Tabor seinen reinsten Ausdruck findet:

»Wenn Sie sich hier in der Landschaft bewegen, haben Sie sofort einen hochmusikalischen Eindruck, denn die Aufeinanderfolge ist richtig rhythmisch-melodiös.«[124]

»Geht man nun hinüber zum Karmel-Gebirge, da sieht man etwas sehr Merkwürdiges: Das Karmel-Gebirge hat ja eine einheitliche Gestaltung, und zwar sehr konzentriert.« Messungen der so genannten »Schwere-Anomalien« in Palästina haben ergeben, dass die Schwerekräfte im Karmel am stärksten sind: »Das heißt also, der Karmel zeigt starke Verdichtungskräfte, so wie Obergaliläa rhythmische Kräfte zeigt, so zeigt der Karmel Verdichtungskräfte, Konzentrationskräfte, die hängen mit dem ›Lebensäther‹ zusammen. Und das wird dort auch in der Pflanzenwelt sichtbar, denn nirgends in Palästina ist die Pflanzenwelt so reich an Spezies, weil dort sehr viele ausgesprochen mittelmeerische Pflanzen vorkommen.«

Ein weiteres charakteristisches Gebiet sind im Nordosten Galiläas die Golanhöhen und der See Genezareth. »Da hat man das Gefühl einer unendlichen Weite, und in diese unendliche Weite leuchtet der Schnee vom Berge Hermon, man hat eine Überfülle von Licht da oben, vor allem […] weil auch das Galiläische Meer von der Erde her den Schneeglanz des Hermon zurückwirft.« Hier befindet sich das Zentrum des »Lichtäthers«.

»Wenn Sie nach Tiberias kommen, da haben Sie heute ein modernes, mondänes Bad mit heißen Quellen, wo auch die Römer schon gebadet haben. […] Und da kommt nun die volle Hitze des Jordangrabens bis nach Galiläa hinauf. […] Da ist der heißeste Teil, das heißt, hier wirkt der ›Wärmeäther‹.

Die Kosmos-Zugewandtheit des galiläischen Teiles von Palästina zeigt sich auch darin, dass wir es tatsächlich mit den vier ätherischen Zentren zu tun haben.« Das ist der Teil Palästinas, wo sich die Hauptwirksamkeit des Christus Jesus abgespielt hat, und zwar wohl nicht zufällig am Nordostufer des Sees Genezareth, wo die drei Ätherarten der Wärme, des Klanges und des Lichtes stark in einander wirken, während Passion und Tod sich – wiederum nicht zufällig – in der Todesregion Palästinas, in Judäa und Jerusalem ereignet haben.

Ein besonderer Blick fällt von hier aus auf den Berg Tabor, wo die »Verklärung« Christi stattgefunden hat. Dieser Berg liegt im Klangäthergebiet ganz im Süden des obergaliläischen Berglandes, ganz exponiert; er hat selbst die vollkommene Form des Klangäthers, nämlich das Halbrund. Benesch ist damals zu Fuß hinaufgewandert: »Tut man das, dann erlebt man etwas Besonderes, man wird nämlich richtiggehend rhythmisiert.« Die geologischen Schichten bilden gleichsam eine natürliche Stufenfolge, die auch in unterschiedlichem Pflanzenwuchs erscheint; im Aufstieg erlebt man nacheinander und im Wechselspiel »immer dieses Warme, Trockne, dann allmählich das Feuchte, dann schließlich das Dunkle, Schattige, Kühle« – sich mehrfach wiederholend. »Man wird vollständig rhythmisiert, und wenn man oben angekommen ist, ist man in einer gesunden Weise locker.« Auch dies dürfte kein Zufall sein, dass sich gerade dort – der Christus hat diesen Aufstieg ja mit seinen Jüngern selbst vollzogen – die Verklärung ereignet hat.

Weitere Einzelheiten wären zu erwähnen, so etwa die Tatsache, dass Benesch an manchen wichtigen Stellen der Landschaft, zum Beispiel um Nazareth herum, eine Zwölfheit von Berggipfeln nachweisen konnte, Nazareth selbst im Tal liegend: »Jetzt sehen Sie sich das bitte an: eine Schale mit zwölf kosmischen Bezugspunkten zu den zwölf Tierkreiskräften.« Und etwas Ähnliches haben wir bei der Taufstelle: »Mittendrin ist das Zentrum der Taufstelle. Und wenn man nun wiederum anhand der genauen geographischen Karten die umliegenden Berge anschaut, die hier im Kreis herum stehen, so sind es wieder zwölf; und wie wir bei Nazareth einen der Berge als den Berg der Ärgernisse bezeichnen, weil dort der Versuch gemacht worden ist, Jesus herunterzustürzen, so haben

Auf den Golanhöhen

wir hier einen der Berge oberhalb von Jericho«, wo nach der Tradition die Versuchung stattgefunden hat: den »Berg der Versuchung«.

An der Taufstelle hatte die kleine Reisegruppe bei der ersten Reise ein besonderes Erlebnis. Es war ein Tag, »wo über dem Jordangraben Wolken waren, es war bewölkt. Da entdeckten wir plötzlich, dass in der Wolkendecke ein Riss war, durch den man den Himmel sehen konnte, und dass dieser Riss genau dieselbe Form hatte wie auf der Karte die Mäander des Jordan. Wir haben dann die Karte herausgeholt und die Sache gründlich kontrolliert, und siehe da: Es stimmte. Das heißt also, dieser Fluss hat eine so starke ätherische Strahlung in die Wolken hinein, dass er manchmal das Auseinandertreten der Wolken nach seinen eigenen Formgesetzen bestimmt, so dass man also sieht, dass hier die Kräfte der Tiefe in die Höhe wirken und die Kräfte der Höhe in die Tiefe.«[125]

Diese Beispiele – sie könnten vermehrt werden – mögen genügen für die Art, wie Friedrich Benesch die Landschaft, in der sich das Mittelpunktsereignis des Menschheitsgeschehens abgespielt hat, in vielen

Kapernaum

Einzelheiten entschlüsselt und den großen kosmischen Zusammenhang aufgedeckt hat: Palästina ist nur äußerlich das kleine, unbedeutende Gebiet am Rande das Mittelmeers; in Wirklichkeit trägt es alle Geheimnisse des Erdenlebens in sich, ist »Mitte der Erde«.

Benesch ist später noch viermal nach Palästina gereist (1968, 1969, 1973 und 1981) und hat sich immer intensiver in die Besonderheiten des Landes mit seiner einzigartigen ätherisch-geographischen Struktur und Geschichte einzuleben versucht.

In Jerusalem besuchte er mit seiner Reisegruppe noch einmal, wie schon 1958, das »Coenaculum«, die Stätte, an der nach der Überlieferung das Abendmahl stattgefunden hat. Das ursprüngliche Bauwerk ist der Zerstörung Jerusalems anheim gefallen, heute steht dort ein Gebäude aus der Kreuzfahrerzeit mit einem schönen Saal, dem »Abendmahlssaal«. Die Reisenden waren allein, denn es war die Zeit kurz nach den kriegerischen Auseinandersetzungen zwischen Israelis und Palästinensern in Jerusalem und es war in dem Grenzgebiet, in dem das Gebäude lag, noch keineswegs ungefährlich.

Arad

Bernhard Lauinger, der auf dieser Reise dabei war, erinnert sich, wie Benesch Worte aus der Weihehandlung sprach und Conrad Ferdinand Meyers Abendmahls-Gedicht zitierte: »Es sprach der Geist:/ Sieh auf [...]«,[126] und wie die Atmosphäre im Raum sich spürbar verdichtete, als ob das damalige Geschehen unmittelbar gegenwärtig würde.

Ein beabsichtigtes, reich bebildertes Buch ist über erste Planungen nicht hinaus gediehen. Aber Gespräche hierüber mit dem Verleger Johannes Mayer und eine erste Bildauswahl hatten stattgefunden.

Lauinger berichtet, dass hier vielfach etwas eintrat, was er auch sonst auf den Reisen glaubte beobachten zu können: dass die Natur oft in einer besonderen Weise reagierte. So waren sie gerade am Karfreitag am Toten Meer, und »da ist es so gewesen, dass aus heiterstem Himmel – es war blauer Himmel und strahlende Sonne – schlagartig zur Stunde des Kreuzestodes ein urgewaltiges Gewitter aufzog. Und danach, als das Unwetter sich wieder verzogen hatte, bildete sich in den Wolken so etwas wie das Bild eines Engels mit einem Kelch über Qumran. Danach fand ein eindrucksvolles ätherisches Farbenspiel in der Landschaft statt, die ja auch sonst am Toten Meer oft von zauberhaften Farb-Erscheinungen erfüllt ist. Und als wir vom Toten Meer wieder nach Jerusalem aufwärts fuhren, war die ganze Landschaft in ein Blutrot eingetaucht und ein wunderbarer Sonnenuntergang über dem Ölberg zu erleben.«

Ein entsprechendes Erlebnis hatte die Reisegruppe an den Iguazu-Wasserfällen in Brasilien. Sie kamen nachts an, und auch da war ein gewaltiges Gewitter mit mächtigen Regengüssen niedergegangen. Die Wasserfälle stürzten mit ungewöhnlicher Wucht in die Tiefe, so dass sich das auch sonst schon gewaltige Naturschauspiel noch verstärkte. – Oder in Australien, beim Aiers Rock: Dort hatte es vorher geregnet und die ganze Wüste blühte über und über in den leuchtendsten Farben. Auch hier war Benesch tief bewegt von dem Natureindruck.

Europa und Kleinasien

Auch in anderen Teilen der Erde hat Benesch seine Entdeckungen gemacht. Er hatte einen Blick für die jeweils besonderen äther-geographischen Zusammenhänge. So entdeckte er zum Beispiel auch in Irland – ähnlich wie in Palästina – vier ätherische Zentren und sprach in dieser Beziehung von einer inneren Verwandtschaft Irlands mit Galiläa. Irland sei in besonderer Weise »durchätherisiert«, die vier Ecken der Insel seien – wie Galiläa – mit den vier Ätherarten begabt und von ihnen geprägt, und alles sei noch durchwoben von dem Wirken der Druiden und der Ausstrahlung der naturfrommen irischen Mönche der ersten Jahrhunderte.

»In Irland blieb er einmal auf einer Ebene in Unterhaltung mit einem Schafhirten sitzen«, erzählt Johannes Hertzberg. »Die Rede war von den Naturwesen. Der Hirte sagte zu ihm: ›Ich bin Kamerad bei ihnen. Du bist Chef für sie!‹«

Studienreisen führten Benesch auch in das übrige Europa. Aus Spanien gibt es einen Bericht von Jaime Padro, einem der Pioniere der dortigen anthroposophischen Arbeit, der Benesch zu einem Seminar eingeladen hatte. Es wurde vereinbart, dass Benesch dort zwei Wochen lang einen Kurs für Seminaristen abhalten sollte, die zu Waldorflehrern ausgebildet wurden.

Das Haus, in dem das Seminar stattfinden sollte, war gerade fertig gestellt. »Es war sehr kalt: die Außentemperatur lag zwischen 10° bis

Smyrna

15° unter Null. Wir mussten im umliegenden Wald Holz sammeln, um den Saal warm halten zu können. Es wurden 20-30 Teilnehmer erwartet; das Mobiliar war sehr provisorisch: Die Tische bestanden aus Holzspanplatten auf Böcken. Als Benesch am ersten Abend zu einem ersten Kennenlernen in den Saal kam, fand er vierzig Teilnehmer vor, die ihn im Lichte eines knisternden Feuers, das vom Kamin her den Saal erleuchtete, voller Erwartung anschauten. Benesch verweilte stehend hinter mir und nachdem er lange in das Auditorium geschaut hatte, sagte er ›Buenos Inviernos‹. Es klang etwas unbeholfen, wie etwa ›gute Winter‹ und könnte vielleicht aufgefasst werden als Wunsch für ›einen guten Winter‹.

Anschließend fragte er, ob es irgendeine Beschwerde in Bezug auf das Seminar gäbe. Dann nahm er mich bei den Schultern und sagte: ›Das ist ein guter Mensch, der etwas für die anderen tut!‹ und danach fragte er: ›Gibt es irgendeine Frage, die Sie mir stellen wollen?‹ Es herrschte daraufhin tiefe Stille im Saal, und nachdem er lange gewartet hatte, sagte er: ›Gute Nacht!‹ und ging.

Eleusis

Am darauf folgenden Tag begann das Seminar. Wir arbeiteten in dem vierzehntätigen Kurs an der Erfahrung der Sinneswahrnehmung, der Tätigkeit des Auges und Ohres beim Sehen und Hören, und anhand der Rose an einer Betrachtung der Pflanzenmetamorphose. Auch beschäftigten wir uns mit der Erkenntnistheorie und der Beziehung zwischen dem Wort, dem Bild, der Vorstellung und der Idee und machten Konzentrations- und Meditationsübungen mit Inhalten der Christologie.

Am Wochenende fuhren wir nach Toledo, wo wir das Bild des Conde de Orgaz von El Greco anschauten. Ich erinnere Beneschs konzentrierten Blick, sein bleiches Gesicht und die Schweißtropfen, die beim Anblick des Bildes von seiner Stirn herunter flossen. Danach erklärte er: ›Dieser Maler stellt die Erde in den Himmel und den Himmel auf die Erde.‹

Anschließend besuchten wir den Alcazar, das maurische Schloss, und er erklärte uns, wie die Aura der Opfer noch über dem Gebäude zu sehen sei. Der Alcazar war eine Kaserne gewesen, in der die Franco-Truppen einer mehrere Monate andauernden Belagerung durch die republikanischen Truppen standgehalten hatten; fast alle kamen ums Leben.

Patmos

Am 30. März, dem Todestag Rudolf Steiners, hielt Benesch einen öffentlichen Vortrag im Hotel Emperador in Madrid über den Unterschied von Hellsichtigkeit und Einweihung und über den östlichen und westlichen Weg.

Zum Abschied auf dem Flughafen lud er mich zu einem Sommersemester ans Priesterseminar nach Stuttgart ein. Er ergriff mich bei den Schultern und sagte: ›Du hast breite Schultern!‹ Dieser Satz war wie eine Prophezeiung. Ergaben sich später doch etliche schwerwiegende Probleme, die ich tatsächlich auf meine Schultern nehmen musste.

Beneschs Aufenthalt und jenes vierzehntägige Seminar bildeten den Samen für die Anthroposophie in Spanien auf wissenschaftlicher, künstlerischer und religiöser Grundlage, sowohl in Madrid wie auch in Barcelona. An dem Seminar hatten Miguel López Manresa, Pionier der Anthroposophie in Barcelona, und andere Menschen aus Alicante und von den Kanarischen Inseln teilgenommen. Sie bildeten damals den spanischen Kern, aus dem sich die Geisteswissenschaft zu entfalten begann. Ohne Zweifel war Beneschs Besuch der Same, aus dem alle weiteren Aktivitäten hervorgingen, sowohl in der biologisch-dynamischen Landwirtschaft wie auch in allen Seminaren, die daraufhin organisiert und durchgeführt wurden.

Für mich persönlich war dieser Besuch eine Stütze für meine Arbeit in den vergangenen 26 Jahren. Zahlreiche Arbeiten zur Pflanzenmetamorphose und zu den Edelsteinen der Apokalypse sind daraus entstanden. Er war auch die Voraussetzung für die Entfaltung neuer Gesprächsformen zwischen den Teilnehmern meiner Seminare. Die Frucht ist die Gründung der ›Fundacion Circulo de Arte Social‹[127] geworden, der eine neue Kultur auf der Grundlage einer sozialen Entfaltung der Sinne anstrebt, aus der ein Dialog geschaffen werden kann.

Ich sah Benesch 1985 zum letzten Mal, als ich ihn während eines Deutschlandaufenthaltes von Bad Tölz aus besuchte. Beim Abschied schwebte in seinen und in meinen Augen eine Stimmung, die man zusammenfassen könnte mit den Worten: Ich sprach ›meine ewige Dankbarkeit‹ aus, und er antwortete ›meine ewige Liebe‹.«

Zu den Reisen in Europa kam Kleinasien hinzu. Schon 1967 hatte Benesch von Griechenland aus Ephesus besucht; 1972 machte er dann eine ausführliche Reise über Athen nach Istanbul und an den Bosporus, zu den sieben Städten der Apokalypse (Pergamon, Smyrna – heute Izmir –, Thyatira, Laodizäa, Ephesus, Sardes und Philadelphia), nach Patmos, zurück über Korinth und Athen.

Ost- und Südafrika

Ostafrika besuchte Friedrich Benesch im September 1966 (Arusha, Kibo), im März 1967 (Arusha, Serengeti, Kibo) und im Anschluss an eine Ägyptenreise (Alexandria, Kairo, Luxor, Assuan) im September 1971. Von dieser letzten Reise berichtet Bernhard Lauinger, sie hätten in Ostafrika die Eindrücke vertiefen können, die sie in Ägypten an den Darstellungen der Tiere als Gottheiten gewonnen hatten. Etwas von dem Wesen der Tiere, von ihrer »Gruppenseele«, sei ihnen an den Erlebnissen in Afrika vor Augen getreten. Auch hätten sie an einer Jagd auf einen Geparden teilgenommen.

Benesch selbst erzählte von einem Schwarzen, der von einem Löwen angefallen worden war, aber durch die Jagd-Genossen gerettet werden konnte. Der Mann habe versichert, er hätte keine Schmerzen, nicht ein-

Dschamba, Kilimandscharo

mal Angst verspürt, als der Löwe über ihm war, sondern er sei wie über sich emporgehoben gewesen in einen größeren Wesenszusammenhang – Benesch meinte: »in die gewaltige Gruppenseele des Löwen«. Der Schock und die Schmerzen seien erst später nachgekommen.

Eine kleine Erinnerung hat Helga Totzeck an Beneschs Erzählungen von seinen Afrika-Reisen: »Er sprach von der Mühsal des Reisens durch das Buschland. ›[…] und dann hörten wir auf einmal Gesang: Ein Choral wurde von den Eingeborenen gesungen, mitten im Busch. Da

Afrika

bekam ich Achtung vor den Missionaren, vor ihrer mühevollen Arbeit hier. Ein Choral mitten im Busch!‹«

In Südafrika war Benesch 1976. Neville Adams, damals Pfarrer in Johannesburg, war dabei: »In Johannesburg, von den Eingeborenen ›Goldi‹ (Ort des Goldes) genannt, kamen wir auf die Spuren eines deutschen Geologen, D. K. Hallbauer, der 1975 den pflanzlichen Ursprung des Goldes im Elektronenmikroskop festgestellt und darüber geschrieben hatte. Das war für Benesch ein großer Augenblick: ›So kam das Gold über winzige Pflanzen als Sonnenlicht auf die Erde!‹ Er konnte auch in einem Goldbergwerk sehen, wie in drei Kilometer Tiefe – ›Alt-Lemurien‹ sagte er dazu – das Gold gewonnen und an die Erdoberfläche geholt wird.

Auf dem Weg von Johannesburg nach Durban am Indischen Ozean übernachteten wir in den Drakensbergen. Wie tief waren sein Staunen und seine Andacht beim Anblick des südlichen Sternenhimmels! Die Sterne waren zum Greifen nah und so viele, wie man in der Stadt nie zu sehen bekommt. Wir staunten, wie gut er sich in den Sternbildern des Südens auskannte.

Nach einem kurzen Aufenthalt in Durban drängte es ihn, den Krüger-National-Park zu besuchen. Er wollte unbedingt die ›großen Tiere Afrikas‹ in ihrer afrikanischen Wildnis erleben. Zu seiner Freude haben sie sich von ihrer besten Seite gezeigt – was nicht jedem Besucher vergönnt ist.

Nachdem er, zurück in Johannesburg, ein Buch über die Geologie Südafrikas durchgegangen war, brannte er darauf, noch einmal in den Osten des Landes zu fahren, um eine der ältesten Gebirgszonen der Erde, den Barberton Mountain Range, zu besichtigen, eine der wenigen Stellen, wo das Magma aus der Tiefe an die Oberfläche der Erde gekommen ist, und, wie könnte es anders sein, dort Mineralien zu suchen und mitzunehmen. Benesch hatte später eine Sammlung von Mineralien aus aller Welt; sie wurden ihm von seinen Reisen kistenweise nach Stuttgart geschickt.

Einmal konnten wir in einem Farmhaus in 2000 m Höhe übernachten. Die Besitzerin war nicht zu Hause, hatte aber für uns Lammkoteletts bereitgestellt. Benesch übernahm das Braten des Fleisches mit einem tüchtigen Zusatz von schwarzem Pfeffer. Danach setzten wir uns an den Kamin – es war Winter und ziemlich kalt in der Höhe – und er plauderte gemütlich über sein Leben und die Zeit als evangelischer Pfarrer in Siebenbürgen. So haben wir den Menschen als Pfarrer und Wissenschaftler kennen und lieben gelernt.

In Namibia war er in Windhoek und auf der Farm Hochfels, wo es eine Kapelle gab, in der er eine Weihehandlung zelebrierte.

Anschließend schrieb er in das Gemeindebuch:

Erwartungsvolle, uralte Erde
Empfänglich tätiges Licht
Dass sie erneuert werde
Dass es nicht sinnlos zerbricht
Menschen sollen es wissen
Menschen sollen es tun
Dass es geschaffen werde
Dass es in Christus lebe
Um in dem Vater zu ruhn.

Am Abend hielt er einen Vortrag in der deutschen Schule zum Thema: ›Was ist die Anthroposophie?‹, der sehr gut besucht war.«

Asien – Japan

1970 reiste Benesch nach Japan. Damit ist ein besonderes Schicksal verbunden: das Schicksal von Professor Iwao Takahashi und seiner Frau aus Tokio.

»Es ist schon beinahe ein halbes Jahrhundert her, dass ich im Jahre 1957 Friedrich Benesch kennengelernt habe. Damals studierte ich als Stipendiat des Deutschen Akademischen Austauschdienstes bei Prof. Sedlmayr an der Münchner Universität deutsche Kunstgeschichte.« Bei häufigen Besuchen in der Alten Pinakothek lernte Takahashi Walter Krüger kennen, der damals Pfarrer in der Münchner Gemeinde war. »Mein erster Eindruck von ihm war so warm und sympathisch, dass ich ihm bei jeder Gelegenheit sehr gern zuhörte.

Eines Tages machte er mich auf einen ›Berufsorientierungskurs‹ in Stuttgart aufmerksam und sagte: ›Da müssen Sie unbedingt Dr. Benesch kennen lernen! Er ist ein ganz wunderbarer, großer Mensch!‹ Der Orientierungskurs wurde von Hans-Werner Schroeder geleitet. Gottfried Husemann, Emil Bock, Georg Unger und Friedrich Benesch lernte ich dabei ebenfalls kennen. Vor allem hatte ich das Glück, von der russischen Malerin Margarita Woloschin vieles über Rudolf Steiner zu hören. Es war Anfang April 1959.

Es geschah in der einen Woche des Kurses vieles, was mich unvergesslich beeindruckt hat. Gottfried Husemann durfte ich fast jeden Abend noch zu ziemlich später Stunde besuchen und ihm viele Fragen stellen, die mir wichtig waren. Er erwartete mich stets in seinem schwarzen Rock als Geistlicher und mit sauber polierten schwarzen Schuhen in seinem Zimmer des Priesterseminars und sagte jedes Mal: ›Bitte fragen Sie!‹ Dieses freundliche Entgegenkommen von ihm vergesse ich nie.

Benesch habe ich dann in meiner zweiten Studienzeit in Deutschland (1964 bis 1966) besser kennen gelernt. Damals studierte ich nochmals ein Jahr in München ›Ästhetik der Deutschen Romantik‹. Im zweiten Jahr konzentrierte ich mich am Priesterseminar in Stuttgart auf die Anthroposophie. Ich war überzeugt, dass ich sie dort am besten kennen lernen könnte. Vor allem die Vorlesungen und Seminarübungen bei Benesch über die ›Theosophie‹ und ›Die Geheimwissenschaft im Umriss‹ von Rudolf Steiner waren so ausgezeichnet, dass ich jedes Mal

In Japan mit Professor Iwao Takahashi und Christl Stalf

das Gefühl hatte, einen Prozess der Einweihung mitzumachen, und sich dadurch mein Bewusstsein veränderte.

Damals fühlte ich mit Erschütterung, dass die Zeit einem tiefen Wandel unterworfen war. Studenten in der ganzen Welt diskutierten über den Verfall aller Werte oder den großen Abstand zwischen den sozialen und geistigen Hierarchien und die Notwendigkeit einer Umkehr. Ich glaubte, dass diese Umkehr auch bei der Anthroposophischen Gesellschaft eintreten müsse. Ich trat von meiner Professur zurück und wollte mich frei der Anthroposophie widmen.

1970 besuchte Benesch uns in Japan. Als er am Flughafen in Tokio ankam, sagte er: ›Herr Takahashi, warum sehen die Bäume hier so japanisch aus?‹ Überrascht sah ich mich um und fand, dass die Kiefern tatsächlich ihre langen Zweige nicht nach oben, sondern horizontal oder nach unten ausstrecken. Mir fiel ein, dass auch unsere Kirschblüten nicht nach oben, zur Sonne, sondern nach unten, zu den Menschen aufblühen. Wusste Benesch schon, dass der eigentliche Impuls des Mahayana-Buddhismus – anders als der ursprüngliche Hinayana-Buddhismus – nicht ohne weiteres aufsteigen will, sondern den Impuls in sich hat, abzusteigen – nicht von oben zu leiten, sondern von unten zu stützen?

Dann begannen wir mit unserer anthroposophischen Arbeit. Einmal bat ein Teilnehmer Benesch um einen Rat in Bezug auf die Gemeinschaftsbildung. Darauf erhielt er die Antwort: ›Wir sollten unsere anthroposophische Gemeinschaft mit der gemeinsamen Förderung des Bewusstseins beginnen, mit einer *Bewusstseinsgemeinschaft*, in der man Probleme miteinander behandelt. Erst dann wird es möglich, eine *Gefühlsgemeinschaft* zu haben. Und nur dadurch wird es dann möglich sein, zu einer *Willensgemeinschaft* überzugehen. Meistens möchte man schon von Anfang an eine Willensgemeinschaft bilden, deshalb wird das Gefühl gegen einander antipathisch, und das Bewusstsein geht auseinander.‹

Diese ganze Problematik fassten wir so auf, dass ein wesentlicher, geistig-anthroposophischer Arbeitsstil in der Selbstvorstellung der einzelnen Mitglieder besteht. Wie man einer Klaviersonate von Beethoven zuhört, sollte man jede Selbstvorstellung anhören, mit offenem Herzen und ohne Vorbedingungen. Dieser Gedanke war der Ausgangspunkt für unsere anthroposophische Gesellschaft in Japan. Als wir im Jahre 1985 damit anfingen, sagte ich unseren Freunden, dass wir mit unserer Arbeit aus dem Geiste des Priesterseminars der Christengemeinschaft beginnen würden, wie wir aus diesem Geiste das Licht und die Wärme von Gottfried Husemann und Friedrich Benesch empfangen hatten. Ich glaube und hoffe, es geht so weiter bis heute.«

Auf diese Weise war für Benesch eine tiefere Schicksalsbeziehung zu Japan entstanden. Takahashi schickte nun seinerseits einige seiner Studenten nach Stuttgart ans Priesterseminar. Er sagte, es herrsche dort die »Stimmung der Lehrlinge zu Sais«, wie sie von Novalis beschrieben wird – und damit meinte er wohl das, was von den Naturanschauungen ausging, die Benesch vermittelte. So waren in der Folgezeit ziemlich viele junge Japaner am Seminar, und das führte dann bald auch dazu, Japaner zu weihen und 2000 die Christengemeinschaft in Japan zu gründen. Daran haben die Schicksalsbegegnungen, die zwischen Husemann und Benesch einerseits und Takahashi entstanden waren, einen ganz entscheidenden Anteil.

Von der ersten Japanreise zurückgekehrt, berichtete Benesch unter anderem Folgendes: Takahashi hatte ihn in einen Studentenkreis einge-

Professor Iwao Takahashi 2006 in Tokio nach einem Vortrag über »Expressionismus«

laden und einer der Studenten fragte: »Wir haben in Japan unendlich viele Gottheiten, im Shintoismus unzählige Kamis, und im Buddhismus tausende von Bodhisattvas – wozu brauchen wir noch Christus?« Benesch ging daraufhin mit Hilfe der Studenten die »Zuständigkeiten« dieser verschiedenen göttlichen Wesen durch: Da waren diejenigen, die in der Natur wirken, in Wind und Wetter, in Bäumen, Bergen, Flüssen und Pflanzen, in Wachstum und Fruchtbarkeit; aber auch solche, die das menschliche Schicksal begleiten, Geburt und Tod, Gesundheit und Krankheit, Glück und Unglück, Ehe und Kindersegen. Schließlich fragte er: »Und gibt es unter diesen Wesen eines, das zuständig ist für das menschliche Ich, für das Ewige im Menschen?« Darauf gab es keine Antwort. So konnte er sagen: »Derjenige, der das menschliche Ich jedes einzelnen Menschen auf der Erde behütet und begleitet, das ist der Christus. Er hat eine Beziehung zu dem Innersten in jedem Menschen. Eine Vorahnung davon gibt es schon in den Psalmen des Alten Testaments, wenn David sagt: ›Der Herr ist mein Hirte‹ – damit ist auf Christus hingewiesen.«

Hier sollen noch die Erinnerungen von Naoki Kobayashi, dem ersten japanischen Priester, folgen: »Es war im Frühjahr 1978, als mein anthroposophischer Lehrer, Iwao Takahashi, mich fragte, ob ich am Priesterseminar in Stuttgart studieren wollte. Mein Studium in Tokio hatte ich in diesem Frühjahr beendet; aber ich wusste noch gar nicht, was ich dann tun sollte. An einer Firma als Gehaltsempfänger zu arbeiten, kam für mich nicht in Frage. Ich wollte in irgendeiner Weise die Anthroposophie, die ich seit 1975 durch Takahashi kannte und studierte, als mein Lebensziel betrachten und mich für Erde und Menschheit nützlich machen. Das war sicher ein Ideal aus Jugendeifer und -begeisterung. Aber ich hatte das Glück, einen langen Weg zu gehen, und dieses Jugendideal zu verwirklichen.

Takahashi sagte mir: ›Es lohnt sich, einen Menschen dort am Seminar zu sehen. Er heißt Dr. Benesch.‹ Ich fragte: ›Auch nur ihn zu sehen?‹ Er antwortete: ›Ja!‹ So habe ich mich auf der Stelle entschlossen, ans Priesterseminar zu gehen, ohne zu wissen, was die Christengemeinschaft ist. Takahashi hatte oft von Gottfried Husemann gesprochen, aber kaum über die Chirstengemeinschaft.

Ich schrieb daraufhin Dr. Benesch, dass ich gern am Seminar studieren würde. Es kam sofort seine Antwort, dass ich noch in diesem Jahr nach Deutschland kommen solle. Ich hatte gedacht, in ein oder zwei Jahren.

Ostern 1982 in Tokio

Deutsch konnte ich gar nicht, deshalb meinte ich, mindesten zwei Jahre zu brauchen, um Deutsch einigermaßen sprechen zu können. Aber schon jetzt!? So habe ich sechs Monate lang jeden Tag über acht Stunden in einer Sprachschule und zu Hause Deutsch gelernt, um wenigstens einmal Dr. Benesch zu sehen und begrüßen zu können.

Am 25. November 1978 kam ich nach 33-stündiger Flugzeit in Deutschland an. Und einige Tage später sah ich ihn. Er war groß und rüstig und hatte eine sehr warme, tiefe Stimme. Ich empfand zu ihm eine innige Verwandtschaft und menschliche Wärme. Ja, eine Wärme, wie ich sie in meinem Leben so noch nie erlebt hatte. Das war er.

Als Student besuchte ich ihn mindestens einmal im Monat mit vielen Fragen über Geisteswissenschaft, Christentum, Buddhismus, deutsche Geisteskultur und Japan. Jedesmal beantwortete er sie auf sehr einleuchtende und oft erleuchtende Weise. Er betonte fast immer zum Gesprächsschluss, dass meine Zukunft Japan sei. So erkannte ich durch ihn den Sinn meines Japaner-Seins, ohne nationalistisch zu sein. Dafür bin ich ihm sehr dankbar.

In der Osterzeit 1982 war Benesch zum dritten und letzten Mal in Japan. Ich begleitete ihn als Dolmetscher. Und das waren Sternstunden für mich. Wir waren in Tokio, Nagoya, Ise, Nara, Kyoto und sahen viele Tempel und Shintoschreine. Einmal wollte er den Teich in einem schönen Tempelgarten photographieren. Darin saßen zahlreiche Schildkröten auf Steinen, die uns aber alle den Rücken zukehrten. Da sagte er etwas, das war vielleicht nur so etwas wie ›Na!‹ Aber daraufhin drehten sie sich nach ihm um! Oder heilige Hähne in einem Shintoschrein, die dafür bekannt waren, nicht zu krähen, begannen plötzlich lauthals zu krähen, als Benesch erschien. Die japanische Natur war mit ihm! Auch seine Deutungen über religiöse Symbole waren sehr einleuchtend. So lernte ich durch ihn auch die spirituelle Kultur in Japan tiefer erfassen.

Aber was das Essen anbetraf, da war er anders. Er sagte mir: ›Es tut mir leid, aber meine Zunge ist ganz intolerant.‹ Er mochte nämlich das japanische Essen nicht. So sagte er, wenn die Mahlzeit nahte: ›Suchen Sie bitte ein westliches Restaurant!‹ Und dann bestellte er immer Spaghetti. ›Das ist am sichersten!‹, war seine Begründung. Ich weiß nicht, wie viele Meter Spaghetti er in dieser Zeit gegessen hat. Aber seine wahre Zunge, Worte hervorzurufen, war im tiefsten Sinne des Wortes tolerant. Durch ihn habe ich die wahre Gestalt der Anthroposophie und die Größe des Christentums kennen gelernt. Und er gab mir Mut, als Priester zu arbeiten, und zeigte mir, wo ich in der japanischen Kultur ›Christliches‹ finden kann.«

1988 bedankt sich Benesch für einen inhaltsreichen Brief von Kobayashi:

»Zunächst einmal möchte ich Ihnen sehr herzlich für Ihren lieben ausführlichen Brief vom 4. Mai danken. Immer wieder kann ich erfahren, dass Ihre Tätigkeit in der Christengemeinschaft etwas Positives, Schöpferisches und Überzeugendes hat, und das erfüllt mich mit großer Freude.

Die Unternehmung, die Christengemeinschaft in Japan zu betreiben, ist ja kein Ereignis von heute auf morgen. Es ist auch kein Stunden- und Jahres-, sondern ein Jahrzehnte- und Jahrhundertgeschehen; und ich glaube schon, wir müssten noch warten, bis noch einer oder zwei weitere Japaner das Priestertum ergreifen können. Ganz gewiss ist Japan nicht mehr Ihre Heimat, aber es ist Ihre Zukunft und Ihre Aufgabe, und das wird sich im Laufe der Zeit mehr und mehr verstärken, bis es dann so weit ist, dass wir dort anfangen können.

Nun fragen Sie, wie man Menschen ansprechen muss, die von der Anthroposophie und von der Christengemeinschaft noch keine Ahnung haben. Das ist eine sehr interessante Frage. Und man muss bei der Beantwortung derselben gar nicht von dem ausgehen, was man selber den Menschen vermitteln möchte, sei es Anthroposophie, sei es Christentum, man muss sich vielmehr zunächst ganz und gar auf die Menschen einstellen, so wie sie sind, so wie ihr Bewusstsein ist, so wie ihr Leben und ihr Bewusstsein sind. Und das muss man kennen lernen und von den Menschen erfahren und dann wird man innerhalb dessen, was man von den Menschen erfährt, die Punkte finden, an die man anknüpfen kann, dass man aus den Menschen selber heraus den Zugang und den Übergang zu dem findet, was man selber verkünden will. So müsste auch ein Büchlein zur Einführung in das Christentum für Japaner gestaltet werden. Die ganze alte japanische Kultur, insofern sie in der Gegenwart noch lebt und insofern in ihr selbst Ansätze vorhanden sind, in das Christentum überzugehen, wäre das eine. Das andere wäre: Was in den Seelen selber heute lebt, was die Menschen aus dem Vorgeburtlichen mitbringen, denn sie kommen ja gerade nicht aus dem Japanischen aus der geistigen Welt, sondern ganz woanders her und sind ja in das Japanische eingetreten.

Dies sind also mehr so allgemeine, stichwortartige Gedanken, aber ich könnte mir vorstellen, dass Sie ohne Weiteres das verstehen, was ich damit meine.«

China hat Benesch nicht bereist. Ich erinnere mich, wie er von einer seiner Asienreisen zurückkam und erschüttert war von den unendlich vielen Menschen und Menschenmassen, mit denen er dort konfrontiert gewesen war, und wie er ausrief: »Herrgott, wie willst Du mit all diesen Menschen zurecht kommen!«

Nord- und Südamerika

1973 reiste Benesch zum ersten Mal nach Amerika. Weitere Reisen folgten bis 1983, in denen er nach Berichten von Gisela Wielki und Erk Ludwig, die damals als Pfarrer in New York beziehungsweise San Francisco tätig waren, sogleich am geistigen Leben des Landes teilnahm.

Innerlich nun ganz eingestellt auf den neuen Kontinent hielt Benesch zunächst Vorträge über die Erde als Leib Christi. Dann aber gab es auch

Sequoia Gigantea, Basis des gewaltigen Baumstammes

Tagungen, in denen er sich beispielsweise mit den »Physical-Spiritual Aspects of North America« befasste oder auch mit den »Building Stones for the New Jerusalem, Mineralogy in the Light of Christ« bis hin zu zukunftweisenden Gedanken wie »The Guide into the Future of Mankind«.

Einer seiner Reisegefährten, Bernhard Lauinger, erinnert sich an die berühmten Mammutbäume bei San Francisco; zahllose Mücken fielen über die Besucher her und machten sie zum Ziel ihrer Angriffe. Alle waren verzweifelt damit beschäftigt, diese lästigen Angriffe abzuwehren.

Wellington / Neuseeland

Benesch indes war tief in den Anblick eines dieser gewaltigen Riesenbäume versunken und rührte sich nicht. Er sagte später, er sei »im Gespräch mit der Baumnymphe gewesen, und verfasste dann sogar ein Gedicht an sie. Um die Mücken – meinte er – brauche man sich doch nicht zu kümmern: Wenn sie genug Blut gesaugt hätten, zögen sie das Gift, das sie abgegeben hätten, mit dem letzten Blut wieder zurück!«

Es wurden alle Canyons im Westen der USA besucht. Gewaltig war der Eindruck, den der »Grand Canyon« auf Benesch machte. Alle Erdschichten lagen dem tiefen Einschnitt zu Folge offen zu Tage; das war für ihn wieder ein Moment tiefer Ergriffenheit.

Susan Locey, später Pfarrerin in Toronto, erinnert sich: »Als ich Benesch bei einem Gemeindetreffen in New York persönlich gegenüber stand, bemühte er sich, mir in meiner eigenen Sprache zu begegnen und sagte auf Englisch: ›Come to my school!‹ Als junger, strebender und ringender Mensch war ich tief beeindruckt von seiner Weitsicht, die schlafenden Fähigkeiten zu erkennen, daran zu rütteln und diese wie aus der Zukunft hereinzuholen.

Ben Ali-Park, Alaska

In seinen Kursen sprach er so, dass jeder von uns als ganzer Mensch sich ständig angesprochen fühlen konnte. Keine menschliche Schwäche, die zu verwandeln möglich war, oder eine Fähigkeit, die es zu entwickeln galt, entging seiner Aufmerksamkeit. Er besaß die souveräne Wachheit, die Nöte der Seele aufzuschließen und auf eine neue Perspektive hinzuweisen, bevor man selbst fähig war, eine neue Stufe zu erreichen. Geduldig und mit einfachen Bildern veranlagte er ein spirituelles Fundament. Er vermittelte ganz lebendige Ideen, die man zu Idealen erheben konnte und die später in vielen Lebenssituationen hilfreich wurden.

Beneschs Antworten auf Fragen über die Nöte der Zeit und der Menschheit waren immer Ausblicke, erfüllt von Hoffnung und richtungweisenden Perspektiven über die Wirksamkeit der geistigen Welt. So auch über ›Die Ökologie der Welt, die total aus dem Gleichgewicht gebracht würde nach einer nuklearen Katastrophe, könnte sich durchaus wieder erneuern, indem sie aus dem Reservoir der ätherischen Kräfte schöpft, die noch in abgelegenen Naturreichen zu finden sind. Und er hat ausdrücklich von Alaska gesprochen.‹«

Werner Grimm, Pfarrer in Toronto, später in Vancouver, hatte Benesch nicht mehr als Lehrer am Seminar gehabt, stand aber später in ständigem Kontakt mit ihm. »Er bekam regelmäßig unsere ›Newsletters‹ und Programme zugeschickt; er interessierte sich für alles, was geschah. Fast jedes Mal bekam ich ein ›Dankeschön‹ per Brief, oft nur einen Satz – aber immer so, dass man wusste, er hat es wahrgenommen.

Zweimal hat er uns auf seinen Reisen in Toronto besucht. Wir fuhren dann in die nähere und weitere Umgebung, um geologische Erkundungen zu betreiben. Anhand geologischer Karten wusste er genau, wohin er wollte. Bei den Besuchen und auf diesen Fahrten war er wie ein guter Kamerad, immer positiv, immer so, dass er das Positive in einem ansprach, einen als Menschen anerkannte, so dass man sich innerlich gehoben fühlte. Das war jedes Mal der Fall, wenn ich ihn traf.

Er war Priester, Erzieher, Wissenschaftler, aber doch vornehmlich Mensch, sicher mit manchen Fehlern, aber bestimmt mit der Größe des Menschseins begabt, die man immer wieder an ihm erlebte.«

Ein Höhepunkt von Beneschs Reisetätigkeit war gewiß die »Weltreise« von 1979 nach Bali, Australien, Neuseeland, Hawai, Alaska, USA. Von allen Reisen brachte er unzählige Dias mit. Auf dieser Reise – so geht aus einer erhalten gebliebenen Notiz hervor – hat er 105 (!) Filme verbraucht.

Im Pazifischen Ozean fuhr er über die »Datumsgrenze« und damit über jene imaginäre Linie, die den Reisenden einen Tag jünger macht, wenn er sie von West nach Ost, einen Tag älter, wenn er sie von Ost nach West überquert. Die »Datumsfrage« hat ihn, wie aus seinen Tagebüchern hervorgeht – auf dieser Reise unausgesetzt beschäftigt.

Später hat er davon gesprochen, dass die Festsetzung des Null-Meridians auf Greenwich im 19. Jahrhundert zugunsten einer näher liegenden Festlegung korrigiert werden sollte. Verschiebt man nämlich – so meinte er – den Null-Meridian etwa 30° nach Osten auf *Jerusalem* und damit die Datumsgrenze ebenfalls um diese Strecke, dann kommt man mit dem Tagesbeginn – anders als heute – in einen Bereich im Pazifischen Ozean *ohne bewohntes Gebiet, fast ohne Inseln*. In diesem Bereich – einzigartig auf der Erde – befinde sich die »offene Stelle«, die jeweils den neuen Tag aus der geistigen Welt empfangen könne, von wo aus er seinen Weg mit dem Sonnenlauf nach Westen hin über die

Erde nehmen könne, um sich andererseits im selben Bereich, nach 24 Stunden, älter geworden, von Osten her kommend, wieder von der Erde zurückzuziehen. Der »Tag«, das »Datum« würde somit zu einem geistig Wesenhaften, selbst zu einem Wesen, unverwechselbar, so nie gewesen und nie wiederkehrend, das die Ereignisse über die Erde hin in sich aufnimmt und sich – an der Datumsgrenze im Pazifik von Osten her kommend – wieder in die geistige Welt zurückzieht, den Ertrag dieses Tages mitnehmend für die hierarchischen Wesen.

Peru

In Südamerika hat Benesch 1973 Peru besucht und dort auch Wolfgang von Wedemeyer, Direktionsmitglied eines großen Unternehmens, getroffen.

»Meine Frau war Anthroposophin und Mitglied der Christengemeinschaft. Ich dagegen war von einer absoluten Prädestination unseres Lebens überzeugt und hielt Steiners Angaben für Lug und Trug.

Dr. Beneschs Ansehen und Wertschätzung war enorm und kam selbst mir zu Ohren. Als man mich bat, ihn als Dolmetscher auf seiner Reise durch Peru zu begleiten, sagte ich spontan: ›Den will ich kennen lernen!‹ Am 29. 8. 1973 kam er dann nach Lima und wurde Gast in meinem Hause.

Wenn eine überragende Persönlichkeit einen Raum betritt, ändert sich schlagartig die gesamte Atmosphäre darin. Bei Beneschs Erscheinen entstand augenblicklich ein Ambiente der erwartungsvollen Freude. Von ihm konnte man alles erwarten, alles, was verbunden ist mit christlicher Liebe, Freude, Klugheit und menschlicher Hilfe.

Beim Besuch von Pachacamac, einer alten, am Pazifischen Ozean gelegenen Tempel- und Orakelstätte, genoss er sichtlich den weiten Blick übers Meer. Am Abend sagte ich zu ihm: ›In Pachamac sah ich Ihre Aura, sie war weiß und hatte nicht die lila-blaue Färbung, von der Steiner spricht. Daran sieht man ja, dass das nicht stimmt, was Steiner sagt!‹ Darauf antwortete Benesch: ›Was Sie sahen, war richtig, wenn Sie jedoch noch besser sehen lernen, werden Sie auch die Farben wahrnehmen.‹ Das war eine mir einleuchtende Antwort.

In Deutschland wird Weihnachten im Winter gefeiert – in Peru im Hochsommer. Ist das richtig? Benesch: ›Christus umfängt die ganze

Erde, lässt uns somit Weihnachten überall zur gleichen Zeit erleben, denn es umfasst im selben Moment die ganze Welt.‹

Vom ersten Augenblick an empfand ich ein ganz außerordentliches Zutrauen zu ihm. Während unseres Zusammenseins besprach ich mit ihm persönliche Probleme, die ich noch nie anderen gegenüber erwähnt hatte. Er kannte alle und jedes bis in die größten Tiefen und bewegte sich sowohl in der physischen wie auch in der übersinnlichen und der geistigen Welt mit unbefangener Selbstverständlichkeit. Seine Antworten waren nie ›lehrhaft‹, sondern immer kurz, klar und präzise.

Oft zog Benesch es vor, einem einen Hinweis, eine Art Fährte oder einen Leitgedanken zu geben und einen dann aufzufordern, unter dieser Perspektive einen bestimmten Gesichtspunkt, eine Realität oder Situation zu betrachten. Diese Anregungen brachten mich dazu, die korrekte Antwort jeweils selbst zu suchen und zu finden. Wenn man während des Abendbrotes aufgefordert wird, eine Frage oder ein Problem in dieser Form zu betrachten und beim Einschlafen im Bett mit dieser Fragestellung weiterhin intensiv beschäftigt ist, hat man oft beim Aufwachen die Lösung des Problems.

So konnte ich mich selbst überzeugen und kam zu wichtigen Einsichten, bekehrte mich selbst. Benesch lichtete das Dunkel und führte mich zu einem neuen Leben. Er umschloss mit seinem großen Herzen wahrhaftig alles menschlich Erreichbare.

Gemeinsam flogen wir dann nach Cusco.«

Cusco bedeutet zu Lima einen Höhenunterschied von mehreren tausend Metern. Das erfordert mindestens einen halben oder ganzen Tag Ruhe, um sich zu akklimatisieren und der Höhenluft anzupassen. Benesch jedoch machte der Wechsel gar nichts aus, er konnte sofort weiter agieren. Auch sonst wird von seiner enormen Leistungsfähigkeit berichtet, er hatte eine außerordentlich stabile Konstitution – gewiss auch ein Erbe des gesunden siebenbürgischen Bauerntums.

So überstand er ein andermal auch ohne Mühe die Autofahrt von Meereshöhe auf den Andenpass in 4.000 m Höhe. Bernhard Lauinger erzählt, dass er das Auto in rasender Fahrt auf diese Pass-Höhe brachte, um noch den Augenblick des Sonnenuntergangs zu erreichen. Ein Ereignis unendlicher Schönheit und Größe, inneren Friedens und Harmonie belohnte sie – im Westen der Untergang der Sonne, im Osten zugleich der Aufgang des Vollmondes in rosa Wölkchen über den 7000er Gipfeln der Anden. Benesch war sichtlich ergriffen, zu Tränen gerührt. Später sagte er in Erinnerung an diesen Augenblick: »Eines glaube ich Rudolf Steiner nicht: dass es in der geistigen Welt schöner ist als auf der Erde! Man muss nur einmal den Aufgang des Vollmondes über den Anden oder über dem Himalaya erlebt haben!«

Ein solches Pass-Höhen-Erlebnis hatte auch Wolfgang von Wedemeyer bei einem Ausflug mit Benesch zum Ticlio: »Dort oben, beeindruckt durch den Anblick der mit Eis und Schnee bedeckten Bergriesen, fragte er mich: ›Warum zeigt uns der Allmächtige diese vollendete Pracht?‹ Ich konnte die Frage nicht beantworten. Sie bewirkte, dass meine Gedanken auch heute noch um sie kreisen. Dort oben, wie auf vielen anderen Wegen, schwang Benesch einen schweren Hammer, um Gesteinsproben zu nehmen. Sein ausgeprägtes geologisches Interesse hatte ihn veranlasst, sich schon vorher Kartenmaterial vom Nationalen Geographischen Institut in Lima zu besorgen. Er liebte es, sich durch und durch mit unserer Erde zu verbinden. Er kannte und liebte ›pacha mama‹, die ›Mutter Erde‹, der man in Bolivien und Peru auch heute noch Opfer darbringt. Die ganze Schöpfung, uns alle, schloss Benesch in sein großes Herz.

In Cusco wünschte er ausschließlich die Inka-Kultur und die davor liegende Zeit kennen zu lernen. Mit Felix Palacios, einem von mir angeheuerten Studenten der Archäologie, besuchten wir alte Kultstätten in der Umgebung von Cusco. Am Abend brachten wir Felix nach Hause. Es war Nacht und ein wunderschöner klarer Sternenhimmel. Als wir ihm den versprochenen Lohn zahlen wollten, sagte Felix, dass er kein Geld wünsche und dass er Dr. Benesch seine Sammlung von Pfeilspitzen und altertümlichen Scherben schenken wolle. Mit allerbestem Willen konnte ich den Mann nicht davon abbringen und wusste nicht weiter. Das sagte ich Benesch. Er erwiderte, dass er wohl wisse, was da zu tun sei. Er stieg mit Felix aus dem Auto, fasste ihn bei den Schultern und sagte ihm in etwa: ›Die Sterne mögen dir beistehen, mögest du viel Erfolg haben in deinem Leben!‹ Dabei blickte er zu den Sternen und gab Felix einen Kuss auf seine Stirn. Felix muss eine ganz außerordentliche Erleuchtung gehabt haben, denn er taumelte weg in die Richtung seines Hauses, ich eilte noch schnell hinterher, um ihm sein Geld in die Tasche zu stecken.

Nach dem Besuch der alten Kultstätten in und bei Cusco erzählte mir Benesch, an welchen drei Stätten die Inkas der aufgehenden Sonne, der

Machu-Picchu, Peru

Mittagssonne und der untergehenden Sonne ihre Ehrerbietung kundgetan haben. Weil sich der Charakter der Sonne im Laufe des Tages so stark verändert, würde die Sonne in vielen alten Kultstätten, wie auch bei den Inkas, an drei verschiedenen Stätten angebetet.

Der Kenko-Felsen befindet sich oberhalb von Cusco und bildet einen kurzen, unterirdischen Gang mit einer aus Stein gestalteten Liege. Dort formte Benesch mit seinen Händen eine Art Muschel und ließ einen dunklen Laut ertönen. Da sah ich ein Wesen von der

Gestalt einer großen, in der Luft stehenden Blase. Als ich das später ihm gegenüber erwähnte, ergab sich folgendes Gespräch. Benesch: ›Ein gemütlicher Kerl, nicht wahr?‹ – Ich: ›Ja, das war er.‹ –Benesch: ›Nun, das war der Erdgeist.‹ – Ich: ›Als ich meinen Hut aufsetzte, konnte ich ihn aber nicht mehr sehen.‹ –Benesch: ›Darum wird den katholischen Priestern oben auf dem Kopf eine Stelle kahl geschoren, wodurch sie empfänglicher werden.‹

Oberhalb von Cusco bestiegen wir einen Felsen, der mit kleinen Blumen wie übersät war, und setzten uns. Die Luft war erfüllt von einer enormen, wunderbaren Freude. Ich erwähnte das, worauf Benesch erwiderte: ›Das sind Blumenelfen; sie freuen sich, weil jemand hier ist, der sie versteht!‹

Dann reisten wir mit dem Zug nach Machu Picchu. Früh am Morgen, bevor die Sonne aufging, waren Benesch und ich allein auf dem Tempelplatz von Machu Picchu. Wir standen noch im Schatten des im Osten aufragenden Bergriesen, sahen aber im Westen tief unten den Urwald, der von der Sonne bereits hell beschienen war. Der besonnte Teil des Urwaldes näherte sich uns immer mehr, und sobald er uns erreichte, wurden wir sofort von der Sonne geblendet, die den im Osten liegenden Berggipfel überschritten hatte. Da deklamierte Benesch hoch aufgerichtet aus Goethes Faust, in dem es im zweiten Teil heißt:

Hinaufgeschaut! – Der Berge Gipfelriesen
Verkünden schon die feierlichste Stunde
Sie dürfen früh des ewigen Lichts genießen,
Das später sich zu uns hernieder wendet.
Jetzt zu der Alpe grüngesenkten Wiesen
Wird neuer Glanz und Deutlichkeit gespendet,
Und stufenweis herab ist es gelungen;
Sie tritt hervor! – und, leider schon geblendet
Kehr´ ich mich weg,
Vom Augenschmerz durchdrungen.

Benesch hat verschiedentlich Nächte unter freiem Himmel verbracht, um diese innerlich besser aufnehmen zu können. Auf unseren Fahrten lachten wir oft! Es war meist ein Lachen ›der Erkenntnis‹, – also oft und immer wieder, wenn bei mir, dank ihm, ein Groschen gefallen war, ich etwas Neues erkannt hatte. – Die Unterhaltungen waren wohl nie oberflächlich, und ich bemühte mich, das Besprochene gut zu verstehen und die Gedanken in mir zu vertiefen. Obwohl unser Reiseprogramm reichhaltig war, haben wir nie die Ruhe verloren, waren nie aufgeregt oder nervös. Benesch handelte immer mit Takt, Feingefühl und behielt sein Ziel fest im Auge.

Er war davon überzeugt, dass unser Zusammentreffen schicksalhaft vorbestimmt war und wir in einem früheren Leben schon zusammen gewesen waren. Wir freuten uns darüber. Ganz offen und frei unterhielten wir uns über die Wesen, die wir wahrnahmen.

Als ich Benesch fragte, was ich für meine verstorbene Mutter tun könne, meinte er, ich solle mich mit ihr gedanklich verbinden. Er könne mit seiner Mutter jederzeit sprechen. Er stelle dafür das Bild seiner Mutter neben eine brennende Kerze. Auch sagte er mir, was und wie man seiner Mutter vorlesen kann. Einmal erzählte ich ihm: ›Ich sah meine Mutter, und sie sah so aus‹: Ich erhob meine Hände weit über meinen Kopf und führte sie dann hinunter, praktisch eine Säule in die Luft malend, worauf er meinte: ›Wenn Sie genauer hinsehen, werden Sie bemerken, dass die Säule in der Mitte etwas dicker ist; umso geistiger der Mensch, umso voller ist die Mitte der Säule. Die Säulen der griechischen Tempel haben diese Form, weil sie dieses darstellen.‹

In Lima gestand ich Benesch, dass ich von einer absoluten Prädestination unseres Lebens überzeugt sei. Daraufhin riet er mir, meine Gedanken um die Unterschiede zwischen dem Leben einer Pflanze, eines Tieres und des Menschen kreisen zu lassen und erläuterte mir das ein bisschen. Das war ein einfaches, gut funktionierendes Vorgehen, um mich selbst von der Zwangsvorstellung der absoluten Prädestination zu befreien.

So wurde ich durch Benesch ein Christ, Mitglied der Christengemeinschaft und Mitbegründer der ›Comunidad de Christianos‹ in Lima, Peru. Benesch hatte mir gezeigt, wie man als Christ mutig und froh im Leben stehen und seinen Weg beschreiten kann!

Herzenswärme gegenüber den Menschen und tiefe Verbundenheit zu unserem Land zeichneten ihn aus. Bestätigt wurde dieses auch durch seine zweite Peru-Reise, die er 1975 mit einer Gruppe guter Freunde unternahm.«

Bernhard Lauinger hatte in Ägypten ein ähnliches Erlebnis mit Benesch, wie es von Wedemeyer von den Kultstätten bei Cusco berichtet

Ägypten

hat. Sie waren in der Grabkammer der Cheops-Pyramide, und zwar einen Moment ohne Wächter. Benesch benutzte den Augenblick, um sich in den großen, offnen Sarkophag zu legen. Er erzählte dann, dass »es sofort losging«. Er fühlte sich aus seinem Leib herausgehoben, in Form der Pyramide-Flächen empor geführt bis zur Spitze und an der Spitze, wo die Linien der Pyramide sich kreuzen und nach oben öffnen, in den Kosmos geweitet. Schleunigst verließ er den Sarkophag wieder.

Das Gleiche erinnert auch E.-M. Hoerner. »Bei seinem Besuch in der Cheopspyramide gelang es Benesch, durch einen Wächter das Licht ausschalten zu lassen, nachdem er sich in das Einweihungsgrab des Pharao gelegt hatte. Bald danach fühlte, erspürte, erlebte er die ungeheuren Steinmassen der ganzen Pyramide auf sich lasten. Es war, als ob seine Seele dadurch wie aus dem Leibe herausgepresst würde und sich so lange weitete, bis sie mit der begrenzenden Oberfläche der vier Dreiecksseiten der Pyramide eins geworden war. Dann konnte er wahrnehmen, wie sich seine Seele entlang der Dreiecksflächen nach oben zur Pyramidenspitze zusammenzog in den Punkt, wo sich einstmals das Pyramidion, die goldene Spitze befand. In diesem Konzentrationspunkt angekommen, konnte er bemerken, dass, wenn er den Vorgang weiter geschehen ließe, er das Bewusstsein verlieren, seine Seele sich vom Leibe lösen und in den Kosmos ausweiten würde. Daher brach er das Experiment ab, kletterte aus dem Grab und ließ das Licht wieder anmachen.«

Auch hier intonierte Benesch in der Grabkammer der Cheopspyramide, wie Lauinger weiter berichtet, einen dunklen Ton: Die ganze ungeheure Steinmasse der Pyramide begann plötzlich in intensiven Schwingungen zu vibrieren. Offenbar hatte Benesch ein Gespür für die mit solchen alten Bauwerken verbunden Tongeheimnisse – auch aus Norwegen war ja solches zu berichten. Auch in den Externsteinen lassen sich ähnliche Phänomene hervorrufen.

Der Autor und sein Verlag

Noch Jahre nach Beneschs Berufung in die Leitung des Priesterseminars musste es dem Verlag Urachhaus unter Leitung von Kurt von Wistinghausen und Walter Junge darum gehen, zunächst den unverzichtbaren Literaturfundus der Christengemeinschaft wieder herzustellen, der durch Enteignung im Dritten Reich und Bombenkrieg restlos verloren gegangen war.

Eine Fortsetzung und Überleitung der Arbeit war frühzeitig geplant und gelang durch Mithilfe von Johannes Lenz in München, der Johannes Mayer kannte und ihn als Nachfolger vorschlug.

Noch bevor Mayer seine Stellung in einem großen Münchener Verlag gekündigt und die neue Arbeit in Stuttgart aufgenommen hatte, fand 1964 eine erste Begegnung mit Benesch statt, auf den ihn Johannes Hemleben, aber auch Wilhelm Kelber aufmerksam gemacht hatten. Für Hemlebens wichtige Intention, sich verstärkt in der lesenden Kulturwelt Akzeptanz zu verschaffen, schien Benesch ein viel versprechender Autor zu sein – aber dieses erste Gespräch verlief, ohne dass die eigentliche Frage mit ihm besprochen werden konnte. Erst drei Jahre später – Mayer hatte 1965 seine verlegerische Arbeit im Verlag Urachhaus begonnen – kam es erneut zu einer Begegnung, die aber bei aller Herzlichkeit mit einer klaren Absage an alle schriftstellerischen Erwartungen endete. Schon damals fiel der Satz: »Ich bin ein Mann des Wortes, nicht der Schrift. Von mir werden Sie nie ein Manuskript erhalten.«

Wiederum vergingen Jahre, bis Johannes Mayer die Idee hatte, wie man vielleicht doch noch an den Autor Benesch herankommen könnte. Werner Perrey, ein Vertrauter Beneschs, der auch Bandmitschnitte seiner Vorträge besaß, half mit, ihm die Veröffentlichungszusage wenigstens einer Ansprache in der Reihe »Vorträge« abzuringen. 1974 erschien *Das Ereignis der Himmelfahrt Christi. Die vierzig Tage*, das eine unerwartete freudige Aufnahme bei den Lesern fand. Mayer ist bis heute davon überzeugt, dass Benesch mit so viel Anteilnahme nicht gerechnet hat und dass die Freude über diese Erstveröffentlichung ihn für kommende Verlagswünsche umstimmte. Noch im gleichen Jahr erschien *Energiekrisen und Wachstumsgrenzen im Zeichen des Materialismus* – ein noch heute lesenswerter Beitrag zu einer aktuellen Zeitfrage – und 1975 *Zur Bewusstseinskrise der Gegenwart. Autorität – Aggression und Enthemmung – Selbsterziehung*. Mit diesem richtungweisenden thematischen Dreiklang war ein Anfang gesetzt, der freilich noch nicht erkennen lassen konnte, mit welch einem Höhepunkt Benesch sein wissenschaftlich-literarisches Werk beschließen würde.

Im Folgenden soll beispielhaft über Beneschs Beziehung zum Schreiben und zum Buch schlechthin an seinem Hauptwerk *Der Turmalin* betrachtet werden, auch weil sich dessen Entstehung nahezu über die gesamte literarische Schaffensperiode erstreckt. Das Werkregister aller Veröffentlichung befindet sich im Anhang, S. 413.

Wahrscheinlich 1970, vielleicht im Jahr darauf hielt Benesch in den Verkaufsräumen der Mineralienhandlung von Herbert Bruhn in Stuttgart einen Turmalinquerschnitt in Händen, der einen überwältigenden Eindruck hinterlassen haben muss. Es folgten Erkundungen nach vielen Richtungen und Besuche in Idar-Oberstein einschließlich der Erwerbung weiterer Turmalinquerschnitte-, -kristalle und -stufen. In seinen Kursen und Vorträgen über geologische und mineralogische Themen, besonders auch vor den Studenten des Priesterseminars, kam das Thema »Turmalin« immer öfter zur Sprache. 1976 hielt Benesch im Rahmen einer Ostertagung der Christengemeinschaft den Vortrag »Turmalin, Granat und Diamant – höchste Erscheinungen des Mineralreiches«. Nicht lange danach kam es in einem Gespräch mit Johannes Mayer beiläufig zu einer Andeutung, dass eine kleine Veröffentlichung mit einigen farbigen Beispielen denkbar sein könnte. Wie so etwas aussehen könnte, führte Mayer Benesch vor, aber der Entwurf blieb kommentarlos liegen. Später traten weitere hinzu, beispielsweise die Dokumentation der fast vollständigen Serie von 24 Schnitten des Typus Omega aus Madagaskar in Originalgröße. Aber auch dieser Ansatz wurde nicht weiter verfolgt. Schrittweise zeichnete sich immer deutlicher ein Unterfangen von beispielloser Dimension ab, die »Monographie« des Turmalins.

Auf der Suche nach weiteren Querschnitten und Stufen fanden mit Mayer und Bernhard Wöhrmann unter anderem Reisen nach Wien, Paris und London statt, um die dortigen mineralogischen Sammlungen auszuwerten. Benesch seinerseits besuchte auf seinen Reisen die Museen in Washington und New York, aber einer der ergiebigsten Plätze blieb Idar-Oberstein. Von einem besonders unvergesslicher Besuch dort berichtet Bernhard Wöhrmann. »Friedrich Benesch wollte die Arbeit der Schleifer studieren und die besondere Atmosphäre dieses Ortes auf sich wirken lassen, wo seit dem 16. Jahrhundert unzählige Edel- und Schmucksteine aller Art zerschlagen, zersägt und geschliffen wurden.

Er sagte zu uns – Johannes Mayer und mir –, dass durch die jahrhundertelange ständige Zertrümmerung der Rohsteine eine große Zahl von elementarischen Wesen frei geworden seien, die sich gern in den Dienst der Menschen stellen würden. Da aber unter den Menschen, die die Steine bearbeiten, nicht das geringste Bewusstsein für die Anwesenheit dieser unsichtbar wirkenden Wesen vorhanden sei, habe sich unter diesen Wesen eine große Enttäuschung und Unmut über das Verhalten der Menschen ausgebreitet, besonders, weil sie nur mit den Gedanken des Profits beschäftigt seien, der aus den Steinen gezogen wurde. Dieser Unwille würde sich gegen die Menschen richten, und die Folgen würden bestimmte Krankheiten sein.«

Mit fortschreitender Arbeit am Text des Werkes rückte für den Verlag der Beginn der Herstellung näher und damit aber auch die damit verbundenen technischen Fragestellungen.

Die Vorstellung, der Turmalin würde sich so einfach fotographieren lassen, erwies sich rasch als Irrtum. Zunächst erfolgte nur Fehlschlag auf Fehlschlag. Es ist hier nicht der Platz, die Odyssee der Versuche zu schildern, die notwendig wurden, um gute Ektachrome zu erhalten. Nach monatelangem Experimentieren konnte jedoch der wissenschaftliche Fotograf Manfred Karge gewonnen werden. »Er richtete«, so noch einmal

»Ein durch und durch zukünftiges Buch mit vielen Erstbeobachtungen«, Fachpresse »Lapis«

Bernhard Wöhrmann, »in seinem weiträumigen Institut einen Raum eigens für die Fotoversuche mit den Turmalinscheiben ein. Nach etwa drei Monaten, während derer wir, Johannes Mayer und ich, ihn immer wieder in seinem Schloss aufsuchten – einmal auch in Begleitung von Friedrich Benesch – lagen erste brauchbare Ergebnisse vor. Eine entscheidende Rolle spielte hierbei eine neue Beleuchtungstechnik für die Turmalinquerschnitte. Durch langwierige Versuche mit verschiedenem Filmmaterial, einem eigens nach seinen Angaben hergestellten Objektiv (bei Leitz/Wetzlar) und verschiedenen Entwicklerlösungen konnte schließlich das gute Ergebnis erreicht werden. Hocherfreut nahmen wir die ersten Großdias für die Herstellung in Empfang. Erste Versuche für den Farbdruck konnten beginnen.«

Aber auch in diesem Stadium türmten sich bald die Probleme. »Die damaligen Scanner waren zunächst nicht imstande, die Totalität des Phänomens auch nur annähernd zu erfassen«, erklärt Johannes Mayer. »Feinste Übergänge, extreme Farbgegensätze mit hoch differenzierten Nuancen bei gleichzeitiger Reinheit und Transparenz der Farbführung einschließlich zartester Lichtbrechungen – dieser Auftrag drohte an den gestellten Forderungen zu scheitern. Die Grenzen des technisch Machbaren schienen erreicht. Das herstellende lithographische Unternehmen war entschlossen, den Auftrag ohne Kostenerstattung an den Verlag wieder abzugeben, als sich doch noch eine Möglichkeit eröffnete, dem ›Wunder Turmalin‹ näher zu kommen.«

Unterdessen ging die Arbeit am Text weiter, den Benesch Waltraud Sturm diktierte. »Wenn ich zu ihm kam, lag immer eine Schachtel Zigaretten bereit. Er hatte sich zwar Notizen gemacht, diktierte aber frei und sehr konzentriert. Wenn ich ging, hatte ich einen Stenoblock von vorne bis hinten und auf den Rückseiten noch einmal zurück voll geschrieben. Zwischendurch machten wir eine Pause, dann rauchten wir eine Zigarette und Frau Benesch brachte auf einem Tablett Kaffee mit ›Zuckerkacker‹ – so nannte er den Zuckerbehälter, wie man ihn in Cafés findet – und ›einer Träne Milch‹. Abends, nach meinem Büroalltag im Verlag, habe ich dann die Schreibmaschine mit nach Hause genommen und alles geschrieben.« Es konnte nicht ausbleiben, dass Benesch nach der anschließenden Durchsicht noch Veränderungen und Korrekturen vornahm, die Waltraud Sturm unermüdlich, damals noch ohne Computer, ausführte, was bedeutet, dass sie das ganze umfangreiche Manuskript mehrfach getippt hat, bis es dann in den Verlag gegeben werden konnte.

Das Lektorat besorgte Roswitha von dem Borne. »Ich tauchte in eine ganz neue Welt ein, als ich mich mit dieser Monographie befasste, die mir nicht nur ein einziges Mineral in der unglaublichen Vielfalt seiner Erscheinungen und seiner gleichzeitig immer wiederkehrenden Gesetzmäßigkeit zeigte, sondern auch Beneschs Erkenntnis über diesen Stein vermittelte, der als ein Wunder der Natur gleichsam den Übergang vom Mineral- zum Pflanzenreich andeutet.

Die Besprechung meiner Korrekturvorschläge oder die Bitte um Klärung zunächst schwer verständlicher Passagen verlief in ruhiger, konzentrierter Arbeit. Benesch hörte stets sehr aufmerksam und bedächtig zu und formulierte frei das eine oder andere neu.

Beim letzten Durchgang vor Drucklegung war er schon sehr gebrechlich und zart, aber immer noch voll präsent. ›Einverstanden‹, sagte er immer wieder langsam mit seiner sonoren Stimme, ›einverstanden!‹«

Mitten in die Phase der Konzeption des Werkes, in der ein Entwurf des Buchcorpus erarbeitet werden musste und dann praktisch das ganze

»In allen seinen Verwandlungen bleibt das Stoffliche dennoch ›Wesenheit‹«.

Konzept der sich anschließenden Konsequenzen feststand, bat Benesch Johannes Mayer zu sich, um seine Vorstellungen zu erläutern.

Johannes Mayer hat mir geschildert, welcher Schock es für ihn war, als Benesch erklärte, die Abbildung der großen Turmalinscheiben müsse natürlich in identischer Größe erfolgen, um das Wunder des Turmalins adäquat zu Geltung zu bringen: »Denn es stand mir sofort vor Augen, welche enormen Konsequenzen das für das Format und vor allem für die Kosten des Buches haben würde!« Bernhard Wöhrmann schreibt dazu: »Dann kam der große Paukenschlag 1988, als sich durch eine erste Verlagskalkulation herausstellte, dass der Ladenpreis des Buches etwa 850,00 DM betragen müsste.« Das war nicht durchzuführen! »Waren die langjährige Arbeit und die hohen, schon geleisteten Investitionen umsonst? Tiefe Ratlosigkeit verbreitete sich […] In diesem kritischen Moment fühlte sich der Freundeskreis, der sich um Friedrich Benesch gebildet hatte, aufgerufen, helfend einzuspringen. Es gelang, innerhalb etwa eines Jahres eine Summe aufzubringen, durch die der Preis des Werkes auf einen erschwinglichen Betrag gesenkt werden konnte. Die

»Zu den großen Rätseln der Weltliteratur gehört jenes Bild des ›himmlischen Jerusalem‹«.

Freude und die Begeisterung besonders bei Friedrich Benesch war groß.«

»Nachdem die Andrucke der herrlichen Scheiben und Kristalle vorlagen«, erinnert sich die Lektorin, »wurde auf Probeseiten in der gewünschten Originalgröße zunächst die Frage geklärt: Welchen Hintergrund braucht der Turmalin, um am besten zur Geltung zu kommen? Weiß? Ging nicht. Schwarz – noch weniger. Eine Anzahl weiterer Farben wurden versucht, aber alle Versuche verliefen unbefriedigend, nichts wollte zu der Farbenpracht des Turmalins passen. Daraufhin wurde Benesch gefragt. Nach einigem Bedenken kam die klare Antwort: ›Granitfarben muss der Fond, der die Steine umfasst, gedruckt werden.‹

Mayer komponierte die einzelnen Andrucke, zuerst immer schiebend und prüfend, bis eine ästhetisch befriedigende Seite schließlich entstanden war. Ein vollständig von Hand angefertigter Bild- und Textumbruch wurde auf diese Weise in wochenlanger Arbeit montiert.

Dann kam Benesch in den Verlag, um sich diesen ersten Klebeumbruch anzusehen, in der Hand eine Plastiktüte, in der sich ein überdimensionaler Aschenbecher befand, von dessen Teller man die Kippen durch Niederdrücken einer Vorrichtung im Untergrund verschwinden lassen kann. ›Weil ihr hier ja keine Aschenbecher habt!‹, erklärte er.

Darauf setzte er sich, atmete tief durch und fing an zu blättern, Seite für Seite, schweigend, immer wieder ganz still verharrend, überwältigt. Dann sagte er mit seinem wunderbar rollenden R: ›Mayer, du bist ein Genie!‹

Und nach neuerlicher Betrachtung: ›Und, Kinder, stellt euch vor: Die ganze Erde ist voller Turmaline! Wie ein Gürtel gehen sie um die Erde […]‹ Das war ein unglaublicher Augenblick, der zum ›Mitwisser‹ machte.«

»Das Abenteuer dieser Buchherstellung war aber noch längst nicht beendet«, berichtet Johannes Mayer, »beim Druck der Bilder mussten nicht wenige Motive nach einem ersten vierfarbigen Durchgang mit weiteren Zusatzfarben gesteigert werden, weil auch hier das Problem bestand, dass die Intensität bestimmter Farbbereiche mit üblichen Verfahren nicht erreichbar war. Bleibt zu berichten, dass sich am Schluss nur ein einziger Buchbinder finden ließ, der ein solches Großformat verarbeiten konnte, und dass im Buchhandel anfänglich große Bedenken laut wurden, ob sich eine Monographie über ein einziges Mineral, mit einem Format, für das es weder im Handel noch im privaten Bereich passende Regale gäbe, und mit einem nahezu unzumutbaren Gewicht überhaupt verkaufen ließe.«

Warum ist es aufschlussreich, diese Geschichte zu erzählen? Benesch, der zu Beginn gar nicht die Absicht hatte, zu schreiben, begeistert sich für ein Wunder der Schöpfung, vermag ihm erklärend und deutend Geheimnisse zu entlocken, die vor ihm niemand aussprechen konnte, besaß die Ausdauer, sich nahezu zwanzig Jahre seines Lebens diesem rätselhaften Phänomen zuzuwenden, findet einen Menschenkreis, der bereit ist, das schier Unmögliche gegen alle Widerstände landläufiger Vernunft durchzusetzen – fast möchte man sagen, zu erzwingen – und beschenkt danach Tausende Leser und Betrachter mit einem Werk, das Ehrfurcht und Staunen hervorruft und auf seine Weise unwiederholbar, einmalig ist. Wie ein Geschenk an die Menschheit steht es noch heute vor uns und spricht in einer Sprache, wie sie aus der geistigen Welt stammt.

Johannes Mayer erzählte mir, wie er Benesch nach einer zwei Jahrzehnte währenden Zusammenarbeit das erste fertige Exemplar brachte und wie ein minutenlanges Schweigen in seinem Arbeitszimmer herrschte und sein Gesicht ein Strahlen umspielte, das man mit Worten nicht beschreiben könne.

Die Wirkung des Buches in seiner heilenden Kraft wurde nach dem Erscheinen immer wieder deutlich. Viele Menschen berichteten, dass sie es sich, mit einer Seite aufgeschlagen, aufgestellt haben und spürten, was ihnen aus diesen still leuchtenden Scheiben in ihrer Farbenpracht entgegenkam. Ein Arzt bat den Verlag um ein zweites Exemplar. Er hatte das Buch in sein Wartezimmer gelegt, und es war sichtlich »angegriffen«, aber er spürte die Wirkung an den Patienten, die anschließend in sein Sprechzimmer kamen.

Ein unvergessliches Erlebnis hatten die Verlagsmitarbeiter auf der Frankfurter Buchmesse. »Da saß am letzten Tag der Messe, dem Sonntagnachmittag, ein junger Mann am Stand, in abgerissener Kleidung, herabgekommen und elend aussehend, offensichtlich durch das Leben schwer gebeutelt. Er blätterte im ›Turmalin‹, ergriffen auf mancher Seite verweilend. ›Das *muss* ich haben‹, sagte er inbrünstig, ›das muss ich haben! Was kostet das?‹ Der Preis war für ihn unerschwinglich, zudem darf auf der Messe ja nicht verkauft werden. ›Morgen, am Montag, da können die Bücher zum halben Preis gekauft werden, aber da ist die Messe leider nur für Fachbesucher zugänglich, die sich ausweisen müssen!‹. Er zog aus der Hosentasche eine Handvoll kleiner Edelsteine und sagte: ›Die werde ich meinem Zahnarzt verkaufen, ich muss das Buch haben!‹

Dieser Mensch hat uns so berührt, dass wir für alle Fälle ein Exemplar für ihn reserviert haben. Und tatsächlich, am nächsten Tag tauchte er auf. Er muss es irgendwie geschafft haben, in die Messe zu kommen. Aus der Tasche zerrte er ein Bündel Papier- und Kleingeld. Es hat nicht ganz gereicht, aber er hat das Buch bekommen, und da saß er dann, den ›Turmalin‹ umklammernd, und sagte: ›Dieses Buch hat mein Leben verändert!‹«

An einen der letzten Besuche bei Benesch erinnert sich Ursula Hausen: »Beim Öffnen der Tür zu seinem Arbeitszimmer fällt mein Blick zuerst auf ihn: Erstaunlich, wie schmal und durchscheinend er geworden ist – dann auf die wunderbaren Turmalinscheiben, die in einem Glasregal im Fenster stehen, von der Sonne durchleuchtet. Für einen Augenblick ist alles vom Wesen dieser Steine erfüllt, als ob die geistige Wirklichkeit, aus der sie geschaffen sind, unmittelbar lebendig anwesend ist. Mit überraschender Kraft tut sich das Wesen des Turmalins kund. Und für einen Augenblick leuchtet die Erkenntnis auf: Hier kann das Wesen dieser Steine sich wirklich offenbaren – von der einen Seite von der Sonne durchleuchtet, aus der die Steine stammen, von der anderen vom Bewusstsein eines Menschen, der sie erkennt.«

12.10.1990

Meine liebe, gute Frau Rodelind!

Über Ihren Gruß habe ich mich ganz besonders herzlich gefreut. Sie haben recht, eine solche Monographie gab es noch nie. Und Ihr Wunsch, daß dieses Buch die weiteste Verbreitung bekommen möge, scheint sich schon zu erfüllen. Innerhalb der ersten fünf Wochen, seit das Buch erschienen ist, sind bereits 1.500 Exemplare verkauft. Es wird weiterhin bekanntwerden und sich ausbreiten, und so darf man nur dankbar sein dafür, daß man die Kraft gehabt hat, ein solches Buch zu verfassen.

Ich freue mich, daß Sie Begeisterung und Freude daran auch haben.

Ich grüße Sie von Herzen und wünsche Ihnen alles Gute.

Immer Ihr
Dr. Friedrich Benesch

M. Kenst, Nachbar aus Birk

Er war einige Jahre in der alten Heimat auch für uns ein Wegbegleiter. Wir waren ja Nachbarn im Reener Bezirk. An eine Begegnung mit ihm erinnere ich mich noch lebhaft. Ich sollte – auf Weisung des Konsistoriums – der Gemeinde Birk einen Besuch abstatten. Fritz, als Ortspfarrer, empfing mich sehr freundlich. Bevor wir das Dienstliche angingen, hielt er im nur von Kerzen beleuchteten Speisezimmer eine Andacht. Es war auch für mich eine Besinnungsstunde, die in dieser Form in Siebenbürgen nicht üblich war. Sie hinterließ bei mir einen tiefen Eindruck. [...]

Wir wussten ja wenig von seinem Wirkungsfeld, seiner Arbeit nach dem Verlassen Siebenbürgens. Er hat – so erfahren wir aus den Berichten – vielen Menschen »dieser Zeit den Weg aus dem Dunkel ins Licht« zeigen wollen. Und das hat er aus tiefem Glauben in die Zukunft getan.

Mechthild Meichsner, Dresden
mitgeteilt von Maria Eppinger

Bei einer Reise in Siebenbürgen begegnete sie Friedrich Benesch, umgeben von einer Kinderschar. Dies war der Beginn einer langjährigen innigen Freundschaft.

Beim Abschied aus Siebenbürgen 1940/41 erwähnte sie, dass sie Ostern zu Hause in die Menschen-Weihehandlung gehen und an ihn denken werde.

Er äußerte den Wunsch, ihm doch mitzuteilen, was sie als Osterbotschaft erleben würde. Nach dem Osterfest antwortete sie: »Das Grab ist leer, das Herz ist voll.« Seine Antwort darauf soll gewesen sein: »Das ist es, was ich suchte.«

Lars Rydelius, Stockholm

Ein Gespräch mit Dr. Benesch war immer ein besonderes Ereignis. Lange konnte ich darauf zugehen, lange nachher davon leben. Das erste

Gespräch, das ich bewusst mit ihm gesucht habe, war auf der Jugendtagung in Skarnes in Norwegen im Sommer 1965. Ich war achtzehn Jahre alt, hatte das letzte Schuljahr vor mir und wollte nun festlegen, was ich nach dem Abitur und dem Militärdienst tun würde. Ich bat um Aufnahme in das Priesterseminar. Benesch freute sich, schaute mich an, gab mir einen Klaps aufs Knie und sagte: »Dann wirst du mit vierundzwanzig Jahren geweiht.« Ich fragte mich, wie er das wohl wissen könne, ich würde ja meine Freiheit mit in das Vorhaben nehmen. – Das habe ich nach Vermögen getan und bin mit vierundzwanzig Jahren geweiht worden.

Am 23. Dezember 1965 kam Benesch zu uns nach Göteborg. Die kleine Gemeinde war ohne Pfarrer, nachdem Britt Anderson nach Oslo gegangen war. Nun sollte Benesch mit uns Weihnachten feiern. Er bat mich, ihn am nächsten Vormittag zu einem Spaziergang abzuholen.

Er wollte irgendwo hin, wo ein paar Bäume zu sehen waren. Ich führte ihn hinauf auf einen Bergrücken. Auf der anderen Seite wollte ich hinuntergehen zu einem Wald und einem See. Als wir oben angekommen waren, brach die Sonne gerade durch die Wolken durch und sandte ihre Strahlenbündel über die Landschaft. Benesch blieb stehen und schaute und schaute. Ich blieb ein paar Schritte hinter ihm, sah seine mächtige Gestalt, das Sonnengeschehen und merkte, hier geht etwas Besonderes vor sich.

Als es vorüber war, wandte er sich um und sagte: »Das war es. Jetzt gehen wir nach Hause. Jetzt kann ich hier zelebrieren.« Auf dem Heimweg freute er sich und meinte: »Ich habe immer mit der Natur Glück. Ich darf immer das Wesentliche erleben.«

Heilig Abend war Benesch bei uns. Er setzte sich ans Klavier, spielte und sang »Es ist ein Ros' entsprungen [...]« Es war laut, sehr laut. Sein ganzer Leib zitterte in dem Vorgang. Das Zimmer vibrierte mit. Die Nachbarn hörten bestimmt auch mit. Es war aber nicht nur laut, es war zugleich innig, ja zart. Eine tiefe Innerlichkeit, Frömmigkeit begegnete hier einer Riesenkraft. Sie spielten ineinander. Es war Weihnachten. Diese ganz besondere Art, dieses Lied zu singen, ist mir immer wieder unvergesslich gegenwärtig.

Dann feierten wir mit ihm und durch ihn die drei Weihnachtsweihehandlungen. Am dritten Weihnachtstag begleitete ich ihn zum Flughafen. Im Bus fragte ich ihn, wie es sein kann, dass Sonne und Erde sich einst wieder vereinigen werden. Was er dazu gesagt hat, erinnere ich kaum. Aber ich erinnere die Empfindung, die seine Worte darüber in mir erweckten. Nachträglich sehe ich, dass ich etwas Dreifaches erlebt habe: Die Sonne, die vorweihnachtlich die Erde beschenkt – in den Weihehandlungen die weihnachtliche Geburt der Sonne aus dem Inneren – und durch meine Frage die Empfindung der künftigen Erde als Sonne.

Später habe ich Benesch mehrmals in Vorträgen über die Sonne sprechen hören. Mit Begeisterung schilderte er das Sonnenwesen als den Leib Christi, bevor er auf die Erde kam. Da entstand ein gewaltiges Bild von der äußeren Größe der Sonne: wie viel mal die Erde auf den Radius der Sonne passt (über 100mal), wie hoch eine einzelne Sonnenflamme in der Sonnenkorona ist, die auflodert und wieder in sich zusammensinkt – ihre Basis ist so groß wie die pyrenäische Halbinsel.

Und wie innig sonnenhaft konnte Beneschs Auge leuchten – etwa im Zelebrieren der Menschen-Weihehandlung, beim Austeilen der Kommunion, bei dem Wort vom Frieden an den Kommunizierenden!

Als ich dann am Priesterseminar war, gab es natürlich viele Gespräche, am Ende des Semesters immer das Abschlussgespräch. Ich hatte eigentlich nie Angst davor, auch wenn mir klar war, dass ich weggeschickt werden könnte. Mein Vertrauen zu ihm und zu meinem Schicksal war zu groß, um Angst zu haben. Hinzu kam, dass Benesch die Ruhe selbst war. Hinter doppelten Türen in seinem Arbeitszimmer fanden die Gespräche statt. Bücherregale bis an die Decke, herrliche Mineralien, das Bild des »Redentore« – ein Christusbild – Turmalinscheiben am Fenster, die ein wundervolles, farbiges Panorama ergaben, besonders im Licht der Morgensonne. Man saß sich in kleinen Sesseln gegenüber, Benesch immer rauchend, locker in der Haltung, einen ganz wach und liebevoll anschauend, lauschend, in den Rauch hinein langsam und leise etwas sagend. Alles konnte man fragen. Was geschah denn eigentlich in dieser besonderen Stimmung? Ich glaube, ich wurde in diesen Feierstunden mit dem Besten des Menschseins imprägniert, ganz tief durch die Seele bis in den Leib und das Blut damit durchdrungen.

Mit einem oder zwei anderen Studenten zusammen konnten wir mit ihm über das Seminarleben sprechen, über einen Kurs, Probleme, die entstanden waren, die Hausordnung. Fürsorglich hat er sich für alles interessiert, hat sich gekümmert, Ratschläge und Anordnungen gegeben.

Wenn Benesch über den Christus sprach, konnte er aus dem Christus über den Christus sprechen. Es geschah in Wärme, ob es im persönlichen Gespräch war, ob im Seminarkurs – etwa über den Epheserbrief – oder im öffentlichen Vortrag. Die Christuswärme hatte in ihm eine Bleibe gefunden und strahlte von ihm aus in die Welt, sie leise verwandelnd.

Er hatte einen festen Schritt. Dieser Schritt war aber nicht nur fest, er schien auch bewusst zu sein. Benesch wusste, dass und wo und wie er seinen Fuß auf die Erde setzte, so schien es mir, vielleicht auch warum. Er war nicht an die Erde gefesselt, aber mit ihr verbunden, vielleicht so, dass er mit jedem Schritt der Erde etwas schenkte. Ich habe ihn wohl nie schnell gehen sehen. Er ging recht langsam, aber eben kraftvoll-bewusst. Diese Bewusstheit im Schreiten schien er beizubehalten, auch wenn man neben ihm ging und ein Gespräch mit ihm führte.

Himmelfahrtsausflug mit den Studenten des Priesterseminars: Lange konnte er so gehen, lange und langsam, ohne müde zu werden. Im Gehen hat er die Natur mit aufgenommen, nicht nur durch die Füße: das Grünende und Blühende, die Felder, den Himmel, die Wolken, das Licht. Bedächtig schreitend nahm er das alles tief wahr.

In den Weihnachtsferien 1969 hatte ich ein Bein gebrochen. Die Mitstudenten haben mich vom Krankenhaus ins Seminar geholt und mich dort gepflegt. Ich konnte nicht gehen. Jeden Tag wurde ich in den Kursraum – die Kapelle des Seminars diente damals auch als Kursraum – getragen. Benesch hielt einen Kurs über Erkenntnistheorie. Das war ein Höhepunkt im Studium, den ich nicht verpassen durfte. So fand der Kurs meinetwegen im Seminar und nicht wie üblich im Gemeindehaus statt. Wiederholt betonte Benesch: »Jetzt sind wir karmisch mit einander verbunden«, denn er machte meinetwegen jeden Tag zusätzliche Schritte. Diese Verbundenheit war mir nicht unangenehm.

Auch als junger Pfarrer durfte ich zu ihm kommen. Da konnte es um Vorgänge in der Priesterschaft gehen oder um die Entwicklung der Gesamt-Christengemeinschaft. Benesch war durchaus nicht mit allem einverstanden. Er war aber unerschütterlich in seinem Vertrauen in den guten Fortgang unserer Sache. »Wir sind stärker, als wir selber wissen!«

In den ersten Jahren meines Pfarrerlebens fuhr ich von Norddeutschland aus, wo ich damals arbeitete, nach Stuttgart zu Benesch. Eine Ärztin hatte mir gesagt, es ginge so mit mir nicht weiter, ich müsse mit allem aufhören, auch mit dem Meditieren! Das war für mich unvorstellbar, andrerseits konnte ich ihre Verordnung nicht einfach überhören.

Benesch hörte sich alles an und sagte dann, ich könne ruhig weiterhin meditieren und auch weiter zelebrieren, sollte aber zunächst in Stuttgart bleiben. Dann rief er noch in meiner Anwesenheit die Ärztin an, erklärte ihr, wie es um mich stand und was sie bei mir bewirken müsse.

Als es mir nach Wochen besser ging, wollte Benesch, dass ich für eine Zeit im Heilpflanzengarten der Firma Weleda arbeite. Er wüsste nur nicht, wie er das der Oberlenkung klar machen solle. Ich liebte aber meine Arbeit in der Gemeinde und wollte nichts anderes. So bat ich ihn, dies doch wieder versuchen zu dürfen. Daraufhin wurde ich entlassen mit der Auflage, jeden dritten Monat zu ihm nach Stuttgart zu kommen. Dies habe ich auch eingehalten, und es ging gut. Ich wusste, es kann in meinem Leben wie in meiner Arbeit nichts eigentlich schief gehen, Dr. Benesch stand ja dahinter.

Das letzte Gespräch mit ihm, das ich erinnere, fand in Oslo statt, wo ich damals arbeitete. Es war im Jahre 1979. Ich hatte ihm meine Wohnung im Gemeindehaus zur Verfügung gestellt. Als ihm dies klar wurde, sagte er begeistert: »Dann wohne ich ja bei dir! Das werde ich aber deiner Mutter erzählen!« Wenn es persönlich wurde, hat er das »Du« der Jugendzeit benutzt, sonst nicht. Meine Mutter war bereits 1971 verstorben.

So saß ich ihm dann in meiner eigenen Wohnung gegenüber. Ich erinnere nicht, worüber wir sprachen. Aber ich erinnere die Wärme. Als eine feine Substanz ging die Wärme von ihm aus, hat mich umhüllt und durchdrungen. In diesem Gegenübersitzen war dies besonders deutlich, aber ich erlebte es nicht zum ersten Mal.

In seinen letzten Lebensjahren habe ich noch einmal den brieflichen Kontakt mit ihm aufgenommen. Ich hatte ihm so viel zu verdanken und wollte versuchen, ihm eine Zusammenfassung davon zu geben.

Er hatte mich schon als Fünfzehnjährigen in den Sommerferien zu sich nach Stuttgart geholt. So konnte ich mich schon früh mit der deutschen Sprache verbinden. Dadurch und durch manches, was von ihm auf den Jugendtagungen in Norwegen ausging, erlebte ich eine Art Erwachen zum Zeitgeist. Mit diesem übergeordneten Geist der Menschheit unserer Zeit konnte man sich – so erlebte ich es – eher in Deutschland und durch die deutsche Sprache verbinden als in Schweden.

Dann empfand ich natürlich die Aufgabe, dieses Element des »dem Nationalen Übergeordneten« überall hin zu tragen, wohin mich auch mein Weg führte. Es dämmerte mir, dass es, so wie es bei Goethe die »Wahlverwandtschafte« gibt, so auch in aller Welt die »Wahldeutschen« geben müsste, als übernationales Element, nicht durch Geburt und nicht »völkisch«. Die Bewusstseinseele im Dienste des Zeitgeistes auszubilden, ist mehr und mehr Aufgabe aller Menschen, auch wenn sich zunächst einzelne Volksseelen dagegen stellen. Vielleicht kann man dies einigermaßen damit vergleichen, dass Paulus dafür gewirkt hat, allen Menschen – unabhängig von der Volkszugehörigkeit – das Christentum zugänglich zu machen, nicht nur den Juden, und »den Juden ein Jude, den Griechen ein Grieche, den Römern ein Römer« zu werden. Selbst unter den Jüngern war dies damals nicht selbstverständlich.

Es war deutlich, dass sich Benesch über mein Schreiben gefreut hat, »[…] gerade auch in Ansehung dessen, was doch in Schweden und auch in den anderen skandinavischen Ländern mit einem gewissen Hauch von Nationalismus durchzogen ist«, schrieb er. »Dass mitten da drin ein Mensch steht mit dem Bewusstsein, das Sie haben, ist einfach gut!«

Als dann die Kunde kam, Benesch sei Nazi gewesen, stand die Tatsache vor mir, all dies einem solchen geschrieben zu haben. Es wurde mir klar, was von ihm ausgegangen ist, war – so wie ich es erlebt habe – gerade das Gegenteil von Nationalsozialismus! Wie ist es zu dieser totalen Umwandlung in seinem Leben gekommen? Darüber hat er geschwiegen. Es ist wohl nicht ganz falsch, Paulus daneben zu sehen, auch wenn er und Benesch sich nicht vergleichen lassen im Sinne der Gleichheit. Paulus war ein eifriger Verfolger der Christen und wurde dann geradezu der Begründer des Christentums über das Judentum hinaus! Von seiner Umwandlung kann man in der Apostelgeschichte lesen. Ein entsprechendes Ereignis muss sich auch im Leben von Benesch auf irgendeine Art abgespielt haben.

Jahre nach seinem Tod ließ mich das folgende Wort von Goethe erneut sehr mit ihm verbunden fühlen: »Deutschland ist nichts, aber jeder einzelne Deutsche ist viel. Und doch bilden sich letztere gerade das Umgekehrte ein. Verpflanzt, zerstreut wie die Juden in alle Welt müssten die Deutschen werden, um die Masse des Guten ganz und zum Heil aller Nationen zu entwickeln, die in ihnen liegt.«[128]

Ulla Rydelius

Die Geschwister Rydelius sind ohne Vater aufgewachsen, der verstarb, als Ulla Rydelius drei Jahre alt war. Benesch hat sich seit seinen ersten Besuchen in Skandinavien väterlich um die Kinder gekümmert.

Als Jugendliche war ich schwach und bleich. Benesch sagte, ich müsste nach Deutschland, namentlich nach Süddeutschland kommen, um mich richtig zu inkarnieren, und er lud mich in seine Familie ein.

Die Familie Benesch war eine herrliche, bewegte, lebendige Familie. Da waren die drei Erwachsenen: Dr. Benesch, Frau Benesch und Frau Ambrosi, und die verschiedenen Kinder, von denen einige noch bei den Eltern wohnten. Frau Ambrosi hat gekocht. Frau Benesch war mit ihren Blumen beschäftigt, schrieb viele liebe Karten an meine liebe Mutter mit herzinniglichsten Grüßen.

Die Küche war sehr klein mit einem schrägen Dachfenster. Dort wurde gefrühstückt und zu Abend gegessen. Dabei war Benesch nie zugegen. Seinetwegen gab es immer einen Camembert, der sehr reif wurde und überlief. Zum Mittagessen kam er aber. Wenn alles fertig war und man wartete, hörte man seine knarrenden Schritte auf der Treppe. Dann erschien er. Zuerst küsste er seine kleine Frau. Er hat sie sehr geschätzt und erhöht. Sie war ihrem Mann gegenüber sehr ehrfurchtsvoll. Sie redete ihn mit »Vater« an. Wenn sie von ihm sprach, sagte sie immer »Dr. Benesch«.

Der Essraum war ganz schlicht, aber sehr gemütlich. Er war zugleich Wohnzimmer. In der Mitte stand der große Tisch. Es gab ein Aquarium, Steine, Pflanzen, ein Klavier und auch ein Sofa. Die Familie hatte ja zweimal alles verlassen müssen. Bücherregale waren aus Brettern und Holzkisten gemacht. Um den Esstisch waren oft viele Menschen versammelt. Waren die Kinder alle da, waren sie ja acht, dazu ihre Freunde und Freundinnen. Zwischen den Geschwistern war eine gute Gemeinschaft, in die ich wie selbstverständlich aufgenommen wurde.

Als ich später die Familie noch einmal besuchte, lernte ich, siebenbürgisches Essen zu machen. Es wird Hackfleisch mit Zwiebeln vermischt. Diese Mischung wird in einer Ofenform abwechselnd mit Sauerkraut und gekochtem Reis geschichtet. Über das Ganze kommt saure Sahne. Dann kommt es in den Backofen.

Oft wurden mit einfachsten Mitteln Feste gefeiert. Jedes der Kinder spielte ein Instrument, und so gab es auch ein Familienorchester. Beneschs sechzigster Geburtstag wurde mit vielen Menschen im Garten hinter dem Haus gefeiert. Es war etwas ganz Besonderes, dass er an diesem Tag Zeit hatte, sich mehrere Stunden der Geselligkeit zu erfreuen.

Er hat immer sehr viel gearbeitet, auch in der Nacht. Menschen aus aller Welt kamen mit ihren Lebens entscheidenden Fragen zu ihm. Manchmal haben einige vor seiner Tür gewartet. Auch seine Kinder hatten am Mittagstisch oft Fragen an ihn. Einer seiner Söhne hat einmal gefragt, ob er eine Patenschaft annehmen sollte. Benesch hat ihm sehr zugeredet.

Benesch hatte einen intensiven Blick. Leicht hatte man etwas Angst vor ihm, indem man meinte, er könnte einen ganz und gar durchschauen. Aber er hatte auch Humor.

Albrecht Schwenk

Zum ersten Mal habe ich Friedrich Benesch auf einer Pfingst-Jugendtagung erlebt. Ich muss etwa 16 Jahre alt gewesen sein. Den Jugendlichen wurde im Religionsunterricht das Programm ausgeteilt, und bald gab es belustigte Bemerkungen, denn da stand für die Nachmittage: »Phänomenologie im Gelände«. Was sollte denn das sein? Von dieser »Phänomenologie im Gelände«, vermutlich ein gemeinsamer Spaziergang mit Friedrich Benesch, ist mir allerdings keine Erinnerung geblieben.

Zwei Dinge sind aber noch bis heute im Bewusstsein: seine Darstellung von Naturphänomenen im Morgenkurs und sein Zelebrieren. Beim Kurs waren es nicht so sehr die Inhalte, mehr das Wie, das beeindruckte. Er sprach unter anderem vom Leben der Insekten, der Bienen und der Schmetterlinge, im Zusammenhang mit Pfingsten. Berührend war für den Jugendlichen, der das alles gar nicht so recht verstehen konnte, mit welcher Ehrfurcht dieser mächtig wirkende Mann die Inhalte schilderte. Demütig sprach er von den Naturwesen. Sein Bewusstsein schien dabei weit in den atmosphärischen Raum ausgebreitet, in dem die Bienen und Schmetterlinge lebten, die er zu schildern versuchte. Und so blieb doch eine, in diesem Moment gar nicht verstandene, aber in den Tiefen der Seele weiter lebende Empfindung von der Größe der Natur und davon, dass sie Ausdruck von geistigen Kräften ist.

Eine der morgendlichen Weihehandlungen zelebrierte Friedrich Benesch. In meiner Jugend habe ich an vielen Weihehandlungen teilgenommen, die mich stärker oder weniger stark berührt haben – auch sicher sehr davon abhängig, in welcher Verfassung ich jeweils war. Zwei Weihehandlungen waren aber besonders herausgehoben – eine davon war diese. Auch dabei war es weniger der Inhalt, es war wieder das Wie, das mich beeindruckte. Wie dieser Mensch in einer großen Kraft und in einem starken auf der Erde Gegründetsein, in einer Art bäuerischen Mächtigkeit, den Kultus vollzog, gar nichts von einem weltabgewandten Geistsucher, sondern ganz auf der Erde stehend und zugleich in tiefer Ehrfurcht dem Göttlichen zugewandt.

Die nächste Begegnung mit Benesch fand einige Jahre später statt. Es war auf dem ersten »Freien Hochschulseminar« im Friedrich-von-Hardenberg-Haus in Bochum. Über viele Monate hatte eine Gruppe von Studenten, Anfängern – wie damals ich –, aber auch Älteren, die schon mit den Inhalten vertraut waren, intensiv darum gerungen, wie neben dem wissenschaftlichen Kernstudium auch eine anthroposophische Vertiefung entwickelt werden kann. Und so entstand der Gedanke, in bis zu dreiwöchigen Kursen in den Semesterferien ein Zusatzstudium aufzubauen. Es sollte allgemeine Grundlagen und auch fakultätsspezifische Arbeitsgruppen enthalten.

Zu dem ersten Hochschul-Seminar waren etwa 50 Studenten gekommen und Benesch hatte auch für eine Woche zugesagt. Im Hauptkurs entwickelte er die Idee der Metamorphose der Pflanze als einen der großen ›Durchblicke‹ in eine Ursachenwelt, die hinter der Sinnenerscheinung steht und sie trägt. Er »zeichnete« die Idee der Urpflanze – wir hatten alle eine Rose vor uns und verfolgten seine Gedanken an dieser konkreten Rose – in ihren charakteristischen Schritten, und dieser Gedanke, damals zum ersten Mal bewusst gehört, schlug ein wie ein Blitz. Er schilderte das Wesen der Urpflanze, das geistige Formprinzip aller Pflanzen und ihr Sichtbarwerden in den Verwandlungen der Blätter vom Keimblatt bis zum Staubblatt, in einer solchen Gegenwärtigkeit, dass für den damals noch materialistisch denkenden und gleichzeitig idealistisch gestimmten Studenten sich eine völlig neue Dimension der Sinnesanschauung eröffnete. Und deutlich ist mir noch, wie ich in den folgenden Wochen auf Spaziergängen fast instinktiv zum Boden geschaut, mich gebückt und bei der einen oder anderen Pflanze die Veränderung der Blätter geprüft habe und wie das jedes Mal ein kleines begeisterndes Ereignis war, manchmal kopfschüttelnd von meinen Freunden verfolgt, die dieses Unterfangen nicht begreifen konnten.

Aus den zahlreichen Begegnungen während des Studiums am Priesterseminar in Stuttgart, das für uns damals entscheidend von Friedrich Benesch geprägt war und vor allem für Studenten, die aus dem naturwissenschaftlichen Bereich kamen, eine Quelle neuen Lebens bot, seien nur wenige Momente skizziert.

Mit souveräner Meisterschaft stellte er alle Inhalte dar. In den Kursen und Kolloquien berührte besonders sein tiefes Zugewandtsein zu den sinnenfälligen Phänomenen, er war diesen Erscheinungen fromm, fragend hingegeben. Den Studenten versuchte er immer wieder neu den methodischen Weg zu zeigen, der geduldig Stunde für Stunde wiederholt wurde, zum Beispiel die Folge: Bild, Prozess, Urbild. Die Sinnesphänomene wurden so lange betrachtet, bis sich in ihnen das zusammenfassende Bild offenbarte, daran schloss sich dann die Frage an, welcher Prozess dieses Bild hervorgebracht hatte, und das wiederum führte dann zu dem höheren Bild im Abbild, das eine moralische Qualität zeigte, die Wesenhaftes offenbaren konnte

Erstaunlich war die unglaubliche Vielfalt der Inhalte, über die Friedrich Benesch verfügte, und der ganze Bereich naturwissenschaftlichen Strebens, aber auch zentrale Inhalte der Geisteswissenschaft und der Theologie – alles wurde durch die Anthroposophie in ein ganz neues Licht getaucht.

Eine Sternstunde – unter vielen – war für mich ein Himmelfahrtstag. Im Anschluss an die Weihehandlung, vor dem Aufbruch zu einer gemeinsamen Wanderung, hielt Benesch eine kurze Betrachtung. Er schilderte die Stufen der Elementarzustände, die Stufen der Naturreiche, die Menschen, die nun jeder ein eigenes Reich sind. Jede dieser einzelnen Stufen, jedes Reich besteht für sich. Die Wolke aber zeigt nun eine andere Wirklichkeit: Sie ist zwischen dem Wässrigen und dem Luftförmigen und deutet auf ein Neues: das Reich des »Zwischen« in dem offenen Raum zwischen den jeweiligen Reichen: Christus, der sich bei der Himmelfahrt mit dem Bild der Wolke verbindet, entfernt sich nicht von der Erde, sondern lebt seitdem zwischen allen Wesen, denen der Natur und den Menschen, sie in einer neuen Art verbindend und Entwicklung anregend. Benesch hat diesen Gedanken in seinen veröffentlichten Himmelfahrtsvorträgen ausgestaltet.

Mein Erleben der Welt war an diesem Tag verklärt und für viele menschlichen Begegnungen und Fragen, bei denen fast immer das Problem des Miteinander zu klären war, ist dieser Gedanke seitdem leitend.

Entscheidende Eindrücke entstanden darüber hinaus in vielen persönlichen Begegnungen und Gesprächen. Es war für mich damals ein schweres Ringen um die Entscheidung zwischen verschiedenen beruflichen Möglichkeiten – Medizin oder ein Wirken in der Christengemeinschaft –, die ich mehrfach mit Benesch besprach. Orientierung suchend, welchen dieser Wege ich denn nun ergreifen sollte, wäre es für ihn ein Leichtes gewesen, denn die Verehrung des Studenten war groß, mit einem kleinen Hinweis oder leichtem Nachdruck den damals in seiner Entscheidung unsicheren Menschen zu führen oder ihn leise durch ein Mahnwort, ein Richtwort zu beeinflussen – aber nichts davon, in gar keiner Weise! Benesch ließ grundsätzlich vollkommen frei. Das war jedenfalls meine Erfahrung. Er skizzierte höchstens, nachdem er mich angehört hatte, einige Grundgedanken, was das Wesen der einen, was das Wesen der anderen Tätigkeit sei.

Als ich später zurückkam und nach langem Ringen meinen Entschluss mitteilte, mich für das Priestertum zur Verfügung zu stellen – die Offenheit der Seminarleitung dafür war schon vorher deutlich –, hatte ich im Stillen erwartet, es würde jetzt vielleicht von seiner Seite eine Bemerkung kommen wie »Ich hab´ das ja schon immer geahnt« oder »das ist die richtige Entscheidung« –, aber nichts davon. Er nickte einfach und fragte: »Und was wollen Sie jetzt als Nächstes tun?« Es war noch die Zeit zwischen dem Grundstudium und der eigentlichen Weihevorbereitung. Darauf äußerte ich den Wunsch, bei einem bestimmten Priester ein Praktikum zu machen und mir davor noch an der Universität für ein Semester einige theologische und sprachliche Grundlagen zu erarbeiten. Er stimmte zu: »Dann tun Sie das.« Damit war das Gespräch beendet.

In den nächsten Wochen war in mir immer noch eine große Unsicherheit, ja es gab Augenblicke, da hatte ich den Eindruck, falsch entschieden zu haben. Im Nachhinein wurde deutlich, wie wichtig es gewesen war, dass niemand von außen versucht hatte, auf meine Entscheidung einzuwirken. Auch nicht jemand wie Friedrich Benesch, der das ja leicht hätte tun können. Das führte in den folgenden Monaten zu einer großen Erstarkung, denn es war mir immer deutlich, auch bei

Unsicherheiten – die Entscheidung war von mir getroffen, die Folgen konnten dann auch von mir getragen werden.

Als ich später Pfarrer in Stuttgart war, erlebte ich die Zeit, da die Säle für seine Vorträge nicht groß genug sein konnten. Die Menschen kamen von weither aus dem württembergischen Raum. Es war berührend zu sehen, wie er seine Inhalte vor einer so zahlreichen Zuhörerschaft gestaltete. Wie er pochte an die Grenze zur übersinnlichen Welt und, ganz gegründet im Irdischen, doch flammend aufrief, den Schritt zum Geistdenken, zum Geistsinnen zu tun. Immer wieder war etwas von einem großen »Wandelt Euren Sinn«, »Schaut durch das Irdische hindurch auf das Geistige«, »Schaut die hinter dem Irdischen wirkenden michaelisch-christlichen Mächte«. Ich habe mehrfach Menschen kennen gelernt, die durch einen Vortrag von ihm eine Lebenswende erfahren haben, ihrem Leben eine neue Orientierung geben konnten.

Benesch erschien als ein Titan für sich, ein eigenes Weltsystem, das der Anderen nicht bedurfte. Und doch, wie dankbar war er, wenn sich ihm die Anderen positiv öffneten. So konnte er nach einer vielstündigen Zusammenkunft in einer Jahreskonferenz der Priester, in der wir versuchten, das kommende Jahr zu konzipieren, sagen: »Das Wichtigste ist, dass wir uns wieder gesehen und einander in die Augen geblickt haben.« Es war ihm deutlich anzusehen: Er fühlte sich wohl, wenn er von der Offenheit, von der Dankbarkeit, ja von der Sympathie der Mitpriester getragen wurde. Dieser Titan war innerlich viel zarter und zerbrechlicher, als das von außen schien.

Das andere, und das traf auch noch im hohen Alter zu: Wir haben ihn öfters gebeten, Inhalte darzustellen, und da war es für den Hereinwachsenden fast schockierend zu erleben, wie Benesch grundsätzlich immer weiter arbeitete. Er hatte immer Neues zu bringen. Es war ja sonst an älteren Priestern öfters zu sehen, dass sie sich in Gedanken bewegten, die sie sich erarbeitet hatten, die sie schätzten, die aber dann doch in einer gewissen wiederholenden Intensität auftauchten – durchaus von uns Jüngeren geschätzt – bei Benesch waren die Inhalte immer wieder neu. Jedes halbe Jahr brachte er Gedanken vor, die er bis dahin so noch nicht entwickelt hatte, oder die zumindest eine weitere Vertiefung seines bisherigen Schaffens waren. Und dieses: »Da hört ein Mensch nie auf, er fragt immer weiter, er prüft, er sucht, er entdeckt, er ist begeistert von seinen Entdeckungen« ist eines der prägendsten Eindrücke und Erlebnisse.

Giselheid Kropat

Im Sommer 1967 nahm ich an der Jugendtagung auf dem Ludwigstein teil, die unter anderem von Friedrich Benesch, Dieter Lauenstein und Johannes Rath veranstaltet wurde. Lauenstein hielt einen begeisternden Kurs über Existenzphilosophie, von Rath erinnere ich eine erfrischende Betrachtung über den Nussbaum am Gartentor, und Benesch sprach über den Glauben. Letzteres war von vornherein als sicherlich sehr langweilig von mir gestrichen worden. Allerdings musste ich nun täglich von einer Freundin hören, wie wunderbar und erhebend dieser Kurs sei.

Eines Abends bat sie mich, sie zu begleiten, da sie Benesch einige Fragen stellen wolle, es sich aber nicht allein getraue. Wenig begeistert gab ich meine Zustimmung.

Zunächst achtete ich wenig auf das Gespräch. Dann aber horchte ich plötzlich neugierig auf. Meine Freundin hatte die Frage nach der Transsubstantiation, der »Wandlung von Brot und Wein« im Kultus gestellt. Dies war wirklich erstaunlich; denn in dem Augenblick, als ich die Frage hörte, ging mir auf, wie lange sie schon in mir gelebt hatte, ohne dass ich sie hätte stellen können. Sie lebte in einer tieferen Bewusstseinsschicht. Ganz gespannt wartete ich auf die Antwort. Sie fiel sehr umfassend aus.

Benesch beschrieb ausführlich das Wachstum des Getreides und des Weinstocks. Dabei wurde man unwillkürlich in den Vorgang der Verwandlung der Kräfte mit hinein genommen. Er gab auch an, wie dies in Büchern weiter studiert werden könnte. Alles wurde sachlich vorgetragen und war gleichzeitig von Andacht und Ehrfurcht durchlebt. So wurde es ein Hinschauen auf das Altarsakrament, ohne dass es erwähnt wurde. Die Antwort bewegte sich immer im Umkreis und bildete eine Hülle für das Geschehen. Es war meine erste Begegnung mit dem Goetheanismus.

Am nächsten Morgen unternahm ich zu früher Stunde einen Rundgang um die Burg, noch ganz unter dem Eindruck des gestrigen Abends. Plötzlich hörte ich Schritte, und als ich mich umwandte, war es Benesch. Gemeinsam setzten wir den Weg fort. Nun stellte er Fragen und ließ sich von mir erzählen. Alles lag wohlgeordnet in meinem Leben da, und doch war unterschwellig die Sehnsucht vorhanden, noch vieles zu lernen und zu studieren. Als er dies bemerkte, hielt er plötzlich inne und meinte sehr gütig, das sei bei einer Frau anders als bei einem Mann. Eine Frau müsse die Dinge in sich heranreifen lassen: »Lassen Sie sich Zeit!« Damit trennten wir uns. – Wenig später reiste Benesch vorzeitig von der Tagung ab.

Sehr behutsam und freilassend war er im Gespräch gewesen, und man durfte sich liebevoll wahrgenommen und angeschaut fühlen. Und doch ging sein Blick über das Persönliche hinaus, so, als nehme er in dieser Begegnung ein ganze Generation wahr.

Siegwart Knijpenga

Es war wohl im Sommer 1955 bei der Jugendtagung auf dem Ludwigstein bei Kassel. Benesch lief auf einem Waldweg, wir Jugendlichen – ich war 19 Jahre alt – vor, hinter und neben ihm. Es gelang mir, an seine Seite zu kommen. Da bückte er sich und nahm vier, fünf Steine vom Wege auf. Zunächst im Stehen und dann weiter wandernd beschrieb er die Herkunft und den Werdegang dieser Steine, eins nach dem andern. Zwei oder drei von uns hörten das mit an, während wir mitliefen. Für mich war das einerseits einmalig und neu und in einer anderen Schicht wie ein Aufwachen an etwas Vertrautem. Ich habe erst ein Jahr später die »Geheimwissenschaft« von Rudolf Steiner gelesen, aber das Gebiet der Erdenwicklung an sich öffnete sich hier unvergesslich real durch die Person Friedrich Beneschs.

Nach einer Weihehandlung später im Seminar ging Benesch nach Hause. Ich holte ihn ein und stellte eine meiner hundert Fragen. Er schwieg, berührte mit der rechten Hand einige Sträucher am Straßenrand, hob dabei im langsamen Gehen einige Blüten hervor, streichelte sie gleichsam und sagte dann etwa: »Es tut gut, wieder zum lieben Gott gebetet zu haben.«

Bei einem seiner öffentlichen Vorträge in der Stadt vor Jugendlichen gab es anschließend eine Diskussion, bei der ich die Gesprächsführung hatte. Dabei ging es heftig zu. Unzufrieden mit mir selber, sagte ich bei der Nachbesprechung entschuldigend: »Ich bin eben ein Holländer!«, worauf Benesch antwortete: »Herr Knijpenga, Sie sind ein Mensch.« Ich: »Nein, ich bin ein Holländer.« Er erneut: »Nein, Sie sind ein Mensch!«

Es war schon etwas Besonderes, ihn als Lehrer gehabt zu haben. Mein Dank ist groß.

Irmgard Bauer

Bei einem Gespräch nach dem Seminarbesuch von Josef Adamec aus Prag, der von den dortigen Verhältnissen berichtet hatte, antwortete Benesch auf meine Frage, ob der Abbruch des »Prager Frühlings« durch den Einmarsch der Russen wirklich notwendig war: »Zur Überwindung des einseitigen Nationalismus bedurfte es wohl der Herrschaft des Kommunismus.« – Diese Äußerung ist für mich wichtig geworden im Blick auf die Vergangenheit von Dr. Benesch.

Anlässlich des plötzlichen Todes unseres Mitpriesters Dr. Albrecht Meyer während einer Gesprächsgruppe auf der Priestersynode in Nürnberg konnte die persönliche Betroffenheit überwunden werden durch Beneschs Aussage: Tod durch Schlaganfall ist Eingreifen des Engels; Tod durch Herzinfarkt ist Eingreifen des Erzengels; Tod durch Krebserkrankung ist Eingreifen eines Wesens aus dem Reich der Zeitgeister (Archai).

Michael Kientzler

Der dominierende Eindruck Friedrich Beneschs als Lehrer war der der Weite und Größe. Nichts Enges war mit seinem Wirken verbunden. Konkret-spezifische Einzelheiten wurden in große Zusammenhänge gestellt, kosmisch Umfassendes bis ins Konkrete verdichtet.

Dies hatte aber nicht nur eine persönliche Seite, sondern ging in der Bedeutung für die »Bewegung für religiöse Erneuerung« ins Überpersönliche. Das wurde in all seinen Kursen wie auch in den veröffentlichten Vorträgen deutlich, besonders aber und wie kulminierend in den Seminarkursen über die Paulusbriefe. Es waren Sternstunden religiöser Spiritualität, geistige Ereignisse, die hinausreichten über den Kreis der Anwesenden. Sie ermöglichten es, die Dimension des Apostels als eines christlichen Eingeweihten und zugleich einer stark konturierten irdischen Persönlichkeit zu erahnen. Einer Individualität, die fähig war, die zentripetale Geste des hebräischen Elementes mit seinem Erfassen des Ich und seiner Moralität, mit der in unendliche kosmische Weiten reichenden Geste des Heidentums zu verbinden. Paulus konnte die Brücke über diesen Abgrund schlagen, und das vermittelte Friedrich Benesch existentiell.

So kam manches Mal in diesen Kursen die Empfindung auf, an einem geistigen Geschehen teilzunehmen wie an einer Lehrstunde der Schule von Chartres im hohen Mittelalter. Das konnte zum Beispiel an zwei paulinischen Begriffen, »engys« (nah) und »makran« (fern) aufscheinen, die für die oben genannte Polarität stehen. Wie Emil Bock Paulus aus dem moralisierenden, obrigkeitsgehorsamen Lehrertum erlöst hat durch seine Übersetzungen, so hat Friedrich Benesch das noch einen Schritt weiter geführt in seinen verdeutlichenden Schilderungen. Er vermittelte den Studierenden auch eine Übersetzungsmethode des Griechischen, die man banal die Kochtopfmethode nennen könnte, oder gehoben ausgedrückt: den alchimistischen Ansatz; alle Übersetzungen im griechisch-deutschen Lexikon wurden gesammelt, gebündelt (oder in den Topf geworfen und mehrmals umgerührt), und dann ergab sich der Sinn in einer neuen überhöhten Synthese, wieder aus den zu engen und einseitigen Deutungen herausführend. Die Dinge wurden von Benesch in dem ihnen angemessenen Zusammenhang gestellt und damit esoterisch, die Möglichkeiten des Heidentums in das erneuerte Christentum eingebracht und damit erlöst.

All dies wird auch in den veröffentlichen Vortragsnachschriften deutlich, aber es zeigte sich in besonders eindringlicher Weise in seinen Lehrstunden am Priesterseminar.

Georg Dreißig

Auf einer Jugendtagung haben mich einmal drei Pfarrer beiseite genommen. Sie wollten mir nahelegen, Pfarrer zu werden. Das wollte ich aber gar nicht. Ich wusste bereits, dass ich Medizin studieren wollte. Das habe ich dann auch gemacht. Hans-Werner Schroeder, an dessen Berliner Jugendkreis ich teilgenommen hatte, schickte mir einmal im Jahr eine Einladung zum Orientierungskurs; ich missachtete diese ein Jahr nach dem anderen. Ich weiß nicht, aber das Wort Pfarrer hörte sich für mich nicht gut an.

Im Medizinstudium machte ich dann aber erschütternde Erfahrungen: Ich lernte da lauter Einzelfächer und wusste, das hat alles mit Einem zu tun – dem Menschen –, aber dieser Eine trat nie in Erscheinung. Endlich bin ich dann doch zum Orientierungskurs ans Seminar gefahren. Dort bin ich Dr. Benesch begegnet, und da wusste ich, dass ich bei ihm studieren wollte; denn an ihm erlebte ich ein umfassendes Wissen, das zugleich von tiefer Menschlichkeit getragen war; eine Größe, die einen aber nicht kleiner machte, sondern die einen ermutigte, selbst ein wenig über sich hinauszuwachsen [...]. Das Priesterseminar war wunderbar, und dass ich ursprünglich etwas anderes vorgehabt hatte, war völlig in die Ferne gerückt.

Alheidis von Bothmer

Friedrich Benesch kommt in meinem Berufsleben eine sehr wichtige Rolle zu. Als ich 1974 mit der Bothmer-Gymnastik in Stuttgart zu arbeiten begann, wurde ich bald auch von der Leitung des Priesterseminars gefragt, ob ich am Seminar eine freiwillige Studentengruppe unterrichten wolle. Der anthroposophische Arzt Dr. Olaf Titze hatte die Bothmer-Gymnastik als »Inkarnationshilfe« für bestimmte Probleme vorgeschlagen, die damals in der Studentenschaft auftraten.

Damals befand ich mich persönlich in einer schwierigen Lebensphase und hielt mich nicht für geeignet, ausgerechnet angehende Priester der Christengemeinschaft zu unterrichten. Ich wurde zu einem Gespräch zu Dr. Benesch bestellt und stellte ihm meine Situation dar.

Darauf lachte er nur herzhaft über mich und meine Bedenken und meinte, man müsse lernen, mit »Löchern im Hemd« im Leben und vor seinem Gott zu stehen!

Ich begann also im Seminar mit dem Unterricht, der alsbald nicht mehr nur freiwillig, sondern obligatorisch wurde. Es war einer meiner schönsten Arbeitsplätze, denn dort wurden Wirkung und Bedeutung der Bothmer-Gymnastik für den Menschen erkannt. In anderen Zusammenhängen war diese Bewegungsmethode nicht immer unbedingt so erwünscht.

Im Lauf der Jahre ergaben sich natürlich auch manche Schwierigkeiten unterschiedlicher Art. Immer aber konnte ich mir hilfreichen Rat bei Benesch holen, denn er hatte nach dem Mittagessen eine Sprechzeit, für die man sich nicht anmelden musste. Es bedurfte oft nur weniger Minuten, um von ihm die Dinge zurechtgerückt zu bekommen.

Für mich ist es ein Geschenk des Schicksals, Zeitgenosse von Friedrich Benesch gewesen zu sein, seine mitreißenden und direkt in den Willen hineinwirkenden Vorträge zu hören und viel von ihm zu lernen. Aus diesen Vorträgen über die unterschiedlichsten Themen gingen wir stets hinaus in der Gewissheit: Das kann man tun! Oft begann er mit »trockenen, naturwissenschaftlichen Fakten«, wie er sich ausdrückte, und führte dann in höchste Erkenntnishöhen.

Einmal schaute er sich eine unserer Abschlussvorführungen an und sprach danach ein paar Worte, die leider nicht festgehalten wurden. Aber fortan sagte er mir immer wieder: »Lassen Sie sich durch nichts und niemanden beirren, Sie sind auf dem richtigen Wege mit Ihrer Arbeit!«

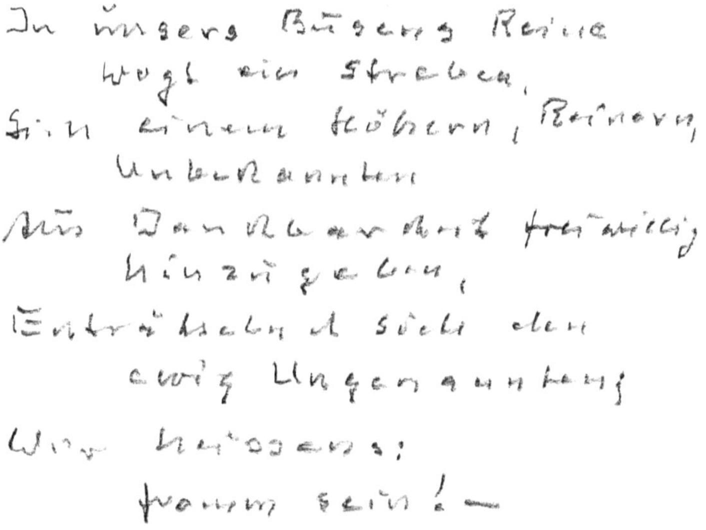
In ünsers Büsens Reine
wogt ein Streben,
Sich einem höhern, Reinern,
Unbekannten
Aus Dankbarkeit freiwillig
hinzügeben,
Enträtselnd sich den
ewig Ungenannten;
Wir heissens:
fromm sein! –

In unsers Busens Reine wogt ein Streben
Sich einem höhern, reinern, unbekannten,
Aus Dankbarkeit freiwillig hinzugeben
Enträtselnd sich den ewig ungenannten;
Wir heißen's: fromm sein! –

Friedrich Benesch, Tagebucheintrag.
J.W. Goethe, gekürzter Vers aus der Elegie in der *Trilogie der Leidenschaft*, 1822.

Letzte Lebenszeit

Im Januar 1986 musste Benesch sich zweier Augenoperationen unterziehen. Trotzdem konnte er im August 1986 – wie berichtet – noch den Eröffnungsvortrag für den Jugendkongress im Kongresszentrum in Hamburg halten, sitzend und mit Stock, aber geistig vollkommen präsent. Ende 1986 kam eine dritte Operation hinzu. Dann machte ihm ein Bandscheibenschaden mit einer chronischen Ischio-Lumbalgie zunehmende Beschwerden, teils mit lähmungsartigen Erscheinungen, die durch eine intensive Behandlung jedoch immer wieder behoben werden konnten.

In der nun folgenden Lebenszeit war er öfters zur Erholung im Schwarzwald, mehrfach auch in Spanien; im Herbst 1988 machte er eine mehrwöchige Kur in Levico (Italien). Seine letzten Vorträge hielt er in der Zeit von Dezember 1987 bis Januar 1988 über »Das verborgene Reich Gottes auf Erden«. Im Februar 1991 bezog er zusammen mit seiner Frau noch eine neue Wohnung, die ebenerdig lag, so dass das Treppensteigen fast ganz vermieden werden konnte. Besonders schätzte er, dass er aus seinem Arbeitszimmer direkt auf die Terrasse hinaus konnte und sich ihm von dort der schöne Blick in das östliche Stuttgarter Tal und auf die anschließenden Berge bot. Damit hatte er die Wohnung verlassen, in der er 33 Jahre lang gelebt hatte. Bei dieser Gelegenheit löste er schon einen großen Teil seiner umfangreichen Bibliothek auf; viele Bücher vermachte er dem Seminar, ebenso seine große Mineraliensammlung. Er bestimmte, dass seine umfangreiche Dia-Sammlung nach seinem Tode vollständig vernichtet werden sollte, seine Korrespondenz beseitigte er selbst. Hier zeigt sich die gleiche Radikalität in der Abkehr von der Vergangenheit wie damals, als er nach der Flucht 1944 mit dem Leben in Siebenbürgen radikal Schluss gemacht hatte. Für seine Angehörigen und Freunde wählte er aus seiner Bibliothek bewusst jeweils einige Bücher aus und überreichte sie ihnen meist noch selbst.

Bei all dem war er geistig weiterhin unablässig tätig; ich habe ihn oft besucht – es entwickelten sich dabei, wie immer, außerordentlich anregende, schöne Gespräche, in voller Geistesgegenwart. Für mich war auch erstaunlich, wie stark er bis zuletzt mit den Entwicklungsschritten der Christengemeinschaft, mit den Problemen und wichtigen Ereignissen mitlebte, ohne sich im Geringsten einzumischen. Das galt auch für die Seminarangelegenheiten, wo er Michael Debus und mir, die wir jetzt die Arbeit machten, vollkommen freie Hand ließ. Wenn ich ihn besuchte, erzählte er oft – und mit einem gewissen Nachdruck –, dass er den letzten Priesterrundbrief *ganz* durchgelesen habe. Vor allem nahm er auch Anteil an einem Problem, das die Priesterschaft damals sehr beschäftigte: nämlich die Frage, ob die christlichen Feste in der Südregion der Erde nicht »umgekehrt« gefeiert werden müssten, um sie auch dort dem Jahreslauf gemäß zu vollziehen – Ostern im Frühjahr mit dem neu erstehenden Leben der Erde, Michaeli im Herbst, Johanni zur Zeit des größten Lichtes, Weihnachten in der dunklen Jahreszeit?

Er ist dieser Frage – auch aus seinen weltweiten Reise-Erfahrungen heraus – intensiv nachgegangen und nahm eine ganz eindeutige Haltung dazu ein. Die Feste sind über die ganze Erde hin einheitlich vom Wirken Christi im Jahreslauf erfüllt. Dazu hatte er schon 1980 ausführlich in einem Kurs auf der Priestersynode in Dornach gesprochen und arbeitete auch in der Folgezeit an dieser Frage weiter unter dem Titel »Das verborgene Reich Gottes auf Erden«. Auf dieser Synode führte er aus, dass durch die Tat Christi auf Erden im Irdischen ein »neues Reich«, das »Reich Gottes auf Erden« entstanden sei, das in der Weihnachtshandlung für die Kinder »des Christus sonnenhelles Reich« genannt wird. Es reicht einerseits bis in »das Herz der Erde«, bis in den Erdmittelpunkt, andrerseits bis zur Sonne und umfasst so die ganze Erde. Schon früher hatte er in Vorträgen über das Himmelfahrtsereignis ausgeführt, wie dieses Reich im »Zwischenraum« *zwischen* den Naturreichen, zwischen den Menschen gesucht werden kann, so wie die Wolke, das Bild für diese Tatsache, ein »Zwischen« darstellt zwischen Erde und Himmel, zwischen Wässrigem und Luftigem. Seine letzten drei Vorträge in Stuttgart (Weihnachten 1987/88) waren ebenfalls diesem Thema gewidmet. Sie münden in die Frage: »Was kann der Mensch tun, um der Aufforderung, die mit der Verkündigung des Reiches Gottes an ihn herankommt, zu genügen? Es gibt wirklich und wahrhaftig eine Möglichkeit für jeden einzelnen Menschen, an das Eingehen seines Wesens in das Reich Christi heranzukommen. Sie heißt schlicht und einfach: das Gebet. Viele Menschen aber können einfach nicht beten, andere beten nur in äußerster Not. Andere wiederum beten, wenn irgendwie in ihrem Leben die Zeit dafür da ist, wenn ein Impuls dafür da ist. Manche Menschen aber machen das Gebet zu einem Bestandteil ihres täglichen Lebens. Man kann nicht sagen, eins ist besser als das andere, denn jedes Gebet ist das beste.«

Weiter spricht er dann von der Vorbereitung und von der Einstimmung in das Gebet – so wie Musiker ihre Instrumente stimmen, bevor sie spielen. »Die allererste Voraussetzung ist, dass der Mensch die Seele zur Ruhe bringen muss, indem er entweder das Unruhige beruhigt, oder das Ruhige aufsteigen lässt, indem er das Wesentliche vom Unwesentlichen unterscheidet. Und in dieser Ruhe löst sich dann die Seele von

Jugend-Kongress in Hamburg 1986
»Aufbruch ins 21. Jahrhundert, wie werden Wissenschaft, Kunst und Religion Quellen einer neuen Kultur?«
Letztes Foto

ihrer Gebundenheit an den Leib, an die Sinneswahrnehmungen, an den Atem, an den Blutpuls. Sie löst sich und wendet sich um. Sie wendet sich um auf das, was sie im Gebet sucht, was noch nicht da ist, was unbekannt ist, was geheimnisvoll ist, was unsichtbar ist: das göttliche Wesen. Und es entsteht dabei im Menschen eine Möglichkeit, diesem zu suchenden, unbekannten göttlichen Wesen das eigene Gefühl zur Verfügung zu stellen, indem der Mensch es einfach liebt und sich ihm hingibt.«

Aus allen Erinnerungen an Begegnungen mit Benesch geht hervor, dass es ihm in solchen Momenten möglich war, mit dem Zuhörer gleichsam in die Wirklichkeit dessen einzutauchen, wovon er sprach; er sprach dann nicht *über* etwas, sondern stellte sein Gegenüber in eine Realität hinein, die er erlebbar machte, indem er gemeinsam mit der Seele des Zuhörers die Wirklichkeit des Gesagten schuf. Darin lebte das Außerordentliche seiner Befähigung im Umgang mit dem Wort.

»Jetzt entsteht die Möglichkeit zu beten, die nämlich dadurch zustande kommt, dass der Mensch mit seinem tiefsten Ich demütig-mutig wird, um Gott anzusprechen. Das ist doch nicht selbstverständlich! Und es ist vor allem gar nicht selbstverständlich, dass der Mensch da etwas kann und darf und soll, nämlich zu Gott ›Du‹ zu sagen! Unmittelbar von Ich zu Du! Vater unser, der Du bist in den Himmeln‹ […] ich darf das sagen, weil es in dieser Haltung, in dieser demütig-mutigen Haltung des Menschen-Ich zum Gottes-Ich geschieht.«

Der Vortrag – und damit sein ganzes Vortragswerk – endet, alles Vorherige zusammenfassend, in den Worten des Weihnachtsspruches von Rudolf Steiner:[129]

»In des Menschen Seelengründen
lebt die Geistessonne siegessicher.
Des Gemütes rechte Kräfte,
sie vermögen sie zu ahnen
in des Innern Winterleben.
Und des Herzens Hoffnungstrieb,
er erschaut den Sonnengeistessieg
In dem Weihnachts-Segenslichte
als dem Sinnbild höchsten Lebens
In des Winters tiefer Nacht.«

Benesch äußerte mehrfach die Hoffnung, darüber noch eine fundamentale Arbeit fertig stellen zu können – dazu ist es aber nicht mehr gekommen; nur zahlreiche Notizen liegen vor. Bis zuletzt war er auch mit seinem Lebensrückblick befasst, aus dem ich hier mehrfach zitiert habe. »Er saß in seinem großen Sessel und diktierte, langsam und bedächtig«, erinnert sich Waltraud Sturm. »Zuweilen machte er eine Pause. Vor dem Fenster blühte eine Rose. Wenige Tage vor seinem Tod rief er an und sagte, ich möge nicht kommen, er sei zu schwach.«

Er war in der letzten Zeit äußerlich zart und gebrechlich, lebensmüde, weigerte sich aber strikt, in ein Krankenhaus zu gehen, was der behandelnde Arzt vorschlug. Am Sonntagabend, den 15. Juni 1991, hatte sich Sunhilt Benesch gegen 22 Uhr von ihrem Mann verabschiedet. Als sie am nächsten Morgen gegen 7 Uhr wieder zu ihm kam, war er in aller Stille über die Schwelle gegangen. Er starb in der Nacht vom 15. auf den 16. Juni 1991 während eines starken Gewitters über Stuttgart.

Am Abend des 15. Juni gab es eine ungewöhnliche Konstellation am Abendhimmel: Die drei Planeten Venus, Mars und Jupiter standen nah beieinander, am 15. gesellte sich die Sichel des zunehmende Mondes hinzu. Ein so gut beobachtbarer, eindrucksvoller Himmelsanblick ist äußerst selten. Diese Konstellation fand im Sternbild Krebs statt, dem Geburtssternbild von Benesch. Rudolf Steiner hat darüber gesprochen, dass heute und in Zukunft das Geburtshoroskop weniger wichtig werde, umso wichtiger dafür das Sterbehoroskop.

Friedrich Benesch hat das eigene Geburtshoroskop, das sein Schwiegervater für ihn erstellt hatte, vernichtet, um frei zu sein. Es ist im Nachlass von Hans Hahne wieder aufgetaucht.[130]

»Unvergesslich am Vorabend des Todes am blanken Westhimmel die enge Konstellation von Jupiter, Mars und Venus im Krebs. Astrologisch spricht eine solche Konstellation von innerer Harmonie, edlen Idealen, Führungskraft. Saturn stand zu dieser Versammlung in Opposition: Das bringt eine Spannung hinzu, die wie ein Kontrapunkt zu den harmonischen Aspekten mitschwingt. Abgemildert wird das wiederum durch harmonische Aspektierung durch Uranus; diese spricht von Weite und Intuitionskraft.

Bedeutsam ist auch das Gewitter zur Sterbestunde – man denke an Beethoven, der mit einem Donnerschlag starb. Auch die Tageszeit erscheint mir als sehr wesentlich: Ist es doch die Zeit, in der sich die Auferstehung ereignet hat.«[131]

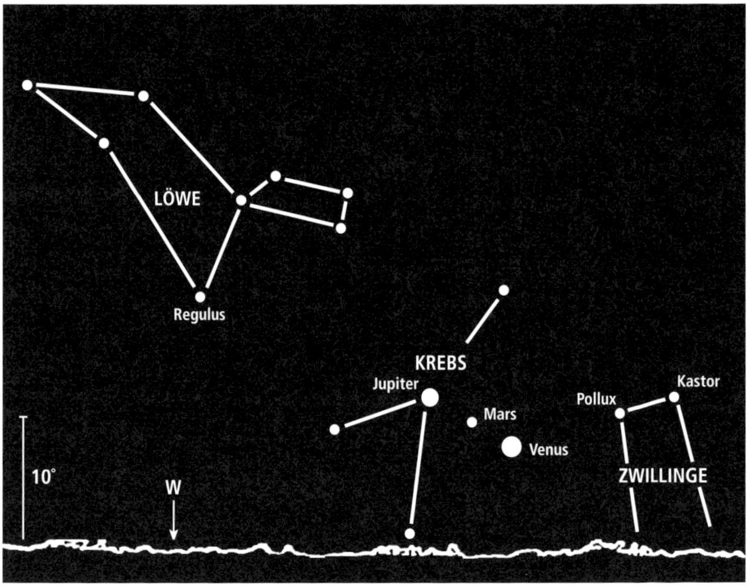

Venus, Mars und Jupiter zu Monatsbeginn

Das Sterbezimmer zu betreten war ein außerordentlicher Eindruck von Dichte und Größe einer geistigen Anwesenheit – vielleicht einem Hochgebirgserlebnis vergleichbar. Das Antlitz war sehr verändert: fast fremd; hoheitsvoll traten Züge hervor, die man am Lebenden nicht erschaut hatte – willenshaft groß, kraftvoll, mit scharf sich abzeichnenden Linien im Profil.

Dann lag der Verstorbene aufgebahrt in der Kirche der Christengemeinschaft in Stuttgart. Da hatte ich den Eindruck: Nun ist er weit entrückt, in der Anschauung der außerordentlichen Bilder seines Lebens, die die ganze Erde umspannen, aber auch im Nachklang des täglichen Zelebrierens der Weihehandlung. Groß – größer als der Kirchenraum – wölbte sich der Geistesraum über ihn und den unzähligen Abschiednehmenden. Etwas von dem Glanz und der Größe dieses Erdenlebens war wie um ihn – unmittelbar erlebbar von den vielen Menschen, die nun Abschied nahmen. Hier vollzog sich die »Aussegnung«, der erste Teil der Bestattung. 60 Priester umstanden den Sarg.

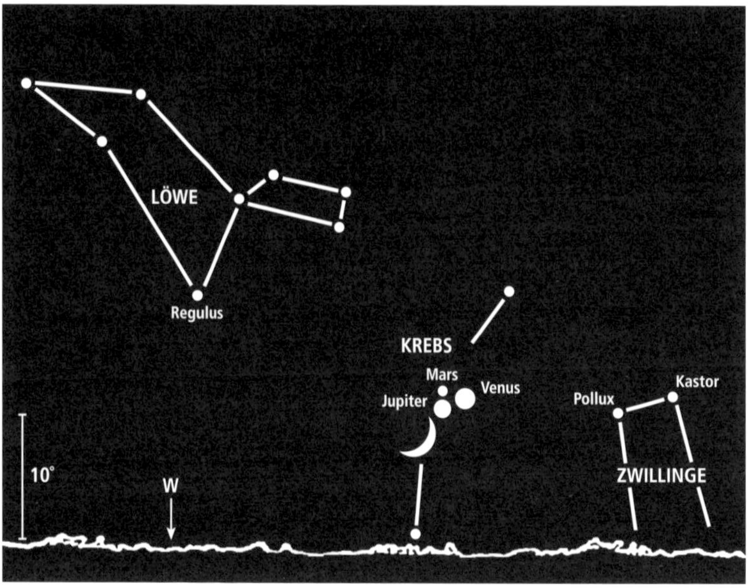

Monatsmitte. Am 15. Juni gesellt sich die zunehmende Mondsichel zum Dreigestirn

Es war ein etwas düsterer, stürmischer »Donnerstag«, an dem sich am 20. Juni 1991 auf dem Waldfriedhof in Stuttgart eine Trauergemeinde einfand, wie sie sich wohl nur selten so zahlreich versammelt. Friedrich Benesch hatte angeordnet, dass sein Leib der Erde übergeben werde. »Mein Leib gehört der Erde.« Bis weit in die Wege und Grabreihen hinein standen bei strömendem Regen und dahin treibenden Wolken in einem kaum überschaubaren Umkreis, zum Teil von weit hergekommen alle Menschen, die ihn nun bei diesem letzten Schritt begleiten wollten. Der Regen musizierte auf den Regenschirmen. Der aufsteigende Weihrauch im Regen: ein eigenartiger Eindruck; aber auch das Weihwasser in das tiefe Grab und den fallenden Regen gesprengt. Ein Rotkehlchen sang. Das »Elementarische« wirkte auf seine Weise mit.

Verehrung, Dankbarkeit, Freundschaft, Liebe strömten ihm noch einmal zu. Die verschiedensten Menschen vereinten sich in dieser Stunde: Ärzte, Pädagogen, Künstler, Landwirte, Pfarrer, die Studenten der verschiedenen Seminare, die vielen Menschen, denen er in seinen Vorträgen und Kursen, in seinen Büchern und in zahllosen persönlichen

Gesprächen Lebenshilfe, Schicksalserkenntnis, Mut und Vertrauen zu sich selbst und zur Welt vermittelt hatte. Alle Anwesenden hatten gewiss ihre ganz persönlichen Gründe, sich einzufinden, und viele in aller Welt waren in Gedanken anwesend, um einer Persönlichkeit zu gedenken, die durch ein Jahrhundert nie gekannter Umbrüche, durch Jahre des Ungeistes gegangen war.

Das Schicksal dieser Epoche war auch das seine. Es verlief nicht nur in Höhen, Glanz und Größe, sondern war auch durchzogen von der Dramatik einer geistigen Auseinandersetzung, die zu Beginn des Jahrhunderts unausweichlich war und für unzählige Zeitgenossen schicksalhaft wurde. Beneschs Schicksal ist gezeichnet von den Hoffnungen und Niederlagen der Zeit, die er mit durchkämpfen musste und wollte. Aber er hat im zweiten Teil seines Lebens auch wie wenige andere mitgewirkt an einer Zukunft des Christentums, die heute aufzuleuchten beginnt.

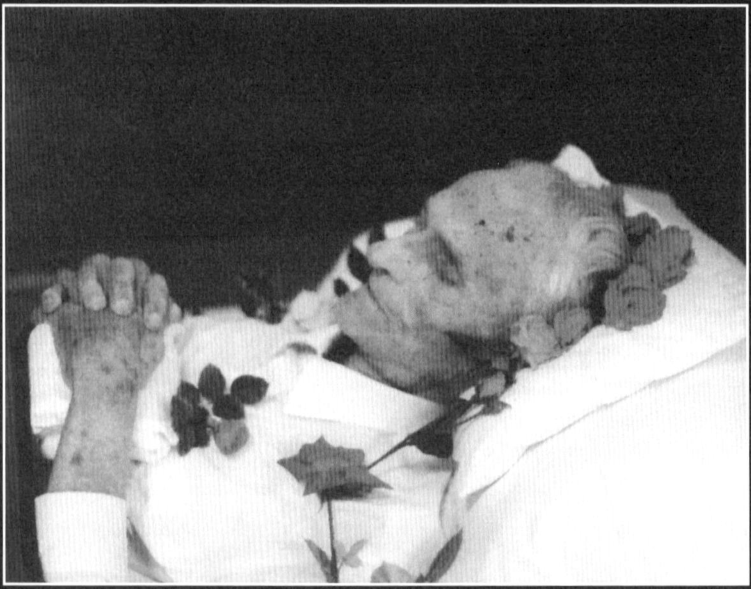

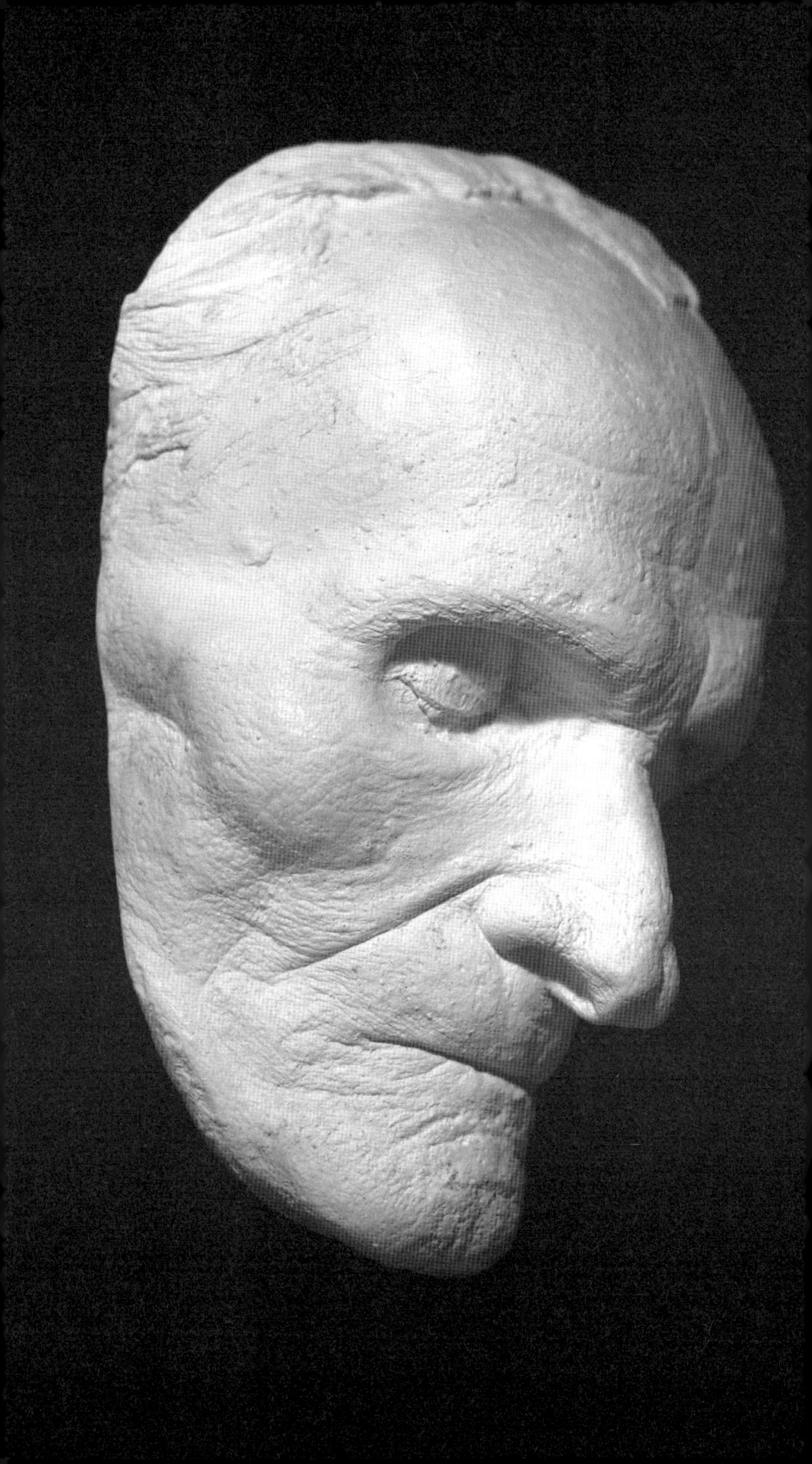

SUNHILT
GEB HAHNE
1999
FRIEDRICH
1907 1991
BENESCH

Zur Totenmaske

Die Totenmaske Friedrich Beneschs spiegelt in eindrucksvoller Weise verschiedene Seiten seines Wesens.

Die En-face-Aufnahme drückt etwas von der ganzen Wucht des Schicksals aus, das er getragen hat. Auch hier – wie bei den anderen Ansichten – die hohe Stirn und der schmale Mund.

Die Aufnahme im Profil zeigt die Stirn noch eindrucksvoller. Mund und Kinn sprechen von der Willenshaftigkeit, mit der er Zeit seines Lebens am Werke war. Die mittlere Partie – Augen, Nase und Wange – ist besonders schön durchzisiliert und bringt etwas von dem reichen, differenzierten Gefühlsleben, das ihm eigen war, zur Erscheinung.

Diese Seite tritt dem Beschauer ebenso in den beiden anderen Ansichten entgegen: Daraus spricht auch etwas von der ganzen Sensibilität seiner Seele; man kann sogar den Eindruck haben, einen Künstler vor sich zu sehen.

Charakteristisch für alle vier Ansichten ist das bei einer Totenmaske oft wahrnehmbare Nach-innen-gewandt-Sein, ein Lauschen wie nach innen, was ja im Besonderen mit dem Todesaugenblick verbunden ist. Bei Friedrich Benesch erinnert es uns daran, dass er in Gesprächen – aber auch sonst, selbst in seinen Vorträgen – oft den Eindruck machte des Lauschenden, des innerlich Wahrnehmenden; das lag auch in seinem Blick, der sich zum innerlichen Schauen steigern konnte.

An den beiden letzten Bildern lässt sich auch ablesen, wie stark mit seiner Zuwendung zur Welt und zu anderen Menschen oft Hingabe und Verehrung verbunden waren.

Die Totenmaske wurde am Abend des 16. Juni 1991 von dem Stuttgarter Bildhauer Manfred Welzel abgenommen.

Grabmal auf dem Waldfriedhof in Stuttgart, gekrönt von einem großen Bergkristall mit vertikal eingewachsenem dunkelgrünen Turmalin.
Fotos: Laurenz Theinert, Stuttgart

Dr. Ernst Wagner an Pfarrer Wilhelm Roth

Ich danke Dir sehr für Deine Nachricht vom Tode von Fritz Benesch und für die Mitteilungen über seinen Lebensweg nach 1945. […] Als damals junger Wandervogel und Freund seines Bruders Erich hat mich sein Lebensweg in Siebenbürgen und nachher immer sehr interessiert. Ich erinnere mich noch an eine Fahrt von Tschippendorf nach Treppen um 1941, wo er bei der Wüstung Fattendorf aufgrund von Tonscherben für mich damals hochinteressante Aussagen machte, und ich weiß auch, wie sehr die Birker auf sein Wort hörten. Er hat noch zu Jahresbeginn veranlasst, dass die Birker vasa sacra, die in der ehemaligen DDR verblieben waren, in das Gundelsheimer Siebenbürgische Museum, wie die anderer Gemeinden auch, kamen.

Dr. Christoph Klein
Bischof der Evangelischen Kirche A.B. in Rumänien
An Pfarrer i.R. Wilhelm Roth

Vielen Dank für Ihren Brief vom 15. August dieses Jahres mit der Mitteilung vom Tod des Friedrich Benesch und den beigelegten »Würdigungen«.

Hiermit möchte ich Ihnen, den Freunden und Verehrern von Friedrich Benesch und vor allem der Familie meine herzliche Anteilnahme aussprechen. Ich bitte Sie, seiner Frau und seinen Kindern auch im Namen unserer siebenbürgischen Landeskriche, aus der der Verstorbene kommt, meine herzliche Anteilnahme auszusprechen. Der himmlische Vater möge ihn aufnehmen in sein Reich, ihm die ewige Vollendung schenken und alle Trauernden mit der Hoffnung des unvergänglichen Lebens in ihm trösten.

Dr. Hans Bergel, Schrifsteller, München

Drei Jahrzehnte lang von meinen Sächsisch-Regener Freunden getrennt, sah ich einige von ihnen nach meiner Auswanderung aus dem kommunistischen Land wieder. Niemals jedoch den Mann, der am Beginn meines geistigen Erwachens steht: den großen, weltweit gerühmten Anthroposophen Dr. Friedrich Benesch. 1991 erreichte mich die erste Nachricht über ihn – aus Anlass seines Todes. In einer Zeitschrift für Fragen deutscher Kultur und Geschichte im europäischen Südosten, zu deren Herausgebern in München ich seit 1989 gehöre, veröffentlichte ich zum Gedenken einen Text, den er über vier Jahrzehnte vorher unter dem Titel »Die anthroposophische Möglichkeit, Christ zu sein«, verfasst hatte.

Eigentümlich berührte mich bei der Niederschrift dieser Rückschau der Umstand, dass ich die drei Freunde jener Sächsisch-Regener Tage niemals über Politik sprechen hörte. Ich erinnere mich philosophischer, theologischer, literarischer, künstlerischer, naturwissenschaftlicher, biblischer Fragen, über die sie in den warmen Sommernächten auf der Terrasse am Ufer des Mieresch-Flusses sprachen. Hielten sie darauf, in ihre Treffen keine der Erregtheiten eindringen zu lassen, von denen die Zeit bestimmt war? Wollten sie ihre Begegnungen nicht zu Auseinandersetzungen gegensätzlicher Standpunkte machen? Bewegte sie vordringlich die Frage der Zukunft der kleinen, jederzeit gefährdeten Ethnie, der sie angehörten? Ebenso wenig weiß ich, was bei Friedrich Benesch den letzten und entscheidenden Anstoß gab, sich endgültig der anthroposophischen Christengemeinde zuzuwenden. Gab es einen Bruch seines Weltbildes? Gehörte er zu den gutgläubigen Betrogenen einer Zeit, deren Drahtzieher gewissenlos mit Menschen spielten? Erlebte er eine tiefgreifende Ernüchterung, gar Erschütterung, die es erklären, dass er niemals den Versuch unternahm, sich nach dem Exodus seinen ehemaligen Gemeindekindern zu nähern? Was ich hier festhielt, sind Stationen unmittelbarer Erfahrung mit seiner Persönlichkeit, die ich als halbes Kind machte. Sie prägten sich für immer ein.

ANHANG

Anmerkungen

1 Rudolf Steiner in: *Mein Lebensgang*, GA 28, Seite 374: »Im Übrigen gehören Privatverhältnisse nicht in die Öffentlichkeit. Sie gehen sie nichts an.«

2 Oder »fünfte nachatlantische Kulturepoche«. Als Orientierungsdaten, die aber eher einen qualitativen Charakter haben, können für den Zeitraum dieser Epoche »Jahreszahlen« genannt werden: 1413 – 3573.

3 Rudolf Steiner, *Einleitungen zu Goethes naturwissenschaftlichen Schriften*, GA 1 (1897, Bd. IV, Kap. XVII), S. 327.

4 Alle Zitate: Rudolf Steiner, *Die Mysterien des Morgenlandes und das Christentum*, GA 144.

5 z.B. Matthäus 24.

6 Rudolf Steiner, *Das Ereignis der Christus-Erscheinung in der ätherischen Welt*, GA 118.

7 Vgl. Hans-Werner Schroeder, *Von der Wiederkunft Christi heute*, Stuttgart 1991.

8 Rudolf Steiner, *Wege und Ziele des geistigen Menschen*, GA 125.

9 2. Thessalonicher 2:1-4.

10 »Und ich sah ein anderes Tier aus der Erde aufsteigen: und es hatte zwei Hörner gleich einem Lamm, und es redete wie ein Drache. - Wer Verständnis hat, berechne die Zahl des Tieres! Denn es ist eines Menschen Zahl; und seine Zahl ist 666.« (Apokalypse 13: 11+18).

11 Rudolf Steiner, *Vorträge und Kurse über christlich-religiöses Wirken*, Band V, GA 346.

12 Brief an seine Frau vom 7. September 1942, siehe Seite 183.

13 Der Historiker Prof. Dr. Hammerstein lehrt an der Johann Wolfgang Goethe-Universität in Frankfurt am Main.

14 Karl Reissenberger, *Das Großfürstenthum Siebenbürgen*, Wien 1881; in: Ernst H. Philippi / Wiegant Weltzer [Hrsg.], *Sächsisch-Regen*. Die Stadt am Berge. Lebensbilder aus der Vergangenheit einer kleinen Stadt in Siebenbürgen, Bochum 1991, S. 359.

15 Rudolf Bergner, *Siebenbürgen*. Eine Darstellung des Landes und der Leute, Leipzig 1884; Ernst H. Philippi / Wiegant Weltzer [Hrsg.], *Sächsisch-Regen*, a.a.O., S. 362.

16 Helene Voigt-Diederichs, *Gast in Siebenbürgen*, Jena 1936; in: Ernst H. Philippi / Wiegant Weltzer [Hrsg.], *Sächsisch-Regen*, a.a.O., S. 372.
17 Richard Zsaki, *Deutscher Wegweiser*. Grenz- und Auslandsdeutsches Reisehandbuch durch Europa, Berlin 1932; in: Ernst H. Philippi / Wiegant Weltzer [Hrsg.], *Sächsisch-Regen*, a.a.O., S. 369.
18 Ernst Wagner, *Erinnerungen an das Musikleben in Sächsisch-Regen*; in: Ernst H. Philippi / Wiegant Weltzer [Hrsg.], *Sächsisch-Regen*, a.a.O., S. 262.
19 Deutsches Literaturarchiv Marbach/Neckar, Teilnachlass Hans Hahne.
20 Rüdiger Safranski, *Ein Meister aus Deutschland*. Heidegger und seine Zeit, München 1994.
21 Ebenda
22 Ebenda
23 Hessisches Staatsarchiv Marburg, Bestand 305a Acc 1963/13.
24 Ebenda
25 Irene Ziehe, *Hans Hahne* (1875-1935). Sein Leben und Wirken. Biographie eines völkischen Wissenschaftlers. Veröffentlichungen des Landesamtes für Archäologische Denkmalpflege Sachsen-Anhalt, Landesmuseum für Vorgeschichte, Band 49, Halle (Saale) 1996.
26 Ebenda
27 Ebenda
28 Thomas Mann, *Betrachtungen eines Unpolitischen*, Frankfurt 1919, S. 12, 3. Auflage (Taschenbuch), Frankfurt 2004
29 Irene Ziehe, a.a.O.
30 Friedrich Rittelmeyer, *Deutschtum*, Stuttgart 1934.
31 Irene Ziehe, a.a.O.
32 Ebenda; siehe Museumstagebuch V, 1917-1933, Anm. 335.
33 Ebenda
34 Ernst H. Philippi / Wiegant Weltzer [Hrsg.], *Sächsisch-Regen*, a.a.O., S. 251.
35 Rudolf Steiner / GA 127.
36 Rudolf Steiner / GA 64.
37 Johann Wilhelm Mannhardt, *Hochschulrevolution*, Hamburg 1933.
38 Rudolf Steiner / GA 8.

39 Rudolf Steiner / GA 103.
40 Rudolf Steiner / GA 2.
41 Rudolf Steiner / GA 4.
42 Vasile Ciobanu, *Die Minderheitenfrage in den Programmen Rumänischer Parteien während der Zwischenkriegszeit*; in: Harald Roth [Hrsg.], *Minderheit und Nationalstaat. Siebenbürgen seit dem Ersten Weltkrieg*, Siebenbürgisches Archiv, III. Folge, Band 31, Wien 1995.
43 Keno Verseck, *Rumänien*, München 2007[3].
44 Cornelius K. Zech, *Die Siebenbürger Sachsen zwischen Tradition und neuen politischen Optionen*; in: Harald Roth [Hrsg.], *Minderheit und Nationalstaat. Siebenbürgen seit dem Ersten Weltkrieg*, a.a.O.
45 Ebenda
46 Elemer Illyes, *Nationale Minderheiten in Rumänien*. Siebenbürgen im Wandel, Wien 1981.
47 Ebenda
48 Cornelius K. Zech, *Die Siebenbürger Sachsen zwischen Tradition und neuen politischen Optionen*, a.a.O.
49 Ebenda
50 D. Dr. Viktor Glondys, *Tagebuch*, Aufzeichnungen von 1933 bis 1949, hrsg. v. Johann Böhm und Dieter Braeg, Dinklage 1997, S. 32.
51 Johann Böhm, *Die Deutschen in Rumänien und die Weimarer Republik* 1919-1933, Publikationen des Arbeitskreises für Geschichte und Kultur der deutschen Siedlungsgebiete im Südosten Europas e.V., Reihe I Geschichte und ihre Hilfswissenschaften, Band 3, Ippesheim 1993, S. 188-191.
52 Willi Albert, *Einige Stimmungsbilder zum Zeitgeschehen*, aus einem unveröffentlichten Manuskript, Gundelsheim 1998:

»Man darf behaupten, dass das Wohl und Wehe unseres Stammes [gemeint ist Siebenbürgen – HWS] stets in irgendeiner Form mit dem Auf und Ab der deutschen Lande in der Ferne, also mit Deutschland und Österreich, zusammenhingen. Fest in der siebenbürgischen Heimatscholle verwurzelt, als eigenständiges Gemeinwesen, jedoch stets unter fremdstaatlicher Oberhoheit, erhob sich ein Teil unserer Seelen stets zu den ›Gefilden hoher Ahnen‹ in der deutschen Ferne. [...]

Seit 1933 hatte Deutschland einen Mann an der Spitze, der Adolf Hitler hieß und den man dort ›Führer‹ nannte. Nach 15 Jahren Nachkriegsdepression erlebte das Land einen gewaltigen Aufschwung. Übereinstimmend berichteten Ferienreisende von dem frischen Wind, der jetzt in Deutschland blies, von der Mehrzahl der Menschen begeistert mitgetragen. […]

1938. Wie sehr auch unsere Akademiker von der Begeisterung angesteckt wurden, kann folgende Episode beleuchten: Es war Sommer, wir waren auf der Hohen Rinne. Österreich war bereits ›befreit‹ und in Nürnberg fand der Reichsparteitag der NSDAP statt, mit 100.000 Teilnehmern. Nun wollten wir auf der Hohen Rinne auch irgendwie dabei sein. Ein Arzt hatte einen Volksempfänger aufgetrieben, einen jener frühen Radioapparate mit zwei Knöpfen und schrecklichem Empfang. Der wurde in die Ecke eines Raumes […] gestellt. 20 bis 25 Akademiker nahmen vor dem Apparat Platz und lauschten gespannt der Rede des Führers in der Ferne. Beim abschließenden Deutschland- und Horst-Wessel-Lied erhoben sich alle und sangen mit erhobenem Arm in Richtung Lautsprecher mit. Man war derart ergriffen, dass einem das Groteske der Situation nicht bewusst wurde. […]

Wir benahmen uns damals immer mehr wie ein kleiner, selbständiger Organismus mitten in Rumänien. Schließlich waren wir inzwischen Waffenbrüder geworden. Die neue Volksführung wurde als juristische Person anerkannt, und unsere Schulen, bisher immer unter der Oberaufsicht der Kirche, kamen unter die Aufsicht der Volksgruppenführung. Unsere Lehrkräfte, ›Professoren‹ genannt, mussten jede Unterrichtsstunde mit erhobenem Arm und ›Heil Hitler‹ beginnen und beenden. Auch der ehrwürdige Herr Bischof [gemeint ist Victor Glondys – HWS] musste einem linientreuen Rabauken weichen, der mit Stiefeln und Hitlergruß auftrat.«

53 D. Dr. Viktor Glondys, *Tagebuch*, a.a.O., S. 93.

54 *Deutsche Jugend am Werk*, hrsg. vom Landesamt für Arbeit, Kronstadt 1934 sowie Gerhard Albrich / Hans Christ / Hans Wolfgang Hockl, *Deutsche Jugendbewegung im Südosten*, Bielefeld 1969.

55 Willi Albert, unveröffentlichtes Manuskript, Gundelsheim 1998.

56 Johann Wilhelm Mannhardt, *Weihnachtsbrief nach Übersee*; in: Die Burse, Rundbrief der deutschen Burse zu Marburg, März 1933, 2.

Heft, S. 79, Archiv der Philipps-Universität Marburg im Hessischen Staatsarchiv Marburg.

57 Universitätsbibliothek Marburg

58 Hessisches Staatsarchiv Marburg, Bestand Vorlesungsverzeichnisse 1925/26.

59 Johann Wilhelm Mannhardt, *Hochschulrevolution*, a.a.O.

60 Generalfeldmarschall Paul von Hindenburg, Reichspräsident von 1925 bis 1934.

61 Johann Wilhelm Mannhardt, *Weihnachtsbrief nach Übersee*; a.a.O.

62 Der Vortrag müsste Anfang der 30er Jahre in Frankfurt stattgefunden haben.

63 Friedrich Benesch, *Die »religiöse Lage« in Deutschland*, in: Die Burse, Rundbrief der deutschen Burse zu Marburg, Juli 1934, 1. Heft, S. 28-35, Archiv der Philipps-Universität Marburg im Hessischen Staatsarchiv Marburg.

64 Schiller-Nationalmuseum / Deutsches Literaturarchiv Marbach, Schillerarchiv Marbach/Neckar, Teilnachlass Hans Hahne.

65 Andreas Ulrich Wien, *Kirchenleitung am Abgrund*, Bischof Friedrich Müller vor den Herausforderungen durch Minderheitenexistenz, Nationalsozialismus und Kommunismus, Köln/Weimar/Wien 1998, S. 119.

66 Susanne Dienesch [Hrsg.], *Das Birker Heimatbuch*, unter Mitarbeit von Mag. Walter M. Dienesch u. Natascha Salfinger, Stadl-Paura 1996 (Selbstverlag), Siebenbürgen-Institut, Schloss Horneck, Gundelsheim.

67 Ebenda

68 Karl Bosel / Günter Franz / Hans Hubert Hofmann, *Biographisches Wörterbuch zur Deutschen Geschichte*, Band 3, München 1975. Peter Hoffmann nennt in seiner Biographie *Claus Schenk Graf von Stauffenberg und seine Brüder*, Stuttgart 1992, weitere Varianten, die von Zeugen der Hinrichtung überliefert sind: »Es lebe das geheiligte Deutschland« und »Es lebe das heilige Deutschland«. »Heiliges Deutschland« wird dagegen von zwei anwesenden Zeugen bestätigt.

69 Rudolf Steiner / GA 40.

70 Houston Stewart Chamberlain, *Die Grundlagen des 19. Jahrhunderts*, 2 Bände, München 1899.

71 *Protokolle der Sitzungen des Landeskonsistoriums der evangelischen Kirche A.B. in Rumänien,* 1936-1937, Zentralarchiv der evang. Kirche A.B. in Rumänien/Hermannstadt, Bestand 106.

72 Ebenda

73 Ebenda

74 *Protokolle der Sitzungen des Landeskonsistoriums der evangelischen Kirche A.B. in Rumänien,* 1936-1937, a.a.O.

75 D. Dr. Viktor Glondys, *Tagebuch,* a.a.O.

76 *Protokolle der Sitzungen des Landeskonsistoriums der evangelischen Kirche A.B. in Rumänien,* 1936-1937, a.a.O., Index 1936, S. 387-388.

77 Ebenda

78 *Bildbericht vom Tag der deutschen Jugend Heldsdorf,* hrsg. v. Bundesjugendamt der Deutschen in Rumänien, S. 79.

79 D. Dr. Viktor Glondys, *Tagebuch,* a.a.O., S. 243.

80 Ebenda, auf Seite 243. Der Herausgeber des Tagebuches Johann Böhm fügt dieser Notiz die Fußnote 485 bei: »In den genannten Ortschaften fanden Saalschlachten zwischen Anhängern der DVR und der VDR statt, die nur mit polizeilicher Hilfe beendet werden konnten.« Hieraus ist an anderer Stelle der Schluss gezogen worden, dass auch von Birker Bauern Gewalt ausgegangen sei. Von Zeitzeugen wird aber überliefert, dass es weder vorher noch nachher und auch nicht bei der Schlussverhandlung zu Gewaltanwendung gekommen ist und alles friedlich verlaufen sei.

81 Ebenda

82 Fritz Benesch, *Machtkampf und Kirche.* Eine Antwort an Dr. Konrad Möckel, erschienen in »Deutsche Volksdruckerei und Verlags AG«, Brasov/Kronstadt 1937, 29 Seiten (Siebenbürgen-Institut, Schloss Horneck, Gundelsheim).

83 Konrad Möckel, *Der Kampf um die Macht und unsere evangelische Kirche,* Honterus-Buchdruckerei und Verlagsanstalt, Sibiu/Hermannstadt 1936, 51 Seiten (Siebenbürgen-Institut, Schloss Horneck, Gundelsheim).

84 Hans Holzträger, *Die Reise nach Oxford.* Eine kirchliche Mission des Stadtpfarrers von Kronstadt, Dr. Konrad Möckel, und ihre Folgen. Sonderdruck aus Siebenbürgisch-Sächsischer Hauskalender/Jahrbuch 1983, S. 85-90 (Siebenbürgen-Institut, Schloss Horneck, Gundelsheim).

85 Konrad Möckel, *Christliches Glauben und völkisches Bauen*. Persönliche und grundsätzliche Bemerkung zu Fritz Beneschs »Machtkampf und Kirche«, Kommissionsverlag Wilhelm Hiemesch, Kronstadt/Brasov 1937, 37 Seiten (Siebenbürgen-Institut, Schloss Horneck, Gundelsheim).

86 D. Dr. Viktor Glondys, *Tagebuch*, a.a.O.

87 Bundesarchiv (ehem. BDC), Akte Diverses Fritz Benesch, geb. 6.07.1907.

88 Ebenda

89 Ebenda

90 Friedrich Benesch, *Die Festung Hutberg*. Eine jungnordische Mischsiedlung bei Wallendorf, Kreis Merseburg, Inauguraldissertation Martin Luther-Universität Halle/Wittenberg, Halle (Saale) 1941, 74 Seiten.

91 Die Nationalversammlung behielt zwar das Königtum als Staatsform bei, um die Kontinuität und den Anspruch auf das Reich des Staatsgründers Stephan I. – des Heiligen (997-1038) – aufrecht zu erhalten. Die Großmächte und Nachbarländer Ungarns bestanden jedoch darauf, dass der Thron unbesetzt bleibt aus Sorge, dass andernfalls eine Rückkehr zur Monarchie stattfinden könnte. Der Thron hatte somit keinen Nachfolger, so dass bei Beibehaltung der Staatsform einer Monarchie ein Reichsverweser eingesetzt werden musste; ein Rückgriff auf eine historische Regelung aus dem 15. Jahrhundert. An die Spitze der Republik trat Admiral Miklos Horthy mit der Amtsbezeichnung »Reichsverweser«.

92 Bundesarchiv (ehem. BDC), Akte Diverses Fritz Benesch, geb. 6.07.1907.

93 Ebenda

94 Ebenda

95 Ebenda

96 Institut für Auslandsbeziehungen e.V., Stuttgart.

97 Ebenda

98 Johann Böhm, *Friedrich Benesch (1907-1991)*. Naturwissenschaftler, Anthropologe, Theologe und Politiker; in: Halbjahresschrift für südosteuropäische Geschichte, Literatur und Politik, 16. Jahrgang, Heft Nr. 1, Mai 2004, S. 108.

99 Klaus Popa [Hrsg.], *Akten um die Deutsche Volksgruppe in Rumänien* 1937-1945. Eine Auswahl, Frankfurt/Main 2005, S. 214.

100 Hans Holzträger, *Judenverfolgung in Ungarn* 1941-1944. Gewaltmaßnahmen gegen Juden im Spiegel der ungarndeutschen Presse; in: TRIBÜNE. Zeitschrift zum Verständnis des Judentums, 18. Jahrgang 1979, Heft 70, S. 94-108.

101 Ebenda

102 *Die Autobiographie des Mark Perl.* Ein Beitrag zur Geschichte der jüdischen Bevölkerung von Sächsisch-Regen in Nord-Siebenbürgen in den Jahren 1942-1945. Mit einer Einführung von Hans Holzträger; in: Siebenbürg.-Sächs. Hauskalender, Jahrbuch 1981, München, S. 63-65.

103 Eine Episode wird berichtet. Benesch hatte – wohl in den 40er Jahren – ein Zigeunermädchen zur Hilfe in seinen Haushalt aufgenommen. Ab und zu verschwanden Sachen, und der Verdacht fiel auf sie, ohne dass man ihr etwas nachweisen konnte.
Eines Tages kaufte Benesch seiner ältesten Tochter eine Puppenstube zum Geburtstag. Auch sie verschwand nach kurzer Zeit. Das Mädchen, zur Rede gestellt, beteuerte Stein und Bein, auf die Knie fallend, die Hände ringend und unter reichlichen Tränen, sie habe damit nicht zu tun!
Benesch darauf »Pass auf ! Ich kann zaubern, ich werde die Puppenstube aus deiner Wohnung herzaubern.« Das Mädchen, sowieso abergläubisch, wurde bleich, stürzte nach Hause und holte nicht nur die Puppenstube, sondern auch alle anderen Sachen, die sie gestohlen hatte und übergab sie Benesch.

104 *Soll ich meines Bruder Hüter sein?*, in: Schweizerisches Evangelisches Hilfswerk, Zürich 1944, S. 74-75.

105 *Kirchenbücher Birk*, Beerdigungen Band 2: 1874-1944, Taufmatrikel Band 4: 1933-1944, Trauungsmatrikel Band 3: 1901-1944, Siebenbürgen-Institut, Schloss Horneck, Gundelsheim.

106 Friedrich Benesch, *Die vier Jugendgenerationen des 20. Jahrhunderts.* Verheißung und Verführung, zwei öffentliche Vorträge, gehalten im Hörsaal des Landesmuseums Kassel, 18./19. Mai 1984.

107 Friedrich Benesch, *Die anthroposophische Möglichkeit, Christ zu sein*; in: Die Christengemeinschaft, Jahrgang 1948, Heft Nr. 7/8, S. 181.

108 Archiv der evangelischen Kirche der Kirchenprovinz Sachsen, Magdeburg, Signatur AKPS, Rep. A, Spec. G, Nr. 9857.
109 Ebenda
110 Ebenda
111 Ebenda
112 Ebenda
113 Michael Debus, *Kontinuität in der Biographie*; in: Das Goetheanum, 15. September 2006.
114 Rudolf Steiner, *Das Christentum als mystische Tatsache,* GA 8, S. 18.
115 Rudolf Steiner, GA 264, S. 148.
116 Ernst Lehrs, *Mensch und Materie*. Ein Beitrag zur Erweiterung der Naturerkenntnis und der Methode Goethes, Frankfurt am Main 1997[3].
117 Hans Bergel, *Die Wiederkehr der Wölfe*, München 2006.
118 Ernest Renan, *Das Leben Jesu*, Zürich 2003, 4. Auflage.
119 Andreas Suchantke (Hrsg.), *Mitte der Erde*. Israel und Palästina im Brennpunkt natur- und kulturgeschichtlicher Entwicklungen, Stuttgart 1996, 2. Auflage.
120 Vortrag vom Februar 1979 im Priesterseminar, unveröffentlicht.
121 Andreas Suchantke (Hrsg.), *Mitte der Erde*, a.a.O.
122 Ebenda
123 Guenther Wachsmuth, *Erde und Mensch*. Ihre Bildekräfte, Rhythmen und Lebensprozesse, Dornach 1980, 4. Auflage.
124 Ebenda
125 Ebenda
126 ALLE

Es sprach der Geist: Sieh auf! Es war im Traume.
Ich hob den Blick. In lichtem Wolkenraume
Sah ich den Herrn das Brot den zwölfen brechen
Und ahnungsvolle Liebesworte sprechen.
Weit über ihre Häupter lud die Erde
Er ein mit allumarmender Gebärde.

Es sprach der Geist: Sieh auf! Ein Linnen schweben
Sah ich und vielen schon das Mahl gegeben,
Da breiteten sich unter tausend Händen

Die Tische, doch verdämmerten die Enden
In grauen Nebel, drin auf bleichen Stufen
Kummergestalten sassen ungerufen.

Es sprach der Geist: Sieh auf! Die Luft umblaute
Ein unermesslich Mahl, soweit ich schaute,
Da sprangen reich die Brunnen auf des Lebens,
Da streckte keine Schale sich vergebens,
Da lag das ganze Volk auf vollen Garben,
Kein Platz war leer, und keiner durfte darben.

127 Stiftung Kreis für soziale Kunst.
128 Goethe an Kanzler von Müller am 14. Dezember 1808.
129 Rudolf Steiner, GA 40.
130 Geburts- und Sterbehoroskop.
131 Text zum Sterbehoroskop Friedrich Benesch von Dieter Hornemann.

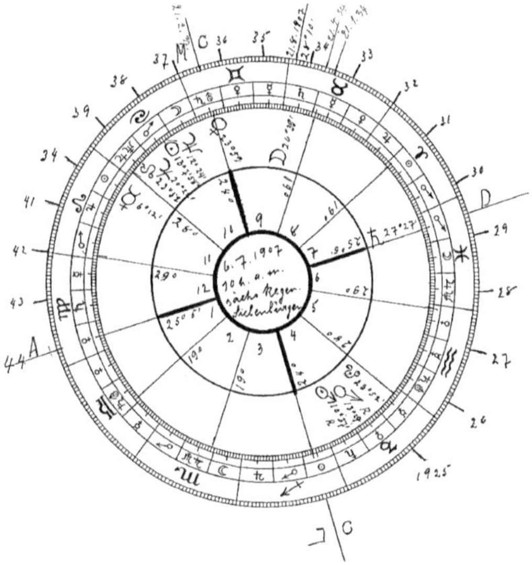

Geburtshoroskop

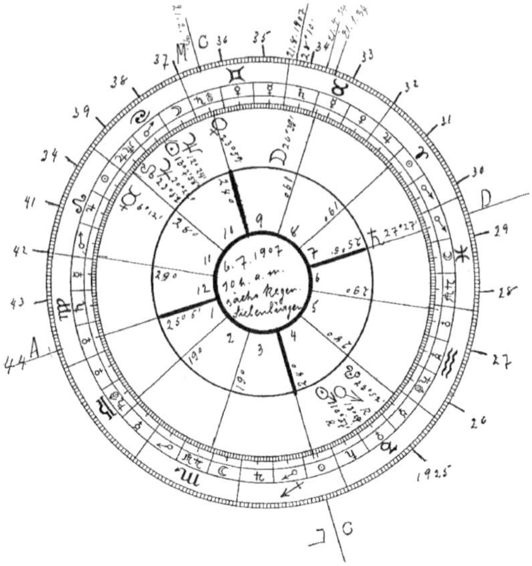

Sterbehoroskop

Teza de Licenta
In Tiinte Naturale (Diplomarbeit in Naturwissenschaften. Phylogenie der Clitellaten)
Klausenburg 1930, 92 Seiten, 10 Skizzen

150 *Jahre österreichische Tabakregie*
1784 bis 1934
Wien 1934, 97 Seiten

Machtkampf und Kirche
Eine Antwort an Dr. Konrad Möckel
Kronstadt 1937, 29 Seiten

Die Festung Hutberg
Eine jungnordische Mischsiedlung bei Wallendorf, Kr. Merseburg.
Inaugural- Dissertation
Halle 1941, 77 Seiten, 25 Abbildungen

Energiekrisen und Wachstumsgrenzen im Zeichen des Materialismus
Stuttgart 1974, 2. Auflage 1975, 46 Seiten

Das Ereignis der Himmelfahrt Christi
Die 40 Tage
Stuttgart 1974, 3., erweiterte Auflage 1980, 4. Auflage 1987, 100 Seiten

Zur Bewusstseinskrise der Gegenwart
Autorität – Aggression und Enthemmung – Selbsterziehung
Stuttgart 1975, 47 Seiten

Pfingsten heute
Gemeinschaft im Zeichen des Individualismus
Stuttgart 1976, 4. Auflage 1992, 48 Seiten

Ostern
Passion – Tod – Auferstehung
Stuttgart 1978, 112 Seiten, kart., 4. Auflage 1998, 130 Seiten

Apokalypse
Die Verwandlung der Erde. Eine okkulte Mineralogie
Stuttgart 1981, 2. Auflage 1993, 468 Seiten, 47 farbige Abb.

Kiesel – Kalk – Ton
Prozesse in Mineral, Pflanze, Tier und Mensch
Unter Mitarbeit von Klaus Wilde, mit Bildern von Walther Roggenkamp
Stuttgart 1983, 118 Seiten, zahlr. farbige Abb.

Friedrich Benesch, Christel Stalf
Machet auf das Tor
Waldorfpädagogik für staatliche Schulen
Stuttgart 1983, 36 Seiten

Der Turmalin
Eine Monographie
Stuttgart 1990, 2. Auflage 1991, 3. durchgesehene und ergänzte Auflage 2000. 384 Seiten, davon 168 Seiten Tafelteil mit 400 farbigen Abb. 22 Farbtafeln von Christiane Lesch und 69 Abb. im Text

Band 1: Leben mit der Erde
Der Jahreslauf der Erde – Erde als Mesokosmos – Erde, Wasser, Luft und Feuer
Stuttgart 1993, 320 Seiten, 18 Skizzen

Band 2: Christliche Feste
Weihnachten – Passion – Ostern – Himmelfahrt – Pfingsten
Stuttgart 1993, 336 Seiten

Band 3: Christliche Feste
Johanni – Michaeli
Stuttgart 1994, 266 Seiten

Band 4: Christus in der Gegenwart
Beiträge zur Christologie I
Stuttgart 1995, 288 Seiten

Band 5: Das verborgene Gottesreich auf Erden
Beiträge zur Christologie II
Stuttgart 1996, 228 Seiten

Band 6: Zur Äthergeographie der Erde
Christus in den Sphären von Erde und Mensch
Stuttgart 2000, 272 Seiten

Weihnachten im Sommer feiern?
Die christlichen Jahresfeste in der Polarität von Nord- und Südhemisphäre
Stuttgart 1998, 64 Seiten

Schöpfungswort – Menschensprache – Zukunftswort
Verlust und Wiedergewinnung des lebendigen Sprachquells
Bad Liebenzell 2004, 36 Seiten

1953: Italien I – Bern, Simplonpass, Mailand, Venedig, Florenz, Siena, Rom, Neapel, Paestum.

1954: Skandinavien – Järna, Stockholm, Uppsala, Oslo, Trondheim, Bergen, Kopenhagen.

1955: Italien II, mit dem Jugendkreis – Gotthardt, Mailand, Florenz, Rom, Neapel, Pästum, Brenner.

1958: Ägypten, Amman, Palästina. Mit G. Klockenbring und J. Lenz.

1959: 1960, 1961, 1962: »Spielfahrten« mit dem Priesterseminar, auch nach Skandinavien, Holland und Wien.

1962: Vortragsreise nach Skandinavien – Stockholm, Göteborg, Järna, Kopenhagen.
Frankreich, England, Südirland – Paris, Chartres, Tintagel, Südirland.
2.Vortragsreise nach Skandinavien – Stockholm, Oslo, Bergen, Göteborg, Järna, Kopenhagen.

1963: Drei Vortragsreisen nach Skandinavien.
Südfrankreich, Nordspanien – Höhlen.

1964: Zwei Vortragsreisen nach Skandinavien und Finnland.
Skandinavientagung in Ljungskile.
Vortragsreise nach Holland.

1965: Drei Vortragsreisen nach Skandinavien, davon zwei auch nach Finnland.
Weihnachten in Oslo.

1966: Ostafrika – Arusha, Kibo
Vortragsreise nach Skandinavien und Finnland.

1967: Ostafrika – Arusha, Serengeti, Kibo.
Griechenland – Athen, Kap Sunion, Ephesus, Delphi, Olympia, Nauplion, Tiryns, Mykene, Korinth.

1968: Vortragsreise nach Skandinavien und Finnland.
Vortragsreise nach Holland.
Palästina II – Judäa, Samaria, Galiläa.
Skandinavientagung in Gotland.
Nordirland.
Vortragsreise nach Skandinavien und Finnland.

1969: Palästina III – Galiläa, Samaria, Judäa, Negev.
Italien III.
Vortragsreise nach Skandinavien und Finnland.

1970: Ostasien – Indien, Nepal, Thailand, Japan.
Vortragsreise nach Italien und Finnland.

1971: Ostasien – Nepal, Thailand, Japan.
Ägypten - Alexandria, Kairo, Luxor, Assuan.
Vortragsreise nach Kopenhagen und Finnland.
Vortragsreise nach Holland.

1972: Griechenland.
Kleinasien – Athen, Istanbul, Bosporus, die sieben Städte der Apokalypse, Patmos, Athen, Golf von Korinth.

1973: Palästina IV.
Südamerika – Rio, Sao Paolo, Minas Gerais, Uro Preto, Paraguay, Iquazu, Buenos Aires.

1974: Drei Vortragsreisen nach Holland.
Nordamerika – New York, Kanada, Niagara-Fälle, Chicago, Bad Lands, Black Hills, Yellowstone, Teton, Salt Lake, Denver, Devon, Gran Canyon, San Francisco, Toronto.

1975: Vortragsreise nach Holland.
Süd-, Mittel- und Nordamerika – New York, Lima, Cusco, Macchu Pichu, San Francisco, Pazifik-Küste.
Moskau.

1976: Vortragsreise nach Holland.
Südafrika- Johannsburg, Kapstadt, Durban, Krügerpark, Windhoek/Namibia, Etoschapfanne.
Griechenland.

1977: Tagung in Finnland.
Nordamerika – New York, Boston, Eriesee, Niagara, Kanada.

1978: Vortragsreise nach Paris.
England und Schottland.
Raumweihe in Helsinki.

1979: Bretagne.
Weltreise: Bali, Australien, Ayers Rock, Melborne, Neuseeland, Hawai, Alaska, Eskimos, USA.
Vortragsreise nach Skandinavien.

1980: Südspanien – Sierra Nevada.
Vortragsreise in Holland.

1981: Palästina V. – Hermon, Galiläa, Westküste, Samaria, Judäa, Jordangraben, Negeev.
Nordamerika.

1982: Japan IV.

1983: Palästina VI. – Hermon, Golanhöhen, Galiläa, Samaria, Judäa, Negev, Sinai.
Nordamerika.

KOMMENTARE

NS-Außenpolitik

Schon 1933 referiert Beneschs akademischer Lehrer Professor Dr. jur., Dr. phil. Johann Wilhelm Mannhardt als beteiligter Wissenschaftler die Richtlinien der zukünftigen NS-Außenpolitik.

»Um jeden Konflikt der deutschen Volksgruppen draußen mit ihren Wirtsvölkern zu vermeiden, hat die NSDAP ausdrücklich die Zugehörigkeit nicht Reichsdeutscher zur Partei untersagt. Wir verstehen, dass das von manchen Volksdeutschen als Zurücksetzung empfunden wird. Es kommt nun alles darauf an, dass aus diesem Empfinden eine positive Haltung wird. Die Volksdeutschen sind organisatorisch auf sich angewiesen. Das wissen sie, und sie haben deshalb von jeher ihre Verbände besessen, die ihnen den notwendigen Zusammenhang im Kampfe um die Erhaltung ihres Volkstums geben sollen. Alle nationalsozialistische Energie der Volksdeutschen draußen muss nun ihren eigenen Verbänden dienen, die sich regional nach den Bedürfnissen des Landes gliedern, in dem sie leben. Gewiss muss sich darüber das Bedürfnis nach einem Zusammenschluss aller Deutschen auf der Erde bemerkbar machen, der durch den Nationalsozialismus endlich einen mächtigen Auftrieb erhalten hat. Dieser kann aber nicht einer der Einzelnen, sondern nur einer der Volksgruppen sein, einerlei, ob in ihnen Reichsangehörige eine Rolle spielen oder nicht. Zu einem solchen Bund aller Deutschen auf der Erde wächst sich nach dem Willen nicht des Reichskanzlers, dessen Kompetenz hier aufhört, *sondern des mit ihm identischen Führers des deutschen Gesamtvolkes der jetzige Volksbund für das Deutschtum im Ausland aus*, dessen Schirmherr der greise Feldmarschall[1] ist.«[2]

Die Anordnung Nr. 5/39 g

Am 3. Februar 1939 ergeht vom Stellvertreter des Führers Rudolf Hess die »Anordnung Nr. 5/39g (Geheim! Nicht zur Veröffentlichung)«. Auszugsweise wird aus dieser Anordnung zitiert.

»Der Leiter der Volksdeutschen Mittelstelle, SS-Gruppenführer Lorenz, hat in meinem Auftrage auf dem Gebiete der Volkstums- und

Grenzlandarbeit folgende Neuregelung vorgenommen:

Der Volksbund für das Deutschtum im Ausland (VDA) ist der zuständige Verband für die Volkstumsarbeit jenseits der Grenzen. [...] Die neuen Satzungen des VDA sehen als Spitze des Verbandes anstelle der aufgehobenen Stellung eines selbstständigen Bundesleiters eine vorwiegend aus führenden Parteigenossen gebildete Bundesleitung vor. [...] Eigene vereinsmäßige Handlungen können demnach vom VDA nicht mehr durchgeführt werden.

Der VDA gliedert sich in Landesverbände, die regional den Gauen der NSDAP entsprechen. [...]

Für Volkstumsarbeit jenseits der Grenzen ist ausschließlich der VDA zuständig. Ich verbiete hiermit der Partei, ihren Gliederungen und angeschlossenen Verbänden jede Betätigung in der Volkstumsarbeit im Ausland. Allein zuständig für diese Aufgabe ist die Volksdeutsche Mittelstelle und als deren getarntes Werkzeug der VDA. Im Inneren des Reiches hat der VDA im Allgemeinen nur die Aufgabe der Beschaffung von Mitteln für die Volkstumsarbeit jenseits der Grenzen. Hierin ist der VDA seitens der Parteistellen in jeder Weise zu unterstützen. Eine nach außen in Erscheinung tretende Bindung des VDA an die Partei ist dabei jedoch zu vermeiden.«[3]

In Folge dieser Anordnung muss der Vorgang »SS-Bewerber Friedrich Benesch« vom SS-Abschnitt XVIII zur weiteren Bearbeitung an die »Volksdeutsche Mittelstelle« (siehe S. 440) nach Berlin abgegeben werden.

Das »Benesch-Protokoll«

A b s c h r i f t
von Abschrift

SS-Abschnitt XVIII — Halle /Saale, den 6.9.40
VI/Az. 18a/6.6.40

Betr.: SS-Bewerber Dr. Friedrich *Benesch*, geb. am 6.7.07, 1/26
Bezug: Vorsprache des Genannten vom heutigen Tage

An den
SS-Oberabschnitt E l b e
(Abschriftlich an die 26. Standarte zur Kenntnisnahme)

Der obengenannte SS-Angehörige sprach heute beim SS-Abschnitt XVIII vor und meldete:

»Ich bin gebürtiger Siebenbürger (geboren in Sächsisch-Regen) und bin jetzt mit meiner Heimatstadt zu Ungarn gekommen.

Als im Jahre 1934 das Problem der deutschen Christen akut geworden war, entschloss ich mich, im Kirchendienst als Pfarrer tätig zu sein, das kam daher, weil in meiner Heimat bis vor kurzem Deutschtum und Kirche seit Jahrhunderten fest miteinander verbunden und in jeder Weise von einander abhängig waren. Gegenüber dem rumänischen Staat war die Kirche die einzig staatsrechtliche fundierte Organisation des Deutschtums, was besonders für das Schulwesen von grundlegender Bedeutung war.

Bereits bei meiner Amtseinsetzung in Hermanstadt gab ich gegenüber der obersten Kirchenbehörde bestimmte Erklärungen über meine nationalsozialistische Einstellung ab, die den Bischofvikar in Stellvertretung des Bischofs dazu veranlassten, schwere Bedenken gegen meine Amtseinsetzung vorzubringen. Bereits nach kurzer Zeit entwickelte sich aus politischen und weltanschaulichen Gründen ein scharfer Gegensatz zwischen mir und der Kirchenführung. Es wurde mir vorgeworfen, germanisches Heidentum zu predigen und in meinem [Gottesdienst] Wotan anzubeten (dies hat mir der Bischof Glondys selbst vorgeworfen). Das Verhalten der Kirche bei Gelegenheit der Oxforder Konferenz verschärfte den Gegensatz noch mehr. Wegen meiner Weigerung, eine Unterschrift unter eine kirchliche Zwangsverordnung, die das Verbot der Zugehörigkeit zur nationalsozialistischen Partei aussprach, zu leisten, wurde ich schliesslich 1936 amtsenthoben und abgesetzt. Die Bauern meiner damaligen Gemeinde Birk bei Sächsisch-Regen waren mir auf meinem Wege im Kampf gegen die Kirche restlos gefolgt und widersetzten sich meiner Absetzung durch passive Resistenz. Von einem Austritt aus der Kirche musste ich den Bauern abraten, weil sonst die deutsche Schule verlorengegangen wäre. Ich selbst entschloss mich nach meiner Absetzung meinen Beruf aufzugeben, zog nach Halle/S. und studierte dort Vorgeschichte, Rassenkunde und Volkskunde und bestand das philosophische Doktorexamen im Juli 1940. Inzwischen war aber meine ehemalige Gemeinde unerschütterlich auf ihrem Standpunkt stehengeblieben, hatte sich trotz der raffiniertesten und gewalttätigsten Versuche der Kirchenführung einen anderen Pfarrer hereinzubringen, ihre alte Forderung nach meiner Wiedereinsetzung bewahrt und aufrecht erhalten. Im Juli 1940 stellte sie der Kirche ein Ultimatum, wonach sie bei Verweigerung meiner Wiedereinsetzung alle Beziehungen zur Kirche abbrechen und in den Zustand schärfster und passiver Resistenz treten würde, was praktisch nicht nur die Nichtzahlung der Kirchensteuer sondern auch die Schliessung der deutschen Schule und den Besuch der rumänischen Schulen durch deutsche Kinder nach sich gezogen hätte.

Daraufhin gab die Kirche überraschenderweise – wie ich annehme angesichts der geschichtlichen Entwicklung – nach.

Ich selbst hatte mich inzwischen restlos von der Kirche getrennt und war in Halle im Juli 1939 der SS beigetreten.

Mit dem Nachgeben der Kirche stand ich nun vor einer sehr schwerwiegenden Entscheidung. Nach ernster Gewissensprüfung habe ich mich entschieden, die mir von meinen Bauern erwiesene Treue durch meine Treue zu erwidern und wieder ihre Führung zu übernehmen. Alle meine persönlichen Wünsche und Bedürfnisse hätten mich hier festgehalten. Es wäre mir materiell und vor allem auch seelisch besser gegangen. Ich musste mich aber selbstverständlich für mein Volk in meiner Heimat und gleichzeitig für eine grosse nationalsozialistische Aufgabe entscheiden, nämlich die Herausführung des politischen Lebens des deutschen Volkes in meiner Heimat aus der Kirche und seine weltanschauliche

Prägung. Diese Aufgabe, die ich als Berufung empfinde, verspricht durch die Trennung des nordsiebenbürgischen Deutschtums von Rumänien und seine Zuteilung zu Ungarn besonders erfolgversprechend zu sein, wiewohl sie gerade dadurch auch besonders schwer wird, wozu die noch immer bestehende Verquickung von Kirche und Volkstum noch erheblich beiträgt. Die nächste Aufgabe dabei wird sein, gegenüber dem fremden Staat eine rechtlich fundierte Organisationsform zu finden, die das völkische Leben unabhängig von der Kirche garantiert.

Meine Entscheidung entspringt ausschliesslich der Erwägung, dass ich mit meiner Arbeit dort anfangen muss, wo ich aufgehört habe, vor allem aber, dass ich meinen Bauern die Treue halten muss. Selbstverständlich hat sich in meiner durch eigene Erkenntnis und Erfahrung und eigenen Glauben gewonnenen nationalsozialistischen Weltanschauung nicht das Geringste geändert, wiewohl ich jetzt zunächst gezwungen bin, noch einmal in den kirchlichen Dienst zurückzukehren.

Meine Entscheidung ist unabänderlich und ich würde selbst, wenn das sein müsste, auch einen zeitweiligen Verlust der Zugehörigkeit zur SS auf mich nehmen.

Ich will zunächst am 7.9.40 bei der volksdeutschen Mittelstelle in Berlin vorsprechen, bitte aber ausserdem meine Meldung auf dem SS-Dienstwege weiterzugeben.«

Benesch macht einen ganz ausgezeichneten Eindruck. Er meint es mit seiner Aufgabe durchaus ernst. Seine weltanschauliche Einstellung scheint vollkommen gefestigt zu sein. Sein Entschluss entspringt logischen, auf Grund der gegebenen Verhältnisse gewonnenen Erkenntnissen.

Es wird deshalb um Weiterleitung dieser Meldung an den Reichsführer-SS Reichskommissar für die Festigung deutschen Volkstums, gebeten,

Der stellvertr. Führer des SS-Abschn. XVIII
a.B. gez. Blümel
SS-Obersturmführer u. Adjutant

f.d.R.d.A.

Hagener, SS-Untersturmführer.

Beneschs Antrag

Vier Monate nach Bekanntgabe der zitierten Anordnung stellt Benesch im Juli 1939 bei der 26. Standarte in Halle den Antrag auf Beitritt zur SS.

Die Anordnung vom 3. Februar 1939 musste sowohl der 26. Standarte als auch dem stellvertretenden Führer des SS-Abschnittes XVIII bekannt gewesen sein.

Benesch war zu diesem Zeitpunkt rumänischer Staatsbürger. In seinem handgeschriebenen Lebenslauf führt er aus: »Gegenwärtig wissenschaftlicher Hilfsarbeiter. Frau und drei Kinder in Siebenbürgen zurückgelassen bis zur Erlangung einer Anstellung.«

Später bekräftigte er diese Lebensplanung in seiner »Meldung« vom 6. Januar 1940 mit den Worten: »Alle meine persönlichen Wünsche und Bedürfnisse hätten mich hier festgehalten.« Zu diesem Zeitpunkt wollte Benesch demnach in Deutschland Fuß fassen.

Hieraus konnte für die weitere Bearbeitung der Bewerbung von der SS-Dienststelle der 26. Standarte, die mit allen erforderlichen Nachweisen durchschnittlich zwei Monate dauerte, die entscheidende Tatsache abgeleitet werden: Benesch würde nach Erlangung einer Anstellung die Familie nachziehen lassen und die deutsche Staatsbürgerschaft beantragen, die für ihn als Volksdeutschen erreichbar war. Somit stand Beneschs Antrag zum Zeitpunkt Juli 1939 nach *dieser* Aussage noch nicht in Widerspruch zu der Anordnung Nr. 5/39 g, vorausgesetzt die gemachten Angaben würden in naher Zukunft zutreffen.

Tatsache ist, dass für Benesch keine SS-Mitgliedsnummer nachweisbar ist, was zu dem Schluss berechtigt, dass es sich zu keinem Zeitpunkt um etwas anderes gehandelt haben kann als um eine SS-Anwartschaft, denn Benesch hatte zunächst keine Anstellung vorzuweisen, und seine Familie lebte nach wie vor in Rumänien.

Am 30. August 1940 änderte sich die Lage vollständig. Durch den »Zweiten Wiener Schiedsspruch« kommt Nordsiebenbürgen zu Ungarn. Benesch, der als Rumäne eingereist war, ist faktisch über Nacht ungarischer Staatsbürger, was für sich genommen noch keinen Einfluss auf das SS-Aufnahmeverfahren gehabt hätte, weil bei fortbestehender Annahme der geschilderten Voraussetzungen sich lediglich die Staatszugehörigkeit geändert hätte.

Benesch will aber nicht mehr im Reich bleiben, sondern nach Ungarn ausreisen, worauf alle diesbezüglichen Anordnungen und Vorschriften zur Anwendung kommen und den weiteren Verlauf festlegen. Denn laut der geheimen Anordnung Nr. 5/39 g ist »für Volkstumsarbeit jenseits der Grenzen« einzig und allein die »Volksdeutsche Mittelstelle« zuständig.

Daraufhin kommt es am 6. September 1940 zu einer Vorsprache bei der vorgesetzten Dienststelle der 26. Standarte, und zwar bei dem stellvertretenden Führer des SS-Abschnittes XVIII, dem Obersturmführer Blümel.

Inzwischen ist den Beteiligten klar, dass dem Antragsteller, wenn er erst einmal deutscher Staatsbürger war, nach Ankunft in seiner Heimat die ungarische Staatszugehörigkeit aberkannt werden würde und Ausbürgerung drohte. Und ebenso klar war, dass ein ungarischer Staatsbürger nach Maßgabe vorliegender Anordnungen und dem Stand der zwischenstaatlichen Beziehungen nicht in die SS aufgenommen werden konnte.

Der zu lösende Konflikt spiegelt sich in einer Abschrift von der Abschrift[4] wieder. Als Protokoll deklariert und vom Protokollführer Untersturmführer Hagener bestätigt, ist diese Vorlage ein interpretationsbedürftiges Dokument, das zu dem Schluss zwingt, dass bestimmte Beratungen vorangegangen sein müssen.

Als Benesch am 6. September 1940 in der Dienststelle des SS-Abschnittes XVIII erscheint, bringt er den Wortlaut des Protokolls, von ihm formuliert und geschrieben, bereits mit. Er wird im Protokoll durch Anführungszeichen auch kenntlich gemacht.

Gegenstand der vorangegangenen Beratungen ist der Verfahrensablauf, wie Benesch aus der SS-Anwartschaft wieder entlassen werden kann, ohne die ansonsten zu erwartenden Nachteile hinnehmen zu müssen, bei gleichzeitiger Wahrung von Vorteilen für die politische Zukunft in Ungarn. Die vorgesetzte Dienststelle der 26. SS-Standarte spricht nach Aktenlage von vornherein auch nur von dem »SS-Bewerber«, und insoweit wird eine Mitgliedschaft nur von Benesch in seinem Protokoll angenommen, aber in dem gesamten vorliegenden SS-Schriftverkehr nicht bestätigt.

SS-Abschnittsführer Blümel attestiert Benesch nicht nur, »einen ganz ausgezeichneten Eindruck gemacht zu haben«, sondern vor allem – und das ist die zentrale Begründung –, dass sein Entschluss, *»logischen, aufgrund der gegebenen Verhältnisse gewonnenen Erkenntnissen«* entsprungen sei. Die hier gemeinten Verhältnisse und Erkenntnisse resultierten aus dem »Zweiten Wiener Schiedsspruch« und besagten unter anderem für Ungarn, dass dort die NSDAP als Partei nicht zugelassen war, und schon gar nicht die SS.

Benesch liefert nun in seinem vorgelegten Text eine Argumentation, die nicht nur plausibel ist, sondern die von vornherein die geplante Rücknahme des Status' der Anwartschaft genehmigungsfähig macht.

Erstens will er seinen Bauern die Treue halten, zweitens eine herausgehobene nationalsozialistische Aufgabe in Siebenbürgen anstreben, was eindeutig nur noch von der »Volksdeutschen Mittelstelle« entschieden werden durfte, und drittens hierfür »einen zeitweiligen Verlust der Zugehörigkeit zur SS« auf sich nehmen. Wohl wissend, wie die Rechtsordnung in Ungarn einzuschätzen ist und unter Berücksichtigung der bekannten Erlasse umreißt er die eingetretene Situation: »Diese Aufgabe, die ich als Berufung empfinde, verspricht durch die Trennung des nordsiebenbürgischen Deutschtums von Rumänien und seine Zuteilung zu Ungarn besonders erfolgversprechend zu sein, wie wohl sie gerade dadurch auch besonders schwer wird, wozu die noch immer bestehende Verquickung von Kirche und Volkstum noch erheblich beiträgt. Die nächste Aufgabe dabei wird sein, gegenüber dem fremden Staat [Ungarn] eine *rechtlich fundierte Organisationsform* zu finden, die das völkische Leben unabhängig von der Kirche garantiert.« Das ist das Stichwort des Verfahrens, auf das die SS-Führung zustimmend reagieren muss, eine *rechtlich fundierte Organisationsform* für die empfundene »Berufung« zu finden, denn die Volkstumsarbeit zu unterstützen, ist eine ausdrückliche Anweisung in der zitierten geheimen Anordnung. Diese Struktur existierte bereits in Gestalt des »Volksbundes der Deutschen in Ungarn« (VDU) und war der »Volksdeutschen Mittelstelle« unterstellt. Unter dieser Voraussetzung wird die SS-Anwartschaft aufgehoben.

Die Übereinstimmung in der Argumentation muss schon zuvor so veranlagt gewesen sein. Die Bestätigung hierfür findet sich in einem Schreiben vom 9. Oktober 1940 vom »Reichsführer SS [Heinrich Himmler], persönlicher Stab«, in dem mitgeteilt wird, »der SS-Bewerber« Benesch kann »nach seiner Rückkehr aus Siebenbürgen bestimmt aufgrund seines anständigen Verhaltens *wieder in die SS aufgenommen werden*«. Das heißt, man ging immer noch davon aus, dass Benesch gemäß seines Erstantrages eigentlich in Deutschland bleiben wollte und irgendwann wieder zurückkehren würde, und es heißt außerdem eindeutig, dass seine SS-Anwartschaft nach 14 Monaten Dauer nicht mehr existierte. Nur wer zuvor freigestellt worden ist, kann *»wieder aufgenommen werden*«. Demnach war Benesch mit Datum 9. Oktober 1940 definitiv nicht mehr SS-Bewerber.

Wie sorgfältig das »Protokoll« vom 6. September 1940 geplant und abgefasst war, belegt die abschließende Ankündigung Beneschs, er wolle »am 7.9.1940«, das heißt bereits am nächsten Tag, bei der »Volksdeutschen Mittelstelle« in Berlin vorsprechen. Dies konnte er in seinem zuvor abgefassten Protokolltext eigentlich nur bekannt geben, wenn der Termin in Berlin bereits feststand und wenn außerdem klar war, dass er offiziell von der SS freigestellt war. Die »Volksdeutsche Mittelstelle« (siehe S. 440) war die mächtige, für alle Belange deutscher Initiativen im Ausland zuständige Dienststelle, und sie konnte Benesch nur dann mit einer politischen Aufgabe betrauen, wenn er als ungarischer Staatsbürger in seine Heimat einreiste, um sich einer dort »bereits bestehenden Organisation« anzuschließen.

Benesch erscheint auch wie angekündigt einen Tag später, am 7. September 1940 in Berlin, wo die künftige politische Tätigkeit besprochen wird. Dass sie zwangsläufig bei dem *Volksbund der Deutschen in Ungarn* (VDU) angesiedelt werden muss, ist von vornherein selbstverständlich, weil er der Volksdeutschen Mittelstelle speziell für den vorliegenden Fall unterstellt war.

In Übereinstimmung der beschlossenen Vorgehensweise soll Benesch zunächst klären, wo konkret anzusetzen ist – offiziell spricht die Dienststelle von einer »Unterredung«.

Im November 1940 erreicht Benesch das Schreiben von SS-Obersturmbannführer Sievers vom 21. November 1940, das dieser »auf zuverlässigem Wege« – also mit Kurierdienst – befördern lässt, indem er feststellt, »dass sich auf unserem Arbeitsgebiet mit Ihnen vielfältige Arbeitsverbindungen ergeben. Da ich annehme, dass Sie auch jetzt schon in Ihrer dortigen Stelle auf Ihrem Fachgebiet weiter tätig sein können und wollen, würde ich es begrüßen, wenn dies in Fühlungnahme mit uns geschehen könnte, und bitte dazu um Ihre Vorschläge.«

Das entspricht exakt den eingangs referierten zwischenstaatlichen Notwendigkeiten und der Verordnung Nr. 5/39g. Benesch erhält keine Befehle oder Weisungen, sondern wird ersucht, »in Fühlungnahme« Vorschläge zu unterbreiten.

Die Vorschläge sind nicht überliefert, wohl aber die Resultate. Benesch wird innerhalb kürzester Zeit gleichzeitig Stellvertreter des Gebietsführers und Kreisleiter, und es ist als zuständige Dienststelle die »Volksdeutsche Mittelstelle«, die gemäß ihrer Befugnis das »Ahnenerbe« hierüber in Kenntnis setzt.

---

1 Generalfeldmarschall Paul von Hindenburg, Reichspräsident von 1925 bis 1934

2 Johann Wilhelm Mannhardt, *Weihnachtsbrief nach Übersee*; in: Die Burse, Rundbrief der deutschen Burse zu Marburg, März 1933, 2. Heft, S. 79, Archiv der Philipps-Universität Marburg im Hessischen Staatsarchiv Marburg

3 Bundesarchiv BDC Research Ordner 343

4 Bundesarchiv (ehem. BDC), Akte Diverses Fritz Benesch, geb. 6.07.1907

Die politische Zeitlage in Siebenbürgen 1940-1944 und die Position Beneschs als Stellvertreter des Gebietsführers und Kreisleiter im Volksbund der Deutschen in Ungarn

Einige kurz gefasste historische Hinweise sollen zum besseren Verständnis der vorliegenden Fragen vorangestellt werden.

Siebenbürgen, durch Jahrhunderte eine eigenständige mit Sonderrechten ausgestattete Provinz zwischen den Monarchien Ungarn und Rumänien, trat 1848 auf Beschluss der Siebenbürgischen Ständeversammlung Ungarn und nach Ende des Ersten Weltkrieges 1919 unter neuen Machtverhältnissen Rumänien bei.

Beide Staaten entwickelten in der Zeit nach dem Ersten Weltkrieg vor dem Hintergrund eigener Nationalgeschichte unterschiedliche Beziehungen zu Deutschland. Ungarn, nach leidvoller habsburgischer Vorgeschichte, tendenziell mit dem Vorbehalt, dass ein wieder erstarktes »Reich« die erlangte Souveränität beeinträchtigen könnte, Rumänien dagegen betrieb eine Politik der Annäherung.

Ungarn bewertete in den 30er Jahren ein machtpolitisches Zusammengehen mit Deutschland zwar positiv, um mit dessen Rückendeckung erneut alte Gebietsansprüche (Revision des Vertrages von Trianon) durchzusetzen, aber im Übrigen blieb auch die spätere Bündnispolitik des Reichsverwesers Nikolaus Horthy von Nagybanya zwiespältig und auf Distanz bedacht. In der Person Hitlers sah man nicht den »großherzigen Freund«, vielmehr einen Diktator, an dessen Seite man auch in internationale Konflikte hineingezogen werden konnte.

König Carol II. von Rumänien dagegen veranlasste gerade die machtvolle deutsche Außenpolitik, ein Bündnis mit dem Reich anzustreben, und Ministerpräsident General Ion Antonescu legte nach zuvor verkündeter Neutralität 1941 ein klares Bekenntnis zu Hitler und zum Krieg gegen die Sowjetunion an der Seite Deutschlands ab.

Mit dieser auf ein Minimum reduzierten Zusammenfassung – der ansonsten komplizierten Geschichte Ungarns und Rumäniens – soll lediglich auf Hintergrundtendenzen hingewiesen werden, die für die Beurteilung jeweiliger Rechtsstellungen in den beiden Staaten von Belang sind, im Besonderen derjenigen in Ungarn.

Nach dem Zweiten Wiener Schiedsspruch vom 30. August 1940 wurden zwei Fünftel Siebenbürgens dem Königreich Ungarn (Republik) zugesprochen, der verbleibende Teil blieb bei Rumänien.

Während Ungarn die neuen Staatsbürger deutscher Abstammung relativ streng kontrollierte, stand Rumänien den nationalsozialistischen Entwicklungen im Lande positiv gegenüber.

Wenn in der Folge der Frage nationalsozialistischer Aktivitäten nachgegangen wird, muss daher unterschieden werden, ob sie unter rumänischer oder ungarischer Hoheit stattfanden.

Für die Biographie Beneschs kommt, insoweit seine politischen Ämter als Stellvertreter des Gebietsführers und Kreisleiter eine Rolle spielen, nur der Zeitraum 1940-1944 im ungarischen Teil Nordsiebenbürgens in Betracht.

Anders als im rumänischen Teil, in dem die NSDAP genehmigt war und die Regierung per Volksgruppengesetz die Anerkennung als juristische Person des öffentlichen Rechtes verlieh, wurde die NSDAP im ungarischen Nordsiebenbürgen nicht zugelassen, und die ungarische Volksgruppe musste sich mit einem wesentlich niedrigeren Rechtsstatus abfinden.

Was die ungarische Volksgruppenführung in ihrer Stellungnahme zum Wiener Abkommen vom 30. August 1940 vorab als gegebene Versprechung auf den erhofften Status feierte, erwies sich als verfrüht. Das Abkommen protokolliert in drei Hauptpunkten zahlreiche Rechte, aber an keiner Stelle die künftige Rechtsstellung, die der Volksbund gefordert hatte.

Die ungarische Regierung billigte der deutschen Minderheit in Auslegung und Vollzug des Abkommens lediglich den Status einer »konzessionierten Institution« zu mit Erlaubnis einer – allerdings beaufsichtigten – Selbstverwaltung für konfessionelle, schulische und universitäre Einrichtungen sowie einer zu genehmigenden politischen Tätigkeit. Den Status einer öffentlich-rechtlichen Körperschaft nach ungarischem Staatsrecht erhielt die deutsche Volksgruppe nicht und blieb - was sie verhindern wollte - ein »Verein«. Dieses Verhandlungsergebnis wurde allgemein mit spürbarer Niedergeschlagenheit aufgenommen.

»Für Ungarn ist diese Anerkennung der Volksgruppe als Rechtspersönlichkeit des öffentlichen Rechtes als solche nicht erfolgt, es ist nur gesagt, dass die Leitung des Volksbundes der Deutschen in Ungarn gewisse Rechte der Vertretung des Deutschtums ausübt, insbesondere zu bestimmen hat, wer als Deutscher anzusehen ist. In späteren ministeriellen Erklärungen ist bestritten worden, dass dieses Recht ausschließlich der Leitung des Volksbundes zukomme, und dass es jedem frei stehen müsse, sich als Deutscher zu bekennen, dass sich somit auch die sogenannten ›auch-deutschen‹ Schädlinge als Deutsche aufspielen können.«[1]

Mit dieser Polemik wurde auf eine Tatsache Bezug genommen, die in der Volksgruppe ungelöst blieb und zu Auseinandersetzungen führte. »Der Abgeordnete Anton Klein gab zu Protokoll, dass er ›das Wiener Abkommen als gefährlich und schädlich für das Deutschtum‹ ansieht. Es trenne die staatsrechtliche Einheit der Nation, andererseits schaffe es für das Deutschtum eine geistige Absonderung vom Magyarentum. Weiters wandte er sich gegen den Volksbund, es gebe im Lande Schwaben, die nicht in den Volksbund eingereiht werden wollen.«[2]

Als weitgehend repräsentativ für diese Feststellung und die labile Struktur des Volksbundes kann die Stadt Lókhút angesehen werden, in der lediglich 60% der deutschstämmiger Ungarn dem Volksbund zunächst beitraten, aber nach der Niederlage in Stalingrad ein Drittel davon die Mitgliedschaft wieder kündigte. Hinzu kam, dass der katholische Klerus die Politik des Volksbundes ablehnte. Ein anderer Aspekt machte sich zusätzlich bemerkbar. »Unter den Deutschen Ungarns war es nie Brauch, sich zur ›Deutschen Nation‹ zu bekennen, und täten sie es, so kämen sie nicht nur mit dem Wortlaut der ungarischen Gesetze in Widerspruch, sondern würden auch bei dem Ungarntum durch Verneinung seiner eingewurzeltesten Ideen Missbrauch, ja offenes Ärgernis hervorrufen.«[3]

»Das Abkommen von Wien«, so heißt es an anderer Stelle, »sieht für die Deutsche Volksgruppe im ungarischen Staate die Zusicherung gewisser völkischer Rechte vor. Und wie von uns erwartet wird, dass wir dem ungarischen Staate gegenüber eine loyale Haltung entgegenbringen, so erwarten auch wir, dass die Zusicherungen, die unsere Volksgruppe durch das Abkommen gegeben worden sind, in kultureller, völkischer und wirtschaftlicher Beziehung vollste Erfüllung finden.«[4]

Noch Monate später herrschte trotz zahlreicher wohlklingender Bekundungen keine Klarheit darüber, was unter »Zusicherung gewisser völkischer Rechte« zu verstehen ist. Im Vertrauen auf sie, konnte jedoch mit der politischen Arbeit begonnen werden. Für die Umsetzung eingeräumter Rechte in die politische Praxis stand mangels anderer Alternativen nur der »Volksbund der Deutschen in Ungarn« zur Verfügung, der auf der Rechtsbasis einer konzessionierten Institution (Verein) die Arbeit aufnehmen konnte.

Bewusst werden Strukturen und Bezeichnungen der NSDAP übernommen, die eine Gleichheit suggerieren sollten, die aber de facto nicht existierte. »Mehr und mehr wurden Volksbund und Volksgruppe in ihrem Aufbau an die Organisationsformen des NS-Regimes angeglichen. Ebenso waren die Benennungen ihrer einzelnen Gliederungen dem Sprachschatz des nationalsozialistischen Staates entnommen oder ihm stark angeglichen. Der Volksbund als Spitzenorganisation war in mehrere Gebiete aufgeteilt, sein Amtswalterstab wurde in Schulungskursen zusammengefasst und einheitlich ausgerichtet. Unter den ihm angeschlossenen oder nebengeordneten Verbänden tauchen Namen auf wie ›Frauenschaft‹, ›Deutsche Volkshilfe‹, ›Landesbauernamt‹, ›Fachschaft deutscher Ärzte‹ oder ›Amt für Rassen- und Bevölkerungspolitik im Hauptamt für Volksgesundheit‹.«[5]

So konnten in eigener Vollmacht Ernennungen vorgenommen werden, die analoge Rangbezeichnungen wie etwa »Gebietsführer« und »Kreisleiter« etc. vorsahen. Außerdem konnten Amtsträger vom ungarischen Volksbund die zuvor von der rumänischen VDR entwickelten Uniformen übernehmen, die in bewusster Anlehnung an die Uniformen der SS diesen so zum Verwechseln ähnlich konzipiert waren, dass Zeitzeugen gelegentlich meinten, Benesch in einer SS-Uniform gesehen zu haben.

Amtswalter des *Volksbundes* waren aufgrund ihrer Rechtsstellung demnach keine staatlichen Funktionsträger. In staatlichen Belangen unterlagen die Volksgruppe und der *Volksbund* uneingeschränkt ungarischem Recht. Kreisleiter wurden ausschließlich im Innenverhältnis des *Volksbundes* gewählt und ernannt und durch Handschlag verpflichtet. Kreisleitungen waren somit keine Behörden des Staates, und deren Amtsträger waren gegenüber staatlichen Einrichtungen und Beamten auch nicht weisungsbefugt.

Ob Amtswalter des *Volksbundes* in ihrer Gesamtheit oder im Einzelnen haupt- oder ehrenamtlich tätig waren, ist ungeklärt. Im Fall Benesch, der am 14. März 1941 zum Stellvertreter des Gebietsführers und gleichzeitig (bis Juni 1942) zum Kreisleiter ernannt wurde – was sowohl auf Personalnot als auch auf Vereinbarkeit hinweist –, ist angesichts einer umfassenden Haupttätigkeit in einer Eintausendeinhundert-Seelen-Gemeinde eine gleichzeitige hauptberufliche Tätigkeit im *Volksbund* nicht denkbar. Auch der Nachfolger Beneschs im Amt des Kreisleiters, Andreas Schell, war als Handwerksmeister selbstständig tätig. Ein weiteres Beispiel für die Annahme einer ehrenamtlichen Tätigkeit ist Beneschs damaliger Vorgesetzter, der Gebietsführer Robert Clemens, der nach einjähriger »uneigennütziger« Tätigkeit im *Volksbund* unter Hinweis auf seine unternehmerische Verantwortung »als Familienvater und Brotgeber von 20 Familien« sein Amt niederlegte und an den Rektor Robert Gaßner abgab, der als Prediger-Lehrer ebenfalls im Berufsleben stand. Es liegt die Vermutung nahe, dass die Führung der Volksgruppe auf finanziell gesicherte Funktionsträger angewiesen war.

Ehrenamtliche Tätigkeit bedeutete ja nicht Freistellung von Verpflichtungen und Verantwortungen, zumal hohe politische Moralanforderungen für eine Berufung Voraussetzung waren, aber sie fügt sich ein in ein Gesamtbild, das vor dem Hintergrund der Rechtsstellung (Verein) und der finanziellen Ausstattung (Beiträge) anders offenbar nicht realisierbar war.

Der Rechenschaftsbericht des VDU über den Zeitraum 1. September 1940 bis 31. August 1941 lässt in klaren Abgrenzungen erkennen, in welchem Umfang dem *Volksbund* politischer Handlungsspielraum zugestanden wurde.

In diesem Kontext wird erneut die restriktive Innenpolitik der ungarischen Behörden deutlich, die Beschränkungen und Genehmigungsverfahren vorsahen, wie sie für den rumänischen Teil so nicht zutrafen.

Unter Hinweis »auf die schwierigen Verhältnisse« führt der Rechenschaftsbericht die Arbeitsfelder des ungarischen *Volksbundes* auf. Im Wesentlichen handelt es sich um die Verwaltung im kirchlichen Umfeld und des Schulwesens, Gründung einer Lehrerbildungsanstalt, eines Schülerheims, Schulungen der Ortsleiter etc., Bildung einer Bauernorganisation, eines Mütterdienstes, Betreuung und Verabreichung von Liebesgaben »an die durchfahrenden deutschen Lazarett- und Militärzüge«, Geselligkeitsabende, Theateraufführungen, Sportfeste, Jugendkundgebungen, Kameradschaftsabende, Sonnenwendfeiern, Geburtstag des Führers, Heldengedenkfeiern, Tag der Arbeit, Wunschkonzerte des Winterhilfswerkes, Sammlungen zugunsten des Roten Kreuzes, Herausgabe eines Bauernjahrbuches, Errichtung von Mustersilos und Musterdüngungsstätten, Sanitätskurse, Feuerwehrschulung, Heilverschickung kranker Volksgenossen in das Reich, Erntedankfeste, Ausbau der Milchgenossenschaft, des Spar- und Aushilfsvereins, Förderung von Touristik und des Jagdwesens.

Die Schulaufsicht, die der Volksgruppe besonders wichtig war, blieb aber unter vollständiger Kontrolle des Staates. Es ging »nicht so sehr um die Neuerrichtung von Lehranstalten mit deutscher Unterrichtssprache als um das Aufsichts- und Verfügungsrecht über diese Schulen«.[6] Dieses Recht der Volksgruppe zu überlassen, »fand sich aber der ungarische Staat niemals bereit«.[7]

Ähnlich verhielt es sich mit der Gründung von Jugendorganisationen. »Zu Auseinandersetzungen und Polemiken zwischen volksdeutschen und ungarischen Stellen kam es nun nicht etwa aufgrund der Neuschaffung solcher und ähnlicher Organisationen – in dieser Hinsicht konnte sich die Volksgruppe immer auf das Wiener Abkommen berufen –, sondern der Kampf ging um die Zuständigkeit und den Wirkungsbereich dieser Organisation. [...] Das Innenministerium beschränkte bei der Genehmigung der Organisation den Beitritt ausschließlich auf Angehörige von Volksbundmitgliedern. Damit war der DJ [Deutsche Jugend] die Möglichkeit genommen, sich zu einer Massenzwangsorganisation ähnlich der deutschen Staatsjugend zu entwickeln.«[8]

Das führt zu der Frage, auf welcher gesellschaftlichen Basis die Arbeit des Volksbundes stattfand? »Im Wesentlichen rekrutierten sich die überzeugten Anhänger des Volksbundes aus folgenden Gruppen: Aus den ärmeren Schichten – den Kleinbauern, nichtorganisierten Arbeitern –, die sich eine soziale Besserstellung versprachen; aus einem Teil der Jugend, der an der Organisation als solcher und dem halbmilitärischen Charakter der aufgezogenen Jugendverbände Gefallen fand; aus einem nicht geringen Prozentsatz des deutschbewussten Teiles des Ungarndeutschtums, der im Volksbund Rückhalt erwartete und die Volkstumsarbeit unter günstigeren Voraussetzungen fortzusetzen versuchte.«[9]

Vom Staat erhielt der Volksbund keine finanzielle Zuwendung, nur Einnahmen aus Mitgliedsbeiträgen standen für die Finanzierung der genannten Initiativen zur Verfügung. Der Eingang der Beiträge verlief schleppend, die Zahlungsmoral wird beklagt. Das ist angesichts der Mitgliedschaft, auf die sich der Volksbund stützen musste, nicht überraschend.

Im Monatsbericht der Ortsgruppen im Kreis Bistritz heißt es: »[…] wie der Kreiskassier berichtet, beklagen sich mehrere Ortskassiere über den lückenhaften Einlauf der Monatsbeiträge. Die säumigen Beitragszahler sind der Kreisleitung hinfort zu melden, nachdem sie von den Ortskassieren auf die Strafbarkeit ihrer Säumnis aufmerksam gemacht worden sind.«[10]

Wie sehr die Arbeit des Volksbundes unter staatlicher Kontrolle blieb, zeigte sich auch im organisatorischen Bereich. Ortsgruppengründungen mussten jeweils einzeln vom Vizegespan des Komitats[11] mit einer Registrationsnummer genehmigt werden. Es ist auch zu vorläufigen Verweigerungen gekommen wie im Fall Sächsisch-Regen.

Der im §1, Absatz 2a des »Wiener Abkommens« festgeschriebene Vorbehalt »Die Angehörigen der deutschen Volksgruppe haben unter Berücksichtigung der *bezüglichen allgemeinen Vorschriften das Recht*, sich zu organisieren […]« findet strikte Anwendung.

War der Ortsgruppe nach den rechtlich bindenden allgemeinen Vorschriften die Registrationsnummer zugeteilt, konnte die politische Arbeit beginnen.

Auffallend für die Amtsführung eines Kreisleiters ist die aus der Einzelgenehmigung resultierende operative Freiheit, ja Selbstherrlichkeit der Initiative, die sich am gesellschaftlichen Zuschnitt des betreffenden Kreises und an individuellen Belangen Einzelner orientierte.

Fazit

Der Tätigkeitsschwerpunkt des »Volksbundes der Deutschen in Ungarn« lag in der nationalsozialistischen Indoktrination. Durch seine Rechtsstellung als »konzessionierte Institution« (Verein) waren ihm Grenzen gesetzt. Wirtschaftlich auf sich gestellt, reichten die verfügbaren Mittel zwar offenbar für die Durchführung politischer Veranstaltungen, aber schon nicht mehr zum Beispiel für die Beschaffung von Dienstfahrzeugen.[12] Eine ehrenamtliche Tätigkeit mit Ausnahme der höchsten Führungsebene ist im Falle Benesch anzunehmen und in vergleichbaren Positionen wahrscheinlich.

Der Legislative nicht angehörend, war die Autorität von Amtsträgern des VDU nur eingeschränkt akzeptiert, bis dahin, dass bei der Räumung Siebenbürgens dem Kreisleiter ein SS-Kommando zur Verfügung gestellt werden musste, »um ihnen [dem Treck] beim Weiterkommen behilflich zu sein«.[13]

Zusammenfassend ergeben die Tatsachen, dass die Stellung eines Kreisleiters der NSDAP im Reich mit der eines Kreisleiters des VDU in Nordsiebenbürgen trotz gleichlautenden Rangbezeichnungen in keiner Weise vergleichbar ist.

»Im Ganzen gesehen ergab sich für das ungarländische Deutschtum folgende Situation: Das Verhältnis zur ungarischen Regierung schien äußerlich befriedet und ohne Konfliktstoff zu sein. In Wirklichkeit aber schwelten die Spannungen unter der Decke fort, da der madjarische Nationalstolz durch die Eingriffe der nationalsozialistischen Politik sich unheilbar verletzt fühlte, was nur durch die jeden Widerstand ausschaltende Macht des nationalsozialistischen Deutschland überdeckt wurde. Mit der Begründung des Volksbundes und der Politisierung des ungarländischen Deutschtums waren indessen nicht nur die Spannungselemente zwischen deutscher Volksgruppe und ungarischer Regierung verstärkt, sondern auch das deutsche Volkstum selbst wurde in zwei feindliche Lager gespalten, die sich später in der Zeit des Zusammenbruches in glühendem Hass gegenüberstehen sollten.«[14]

---

1 »Bistritzer Deutsche Zeitung« vom 4. April 1941
2 »Bistritzer Deutsche Zeitung« vom 29. November 1940
3 Dokumentation der Vertreibung der Deutschen aus Ost-Mitteleuropa, Band 2, in Verbindung mit Werner Conze, Adolf Distelkamp, Rudolf Laun, Peter Rassow und Hans Rothfels, bearbeitet von Theodor Schieder, Düsseldorf 1956
4 »Deutscher Volksbote« 1940
5 Dokumentation der Vertreibung der Deutschen aus Ost-Mitteleuropa, a.a.O.
6 Ebenda
7 Ebenda
8 Ebenda
9 Ebenda

10 »Bistritzer Deutsche Zeitung« vom 17. Juli 1941

11 Komitate oder Gespanschaften sind die unmittelbar der Landesregierung unterstellten Verwaltungsbezirke. Ihr Umfang entspricht ungefähr den deutschen Regierungsbezirken.

12 Johann Böhm, *Die Gleichschaltung der deutschen Volksgruppe in Rumänien und das »Dritte Reich« 1941-1944*, Frankfurt/Main 2003, S.359

13 Ebenda

14 Dokumentation der Vertreibung der Deutschen aus Ost-Mitteleuropa, a.a.O.

Volksdeutsche Mittelstelle (VOMI)

Vorgeschichte

Die Geschichte der »Volksdeutschen Mittelstelle« geht zurück auf Initiativen des Auswärtigen Amtes unter Wilhelm II. Auslandsdeutschen sollte durch Bereitstellung finanzieller Mittel eine gewisse kulturelle Selbstständigkeit ermöglicht werden. Auch in der Weimarer Republik wurde diese Politik fortgesetzt bis dahin, dass unter anderem das Innenministerium gezielt Gelder für Stipendien für volksdeutsche Studenten zur Verfügung stellte und für die Unterhaltung der »Deutschen Bursen« sorgte.

Die folgenden Organisationsformen und die zahlreich wechselnden Bezeichnungen wie dem aus dem 1881 als »Deutscher Schulverein« hervorgegangenen »Volksbund für das Deutschtum im Ausland«, beziehungsweise Tarnorganisationen wie »Deutsche Stiftung«, »Verband der deutschen Volksgruppen in Europa« usw. – auch konfessioneller Art wie »Gustav Adolf-Verein«, »Vereinigung Deutsch-Evangelisch im Ausland« sowie »Reichsverband der katholischen Auslandsdeutschen« – können für den vorliegenden Sachverhalt übergangen werden, da erst 1933 eine zielgerichtete völkisch-nationalsozialistische Stützungspolitik durchgesetzt wurde, die aber zunächst im Widerstreit parteiinterner Machtkämpfe nicht in der Lage ist, hierfür auch geeignete Konzepte zu entwickeln. »Das Deutsche Reich«, so Hitler, »soll als Staat alle umschließen mit der Aufgabe, aus diesem Volke die wertvollsten Bestände an rassischen Urelementen nicht nur zu sammeln und zu erhalten, sondern langsam und sicher zur beherrschenden Stellung empor zu führen.«[1]

Erst 1937/38 kam es nach der Auflösung des als Zentralstelle gedachten »Büro von Kursell« – genannt nach dem von Rudolf Heß ernannten Otto von Kursell – zu der für die Biographie Beneschs relevanten Konstellation, wie sie sich auch in seinem als »Protokoll« überlieferten Text für die SS und in der Außen- und Innenpolitik Rumäniens und Ungarns widerspiegelt.

Nach 1933 hatte die NS-Politik bei vielen Auslandsdeutschen große Erwartungen für die eigene Situation in ihren Heimatländern geweckt. In Hitler als »Grenzlanddeutschem« (Österreich) und dessen Stellvertreter Heß als gebürtigen »Auslandsdeutschem« (Ägypten) sah man Hoffnungsträger, die konkrete Vorstellungen entwickeln würden, mit welchen politischen Maßnahmen in die Verhältnisse der jeweiligen »Wirtsländer« eingegriffen werden könnte. Solchen Vorstellungen musste allerdings umgehend entgegengetreten werden, um von vornherein unerwünschte außenpolitische Verwicklungen zu vermeiden. So schrieb Rudolf Heß im November 1933: »[...] wünsche ich, im engsten Einvernehmen mit dem Führer, *nicht*, dass reichsdeutsche Formen und Gepflogenheiten der NSDAP sich auf das Auslandsdeutschtum übertragen. Dieses Auslandsdeutschtum hat vielmehr sein Augenmerk ausschließlich darauf zu richten, dass es innerlich und wirtschaftlich besteht und erstarkt und unter Berücksichtigung der gegebenen geschichtlichen Verhältnisse, nicht zuletzt auch im Interesse des Reiches, die tunlichst besten Beziehungen zu seinem jeweiligen Wirtsvolk pflegt.«[2]

Gründung der Volksdeutschen Mittelstelle (VOMI)

Am 27. Januar 1937 unterrichtet Rudolf Heß den Reichsaußenminister Joachim von Ribbentrop: »Mit der Weiterführung und dem Ausbau der bisher vom Büro von Kursell geleisteten Arbeit habe ich den Obergruppenführer Lorenz (siehe Seite 421) beauftragt, der vom Reichsführer-SS hierfür aus seinem bisherigen Arbeitsgebiet beurlaubt worden ist. Obergruppenführer Lorenz ist mir über den Beauftragten für außenpolitische Fragen, Botschafter von Ribbentrop, verantwortlich. Die Zusammenfassung an der Volkstumsarbeit beteiligter Stellen in dem Volksdeutschen Kreis unter dem Vorsitz des Generals Haushofer bleibt bestehen.«

Damit war die Volkstumsarbeit als solche zwar der SS übertragen, allerdings nur inoffiziell. Weil sie tatsächlich aber Hitler unterstellt blieb und dessen Stellvertreter in Parteiangelegenheiten Heß über Martin Bormann die Führung über die VOMI nach wie vor innehatte, hatte dies zur Folge, dass dessen eingesetzter Leiter, der SS-Obergruppenführer W. Lorenz, der Partei, das heißt Heß und nicht dem Reichsführer-SS Himmler verantwortlich war. Die Mängel dieser Konstruktion wurden erst 1938 durch ein Machtwort Hitlers beseitigt.

»Da es sich um eine Angelegenheit handelte, die Staat und Partei betraf, griff Hitler nunmehr persönlich in die Volkstumspolitik ein und legte die Verantwortung für die einheitliche Ausrichtung dieser Politik vollständig in die Hände der VOMI. Der ›Führer und Reichskanzler‹

wollte dadurch sicherstellen, dass es den einzelnen Behörden und Parteistellen im Reich wie auch den Auslandsdeutschen Volksgruppenvertretern nicht mehr möglich war, sich auf ihn zu berufen und dadurch eine eigene Minderheitenpolitik zu betreiben. SS-Obergruppenführer Lorenz war nun von höchster Stelle ermächtigt, auch den Reichsministerien in volksdeutschen Angelegenheiten bindende Weisungen zu erteilen und über die Verwendung ihrer für die volksdeutsche Arbeit vorgesehenen Gelder zu bestimmen. In der Praxis bereitete die Weisungsbefugnis einer Parteidienststelle, die die VOMI noch immer darstellte, gegenüber mindestens fünf Reichsministerien große Schwierigkeiten. Die Ministerien, allen voran das Auswärtige Amt, hatten schon im Vorfeld des Führererlasses versucht, mit Hilfe eines ›Reichskommissars für Volkstumsfragen‹ eine offene Bevormundung durch die Partei zu vermeiden.«[3]

Organisationsstand 1939

Als Benesch seine SS-Bewerbung einreichte und die Absicht bekannt gab, nach Ungarn auszureisen, war die letzte Stufe einer Umstrukturierung der VOMI gerade abgeschlossen. »Nachdem durch die geheime Anordnung des Stellvertreters des Führers vom 3. Februar 1939 (siehe Seite 421) die formelle Gleichschaltung des VDA vollzogen und der Volksbund zu einem ›getarnten Werkzeug‹ der VOMI herabgestuft worden war, ernannte Hitler am 7. Oktober 1939 Heinrich Himmler zum ›Reichskommissar für die Festigung deutschen Volkstums‹ «.

Eine zentrale Aufgabe der VOMI mit verhängnisvollen Folgen war die Umsetzung eines Führerbefehls, der die ethnographischen Verhältnisse in Europa durch Umsiedlungen neu ordnen sollte. In seiner Rede vom 1. September 1939 begründet Hitler die unmenschlichen Aktionen, die von der VOMI durchgeführt werden mussten. »Denn der ganze Osten und Südosten Europas ist zum Teil mit nicht haltbaren Splittern des deutschen Volkstums gefüllt. Gerade in ihnen liegt ein Grund und eine Ursache fortgesetzter zwischenstaatlicher Störungen. Im Zeitalter des Nationalitätenprinzips und des Rassegedankens ist es utopisch, zu glauben, dass man diese Angehörigen eines hochwertigen Volkes ohne weiteres assimilieren könnte. Es gehört daher zu den Aufgaben einer weitschauenden Ordnung des europäischen Lebens, hier Umsiedlungen vorzunehmen, um auf diese Weise wenigstens einen Teil der europäischen Konfliktstoffe zu beseitigen.«[4]

Auch wenn Siebenbürgen von solchen Maßnahmen direkt nicht betroffen war, zeigt sich doch die außerordentliche Machtfülle der VOMI, die auf die jeweiligen Regierungen enormen politischen Druck zu Gunsten der rumänischen – und ab 1940 der ungarischen – Volksgruppenführungen der Deutschen ausüben konnte.

Beide Länder waren aber im Gegensatz zu den besetzten Staaten souveräne Verbündete Deutschlands, was Rücksichtnahme erforderlich machte und auch Grenzen des Zumutbaren setzte, wie das für Nordsiebenbürgen beschrieben worden ist. (siehe Kommentar S.181, 185, 186 und S. 431).

Benesch war bis in die letzten Tage des Dritten Reichs an die VOMI gebunden. Gleich nach Ankunft des von ihm geführten Trecks meldet er sich umgehend bei der nächstgelegenen Dienststelle und erhielt den Befehl, Teile des Trecks nach Thüringen zu führen, sich bei der »Einsatzleitung Gau-Thüringen« in Weimar zu melden, um von da aus die Einweisungen der Siebenbürgischen Landsleute zu organisieren. Kurz bevor die amerikanischen Truppen Weimar erreichten, »desertierte« Benesch und schlug sich im Chaos der zurückweichenden Wehrmacht nach Halle durch.

---

1 Adolf Hitler, *Mein Kampf*

2 Tammo Luther, *Volkstumspolitik des Deutschen Reiches 1933-1938.* Die Auslanddeutschen im Spannungsfeld zwischen Traditionalisten und Nationalsozialisten (Historische Mitteilungen im Auftrag der Ranke-Gesellschaft, Band 55), Wiesbaden/Stuttgart 2004, S. 97.

3 Ebenda, S. 165

4 Ebenda, S. 169

TEXTE

Friedrich Benesch

I.

Der Nationalsozialismus in Siebenbürgen

Die größte Kraft des Nationalsozialismus im Reich bestand und äußerte sich darin, dass er nach zwei Fronten kämpfte. Dieser Kampf gegen zwei Fronten hat im Horst Wessel-Lied seinen klassischen Ausdruck gefunden: »… Kameraden, die Rotfront und Reaktion erschossen …«.

Diese höchst bedeutsame Tatsache ist wegen der parlamentarischen Verhältnisse allzu leicht und allzu oft übersehen worden. Deshalb hat man auch den Nationalsozialismus weitgehend missverstanden. Man hat Radikalität mit Einseitigkeit verwechselt. Man hat geglaubt, der Nationalsozialismus stünde ganz rechts – sei einseitig orientiert und den Rechtsparteien näher als den Linksparteien. Dieser Irrtum erhielt noch dadurch eine Stütze, dass die Machtübernahme noch im Verein mit einem Teil der Rechtsparteien geschah. Aber man irrte sich. Denn auch das war rein parlamentarisch begründet. Es hat sich ja dann auch bald gezeigt (Hugenberg!). Das Verhängnis war und ist, dass die zu den bürgerlichen Parteien (Zentrum bis D.N.V.P) gehörigen Menschen diesen Irrtum beibehielten, obwohl im Laufe des Jahres 1933 immer offenbarer wurde, dass die rein parlamentarische Beziehung weder im Politischen noch im Weltanschaulichen standhielt. Die Reaktion nutzte die scheinbar nahe Verwandtschaft zum Nationalsozialismus, indem sie sie für sich auszuwerten versuchte. Die Kämpfe mit nationalen Verbänden, Wirtschaftsmännern, katholischer und evangelischer Kirchenpolitik, Hochschulpolitik, monarchistischen Verbänden usw. trat mehr und mehr in Erscheinung.

Im Laufe des Jahres 1933 und besonders Ende 1933 und Anfang 1934 zeigte sich so auch für den bisher nicht klar Sehenden immer mehr, wo der Nationalsozialismus tatsächlich stand. Er stand und steht nicht einseitig ganz rechts (also der D.N.V.P. näher verwandt als der K.P.D.), sondern er stand und steht ganz radikal über den Parteien. Er ist ebenso scharf gegen die marxistische wie gegen die reaktionäre Front gerichtet.

II.

Der zersetzenden Front des liberalen Marxismus steht in gleicher Entfernung vom Nationalsozialismus die egoistische Front des liberalen Bürgertums zur Seite. Schon aus dem Gang der Entwicklung, ebenso wie aus den parlamentarischen Verhältnissen wird klar, dass der radikale Gegensatz zwischen liberalem Bürgertum und Nationalsozialismus schwerer zu durchschauen ist als zwischen Nationalsozialismus und Marxismus. Insonderheit dann, wenn dieses Bürgertum nationalliberal ist und unter dem Mantel des Nationalsozialismus seine egoistischen Tendenzen verbirgt. Dies hat sich nach der Machtübernahme so ausgewirkt, dass sich die Reaktion mit dem Evangelium ebenso gut getarnt hat wie mit dem Spezialistentum, mit der Wissenschaft ebenso gut wie mit dem Nationalismus. Die beste Tarnung der Reaktion aber ist und bleibt aus denselben Gründen das braune Hemd: der »Nationalsozialismus« selbst.

III.

Es besteht zwischen den meisten außerreichsdeutschen Gebieten mit Ausnahme von Österreich, Böhmen und Schlesien ein grundsätzlicher Unterschied in der Struktur dem Reiche gegenüber darin, dass das Proletariat fehlt. Aus diesem Grunde hat die marxistische Durchsetzung, der ja im Wesentlichen das entwurzelte Proletariat verfiel, kaum Eingang gefunden. Die auslanddeutschen Gebiete bestehen aus Bürgern und Bauern. Diesen beiden Ständen ist immer eine konservative Tendenz eigen, sie leben, indem sie erhalten. Aus diesem Grunde hat der Liberalismus sich in diesen Gebieten als reaktionärer individualistischer Egoismus ausgewirkt. Es liegt somit auf der Hand, dass ein in auslanddeutschen Gebieten erwachender Nationalsozialismus im Wesentlichen gegen Reaktion zu kämpfen hat. Diese Tatsache erschwert zunächst die Arbeit der jungen Bewegung. Denn der Kampf im Reich wurde in seiner ersten Phase aus taktischen und parlamentarischen Gründen stärker gegen den Marxismus vorgetrieben. Die jungen Bewegungen im Auslanddeutschtum übernahmen ein Werbematerial, das nicht rein auf die Verhältnisse zugeschnitten war und das in seiner direkten Anwendung den eigentlichen Gegner oft gar nicht traf. Aus diesem Grunde gelang es dem Gegner immer mehr, sich ähnlich wie im Reiche zu tarnen, was ihm in den auslanddeutschen Gebieten aus obigen Gründen weit besser gelang und gelingt, als im Reich selbst.

IV.

Es wird dies noch klarer, wenn man einen Blick auf die bisherige Führung der auslanddeutschen Gebiete wirft. Sie hat ihre politische Schulung meist noch vor dem Kriege erhalten. Sie ist durch das Kriegserlebnis in keiner Weise mit derselben Tiefe hindurchgegangen (mit wenigen Ausnahmen), in der es die Generation des Reiches an der Westfront erfuhr. Sie hat die nationalliberalen Schlagworte des Vorkrieges in unverwandelter Form übernommen. Und sie hat 1918 keine Revolution erlebt. Das hat sich dann in den vierzehn Jahren nach dem Kriege so geäußert, dass diese Führung außenpolitisch mit dem Wirtschaftsstaate und auf internationalem Gebiet in den Minderheitenkongressen eine reine Verhandlungspolitik gemacht hat. Innerpolitisch ist diese Führung mit dem Volke nur bei Gelegenheit weniger Wahlversammmlungen in Berührung gekommen, sie hat es nicht vermocht, die immer stärker einsetzende individualistisch-egoistische Tendenz der Bürger und Bauern der auslanddeutschen Gebiete zu überwinden und sie zu einer Volksgemeinschaft zusammenzuschweißen. Wie sehr das notgetan hätte und wie sehr die nationale Führung der auslanddeutschen Gebiete hier versagt hat, kann man sich an zwei Beispielen klarmachen: 1. Das Bauerntum der auslanddeutschen Gebiete krankt am Materialismus. Der Beweis dafür ist das in den meisten Gebieten durchgeführte Ein- und Zweikindersystem. Die Kinderzahl wird aus materialistischer Tendenz beschränkt. In keinem auslanddeutschen Gebiet hat die bisherige Führung auch nur den leisesten ernsthaften Versuch unternommen, hier gesinnungsmäßig einzuwirken. 2. Das geldwirtschaftliche Bank- und Genossenschaftswesen der auslanddeutschen Gebiete ist in mehreren derselben zunächst ein wahrhaft sozialistisches gewesen. Die kapitalistische Tendenz des nationalliberalen Bürgertums hat diese Einrichtungen individualisiert und in Aktienunternehmungen verwandelt. Es ist noch in keinem auslanddeutschen Gebiet von der bisherigen Führung auch nur der leiseste Versuch unternommen worden, diese Einrichtungen der Volksgemeinschaft wiederzugeben, ja, es sind große Summen, die von Freunden aus dem Reiche dieser Führung zur wirtschaftlichen Sanierung anvertraut wurden, in diese kapitalistischen Unternehmungen investiert worden, an denen diese selben Führer wesentlich mitbeteiligt waren, statt sie einer größeren Menge von Volksgenossen (Kleinbauern, Handwerkern) zugute kommen zu lassen.

V.

Man kann das bisher Gesagte auf Siebenbürgen restlos anwenden. In Siebenbürgen nahm der Nationalsozialismus seinen Anfang im Jahre 1921. Damals verteilte Fritz Fabritius die ersten Flugblätter Hitlers in Hermannstadt. Am meisten ins Auge springend war damals schon der wirtschaftliche Verfall. Und so war es nahe liegend, das nationalsozialistische Programm zunächst im Wirtschaftlichen zu verwirklichen. Das führte zur Einrichtung der Bausparkasse der Selbsthilfe. Aber es zeigte sich bald in wunderbarer Art die Parallelität der Bewegungen im Reich und in Siebenbürgen. Adolf Hitler hatte 1923 versucht, den Neubau mit einem Male auf soldatisch-revolutionärem Wege zu gewinnen. Der Fehler dabei war, dass die Masse des Volkes gesinnungsmäßig noch nicht erzogen war. So musste es zur Tat des 9. November[1] kommen, und danach erst begann die politische Gewinnung des Volkes. Dasselbe erlebte die Selbsthilfe 1929 und 1930. Die gesinnungsmäßig noch nicht genügend gefestigten Mitglieder der Bewegung ließen sie, als die wirtschaftliche Krise hereinbrach, im Stich. Und so, wie Hitler 1923, musste sich 1930-1932 die Selbsthilfe immer mehr umstellen auf gesinnungsmäßige Gewinnung des Volkes durch politische Propaganda. Hier liegt die Wurzel für den Übergang der Selbsthilfebewegung aus der Wirtschaft in die Politik. Es folgte der starke Aufschwung, der dann bis zum Sachsentag am 1. Oktober 1933 und bis zum Verbot der Bewegung immer mehr zunahm.

VI.

Es ist hier nicht der Ort, auf die näheren geschichtlichen Ereignisse einzugehen. Viel wichtiger ist es, auf die politische Polemik, das heißt auf die Gegner der Selbsthilfe hinzublicken. Sehr bezeichnend ist die Entwicklung der politischen Schlagworte, mit denen die bisherige Volksführung den Kampf gegen die Erneuerungsbewegung führte. Die Hauptangriffsargumente der jungen Bewegung waren: 1. Die Volksführung ist nicht sozial. Sie lebt in ihren eigenen Kreisen, kommt mit dem Volke nicht in Berührung, gebraucht die Machtmittel der politischen Organisation für persönliche Zwecke und lässt oft sogar in Beziehung auf Familie und persönliche Haltung viel zu wünschen übrig. 2. Die Volksführung ist national, aber nur in dem Sinne, dass sie dem Wirtsstaate und dem internationalen Forum der Minderheitsorganisationen gegenüber auf rein parlamentarischer Grundlage in vierzehn Jahre währenden Verhandlungen ständig davon redet, ohne jemals zu einer entschlossenen Handlung auf Tod und Leben bereit zu sein. 3. Sie kann aus diesen beiden Gründen niemals das verwirklichen, worum es in Siebenbürgen wie in allen auslanddeutschen Gebieten wesentlich geht – die Bildung einer in sich geschlossenen, gefestigten Volksgemeinschaft.

Auf diese, durch die ganzen Jahre sich gleichbleibenden Angriffe der Erneuerungsbewegung antwortete die Volksführung bezeichnenderweise sehr verschieden. Die Einwände der ersten Zeit bis etwa 1930 bezeichneten die Erneuerungsbewegung als die utopischste Ausgeburt idealistischer Schwärmer. Nachdem der Nationalsozialismus im Reich den großen Sieg vom September 1930 davongetragen hatte, hieß es, er sei für Deutschland vielleicht (!) die einzige Rettung. Er sei aber für auslanddeutsche Gebiete mit nicht eigener Staatshoheit der sichere Untergang. Diese polemische Stellung hielt bis zur Machtübernahme im Reich an. Mit dem Januar 1933 trat eine sichtbare Wendung ein. Nun lag die Argumentation so: Der Nationalsozialismus ist die Zusammenfassung und nationale Führung des ganzen Volkes. Die sich nationalsozialistisch nennenden Gruppen und Parteien der auslanddeutschen Gebiete sind falsche Nationalsozialisten, denn sie widerstreben, indem sie durch ihre Radikalität in das bisher einmütige Volk Spannung und Spaltung hineintragen, diesem zusammenfassenden Prinzip des Nationalsozialismus. Die wahren Nationalsozialisten im Sinne Adolf Hitlers sind diejenigen, die über den Parteien stehend die Führung in der Hand haben und die wahre Einheit der Volksgemeinschaft darstellen. Sie sind immer schon, zum Teil noch vor dem Kriege, den Grundsätzen einer nationalen Volksführung gemäß Nationalsozialisten gewesen. So habe ja zum Beispiel Adolf Hitler gesagt, die besten Nationalsozialisten auf der Welt seien die Siebenbürger Sachsen, und das Deutsche Reich habe sich ihnen gleichgeschaltet.

Ich habe diese lächerlichen Dinge angeführt, um zu zeigen, welche Gefahr sich dahinter verbirgt. Denn es sind tatsächlich dieselben Menschen, dieselben dem Volke wohlbekannten führenden Männer der auslanddeutschen Gebiete, die im Laufe der vierzehn Jahre diese wunderbare Wandlung der Gesinnung durchgemacht haben. Es liegt aber deutlich auf der Hand, und die Volksgruppen aller auslanddeutschen Gebiete spüren es nur zu genau, dass sich im Grunde nichts geändert hat. Hinter der verwandlungsfähigen Maske politischer Phrasen sitzt dasselbe Gesicht egoistischer Reaktion, bürgerlicher und bäuerlicher Selbstsucht und spießerhafter Frömmigkeit.

VII.

Aber es geht noch eine Schicht tiefer. Denn diese selben Menschen haben seit vierzehn Jahren die Schlüssel in der Hand zu allen Wegen und Stegen, die ins Reich führen. Wenn man hier etwas tiefer blickt, so wird jedem sofort klar, was gemeint ist, und es ist misslich und unangenehm, darüber noch deutlicher zu sprechen. Genau so misslich und unangenehm, wie es ist, die andere Tatsache näher zu beschreiben, die darin besteht, dass diese selben Menschen auch alle Wege genau kennen, die zu den Regierungen der Wirtsvölker führen. Was hier geschehen ist, grenzte und grenzt meines Erachtens heute noch an Verrat.

VIII.

Man täusche sich nicht. Der Gegner des Nationalsozialismus in den außerdeutschen Gebieten ist die Reaktion. Sie ist es in Siebenbürgen ebenso wie in Wien. Oder ist es etwas anderes als Reaktion, was in Wien geschieht? Wir suchen die Bildung wahrer Volksgemeinschaft in allen auslanddeutschen Gebieten. Sie allein ist Gewähr für Integration und Fortbestand im Kampf um Blut, Boden und geistige Güter. Dieser unserer Sehnsucht steht eine egoistische Reaktion mindestens ebenso im Wege wie marxistische Zersetzung. Wir wissen, gegen wen wir kämpfen: »Der Feind steht rechts.«

Erschienen in: Die Burse. Rundbrief der deutschen Burse zu Marburg, geleitet von Johann Wilhelm Mannhardt, Nr. 7, ausgegeben im März 1933, 4. Jahrgang, 2. Heft.

Friedrich Benesch

Die »religiöse Lage« in Deutschland

Man muss schon beides, »religiös« und »Lage« in Anführungszeichen setzen. Ersteres, weil heute darauf ein eigentümlicher Gefühlston liegt unangenehmer und unnötiger Belastung für Politik und Wirtschaft oder sentimentaler hysterischer Überbewertung und Zuflucht vor dem harten Geschehen unserer geschichtlichen Wirklichkeit. Letzteres, weil es eben keine Lage, sondern eine gewaltige tiefinnerliche Bewegung ist. Und beides zugleich, weil es ein Schlagwort geworden ist, das im Wesentlichen dazu dient, die klare Erkenntnis zu verdunkeln, da es nach einer bestimmten Richtung hin – so wie alle Schlagworte – verbraucht, die ganze Mächtigkeit seines Gehaltes und Sinnes verloren hat, darum in seiner Bezogenheit immer wieder charakterisiert werden muss. Deshalb auch ist die Frage nach der »religiösen Lage« in Deutschland sinnlos, wenn man nicht einen Punkt hat, von dem aus gefragt und geantwortet wird. Da sonst alles Reden zur Lage oder zur Sache sinnlos wird. Der Punkt, von dem aus hier gefragt wird, ist sehr einfach der, auf dem wir alle stehen, der nationalsozialistisch ist und sonst nichts. Und von hier aus soll vorläufig auch eine Antwort versucht sein. Darum lautet die Frage, richtig gestellt, nicht irgendwie nach der religiösen Lage, sondern sie heißt: Deutsches Volk und sein Glaube, oder, was dasselbe ist: nationalsozialistisch und christlich.

I.

Es ist also zunächst zu fragen, was Nationalsozialismus sei. Adolf Hitler hat neulich auf dem Arbeitskongress der Arbeitsfront die Frage beantwortet: »Nichts anderes, als dass zur Erhaltung unserer Gemeinschaft auf jedem Platz unseres Lebens die höchsten Fähigkeiten ausschließlich und autoritär zum Einsatz gebracht werden.« Mit diesem Satze ist das Wesentliche restlos gesagt. Erstens die Aufgabe – der Wille: Erhaltung unserer Gemeinschaft.

Wer die tiefste Triebfeder Adolf Hitlers kennen will, der wisse, er ist Politiker in dem Sinne der Erhaltung des deutschen Volkes; und alles, aber auch rein alles, was er tut, innen- und außenpolitisch, tut er zur Erhaltung des deutschen Volkes. Ebenso bewertet er alle Dinge danach, wie sie der Erhaltung des deutschen Volkes dienen, und da er weiß, dass die Erhaltung des deutschen Volkes allein durch die Gemeinschaft gewährleistet ist, so tut er alles zu Erhaltung der Gemeinschaft. Und nur von hier aus ist Adolf Hitler zu verstehen. Diesem Grundwillen, diesem »unbändigen Willen« zur Schaffung und Erhaltung der Gemeinschaft ordnet er alles unter, und nur von hier aus ist auch seine Stellung zu Religionsformen zu begreifen. Zweitens: die Methode, der Weg: zum Einsatz-Bringen aller Fähigkeiten, die dem Ziel dienen, ausschließlich, das heißt total, und autoritär, das heißt eben von jenem zentralen Willen der Schaffung und Erhaltung der Gemeinschaft her, also auf Grund des Führerprinzips. Und die Weltanschauung des Nationalsozialismus ist eben die, dass das so sein muss und nicht anders sein kann. Und drittens: die Grundhaltung: dass alle, auch die höchsten und glänzendsten Fähigkeiten diesem Ziel dienen müssen, ja ihren höchsten Wert von dort erst erhalten, indem sie zur Erhaltung – je auf ihrem Platz – eingesetzt, das heißt geopfert werden.

Alles andere, was je über den Nationalsozialismus geredet und geschrieben wurde, mag vielleicht im besten Falle die eine oder andere Seite dieses fundamentalen Vorganges berühren – meist tut es nicht einmal das –, sondern ist mit der Ideologie dieses Satzes von Adolf Hitler verkleidete Konstruktion, die sich jeder so zurecht macht, wie es ihm passt, und das Nationalsozialismus nennt, was ihm passt, das heißt, was zur Bemäntelung und Rechtfertigung eigener, der im obigen Satze ausgesprochenen Haltung radikal entgegenstehender Absichten und Sonderinteressen dient. Wenn man näher zusieht, dann erscheint bald der Pferdefuß selbstsüchtigen Pseudo-Nationalsozialismus, der die »höchsten Fähigkeiten« zwar sehr gerne einsetzen will, aber nicht zur Erhaltung der Gemeinschaft und nicht opfernd und ausschließlich und autoritär, sondern höchstens nach eigener Autorität. Und für sich. Das Entscheidende ist nicht das Zur-Geltung-Bringen von Fähigkeiten – seien sie auch noch so fabelhaft –, sondern ist eben der ausschließliche und autoritäre Einsatz, das heißt Dienst und Opfer; »nichts anderes«, sagt Adolf Hitler.

Es sind in diesem zunächst so bescheiden anmutenden Satz Adolf Hitlers tatsächlich alle »gewaltigen Probleme« des Nationalsozialismus enthalten, über deren Begriffsbestimmung ganze Bücher geschrieben worden sind, wie: Totalitätsprinzip, Führerprinzip, Leistungsprinzip, Volksgemeinschaft, Dienst und Opfer. Das Entscheidende sind nicht diese hochtrabenden Worte, die jeder in den Mund nehmen kann, sondern das ist und bleibt jene radikale Grundhaltung, die eben nationalsozialistisch ist und aus der heraus erst Führerprinzip und Leistungsprinzip, Totalität und Gemeinschaft kommen! Der »unbändige Wille«, alles das zu tun, was im besten Sinne der Erhaltung des deutschen Volkes dient, alles andere zu lassen und zu vernichten, das ist Adolf Hitler. Von hier aus kann man ihn verstehen, und von hier aus kann man auch nur begreifen, wie der Nationalsozialismus zur »Religion« steht. Und das ist ja wohl die Frage, die an uns alle gestellt ist.

Wie falsch es ist, von einem anderen Standpunkt aus etwas über den Nationalsozialismus auszusprechen, das beweisen die phantastischen, geradezu horriblen Schreibereien, die besonders in »religiösen« Kreisen gang und gäbe sind. Eine unübersehbare Literatur mit den Titeln: »Nationalsozialismus und Katholizismus«, »Nationalsozialismus und Protestantismus«, »Nationalsozialismus und Deutsche Glaubensbewegung« usw. usw. versucht immer wieder in mehr oder weniger geistvollen Ausführungen zu erklären, was Nationalsozialismus sei. Wenn man aber näher zusieht, so schimmert immer die Tendenz durch, diesen Begriff Nationalsozialismus so zu verbiegen, dass er mit dem anderen Teil des Themas möglichst übereinstimmt. Was dabei herauskommt, das mögen drei absichtlich ganz krass gewählte Beispiele zeigen, die sich aber von anderen ähnlichen Produkten nur dadurch unterscheiden, dass ihre Absurdität gleich einleuchtet, während es sonst oft einer näheren kritischen Betrachtung bedarf, um den Punkt aufzudecken, von dem aus sich Protestantismus, Katholizismus und Deutsche Glaubensbewegung den Nationalsozialismus zu unterwerfen, das heißt zur Hure zu machen versuchen. So wird zum Beispiel gesagt: Nationalsozialismus ist Heidentum, und man setzt meist hinzu: Ja, und wir Christen sind berufen, diesen Heiden das Evangelium zu predigen. Ich muss gestehen, der eigentliche Grund, weshalb ich diesen Aufsatz schrieb, war vor allem der, zu zeigen, wie gerade diese Behauptung zu den ungeheuersten Irrtümern führt. Nationalsozialismus ist nicht Heidentum, sondern ist Deutschtum, weiter nichts. Das geht wohl aus dem oben Dargelegten klar genug hervor. Nationalsozialismus ist eben autoritärer und ausschließlicher Einsatz aller Fähigkeiten zur Schaffung und Erhaltung der deutschen Volksgemeinschaft. Allerdings: man kann auch Deutschtum und Heidentum gleichsetzen. Deutsch, das heißt diutisk, ist urkundlich nachweisbar von katholischen Mönchen zuerst gegeben und gebraucht, und zwar genau in dem Sinne des lateinischen paganus und des griechischen barbaros, was immer das Bodenständige, Volkstümliche gegenüber dem Städtischen, Römisch-Griechischen und dann Christlichen bedeutet. Aber hier liegt eben ein gewaltiger Unterschied. Es gab und gibt Heidentum in bewusster Abkehr und Gegnerschaft zum Christentum. Damit hat der Nationalsozialismus gar nichts zu tun, sondern er ist Deutschtum, das heißt eben Heidentum nach dem Christentum hin. Denn der Nationalsozialismus steht nun einmal auf dem Boden des positiven Christentums, allerdings eines deutschen, eines germanischen, nicht eines protestantischen oder römisch-katholischen. Das mögen wohl gewisse Kreise als Heidentum bezeichnen.

Oder: Es wird gesagt, der Nationalsozialismus sei katholisch, denn das autoritäre Führertum sei identisch mit dem unfehlbaren Papsttum oder hätte zumindest dort seinen Ursprung. Außerdem sei ja doch Adolf Hitler selbst Katholik. Dieser Irrtum ist mindestens ebenso ungeheuerlich wie der, der Nationalsozialismus sei heidnisch. Denn die Priesterhierarchie der katholischen Kirche beruht auf dem Begriffe der Substanz der Weihe, die allein auf den aktiven Priesterstand beschränkt ist, dem die Laien als passiv Empfangende gegenüberstehen. Ganz im Gegensatz zum Nationalsozialismus, wo das autoritäre Führertum auf der Beziehung zwischen Führer und Gefolgschaft beruht, eine Beziehung, an der die Gefolgschaft mindestens ebenso beteiligt ist wie die Führerschaft. Die Führerschaft hat keine eigene Substanz, kraft deren sie Sakramente austeilt oder Führungsansprüche besitzt, sondern sie besteht nur insofern sie eine Leistung hervorbringt, die ihr das Vertrauen der Gefolgschaft sichert. Führer kann sein, wer das Vertrauen der Gefolgschaft besitzt oder immer neu erwirbt. Hat er das Vertrauen nicht, so ist seine Führermacht erloschen. Sie ist keine Substanz, die an ihm haften bleibt oder ihm unbedingte substantielle Autorität verleiht etwa im Sinne des römischen Kaiserstaates oder der römisch-katholischen Kirche, wo die Führung alles ist und hat und spendet, das Volk nur empfängt. Wer das nicht unterscheiden kann, der weiß vielleicht, was Katholizismus ist, aber der weiß bestimmt nicht, was Nationalsozialismus ist.

Es wird auch noch was gesagt. Der Nationalsozialismus sei protestantisch! Er entspräche der protestantischen Grundhaltung des deutschen Volkes, das immer im Protest gegen internationale und übernationale Institutionen stünde! Auch hier übersieht man, dass die tiefste treibende Kraft des Nationalsozialismus nicht ein Protest, das heißt eine rein negative, verneinende, beschränkende Haltung, sondern ein Ja, ein Aufbau und eine Bindung ist. Man kann also wohl mit ruhigem Gewissen sagen: Der Nationalsozialismus hat weder mit Heidentum noch mit Protestantismus noch mit Katholizismus auch nur das Geringste zu tun.

II.

Man könnte auf Grund der hier vollzogenen Abgrenzung nun einfach sagen, unsere Hauptaufgabe auf religiösem Gebiete der Zukunft ist die Abgrenzung des das politische Gebiet oder höchstens noch das Gebiet einer deutschen Weltanschauung umfassenden Nationalsozialismus gegen Heidentum, Protestantismus und Katholizismus. Das Suchen und Finden dieser Grenze würde dem Cäsar geben, was des Cäsars ist, und Gott, was Gottes ist. Man hätte damit das ganze schwierige Problem gelöst, an dessen Wurzel die Frage steht, wie der Nationalsozialismus und das Christentum zusammenhängen, das heißt, sie hängen eben nicht zusammen. Sie gehören verschiedenen Bereichen an, und es kann ja in Deutschland die Staatsführung ruhig ihren Nationalsozialismus weitermachen und die drei Konfessionen (Katholizismus, Protestantismus und Deutsche Glaubensbewegung) »teilen sich je nach ihrer propagandistischen Kraft in die religiösen Sphären«. Schon wenn man das so hinschreibt, erhebt sich ein tiefer Widerwille dagegen. Und die Frage wird durchaus brennend, ob diese Trennung möglich sei. Das Eine ist klar, die Trennung des Nationalsozialismus von Deutscher Glaubensbewegung, Protestantismus und Katholizismus, die ist unbedingt zu ziehen, und sie ist auch schon gezogen. Dem gegenüber steht der Punkt 24 des nationalsozialistischen Programms, wo es heißt, er stünde auf dem Boden des positiven Christentums, woraus doch hervorzugehen scheint, dass zwischen Nationalsozialismus und Christentum die oben angeführte Trennung nicht aufrechterhalten werden kann. Oder wenn Adolf Hitler sagt, »ich weiß, dass meine Arbeit vergebens ist, wenn das deutsche Volk über die politische Erneuerung hinaus nicht zu einer religiösen Erneuerung findet«, so bedeutet das doch wohl nicht eine Trennung, sondern gerade das Verlangen nach einer Verbindung. Man hat aus verschiedenen Gründen gemeint, der Nationalsozialismus sei Religion. Wie absurd das ist, geht aus diesem Satze Adolf Hitlers schon hervor. Es geht aber durchaus noch ein Zweites hervor, nämlich, dass der Nationalsozialismus zur Vollendung seines Zieles, der restlosen Einigung der deutschen Volksgemeinschaft, Religion verlangt, und wenn man fragt, welche Religion, so gibt er darauf selbst die klare Antwort: das positive Christentum. Und er setzt selbst dieses positive Christentum in Gegensatz zum negativen Christentum, wenn Adolf Hitler sagt, »ich habe das deutsche Volk über Klassen, Parteien und Konfessionen hinweg geeint«. Wir müssen einmal den Mut haben, das auszusprechen: die beiden oder, wenn man will, die drei Konfessionen sind, vom Nationalsozialismus aus gesehen, negatives Christentum. Man kann nicht sich heute auf den Boden einer Kirche postieren und dann von dort aus unternehmen, sich zum Nationalsozialismus irgendwie einzustellen und als seine Hauptaufgabe die Abgrenzung des Nationalsozialismus gegenüber dieser Kirche ansehen. Die Konfessionen, mag man das betrachten, wie man will, hemmen die Einigung des deutschen Volkes und werden das so lange tun, solange nicht aus der Substanz des Christentums eine Erneuerung aufbricht, die über die letzten Reste der Konfessionen hinweg zu einer einzigen deutschen Volkskirche führt. Das ist nicht vom Standpunkt des Christentums, sondern von dem des Nationalsozialismus gesprochen. Wer kann es heute sagen, wie die aussehen wird! Sie wird bestimmt die Fülle der Eucharistie haben müssen, denn sonst wäre sie weniger als die katholische Konfession; sie wird bestimmt die Gewissensfreiheit in ihrem Zentrum haben, denn sonst wäre sie weniger als die protestantische Konfession; sie wird bestimmt die germanisch-nordische Substanz unseres Volkes in ihrer Grundlage haben; denn sonst wäre sie weniger als die Deutsche Glaubensbewegung; und sie wird bestimmt im Dienst an der Erhaltung des deutschen Volkes, an seiner lebendig und gesund zu erhaltenden Substanz, die doch allein immer wieder nur durch das Sakrament des Opfers möglich ist, ihren wesentlichen, ja im Tiefsten ausschließlichen Anteil haben; sonst wäre sie weniger als der Nationalsozialismus. All das können wir heute schon sagen. Weil wir es wollen! Und dennoch: Sie wird ganz anders sein, als wir sie irgend denken können. Denn sie wird eben Kirche sein.

III.

Ich weiß genau, dass diese letzten Sätze schon über das hinausgehen, was eine einseitige Stellungnahme von irgendeiner jetzt bestehenden Konfession her sein kann. Es ist auch keine Stellungnahme von irgendeiner Konfession her, auch nicht vom »Christentum« her. Es ist nur ausgedrückt, was der Nationalsozialismus erwartet, was er eben nicht selber schaffen kann und will. Man kann heute nur zwei Positionen beziehen; entweder man sagt: Es besteht eine scharfe Grenze zwischen den Dingen des Nationalsozialismus einerseits und denen der drei Konfessionen andererseits. Man kann in seinem Inneren ein ebenso guter Nationalsozialist wie andererseits Katholik, Protestant oder »Neuheide« (Deutsche Glaubensbewegung – ich kann es nicht anders ausdrücken) sein. Diese Position entspricht ungefähr dem, was Moeller van den Bruck sagt, dass wir Spannungen ertragen müssen, die da sind, und es ist ja wohl ganz klar, dass zwischen den drei Bewegungen Deutschlands und dem Nationalsozialismus entschieden Spannungen bestehen. Denn eine klare Abgrenzung der Bereiche ist noch niemandem gelungen. Man kann aber auch darüber hinausgehen, und ich möchte das hier Angedeutete nicht irgendwie schon als eine Antwort setzen, sondern zunächst nur als eine Frage. Diese lautet: nicht um das Problem, ob wir katholisch, protestantisch oder neuheidnisch sein sollen, geht es heute, ich betone es vom nationalsozialistischen Standpunkt aus, entscheidend nur darum, ob das Christentum substanzerhaltend ist, oder substanzzerstörend. Wir arbeiten heute von allen Seiten daran, Wert und Wesen der germanisch-nordischen Substanz herauszustellen. Es gibt eine Fülle wunderbarer Literatur, die mit dem deutschen Idealismus und der Romantik beginnt und die heute uns schon ein klares Bild von dem Wesen germanisch-nordischer Substanz gibt. Zugleich ist klar geworden, dass diese Substanz das kulturschöpferische Element mindestens der letzten siebentausend Jahre darstellt. Und es ist schließlich klar geworden, dass das deutsche Volk als letztes auf der Erde in noch gewaltiger und unverbrauchter Mächtigkeit über diese Substanz verfügt. Es liegen vor uns zweitausend Jahre deutscher Geschichte, in denen diese Substanz germanisch-nordischer Art neben und in den hohen Kulturblüten, die sie getrieben hat, zutiefst gerungen hat um ihre letzte Bewährung und Erhaltung, nicht für sich selbst, sondern für die Menschheit. Oder germanisch gesprochen für den Kosmos. Und die Frage, ob das Christentum, ob Jesus Christus den Sinn und die Erhaltung und die Verwandlung dieser germanisch-nordischen Substanz erfüllt oder nicht, diese Frage steht heute mit derselben Tiefe und Mächtigkeit vor uns, wie vor zweitausend Jahren. Wir sehen, dass die beiden Kirchen diese Aufgabe nicht erfüllt haben, und wenn man jene Frage bejaht, dann fällt gerade von Jesus Christus her das schwerste Urteil nicht auf die germanisch-nordische Substanz, sondern auf die Kirchen. Wenn man die Frage verneint, dann trifft die Schuld mehr das deutsche Volk, das noch immer nicht im Stande gewesen ist, sich von der in diesem Falle artfremden Religion zu befreien und damit der Erfüllung der germanisch-nordischen Substanz zu dienen. Der Nationalsozialismus hat sich zum Sachverwalter der germanischen Substanz des deutschen Volkes gemacht. Er sieht alles, was geschieht, nur von hier aus, und er stellt die christlichen Konfessionen vor die entscheidende Frage, ob sie substanzerhaltend oder substanzzerstörend in Bezug auf die germanische Substanz sind, oder ob sie heute schon so weit in ihrer eigenen Substanz beschränkt oder verengt sind, dass sie dieser gewaltigen Anforderung gegenüber versagen. Und er stellt sich selbst vor die entscheidende Frage, ob das positive Christentum selbst, das doch wohl irgendwie etwas anderes ist als die Konfessionen, erhaltend oder zerstörend auf die germanische Substanz einwirkt. Das ist die ganz entscheidende Frage heute, und wer wagt es, sie zu beantworten? Wer wagt es, aufzustehen und diese Frage so zu beantworten mit Ja oder Nein, dass wir alle hinhören müssen und dass wir die Antwort auf die tiefste Sehnsucht unserer Tage von dort heraushören? Wir alle, und mit uns auch Adolf Hitler, warten auf diesen Mann. Und dieser Mann wird entscheiden, nicht ob das deutsche Volk protestantisch oder katholisch oder neuheidnisch oder nationalsozialistisch ist, denn das ist es schon, sondern ob es christlich ist oder nicht.

Erschienen in: Die Burse. Rundbrief der deutschen Burse zu Marburg, geleitet von Johann Wilhelm Mannhardt, ausgegeben im Juni 1934, 5. Jahrgang, 1. Heft.

KIRCHLICHE RUNDSCHREIBEN UND ERWIDERUNGEN

Rundschreiben

Betr. die Zugehörigkeit zu außerkirchlichen Organisationen.

Die Flugschrift »Zur Klarstellung der Lage. Ein Wort an alle Sachsen« vom 24. Februar 1934, welche der Bischof unserer Landeskirche am 28. Februar 1934 herausgegeben hat, enthält unter anderem Auszüge aus dem »Dienstbuch der nationalsozialistischen Selbsthilfebewegung der Deutschen in Rumänien N.S.D.R.« Die Bestimmungen dieser Vorschriften verpflichten die Mitglieder der Bewegung zu unbedingtem Gehorsam dem Führer* gegenüber auch in ihrer Eigenschaft als Mitglieder unserer kirchlichen Körperschaften mit dem besonderem Auftrage, in diesen Körperschaften nicht positiv mitzuwirken, um die Lebensdauer dieses Systems nicht zu verlängern. Die Vorschriften verfügen weiterhin, dass die Selbsthilfe-Arbeitsmannschaft und die Jugendorganisation Instrumente der Leitung der Bewegung sind, einer Bewegung, die politischen Charakter trägt.

Aus diesen Vorschriften geht hervor, dass die Angestellten von Kirche und Schule, welche im Sinne der kirchlichen Bestimmungen den Ordinations- bzw. Diensteid abgelegt haben, als Mitglieder der N.E.D.R. Befehlen unterworfen sind, die im Gegensatze zu ihrem Eide stehen. Im gleichen Widerspruch gegen ihre Pflichten befinden sich die zur Einhaltung der kirchlichen Vorschriften verpflichteten Mitglieder aller kirchlichen Körperschaften. Die Mitglieder der N.E.D.R. aber sind entgegen den zurecht bestehenden kirchlichen Bestimmungen einem außerkirchlichen Führer zum Gehorsam verpflichtet und haben eine positive Arbeit an den Aufgaben der Kirchen abzulehnen. Die Jugendorganisationen wieder, welche unter dem Aufsichtsrechte der Kirche stehen und für deren Betätigung die Kirche verantwortlich ist, werden entgegen den kirchlichen Vorschriften und den Abmachungen, welche Bischof und Landeskonsistorium mit den Führern der Bewegung getroffen haben, zu Instrumenten der Leitung einer politischen Bewegung zu machen gesucht.

Da das Dienstbuch der Nationalsozialistischen Selbsthilfebewegung Bestimmungen enthält und Ziele verfolgt, die selbst dem Großteil der Mitglieder der N.E.D.R. unbekannt waren und sind und von denen auch die kirchliche Behörde erst jetzt Kenntnis erhalten hat, und da

* Gemeint ist der Führer der N.S.D.R.

diese Bestimmungen die von der Kirchenleitung angestrebte friedliche Durchdringung unseres Volkes mit den Kräften der Erneuerung unmöglich machen und unsere Kirche in ihrer Arbeit gefährden, bestimmt das Landeskonsistorium auf Grund der Kirchenordnung § 93, Punkt 2 und 3, dass insolange, als dieses Dienstbuch oder sonstige ähnliche Vorschriften bestehen, insolange die Mitglieder der N.E.D.R. als Angestellte der Kirche und Schule einem außerkirchlichen Parteidiktat unterworfen sind und die Gewissens- und Handlungsfreiheit dieser Mitglieder nicht gewährleistet ist, die Angestellten von Kirche und Schule Mitglieder der N.E.D.R. nicht sein können, wie sie auch keiner anderen Gemeinschaft oder Bewegung parteigebunden angehören können, die sie einer anderen als ihrer kirchlichen Disziplinargewalt unterstellt. Das Landeskonsistorium fordert daher, dass die Angestellten der Kirche und Schule jede derartige Parteimitgliedschaft sofort lösen und ihre Arbeit einer Erneuerung unseres Volkes im Sinne der Vertiefung des völkischen Bewusstseins und Weckung des völkischen Pflicht- und Ehrgefühls in vollem Einklang mit den geltenden Vorschriften vollziehen. Das Landeskonsistorium erwartet aber auch von den Mitgliedern der kirchlichen Körperschaften, dass sie parteimäßige Bindungen zu der N.E.D.R., sowie zu anderen Parteien und Bewegungen lösen, welche sie in Gegensatz zu ihren kirchenordnungsgemäßen Verpflichtungen bringen. Gleichzeitig verfügt das Landeskonsistorium, dass die kirchlichen Jugendorganisationen streng im Sinne der Kirchenordnung § 38 und der kirchlichen Verfügungen geleitet und beaufsichtigt werden und untersagt jegliche Beanspruchung derselben zu anderen Zwecken als denen, welche die kirchlichen Bestimmungen für sie vorsehen.

Dieses Rundschreiben ist in Gegenwart aller Angestellten in der nächsten Sitzung des Presbyteriums vollinhaltlich zu verlesen.

Hermannstadt, am 2. März 1934.

Aus der Sitzung des Landeskonsistoriums der ev. Kirche A. B. in Rumänien.

D. Dr. Viktor Glondys e. h., Bischof,
Dr. Hans Weprich e. h., Hauptanwalt

In: »Kirchliche Blätter aus der Evangelischen Kirche A.B. in Rumänien vom 8. März 1934, Archiv des Landeskonsistoriums der Evangelischen Kirche A.B. in Rumänien, Hermannstadt.

An alle Geistlichen und Lehrpersonen
der evang. Landeskirche A.B. in Rumänien.

Die Sorge um die Sicherung der unserer Kirche anvertrauten Arbeit in unserem durch die leidenschaftlichen politischen Kämpfe aufgewühlten Kirchenvolk hat das Landeskonsistorium veranlasst, in seiner Sitzung vom 14. Februar i.J. das Rundschreiben Z. 924/1936 betr. das Verbot der Zugehörigkeit zu politischen Gruppen und Parteien zu beschließen. Es wollte verhüten, dass die kirchlichen Angestellten durch ihre Teilnahme an den politischen Kämpfen in Gegensatz zu den Teilen der Gemeinde, die in einem anderen politischen Lager stehen, geraten und dadurch Spannungen hervorgerufen werden, die ihrem Wirken Hindernisse bereiten und die Arbeit der Kirche, die allen Gemeindegliedern gleichmäßig dienen soll, erschwert werde. Das Landeskonsistorium hat seine Maßnahmen ganz allgemein gegenüber allen politischen Parteien treffen zu sollen gemeint. Zugleich dachte es, die gewohnte Zusammenarbeit mit der Volksorganisation als solcher, soweit diese mit der Verkündigung der Kirche, den kirchlichen Ordnungen und den staatlichen Gesetzen in Einklang steht, aufrechterhalten zu sollen. Die rechtlichen Grundlagen für diese Maßnahme des erwähnten Rundschreibens hat das Landeskonsistorium in dem Rundschreiben selbst angeführt.

Das Landeskonsistorium meinte, unserem Kirchenvolke zeigen zu sollen, dass die Kirche auch in den aufgeregtesten Zeiten bei der Erfüllung ihrer besonderen Pflichten alle Kirchenkinder mit gleicher Liebe zu umfassen bestrebt sei und dass sie den heiligen Boden darstellen wolle, auf dem sich alle ihre Glieder trotz der Verschiedenheit ihrer politischen Ansichten in gleicher Treue und in gleichem Vertrauen zu ihr finden könnten.

Nun wird der erwähnte Beschluss des Landeskonsistoriums von einer politischen Gruppe dahin gedeutet, das Landeskonsistorium habe mit diesem Rundschreiben gegen sie zu Gunsten anderer politischer Gruppen Stellung bezogen.

Eine solche Auffassung des erwähnten Beschlusses wird den Absichten des Landeskonsistoriums nicht gerecht. Da aber durch diese Deutung des Rundschreibens die Gemüter neuerlich, und zwar in erhöhtem Maße wegen vermeintlich nunmehr eingetretener parteipolitischer

Stellungnahme der Kirchenleitung selbst beunruhigt werden, da ferner unsere Kirche nicht die Aufgabe hat, die außerhalb ihres eigentlichen, wichtigste Volksbelange umfassenden Arbeitsgebietes liegenden politischen Fragen zu lösen, empfehle ich allen Angestellten, mit Rücksicht auf den bedeutungsvollen Dienst der Kirche und zur Vermeidung seiner Belastung durch eine Verstrickung in politische Kämpfe.

sich an der politischen Bekämpfung irgendeiner der bestehenden Gruppen innerhalb unseres Volkes überhaupt nicht zu beteiligen.

Hermannstadt, den 6. März 1936

Vom Bischof der evang. Landeskirche A.B. in Rumänien
D. Dr. Viktor Glondys e.h.

Rundschreiben Z 1275/1936, Anhang 6,
Archiv des Landeskonsistoriums der Evangelischen Kirche A.B. in Rumänien, Hermannstadt.

Rundschreiben

an alle Bezirkskonsistorien, Presbyterien (Kirchenräte), das Diasporapfarramt und an alle Schul- und Kindergartenleitungen

betr. das Verbot der Zugehörigkeit zu politischen Gruppen und Parteien.

Unter nachdrücklicher Hervorhebung der Bestimmungen der §§ 21, Punkt 7. 38 und 44, Punkt 4 der Kirchenordnung werden die Angestellten in Kirche und Schule und alle Kandidaten und Studierenden der Theologie sowie der Theologie und des Lehramtes angewiesen, ihre Zugehörigkeit zu sämtlichen politischen Gruppen und Parteien zu lösen und aus der parteipolitischen Front unverzüglich zurückzutreten.
Diese Verfügungen gelten für die Volksorganisationen nicht.
Die Presbyterien (Kirchenräte) haben von allen ihnen unterstellten Angestellten in Kirche und Schule nachstehende Erklärung abzunehmen und bis 5. März i. J. an das zuständige Bezirkskonsistorium bezw. Diasporapfarramt mit Verzeichnis vorzulegen. Die Erklärung hat zu lauten:

»Ich bestätige das Rundschrieben Z 924/1936 zur Kenntnis genommen zu haben.«

Ort und Datum. Unterschrift

Die Bezirkskonsistorien und das Diasporapfarramt haben von ihren Angestellten sowie von den ihnen unterstellten Kandidaten und Studierenden der Theologie, der Theologie und des Lehramts die gleiche Erklärung bis 10. März 1936 einzufordern.

Die Bezirkskonsistorien und das Diasporapfarramt haben die gesammelten Erklärungen unter Beischluss eines nach Orten und Anstalten geordneten Verzeichnisses bis 15. März 1936 dem Landeskonsistorium vorzulegen.

Es sind in dem Verzeichnis die Namen der Angestellten bezw. Kandidaten und Studierenden der angeführten Gruppen gesondert zu nennen, die die Erklärung nicht abgegeben haben.

Hermannstadt, am 14. Februar 1936

Aus der Sitzung des Landeskonsistoriums der ev. Kirche A.B. in Rumänien.

D. Dr. Viktor Glondys e. h., Bischof.
Dr. Hans Weprich e. h., Hauptanwalt

Rundschreiben Z 924/1936; in:
»Kirchliche Blätter aus der Evangelischen Kirche A.B. in Rumänien,
Archiv des Landeskonsistoriums der Evangelischen Kirche A.B. in Rumänien, Hermannstadt.

In Sachen des Glaubens
Von Pfarrer Fritz Benesch

Noch im Frühjahr 1935 hielt ich gelegentlich einer Akademikerschulung einen Vortrag über die Frage: Deutscher Glaube.

Ich versuchte meist an Hand des Buches von Chamberlain »Die Grundlagen des XIX. Jahrhunderts« den Kampf der vorderasiatisch-semitischen und der germanisch-nordischen Rassen aufzuzeigen, wie das Christentum in einer gewissen Verbindung mit der zuerst genannten Rassenwelt als römisches zu den Germanen kam, dass viel von diesem Rassenerbe auch heute noch darin enthalten ist und dass wir in Fortsetzung der Reformation, die nur ein Anfang und keine Vollendung sei, nach einem neuen germanisch-nordischen Christentum suchen müssten.

Daraufhin wurde ich von irgendjemanden bei dem hochwürdigen Herrn Bischof angezeigt, ich hätte das Christentum als eine un- und widerdeutsche Sache bezeichnet und sei zum Schluss in Extase für einen nordischen Glauben eingetreten. Ich wusste noch nichts von dieser Anzeige, als der Herr Bischof gelegentlich seiner am 7. Februar in Hermannstadt vor dem Bürgerabend gehaltenen Rede öffentlich sagte, ich solle mich schämen, den Dolman eines ev. Pfarrers zu tragen. Dieses geschah ohne Nennung meines Namens, es wurde mir aber mitgeteilt, dass aus der Zuhörerschaft mein Name gefallen sei. Einige Zeit darauf erhielt ich ein vom 8. Februar datiertes Schreiben des Herrn Bischofs, in dem ich erstmals von der Anzeige in Kenntnis gesetzt wurde und in dem man von mir den Vortrag verlangte, offenbar zwecks nachträglicher Feststellung der Wahrheit der Anzeige! Da ich den Vortrag frei gehalten hatte, schickte ich eine Inhaltsangabe und bat zugleich den Herrn Bischof um eine Unterredung. Ich wollte ihn ersuchen, jene gegen mich geschleuderten Bemerkungen gegen mich irgendwie zurückzunehmen, da ich nicht in die Oeffentlichkeit gehen wollte, obwohl die beleidigenden Worte des Herrn Bischofs in der Oeffentlichkeit gefallen waren. Lange erhielt ich keine Antwort. Bis ich durch Nachlässigkeit der Post erst verspätet verständigt, am Dienstag, dem 28. April zur Unterredung antrat.

Seine Hochwürden hatte seltsamerweise auch Herrn Bischofvikar Müller zugezogen, als Zeugen! Das Gespräch ging nun nicht mehr um den Vortrag, sondern um meinen inzwischen in der »TZ« erschienenen

Osteraufsatz. Zuerst über Kirche und Bekenntnis, dann über die paulinische Auffassung von der Sündhaftigkeit der Welt, dann über die Art der kirchlichen Verkündigung. Ich betonte in dem Gespräch, dass die ganze Wahrheit nicht verengt werden dürfe in Dogmen und Formeln. Ich betonte alle Seiten derselben, nicht nur die in den Dogmen festgelegte. S. H. sagte, mein Osteraufsatz sei zwar eine poetisch sehr schöne, aber im Grunde alte abgeklatschte Naturschwärmerei, und ich hätte das Abendmahl zu einem gebrochenem Zweig herabgewürdigt und verfälscht. Als ich daraufhin meine Anschauung über das Abendmahl in theologischen Begriffen ausführte, da sagte der Herr Bischof, damit könne man weitgehend übereinstimmen. Aber warum hätte ich das nicht in meinen Osteraufsatz geschrieben. Ich erwiderte, das stünde da drinnen. S. H. sagte, das sei einfach nicht so, dieses Gedicht von Arnold Roth zur Erhellung der vorgetragenen Gedanken ungenügend usw. Da sagte ich: Aber entschuldigen Sie, dann haben Sie nicht genau gelesen. Darauf rief Seine Hochwürden mich an, ich solle so mit meinem Führer, nicht aber mit meinem Vorgesetzten reden. Und Herr Bischofsvikar Müller stimmte dem als Zeuge zu. Ich sagte, man möge entschuldigen, aber ich habe klar zum Ausdruck gebracht, dass der Herr Bischof meinen Aufsatz dann eben vollkommen falsch verstanden habe und er könne doch nicht einfach in meine Worte etwas hineinlegen, was da nicht drinnen sei. S. H. sagte, ich sei mit dem Osteraufsatz dem Rosenbergischen Schwindel zum Opfer gefallen, das positive für das negative Christentum auszugeben. Er lege mir nach allem nahe, da ich, wie ich selber im Osteraufsatz sage, in der Kirche nicht Raum zum atmen hätte, auszutreten. Ich erklärte, ich sei im Vertrauen darauf in der Kirche, dass die Kirche der Erneuerung auch im Religiösen fähig sei, und solange ich dieses Vertrauen hätte, bliebe ich in der Kirche. Wenn ich es einmal nicht mehr hätte, würde ich bestimmt austreten. Herr Bischofvikar Müller meinte, wenn ich bliebe, würden er und der Herr Bischof die Verantwortung dafür tragen. Ich erklärte, das könne ich nicht verlangen, sondern die Verantwortung für mich wolle ich allein tragen, und nachdem es mir in dieser Weise von der kirchlichen Leitung nahegelegt werde, müsste ich auch austreten. Herr Bischofvikar sagte, es sei ja nicht so gemeint. Der Herr Bischof äußerte sich mehrmals, ein Mensch, der in der Kirche nicht atmen könne, müsse austreten. Ich erwiderte, ich würde dann unter diesen Umständen die Folgerungen ziehen müssen. Der Herr Bischof hatte keine Zeit mehr und als ich ihn bat, sich in der Angelegenheit der Bürgerabendrede zu äußern, erklärte er, mein Osteraufsatz habe ihm Recht gegeben und so sähe er keine weitere Veranlassung dazu. Damit war die Sache für mich abgebrochen und da ich sah, dass ich hier auf ein vollkommenes Unverständnis stieß, erklärte ich, ich würde dann aus der Kirche austreten müssen, da es mit deren Oberhaupt nahe lege. Ich könne nicht anders. Dieses ist in dürren Worten der Tatbestand. Um der Wahrheit willen bin ich gezwungen, nun doch den Weg in die Oeffentlichkeit zu gehen und alles frei zu bekennen.

Ich sehe unsere Kirche anders, als sie der Herr Bischof sieht. Ich gehöre als gläubiger Mensch nur im Vertrauen der Kirche an. Die Kirche ist aber nicht der Herr Bischof und nicht der Herr Bischofvikar, sondern wir alle. Das ist jeder, der zu dieser Kirche gehören will. Ich habe es gesagt und leider hat es sich mir gerade in diesem Gespräch mit den beiden Herren vollauf bestätigt, dass unsere Kirche zu eng ist. Und ich stelle noch einmal fest: 1. Die Kirche hat kein Recht, weder als Organisation, noch als Gemeinschaft der Glaubenden, uns an der Ausübung unserer politischen Rechte zu verhindern. Ich schließe mich daher dem vom Pfarrer Staedel und Roth Gesagtem völlig an und habe dem nichts hinzuzufügen. 2. Die Kirche hat weder als Organisation noch als Gemeinschaft der Gläubigen das Recht, einen Menschen, der zu ihr gehören will und auf dem Boden des Christentums steht, zu beschuldigen, zu beschimpfen oder hinauszuweisen. Das gehört zu der Gewissensfreiheit und der Glaubenswahrhaftigkeit des deutsch-christlichen Menschen, für die Herr Pomarius scheinbar kein Verständnis hat.

Meine Haltung, die man so schwer verstehen will, ist ganz einfach. Ich sehe, wie unser Volk glaubensmäßig zersplittert ist. Ich habe einen Willen, zu seiner Vereinigung beizutragen. Weil die deutsche Glaubensbewegung nurmehr von dem Kampfe gegen das Christentum lebte, sind Hauer und Reventlow zurückgetreten. Unsere Kirche tut aber umgekehrt dasselbe. In letzterer Zeit kann man kaum mehr eine Predigt hören, wo nicht gegen völkischen Glauben und Weltanschauung Stellung genommen würde. Das kann ich nicht mitmachen. Ich verstehe das Christentum viel tiefer, ernster, größer und freier, als sich sein Wesen in einer solchen Abwehr erschöpfe. Darum kann und darf ich gerade aus meinem Christentum heraus zu dem Ja sagen und alle Menschen zur Erneuerung im Glauben aufrufen. Darum auch stehe ich auf dem Standpunkt, dass die Forderung an uns Pfarrer die ist, nicht nur abzulehnen, sondern umzulernen. Unsern Glauben so zu vertiefen, dass er in erster Linie uns zur Erneuerung werde, in die die Erneuerung unseres Volkes bis in die letzte Tiefe aufgenommen ist. Wir brauchen von dem bisher Errungenen an innerster Wahrheit nichts preiszugeben. Aber wir müssen uns aufmachen und Neues erringen. Erneuerung der Kirche tut not. Und ich glaube an diese Erneuerung der Kirche. Freilich nur in freiem Geben und Nehmen, Suchen und Finden, nicht in Zwang und Gewalt. Der Glaube ist lebendig und lockt die Menschenherzen und sie kommen gerne. Darum bin ich in der Kirche und bleibe in der Kirche. So sehr mir der Herr Bischof dieses Bleiben schwer machte und mich in jenem Gespräch gleichsam hinausnötigte. Denn trotz meiner am Schlusse der Unterredung mit dem Herrn Bischof in der Erregung getanen Aeußerung, aus der Kirche auszutreten, bin ich nach reiflicher und ruhiger Ueberlegung zu der Ueberzeugung gekommen, dass ich aus Verantwortungsgefühl gegenüber Kirche und Volk dennoch in ihr bleiben muss, denn ich habe noch Glauben und Hoffnung, trotz allem was geschehen ist. Vielleicht werden die, die heute Kirche sind, oder zu sein meinen, es einmal so weit treiben, dass für den Glauben kein Platz mehr ist in der Kirche. Dann werde ich gehen. Eher nicht.

Und noch ein letztes Wort. Es ist einfach nicht wahr, dass ich das Abendmahl zu einem Naturvorgang herabgewürdigt hätte, wie mir der Herr Bischof sagte. Ich habe in drei Bildern, oder, wenn die Theologen so wollen, in Gleichnissen von der Auferstehung gesprochen. Im ersten von der Auferstehung in der Natur, im zweiten von der Auferstehung im Volkstum im dritten von der Auferstehung des Geistes im innersten, opferbereiten Menschenherzen, von der Neugeburt aus Blut und Geist. Die Theologie ist aber schon so weit verknöchert, dass sie die unmittelbare Bildersprache des Glaubens nicht mehr versteht und nur noch theologisch reden kann. Und dann wundert sie sich, daß das Volk sie nicht versteht. Aber da kann ich der Theologie nicht helfen und muss sagen, dass für mich die Wirklichkeit des Lebens und des Glaubens zehntausendmal herrlicher ist, als alle Theologie zusammengenommen. Gott helfe uns zum Glauben!

In: »Deutsche Tageszeitung« Nr. 473 vom 3. Mai 1936,
Archiv des Landeskonsistoriums der Evangelischen Kirche A.B. in Rumänien, Hermannstadt.

Eine Gemeinde kämpft um ihren Pfarrer
Birk warnt das Landeskonsistorium zum letzten Male

Hochlöbliches Landeskonsistorium!

Vor drei Wochen hat die Kirchengemeinde Birk in geschlossener Einmütigkeit das hochlöbliche Landeskonsistorium ebenso entschieden wie dringend ersucht, die beiden ungesetzlichen Rundschreiben Z. 924/1936 und 2245/1936 zurückzuziehen, das gegen ihren Pfarrer Friedrich Benesch auf Grund dieser Rundschreiben angeordnete Disziplinarverfahren sofort einstellen und ihren Pfarrer unverzüglich wieder in sein Amt einsetzen zu wollen.

Da die Kirchengemeinde Birk bis zum heutigen Tage auf ihr Ansuchen keinerlei Erledigung erhalten hat, da es im Gegenteil den Anschein hat, dass das Landes- und Bezirkskonsistorium versuchen will, die Gemeinde durch Hinauszögern der Disziplinarangelegenheit mürbe zu machen und zu spalten, indem die religiöse Betreuung durch unseren Pfarrer der Gemeinde monatelang vorenthalten wird, da seit Amtsenthebung unseres Pfarrers in Birk kein Gottesdienst mehr besucht wird und dieser Zustand unsere Gemüter ernstlich bedrückt und wir großes Verlangen nach dem herrlichen Gotteswort haben, das uns durch unseren Pfarrer verkündet wurde, gibt die gesamte unterfertigte Kirchengemeinde Birk, bevor sie zur Selbsthilfe greift, noch ein letzte Mal folgende Erklärung ab:

1. Wir können es nicht weiter zulassen, noch ertragen, dass unserer Gemeinde weiter durch unsere Oberbehörde seelischer Schaden zugefügt wird.

2. Wir wollen die religiöse Verkündigung und kirchliche Betreuung durch unseren Pfarrer Friedrich Benesch keinen Tag länger missen und entbehren.

3. Wir haben allein zu unserem Pfarrer Friedrich Benesch das volle Vertrauen und brauchen keinen stellvertretenden Seelsorger, wer auch immer er sei.

4. So lehnen wir auch den Ersatz unseres Pfarrers durch unseren Prediger auf das Entschiedenste ab, da wir zu Letzterem nicht das Vertrauen, weder in religiöser noch in kirchlicher Hinsicht haben. Darum meiden wir auch den von ihm geleiteten Gottesdienst.

5. Wir werden uns unseren Pfarrer Friedrich Benesch durch keinerlei ungesetzliche Gewaltmaßregeln rauben lassen, damit dadurch Aufbau und Einigkeit unserer Gemeinde zerstört werde, sondern wir wollen ihn wieder haben und wenn er uns nicht zurückgegeben wird, sind wir entschlossen, auch den letzten schwersten Schritt zu tun und uns von diesem jetzigen Landeskonsistorium loszusagen und von demselben in Angelegenheit dieser beiden oben erwähnten Rundschreiben keinerlei Erlässe mehr zur Kenntnis zu nehmen, bis nicht durch Aufhebung derselben wieder ein gesetzlicher Zustand in unserer Landeskirche wiederhergestellt wird.

Auf Grund dieser unserer unwiderruflichen Erklärungen, ersuchen wir das hochlöbliche Landeskonsistorium dringend, zum letzten Male, unsere berechtigten und auf gesetzlicher Grundlage fußenden Forderung bis zum 15. Juli 1936 um so gewisser zu erfüllen, da wir sonst gezwungen sind, das gegenwärtige Landeskonsistorium, welches sich durch die oben erwähnten Rundschreiben außerhalb der Gesetze gestellt hat, nicht mehr anzuerkennen. Wir werden dann unser Recht uns selbst suchen und unseren Pfarrer, den wir frei gewählt haben, wieder in seine Pflichten und Rechte einsetzen. Der erste Schritt, um zu unserem Rechte zu gelangen, wird darin bestehen, dass unsere gesamte Kirchengemeinde, Presbyterium, Gemeindevertretung, Männer, Frauen und Jugend, am Sonnabend bzw. Sonntag, den 18. und 19. Juli 1936, wieder in unser Gotteshaus einziehen wird, wo wir unseren Pfarrer Friedrich Benesch einmütig auffordern werden, uns das Wort Gottes und die Sakramente wieder zu verwalten, die uns eine Zeitlang durch unsere Oberbehörde aus politischen Gründen vorenthalten wurden. Dieses ist unser fester und unwiderruflicher Entschluss. Wolle Gott unsere oberste Kirchenbehörde erleuchten, dass sie uns nicht zu diesem Schritt zwingt.

Birk, am 5. Juli 1936 Die gesamte Ev. Kirchengemeinde A.B., Birk

Für die Richtigkeit: Dienesch, Johann 237 a, Johann Dietrich 300
Johann Gellner 334

In: »Deutsche Tageszeitung« Nr. 434 vom 18. Juli 1936,
Archiv des Landeskonsistoriums der Evangelischen Kirche A.B. in Rumänien, Hermannstadt.

Klare Erkenntnis und zuchtgebundenes Handeln
Von Fritz Benesch, Birk

In verschiedenen Blättern (S. D. Tageblatt No. 18957, Kronstädter Zeitung No. 146 und »Süd-Ost« No. 146) ist kürzlich ein Aufsatz des Herrn Landeskirchenkurators Dr. Hans Otto Roth, betitelt »Zur Kenntnisnahme« erschienen. Da er eine Reihe von teils unberichtigten, teils widersprechenden Behauptungen enthält, antworte ich darauf. Da steht:

> »Als Landeskirchenkurator« kann ich nicht öffentlich polemisieren. Das wissen meine politischen Gegner und schlagen darum [...] auf mich los. Ob eine derartige Kampfesweise vornehm ist, mag dahingestellt sein.«

Erst wird also gesagt: Ich kann nicht öffentlich polemisieren. Dann aber heißt es:

> »Man weiß im Volke, dass ich den Mut der Verantwortung besitze [...], dass ich niemals versucht habe noch versuchen werde, die Verantwortung für meine Entschlüsse auf andere abzuwälzen.«

usw., also Selbstverteidigung auf die Angriffe der Gegner. Hier steckt ein gewaltiger *Widerspruch*. Denn entweder ist der Herr Landeskirchenkurator wirklich wehrlos. Dann kann er sich nicht verteidigen und dann sind die Gegner unvornehm. Dann hätte er aber überhaupt schweigen sollen! Oder: Der Herr Landeskirchenkurator ist *tatsächlich nicht wehrlos* und zwar z.B. dann, wenn er sich um der Würde und des Ansehens der Kirchenführung willen verteidigt. Dann ist aber die Behauptung *falsch*, dass er nicht öffentlich polemisieren könne. Und sie ist tatsächlich vollkommen falsch. Denn wo steht das geschrieben? Und *wer* verlangt das? Und wer hält sich daran? Der Herr Landeskirchenkurator selber nicht! Er polemisiert gerade in seiner Eigenschaft als Landeskirchenkurator öffentlich um des Ansehens der Kirchenführung und auch seines Ansehens willen. Und ich billige sein Verhalten, ja ich wartete darauf. Herr Landeskirchenkurator, polemisieren Sie öffentlich immer wieder, wenn es nötig ist, und Sie tun es ja auch. Und mit vollem Recht!

In dem Aufsatz heißt es weiter:

»Da ich vor der Öffentlichkeit nun schon einmal das Wort habe […]«

und nun folgt eine öffentliche Auseinandersetzung (Polemik) mit den Angestellten. Wie soll man diesen Satz im Zusammenhang mit dem Vorhergehenden verstehen? Ich kann mit dem besten Willen hier *keinen logischen Zusammenhang* finden. Vielmehr taucht der eigentümliche Verdacht auf, dass die ganze Einleitung nur eine *Verschleierung* und *Scheinbegründung* für die nicht wegzuleugnende Tatsache ist, dass der Herr Landeskirchekurator kirchliche Angestellte, gegen die eine Disziplinaruntersuchung läuft, öffentlich verurteilt.

Da steht weiter:

»[…] ich möchte feststellen, dass kein Mitglied des Landeskonsistoriums daran gedacht hat oder auch nur daran denken konnte, dass die Beschlüsse der obersten Kirchenbehörde so gründlich missverstanden oder missdeutet werden könnten, wie es in gewissen Kreisen dann tatsächlich geschehen ist.«

Es ist für den Herrn *Landeskirchenkurator selbstverständlich*, dass die Schuld für das Missverstehen *die Angestellten* trifft. Aber er lege sich doch einmal die ganz einfache Frage vor, ob nicht gerade diese Rundschreiben selbst und damit mittelbar ihre Verfasser und Beschließer an den Missverständnissen schuld sind? Da steht in dem Rundschreiben Z. 924: »*Ich erkläre, daß ich […] zur Kenntnis genommen habe.*« Was heißt das? Das kann heißen: Ich erkläre, gelesen zu haben. *Oder: Ich erkläre, gelesen zu haben*, dass ich mich daran zu halten habe. Das ist Zweierlei. Liegt die Entscheidung auf der *Kenntnisnahme* oder auf dem *Gegenstand* der Kenntnisname? Ich kenne Angestellte, die unterschrieben haben mit der Ueberzeugung: Ich habe zur Kenntnis genommen, um der Forderung der Behörde nach Kenntnisnahme nachzukommen. Damit ist noch *nichts* gesagt, *wie* ich mich nun zu dem Gegenstand der Zurkenntnisnahme verhalten werde. Nun frage ich: ist das eindeutig? Man hätte verlangen sollen: Ich erkläre zur Kenntnis genommen zu haben und verpflichte mich, es einzuhalten. Das wäre klar gewesen! Und zu dieser *formellen Unklarheit*, tritt nun die ganz gewaltige *inhaltliche*. Denn die Volksorganisation ist von dem Verbot ausgenommen. Wie ist das nun zu verstehen? Also: Ich bin Anhänger unserer heutigen Volksorganisation, wie z.B. *Pfarrer Ließ*, Schäßburg. Es findet in Schäßburg eine DVR-Versammlung statt. Ich gehe hin und spreche dort öffentlich für die Volksorganisation. Dieses ist mir laut R., Z. 924 ausdrücklich gestattet. Als Motiv für das Rundschreiben gibt der Herr Landeskirchenkurator selber in seinem Aufsatz an:

> »Das Landeskonsistorium hat die Angestellten ohne Ausnahme der Parteizugehörigkeit durch seine Beschlüsse … von der militanten Politik zurückhalten wollen.«

Nun frage ich: *ist dieses* oben gezeichnete Verhalten von Pfarrer Ließ *»militante Politik«* oder nicht? Denn etwas anderes, als in Versammlungen für meine politischen Ueberzeugungen einzutreten, habe auch ich nie getan! Und so ist also durch das R. Z. 924 zugleich militante Politik erlaubt und zugleich verboten! Ist das unmissverständlich? Klar? Eindeutig? Ich bitte mir einmal in aller Deutlichkeit die Frage zu beantworten, so klar wie sie gestellt ist. Es geht doch nicht an, angesichts dieser Tatsachen immer wieder zu behaupten wie es auch hier geschieht, als ob parteipolitische Verblendung uns zu den Missverständnissen getrieben habe! Nein! Die Maßnahmen selber sind in sich mit einem *katastrophalen Widerspruch* behaftet und die Früchte desselben sind das heutige Durcheinander. Man hätte dann doch einfach sagen sollen: den Angestellten ist bis auf Weiteres militante Politik verboten. Das wäre dann unmissverständlich und klar gewesen. Ich will nicht bezweifeln, dass im Landeskonsistorium niemand daran gedacht hat, dass alles so missverstanden werden könne, denn sonst hätte man eben solch unklaren Beschlüsse überhaupt nie gefasst und das Durcheinander wäre uns allen erspart geblieben.

Und dann steht da weiter: *»ohne Ausnahme der Parteizugehörigkeit!!!«* Das ist einfach nicht wahr! Ich glaube es dem Herrn Landeskirchenkurator aufs Wort, dass für ihn als Politiker die Volksorganisation keine Partei ist. Ich verlange auch nicht, dass er als Politiker anders denken soll. *Aber für die Kirche ist das völlig anders.* Für die Kirche als Kirche (im Sinne der Augustana, im Sinne der Staatsgesetze, im Sinne der Kirchenordnung und im Sinne der Volkszugehörigkeit der Kirchenglieder) ist *jede* politische Gruppe, Partei, Front, Bewegung, Organisation gleich *weit* und gleich nah. Gleich lieb und gleich wert. Gleich verboten und gleich erlaubt. Da gibt es keine parteilose Volksorganisation, denn sowie auch nur der geringste Teil des Kirchenvolkes einer anderen Gruppe als der der Volksorganisation angehört, rückt dieselbe für die Kirche als Kirche in den Rang einer Partei, und wenn die Kirche auch noch so schöne Abkommen mit ihr geschlossen hat. Gerade der Herr Bischof hat dieser Grundhaltung der Kirche Ausdruck gegeben. Vor ihr ist jede Politik militant, auch wenn sie für die Volksorganisation gemacht wird. Und ist entweder jede verboten oder jede erlaubt! Denn *wie* kann die Kirche *als Kirche* beurteilen, ob die Volksorganisation, politisch gesehen, Partei ist oder nicht? *Um das zu können, muss sie ein politisches Urteil fällen!!* Und das ist eben auch leider geschehen. Denn die Kirche hat mit dem R. 924 erklärt, dass die Volksorganisation keine politische Partei sei. Woher weiß das die Kirche? *Die Politiker haben es ihr gesagt.* Ihre Behauptung, Herr Landeskirchenkurator, dass die Maßnahmen ohne Ausnahme der Parteizugehörigkeit gefallen seien, erweist sich als eine politische Behauptung, nicht aber als eine kirchliche. Und dennoch in diesem Zusammenhang als unwahr.

In dem Aufsatz des Herrn Landeskirchenkurator Dr. H. D. Roth heißt es schließlich: »Warum haben sich diese Angestellten nicht unmittelbar und offenherzig an die oberste Kirchenbehörde gewandt?«

Der Herr Landeskirchenkurator weiß demnach leider nicht, dass ich am 28. Februar 1936 eine Denkschrift an das L. K. eingeschickt habe. Ich wandte mich hier *unmittelbar* und *vertrauensvoll* an die Oberbehörde. Ich schrieb: »[…] erkläre aber, dass ich es (das R. 924) um meines Amtseides und meines Gewissens willen als für meine Person undurchführbar ablehnen muss, solange ich nicht durch ein hochlöbliches Landeskonsistorium an Hand der bestehenden Gesetze und des Evangeliums von der Nichtigkeit meiner hier niedergelegter Bedenken überzeugt bin.« Und bis heute ist in den Monaten März, April, Mai, Juni und Juli *keine Zeit* gewesen, mir auf diese Denkschrift *zu antworten.* Die einzige – wenn auch nur mittelbare – Antwort, die ich darauf bisher erhalten habe, war meine Amtsenthebung! Wie kann ich da noch zu meiner obersten Behörde Vertrauen haben? Nein, Herr Landeskirchenkurator, wir haben uns vertrauensvoll gewandt, und haben *keine Antwort* erhalten. Das ist die Wahrheit. Meine Denkschrift ist übrigens unter Zahl 31/1936 von hier am 28. Februar abgegangen. *Wo ist sie*? Als das größte Verhängnis sieht der Herr Landeskirchenkurator die Tatsache an, dass von den Angestellten der Weg der *Oeffentlichkeit* beschritten wurde, auf dem die Kirchenführung nicht habe folgen können. Nun weiß er doch aber selbst, ebenso gut wie ich, dass der Weg in die Oeffentlichkeit *von seiner Hochwürden dem Herrn Bischof*, mit seiner Rede vom 7. Februar vor dem Bürgerabend beschritten worden ist, in der er einige von uns öffentlich angegriffen hat. Ich will auch jetzt nicht auf diese Dinge näher zu sprechen kommen, aber ich muss doch den Vorwurf, daß wir in die Oeffentlichkeit gegangen wären, zurückweisen, denn ich kann Sie versichern, Herr Landeskirchenkurator, dass wenn der Herr Bischof diesen Weg nicht beschritten hätte, ich ganz bestimmt es auch nicht getan hätte. Die Kirchenführung brauchte uns gar nicht zu folgen auf dem Wege in die Oeffentlichkeit, denn *wir* sind *ihr* gefolgt.

Weiter steht in dem Aufsatz:

> Je länger die Angestellten auf diesem Wege verharren – und sie tun es aus eigenem Entschluss und ohne irgend welche Nötigung u.s.w. [...]«

Ich möchte hierzu etwas fragen. Hat der Herr Landeskirchenkurator seinen Aufsatz »Zur Kenntnisnahme« *aus eigenem Entschluss* und ohne irgend welche Nötigung geschrieben? Er hat ihn sicher aus eigenem Entschluss geschrieben und *genötigt* durch die Angriffe der politischen Gegner. Nun, wir haben den Weg in die Oeffentlichkeit auch aus eigenem Entschluß gefasst, aber nicht ohne irgendwelche Nötigungen, sondern eben genötigt durch das Beschreiten desselben *durch Seine Hochwürden*. Ich jedenfalls. Und wenn darum uns hieraus ein Vorwurf gemacht wird, muss er da nicht auch jedem Anderen, der ebenso handelte, auch gemacht werden?

Die unsinnigste Behauptung aber dieses ganzen Aufsatzes ist folgende:

> »Sie (nämlich die Maßnahme des Landeskonsistoriums Z. 924) fußt bekanntlich auf dem von den Angestellten abgelegten Dienst- und Ordinationseid.«

Jeder Winkeljurist kann Ihnen, Herr Landeskirchenkurator, sagen, dass eine Maßnahme immer nur auf einem Gesetz fußt und das Gesetz auf der Verfassung, der Kirchenordnung aber auf dem Staatsrecht und der Staatsverfassung. Wenn das wahr wäre, was sie da als selbstverständlich behaupten, dann sind ja die Angestellten mit ihren Eiden die Rechtsquelle des Landeskonsistoriums! Das ist doch wirklich absurd! Das ist doch die reine Verdrehung des Tatbestandes. Wie kann eine Maßnahme der mir übergeordneten Behörden auf meinem Eid fußen? Mein Eid ist nichts anderes als eine feierliche Verpflichtung, die gesetzlichen, d.h. aber die auf dem Gesetzt fußenden Maßnahmen der Behörde zu erfüllen. *Die gesetzlichen! Nicht aber die ungesetzlichen.* Da aber die Maßnahme des Landeskonsistoriums tatsächlich mit dem Gesetz in Widerspruch steht, hindert mich gerade mein Amtseid daran, das R. Z. 924 zu unterschreiben! Oder fußt dieses Rundschreiben wirklich auf meinem Amtseid? Dann bin ich also rechtlich höher gestellt, als das Landeskonsistorium!! Hand aufs Herz, Herr Landeskirchenkurator, *das glauben Sie doch selber nicht!* Wie können Sie als Jurist so etwas schreiben?

Der Aufsatz »Zur Kenntnisnahme« erweist sich bei näherem Zusehen als eine Reihe von Behauptungen, die teilweise wirklich unmöglich sind. Das musste einmal klar gesagt werden. Die wahre Größe des Menschen erweist sich nämlich tatsächlich, wie der Herr Landeskirchenkurator selber sagt, im Mut zu klaren Erkenntnissen und zuchtgebundenem Handeln. Unsere Oberbehörden und auch unser Herr Landeskirchenkurator, möchten sie doch endlich diesen Mut aufbringen.

In: »Deutsche Tageszeitung« Nr. 574 vom 8. August 1936,
Archiv des Landeskonsistoriums der Evangelischen Kirche A.B. in Rumänien, Hermannstadt.

Justiz-Komödie in Sächsisch-Regen

Mittwoch, den 9. Dezember. Schlussverhandlung im Disziplinarprozess *Friedrich Benesch*, Birk. Als wir in Reen ankamen, hatten sich die Herren vom Gericht in die *kleinste* Lokalität zurückgezogen. Wir standen in den Gängen vor der Türe. Man schickte uns *unter den Schuppen* im Hof. Das war doch zuviel. Wir verlangten einen größeren Raum – da doch die Verhandlung *öffentlich* sei. Da pferchte man uns in einen kleinen Raum zusammen – wo wir so gedrängt standen – dass keiner seinen Arm heben konnte. Die Akten wurden verlesen. Das dauerte bis halb 12 Uhr. Dann wurde die Sitzung unterbrochen. Aber auch *unsere Geduld war zu Ende.* Unmissverständlich forderten wir einen größeren Raum! Wen geht diese Schlussverhandlung an – wenn nicht die *Birker Bauern.*

Dann kam der Nachmittag. 250 Bauern aus Birk füllten den großen Saal, als unter *brausendem Sieg-Heil* unser Pfarrer – und unter eisigem Schweigen die »Herren« einzogen. Dann begannen sie zu fragen. Scharf, klar, kurz kamen die Antworten des »Beschuldigten« – *restlos* überzeugend. Auf keine *einzige* von den teils gefährlichen Fragen ist er die richtige Antwort schuldig geblieben. Uns schlug das Herz – und von Mund zu Mund ging das Raunen: *»Unser Herr Pfarrer hat mehr im Kopf – wie diese Herren alle zusammen.«*

Und dann kam die Verteidigungsrede. Wir wussten bisher noch nicht im Einzelnen, *warum* unser Pfarrer *enthoben* war – wir haben ihm aus persönlichen Gründen die Treue gehalten. Jetzt konnten wir alle endlich erkennen, wo die *Wahrheit* und das *Recht* sind. In fast zweistündiger klarer Rede legte unser Pfarrer seinen Standpunkt dar – und man konnte deutlich erkennen, wie seine Beweise auch auf die »Herren« einen außerordentlich *starken* Eindruck machten.

Aber als er dann aus seiner grundsätzlichen Beweisführung heraus die Konsistorien und Richter angriff – da *verloren* die Herren die Fassung, sie wackelten durcheinander wie wenn der Sturm durch die Stengel fährt, und sie versuchten ihn *niederzuschreien.* Unbeirrt durch ihre verzweifelten Zwischenrufe führte er seine Rede zu Ende. Da haben wir die Herren gründlich *ausgelacht.*

Dann verließen wir alle – mit unserem Pfarrer an der Spitze – den Saal. »Ihr Urteil – meine Herren ist nicht maßgebend – denn es liegt von vornherein fest. Die *Wahrheit* ist maßgebend – und die habe ich Ihnen gesagt.«

Und der Erfolg? Drei Jahre Amtsverlust! Wir wissen alle, warum! Ein Jahr wegen der *Ordnung* und zwei wegen der *Wahrheit*, die er ihnen gesagt hat. Interessant ist nur, wie lange es dauern wird, bis das Urteil zugestellt wird und bis die Vorladung vor das *Landeskonsistorium* erfolgt. Ob das wohl auch wieder ein halbes Jahr dauert?

In: »Deutsche Tageszeitung« Nr. 665 vom 18. Dezember 1936,
Archiv des Landeskonsistoriums der Evangelischen Kirche A.B. in Rumänien, Hermannstadt.

Pfarrereinführung in Birk

Punkt ¾ 9 Uhr früh, erscheint ein 35 Mann starkes Banderium mit Hakenkreuzfahne und Staatsfahne vor dem Elternhause Dr. Fritz Benesch in Sächsisch-Regen. Der Jugendführer aus Birk, Andreas Dienesch begrüßt vor dem Haus den neugewählten Pfarrer, worauf dieser kurz antwortet: Ich hätte euch viel zu sagen, was nicht in diesem Augenblick bewegt, aber ich glaube es genügt, wenn ich sage: »Wir kennen uns und wir wissen, was wir voneinander zu halten haben«. Nach der Bewirtung des Banderiums im Hof des Elternhauses erfolgt die Formierung des Zuges und die Abfahrt nach Birk. An der Hattertgrenze angelangt, begrüßt Ortsrichter Gellner und Notär Gabor, beim Dorfeingang die ganze Gemeinde unter den Klängen der Dorfkapelle den Pfarrer. Kurator Scherzer begrüßten im Namen der Kirchengemeinde den neuen, besser gesagt den alten jetzt wiedergewählten Pfarrer. Voran das Banderium, dann die Musikkapelle, die Fahnen, die marschierenden Kolonnen der Jugend, der Männer und Frauen, das Vierergespann mit Pfarrer und Frau, Bezirkssenior Pfarrer Klein, Pfarrer W. Roth, Gäste aus Reen und dem Kreise, so bewegt sich der Zug durch die Gemeinde bis zu dem Pfarrhause, wo an der Spitze der spalierstehenden, stürmisch jubelnden Schulkinder Rektor Fleischer den Pfarrer begrüßt. Die Frauenvereinsvorsteherin heißt die Frau Pfarrer willkommen, worauf diese mit Worten des Dankes entgegnet: »[…] sie will von nun an wieder die Frau Mutter sein, so wie man sie vor sechs Jahren aufgefordert hat, es zu sein«. Der Pfarrer weist hin auf die sechs schweren Jahre, die zwischen der heutigen und der ersten Präsentation liegen. Er weist hin auf die unerschütterliche Treue der Birker, trotz der Schwere des Kampfes und gelobt ihnen »Treue um Treue«. Es folgt die feierliche Einsetzung in der Kirche durch Bezirkssenior Pfarrer Klein. Beim anschließenden gemeinsamen Mittagessen im Gemeindesaal erhebt als erster Redner Pfarrer Klein sein Glas auf unser Staatsoberhaupt Nikolaus v. Horthy. Kreisleiterstellvertreter, Otto Hallmann weist in merkigen Worten auf die Härte des Kampfes der letzten Jahre hin, auf das treue Ausharren der Birker und fordert auf, mit ihrem Pfarrer mitzuarbeiten am großen Aufbauwerk der Volksgemeinschaft. – Unter stürmischem Jubel und endlosen Heilrufen marschieren die Jungen der nationalsozialistischen

Erziehungsanstalt St. Ludwig Roth, unter Führung Arnold Roths in den Saal. Sie singen zwei Lieder. Arnold Roth begrüßt dann Fritz Benesch als einen seiner besten Freunde, weist auf die Jahre der Amtsenthebung hin, die den Fanatismus bloß noch mehr entfacht haben. Seine Worte klingen in einem heiligen Bekenntnis zu diesen Jahren des Kampfes aus. Der Pfarrer antwortet, die Jahre des gemeinsamen Kampfes seien nun vorbei, die Jahre, wo aus ihren Herzen Blut geflossen sei, wenn man es auch nicht gesehen habe. Auch in Zukunft wolle er mit Arnold Roth Schulter an Schulter kämpfen, wie in den verflossenen Jahren. Nach einem Lied verlässt Arnold Roth, unter nichtendenwollendem Jubel den Saal. Ortsrichter Gellner will auch heute wie vor sechs Jahren vergleichsweise bitten, der neue Pfarrer möge das Steuer am Schifflein übernehmen, das in den letzten Jahren so hin und der geworfen wurde Matrosen und Besatzung würden ihre Pflicht erfüllen. Pfarrer Benesch sprach, man darf jetzt nicht stehen bleiben und glauben, man habe alles erreicht. Jeder Einzelne müsse an sich arbeiten, um sich für die kommende Zeit vorzubereiten. Man müsse immer weiter und höher hinauswollen, mit dem lauten Lippenbekenntnis allein sei noch gar nichts getan. Pflichterfüllung und ununterbrochene Arbeit müssen weiterhin vorhanden sein. Er von sich aus würde alles tun, er fordert alle auf, auch die, die ihn bisher nicht verstanden haben, ihm zu folgen und mit ihm zu arbeiten.

In: »Deutscher Volksbote« vom 18. Februar 1941, Bibliothek und Dokumentation. Institut für Auslandsbeziehungen e.V., Stuttgart.

POLITISCHE ANSPRACHEN

Ansprache von Fritz Benesch

Auf dem 1. Siebenbürgischen Gautag der DVR vom 3.-4. Oktober in Mediasch

Der Auftakt
Feierstunde auf der Freilichtbühne – der große Fackelzug

Meine Kameraden!
Deutsche Volksgenossen!

Wohin immer man heutzutage in unserem Volke kommt – überall hört man jammern und klagen. Jedermann seufzt über die schweren Zeiten, wo man trotz Mühe und Arbeit kaum leben kann. Die schwierigen wirtschaftlichen Verhältnisse bedrücken den Menschen, insbesondere die ärmeren Schichten unseres Volkes, die Handwerker, Kaufleute, Bauern. Und zu dieser wirtschaftlichen Not kommt die politische Zerrissenheit hinzu. Parteien hadern miteinander, und der arge Streit will kein Ende nehmen. Wozu das alles? Was geht uns das alles an – so sagen die Leute – unser Leben hat keinen Sinn mehr. Geht und horcht in unsere Dörfer hinein: dumpf und verkrampft sitzt der Bauer in seiner Kammer oder geht schwer und mühselig seiner Arbeit nach, wenn nicht irgend ein seichtes Vergnügen ihn ins Wirtshaus oder zu den Karten zieht.

Sinnlos ist das Leben des Volkes geworden. Jahrzehnte lang hat man ihm vorgepredigt: Unsere Aufgabe ist, unsere sächsisch deutsche Art zu erhalten, »was deine Väter erworben, wofür sie gelebt und gestorben, das sei dir ein heiliger Hort, das wahre mit Schwert und Wort.« Und nun sitzt der Bauer da auf Haus, Hof und Ackerscholle und sucht zu bewahren, so gut er kann. Er wird dabei immer dumpfer und schwerer. Und schließlich schränkt er in der Sucht, möglichst viel zu bewahren und zu erhalten, seine Kinderzahl ein und stellt sein ganzes Leben auf Erwerb und Sicherung des Vorhandenen ab. Damit ist aber auch schon der Niedergang des Volkes besiegelt und dessen Ende nur eine Frage der Zeit. Aber – meine Kameraden und Volksgenossen – auf die Dauer kann weder ein Mensch noch ein Volk leben ohne ein Ziel und ohne Sinn seines Lebens, ohne eine feste Aufgabe, ohne eine Sendung. Ist denn das eine Sendung für ein Volk: sich selbst zu erhalten? Nein – eine Sendung ist mehr – eine Sendung ist immer, etwas Neues zu erringen, eine Zukunftsaufgabe zu haben. Ein Volk, das keine Sendung und Aufgabe hat, kein Neuland der Tat vor sich sieht, das verkommt und verludert langsam, aber um so sicherer. Also es ist klar: In all' der Not und dem Jammer unserer Tage brauchen wir eine Sendung, eine Aufgabe, einen Sinn, ein Ziel, für die es sich lohnt, alles einzusetzen, Gut und Blut, Weib und Kind, uns selber.

Allerdings: woher kommt uns denn eine solche Aufgabe? Ist es nicht so, dass das Schicksale dem Einzelnen, wie dem Volke Aufgaben stellt, die dann der Einzelne sowohl als auch das Volk lösen müssen? Müssen wir also nicht warten, bis uns die Sendung gegeben wird?

Einer solchen Auffassung müssen wir ein entschiedenes »Nein« entgegenhalten. Nein, nein und tausendmal nein. Wir dürfen nicht die Hände in den Schoß legen und warten, bis uns unsere Aufgabe, unser Ziel, unsere Sendung von dem Schicksal gegeben wird. Wir selber, wir ganz allein – als Einzelner und als Volk – müssen uns unserer Aufgabe stellen.

Wir selber müssen uns unsere Sendung ergreifen und mit dem Ganzen unseres Seins verwirklichen.

Diese Aufgabe, diese Sendung aber wird eine artgemäße und deutsche sein müssen. Und sie ist es wert, zu leben, zu leiden, zu kämpfen und zu opfern.

Welches ist nun aber unsere Sendung als Volk? Wie gestalten wir sie? Wie erkennen wir unsere Art am besten, um unsere Sendung am besten zu ergreifen?

Meine Volksgenossen und Kameraden! Sehen Sie sich einmal einen alten Bauern an. In ihm offenbart sich das Wesen, die Art unseres Volkes am reinsten. So zeigt sich mir das Bild seiner echten Art, wie ich es kürzlich geschaut: Unter breitkrempigem Schlapphut eine scharfe Hakennase, unter buschigen Augenbrauen blaublitzende Augen, weißes Haar, harte Züge – ein mythisches Bild unseres Blutes, unseres Wesens in reiner und klarer Einprägsamkeit.

Aber ein solches Bild unseres Wesens ist für unsere Sendung nicht genug. Denn – sie gehört der Vergangenheit an. Die Sendung der Zukunft wird dieses Bild des deutschen Bauerntums in sich erhalten – aber sie wird neue Züge hineinzeichnen.

Die Sendung unserer Art und Blutes, die Aufgabe unseres Volkes hier im Osten, wie sie sich in dem ergreifenden Antlitz eines alten Bauern offenbart, wir kennen sie genau aus der Geschichte unseres Volkes.

Wir aber sind Menschen einer neuen Zeit. Die alte Sendung muss sich erneuern, wenn sie ein neues Geschlecht mit seiner ganzen Kraft ergreifen soll. Die neue Sendung muss die alte in sich einschießen. Und darum ist unsere eigentliche Aufgabe in der Gegenwart, die wir uns, und demnach auch unserem Volk stellen, die Erneuerung. Ein neues, reines, freies deutsches Menschentum herauszustellen, ein erneuertes Deutschtum – den deutschen Menschen der Erneuerung. Kämpfer werden für die Reinigung unseres Wesens!

Die Erneuerung unserer selbst und unseres Volkes bedeutet Kampf gegen alle Mächte der Finsternis in uns und um uns. Nicht mehr die Erhaltung unseres Selbst ist die Sendung unseres Volkes, sondern die Erneuerung desselben.

Nun kommen gleich die Leute gelaufen und rufen und fragen: Ja woher soll die Erneuerung kommen? Diese Welt ist verflucht und muss untergehen. Wie und woher kann sie sich erneuern?

Darauf antworten wir klar und einfach: Wir stellen als die Sendung unseres Volkes in der Zukunft die Erneuerung aus dem Herzstück unseres Lebens, aus *unserem durchgeistigten Blute.*

Aus unserem Blute kommt unsere Erneuerung – denn artgemäß muss sie sein, eine deutsche Erneuerung, blut- und lebensvoll. Und aus dem Geiste kommt unsere Erneuerung – denn licht und klar und geläutert muss sie sein!

Wir brauchen nicht mehr in dumpfen Kammern zu sitzen. Frei können wir unser Ziel ergreifen. All unser Sein können wir einsetzen und hingeben zur Erreichung dieses Zieles. Jeder kann bei sich selbst sofort beginnen.

Und, meine Kameraden und Volksgenossen, wozu sind wir im Jugendbund und in der Volkspartei zu einer Erneuerungsbewegung zusammengeschlossen? Um dieses Ziel, diese Sendung unseres Volkes, gemeinsam gestaltend vorzutragen bis hin zu jedem Einzelnen von den vielen Tausenden, die da jammern oder sinnlos verdämmern, um so die Gemeinschaft des Volkes, der deutschen Erneuerung in unserem Vaterland zu erkämpfen.

Hebt das Haupt, ergreifet die Sendung unseres Volkes, setzt alles ein dafür. Aus Blut uns Geist wird sie geboren.

Blut und Geist – Schwert und Glaube:
Das sind die beiden Sinnbilder unserer Sendung.
Seid mit gegrüßt ihr beiden –
Glaube und Schwert!

In: »Deutsche Tageszeitung« Nr. 604 vom 8. Oktober 1936,
Archiv des Landeskonsistoriums der Evangelischen Kirche A.B. in Rumänien, Hermannstadt.

Winterhilfswerk

Wunschkonzert am 26. Januar 1941.

Zum ersten Wunschkonzert des WHW in Sächsisch-Regen strömte eine unübersehbare Menge von Volksgenossen in den großen Stadthaussaal, der die Masse gar nicht fassen konnte, wodurch außer den Sitzplätzen nicht allein sämtliche Gänge im Saal, sondern auch die Vorräume dicht besetzt waren.

Nach einem hellen Fanfarenruf begrüßt Kreisleiterstellvertreter Otto Hallmann die erschienenen Volksgenossen, die Vertreter der Behörden, Bürgermeister Dr. Schmidt und Major Dr. Keßthelyi, einen Hauptmann der deutschen Wehrmacht, den derzeitigen Bahnhofskommandanten von Neumarkt sowie Reichstagabgeordneten Dr. Eduard Keintzel. Darauf betritt Pfarrer Dr. Fritz Benesch das Podium und spricht etwa Folgendes: Meine Kameraden, meine Volksgenossen! Wir begehn heute das erste Wunschkonzert hier in Reen und unsere Herzen schlagen in großer Freude und Begeisterung zusammen. Wir begehn diese festliche Stunde in großer Zeit, wo rings um uns in der Welt die deutsche Wehrmacht Wache hält und um die Gestaltung des neuen Europa ringt. In den letzten Tagen und Wochen, wo diese Truppen an uns vorbeigezogen sind, ist unsere neue starke Zuversicht in unsere Herzen gedrungen und trotzdem stellen wir die Frage, was wird die nächste Zeit uns bringen, was wird das nächste Jahr uns bringen, wird der Endsieg dem deutschen Volk gehören? Wir fragen uns, wer ist der Garant für diesen Sieg und woraus schöpfen wir die Gewissheit für diesen Sieg? Der Garant dieses Sieges ist die deutsche Wehrmacht Adolf Hitlers, die grauen Kolonnen sind die Säulen, auf denen die deutsche Zukunft aufgebaut wird. Unwillkürlich denkt man dabei zurück an die Novembertage des Jahres 1918, auch damals hat der Soldat im grauen Kleid durchgehalten, aber die Front der Heimat war zusammengebrochen. Kann dieses sich heute nicht wiederholen, das ist die große Hoffnung unserer Feinde, denn dann wäre für immer die Zukunft des deutschen Volkes begraben. Alles zu Hause gehört heute zu der inneren Front, auch wir sind heute hier in diese Front eingereiht und müssen uns dieser Aufgabe würdig erweisen. An der Ungelöstheit des sozialen Problems ist das deutsche

Volk seinerzeit zerbrochen, an dem sozialen Problem, welches in der ganzen Welt ein Kernproblem geworden ist, und mit Recht fragen wir uns, wird diese soziale Frage heute auch richtig gelöst, denn Millionen warten auf ein besseres Europa.

Wir sehen heute drei große Versuche, in der Welt die soziale Frage zu lösen. Im Westen, in Amerika und England hat man es auch versucht. Man hat den Reichen weiten Arbeitsraum, gute Arbeitsmöglichkeiten gegeben, um viel verdienen zu können. Dann hat man sich ab und zu derjenigen erinnert, die mit dazu beitragen, das Riesenvermögen der Einzelnen zu schaffen, und wirft ihnen manchmal ein Almosen hin. Dieses Almosensystem der sozialen Hilfe lehnt das deutsche Volk ab. Einen anderen Versuch finden wir ihn Russland, wo die soziale Frage gewaltsam gelöst worden ist, weil dort jedem sein Vermögen genommen wurde, keiner soll etwas besitzen. Alleinbesitzer darf nur der Staat sein. Diese Methode mag vielleicht dort ihre Berechtigung haben, uns entspricht sie nicht und bedeutet keine Lösung des Problems.

Der deutsche Sozialismus ist der des Nationalsozialismus, es soll einem nicht alles weggenommen werden, aber wer etwas hat, muss Sorge dafür tragen, dass dem, der nichts hat, geholfen wird. Der deutsche Sozialismus aber verlangt nicht bloß einmal eine gelegentliche Spende, er verlangt die Hilfe immer wieder, und dieses ist das Wesentliche, das Aufbauende und Lebendige des deutschen Sozialismus, es ist der ständige Einsatz des Besitzenden für den Mittellosen und ohne diesen Sozialismus der Tat wäre das heutige Deutschland niemals so mächtig geworden, wie es heute dasteht!

Ein Beweis für unser neues soziales Denken soll das heutige Wunschkonzert des WHW sein. Heute ist es die Gemeinde Obereidisch, der wir helfen wollen, das nächste Mal wird es eine andere sein, denn auch wir dürfen nicht stehen bleiben, sondern müssen uns ständig für die Armen an der Front unseres Lebens einsetzen. Einsatzbereitschaft und Kameradschaftsgeist in unseren Reihen fordert die heutige Zeit, und so wollen wir und ihrer würdig erweisen.

In: »Bistritzer Deutsche Zeitung« vom 31. Januar 1941,
Bibliothek und Dokumentation. Institut für Auslandsbeziehungen e.V., Stuttgart.

Gewaltige Kundgebung deutschen Lebenswillens in Sächsisch-Regen Ortsgruppengründung am 23. März 1941

Es sprachen der Stellvertreter des Volksgruppenführers Dr. G. Goldschmidt, Reichstagsabgeordneter Dr. E. Keintzel und der Stellvertreter des Gebietsführers Dr. F. Benesch

Der große Stadthaussaal ist übervoll, die RAF, der Mutterdienst des Ortes, der RAF-Leiter und Ortsleiter unserer sämtlichen säschischen Gemeinden sind vollzählig angetreten, als auf die Klänge des Badenweiler Marsches die Fahnenabordnung und die Führung, an der Spitze mit dem Volksgruppenführerstellvertreter Dr. Goldschmidt, in den Saal einmarschiert. Kreis-RAF-Leiter Otto Hallmann begrüßt die Volksführung, die Vertreter der Behörden sowie sämtliche erschienenen Volksgenossen und eröffnet die Kundgebung zur ersten Ortsgruppengründung im Gebiet Nordsiebenbürgen. Alle Anwesenden singen das Lied »Nur der Freiheit gehört unser Leben«, worauf als erster Redner Reichstagsabgeordneter *Dr. Keintzel* das Rednerpult betritt.

Meine Kameraden, meine Kameradinnen, verehrte Gäste, meine Volksgenossen! Den heutigen Tag der Ortsgruppengründung in Sächsisch-Regen will ich gleichzeitig dazu benützen, um Ihnen in kurzen Zügen einen Rechenschaftsbericht zu geben, nachdem ich das Amt als Ihr Kreisleiter niedergelegt habe und unser Volksführer Dr. Franz Basch den Kameraden Dr. Fritz Benesch damit betraut hat. Ein Bericht über Jahrzehnte hinaus kann hier nur in großen Zügen skizziert werden und ich will Sie in Gedanken zurückführen zu den Meilensteinen der letzten 20 Jahre und zu den einzelnen Phasen eines Kampfes, den wir als deutsche Volksgruppe führen mussten. 1918 brach eine Welt zusammen, aus deren Schutt und Trümmerhaufen zwei Generationen hier bei uns hervorgingen, die sich mit Misstrauen gegenüberstanden. Die eine Generation war diejenige, die den Weltkrieg zu Hause oder in der Etappe mitgemacht hatte und sich nun als die Gruppe fühlte, die allein das Recht hat, die Geschicke unseres Volkes zu lenken. Dieser Auffassung gegenüber stand die Gruppe, die von dem Schlachtfeld heimgekehrt war und deren tiefstes Erleben in dem einzigen Wort »Kameradschaft«

zusammengefasst werden kann. Die Gruppe zu Hause kannte alles andere, nur nicht die Verwirklichung dieser Kameradschaft, ihr Leben bewegte sich allein im Wirtschaftsdenken der damaligen Zeit, und diesem gegenüber lebte in der Frontgeneration eine Sehnsucht nach der Verwirklichung eines neuen besseren Lebens, nach einer Überleitung des individuellen Wirtschaftsdenkens in ein gesamtnationales Denken, was nicht unvereinbar schien. Die Frontgeneration fand sich in den 20er Jahren in Kronstadt zusammen, von dort geht die erste ernste Kritik an unserem deutschen Volksleben aus, es wird offen auf die Fehler des öffentlichen Lebens bei uns aufmerksam gemacht. Schon kristallisieren sich zwei Punkte heraus: Wir als völkische Minderheit müssen bei uns das Einzelwirtschaftsdenken in ein Gemeinschaftsdenken überführen, und wir müssen eine volksbewusste und rassebewusste Volksgemeinschaft werden. In diesem Sinne wurden auch die Reener Bürgerabende ins Leben gerufen, wo ich mich bemüht habe, jahrelang volkserzieherische Arbeit zu leisten. Es kommen nun die Jahre, wo in unserem Volkstum eine deutliche Klärung der Fronten einzutreten scheint, auf der einen Seite die konservative Einheitspartei, auf der anderen Seite die nationale Erneuerungsbewegung, bis schließlich auch letztere auseinanderbricht und Bruder mit Bruder, Schwester mit Schwester sich jahrelang gegenüberstehen. Wir sind heute, nachdem dieser Kampf zu Ende gegangen ist, zur Überzeugung gelangt, dass er nicht nutzlos, sondern geschichtlich bedingt war. Unser Verhalten dem rumänischen Staat gegenüber kann in den Jahren 1920 bis 1930 als das große Verlieren bezeichnet werden; zuerst raubte man uns das Vermögen und später wollte man auch die Herzen unseres Volkes und unserer Jugend vergiften. Wir haben auch diese Zeit überwunden und das Geschehen der Geschichte am 30. August 1940, welches für uns eine gänzlich neue Konstellation brachte, hat uns innerlich gereinigt und ausgerichtet gefunden. Mit Stolz und zugleich tiefem Verantwortungsbewusstsein haben wir damals Entscheidungen getroffen und uns geschlossen in die Reihen Dr. Baschs einreihen lassen.

Ein Führer, und sei er nur in kleinstem Kreise Führer, muss sich nach zwei Seiten hin decken, er muss loyal handeln und er muss hart anfassen, und es wäre keine Linie in seinem Handeln, wenn er sich nicht Rechenschaft darüber ablegen müsste, »Was ist für mich Gesetz?« Maßgebend in meinen Handlungen waren daher niemals persönliche Momente, auch bei den kleinsten Entscheidungen galt stets die Forderung der Frage: »Nütze oder schade ich meinem Volk damit?« Wenn ich aber helfend einspringen konnte für einen oder mehrere, dann war ich glücklich, es bedeutete dieses für mich eine Feierstunde und einen Festtag für mein Volk. Ich danke meinen Mitarbeitern, die in den Jahren oft gewechselt haben, aber ich kann meinem Nachfolger aufs tiefste überzeugt sagen, es sind unter ihnen viele einsatzbereite, treue Eckarte. In den letzten Jahren sind wir geläutert worden, wir sind rassenbewusster geworden durch die Flamme, die in uns entfacht wurde, und nur wenn diese Flamme geschürt wird, gibt es einen Aufstieg für unser Volk; es ist eine heilige Flamme, die wir zur Behütung unseren Kindern und Kindeskindern übergeben wollen, im Dienste des Deutschen Volkes. – Langanhaltender Beifall dankt für die Worte unseres verdienten scheidenden Kreisleiters, worauf alles im Saal in das Lied »Die bange Nacht ist nun herum« mit einstimmt.

Es spricht nun der Stellvertreter des Gebietsführers, der neuernannte Kreisleiter *Dr. Fritz Benesch*: »Mein Volksgruppenführer, meine deutschen Volksgenossen! Der heutige Tag ist für uns Deutsche in Nordsiebenbürgen ein entscheidender Tag, es ist der Tag, an dem wir mit freier und von uns selbst gewollter Entscheidung nun einen Schritt vollziehen, der uns aus einer alten Schicksalsgemeinschaft heraushebt und in eine neue hineinstellt. Die Geschichte unseres Volkes in Siebenbürgen ist gekennzeichnet durch zwei entscheidende Faktoren: 1. Die Tatsache, dass wir hier ein kleiner Splitter in fremdem Land leben, hat uns eine Gemeinschaft gegeben, die, wenn sie manchmal auch verloren gegangen zu sein schien, doch immer wieder neu geworden ist, und wir sind unendlich stolz auf diese Gemeinschaft, deren Schaffung immer nur durch höchste und reinste Opfer möglich war. 2. Diese Gemeinschaft haben wir aber niemals als eine Sache für sich betrachtet, sondern sind immer bereit gewesen sie als Ganzes für ein höheres Ziel einzusetzen, dieses Ziel aber hieß stets: Verteidigung der europäischen Mitte gegen den Osten! Aus dem Munde des Volksgruppenführerstellvertreters haben wir heute von einem Kampfe gehört, von einem Kampf, der uns eigentümlich berührt. Wir hören hier von einem Deutschtum der Städte, das in seiner individualistischen Eigenbrödelei versagt hat, und hören, dass die führenden Männer zum Bauerntum gingen, wo sie überall eine geheime Sehnsucht nach einer neuen Zeit, nach neuem Leben finden, und hier bei den Ärmsten erleben sie, was deutsches Schicksal, Volkstum und Volksgemeinschaft heißt. Es ist das gleiche Erlebnis wie bei uns, das heißt dass auch hier aus der ureigensten Tiefe des deutschen Volkes mit gewaltiger Kraft etwas aufgebrochen ist, um ein neues Leben für Jahrtausende zu beginnen. Im Reich haben die nationalsozialistischen Führer genau das Gleiche erlebt, und daraus spricht nun eine ungeheure Gemeinschaftskraft, auf der das Deutschtum der Welt sich aufbaut. Wir schließen uns daher heute mit freiem Herzen dem Volksbund an, weil nicht Fremdes zu Fremdem, sondern in tiefstem Vertrauen Gleiches zu Gleichem kommt, das heißt, Menschen zu Menschen, die durch das gleiche Schicksal und dasselbe Erleben die gleiche Formung erfahren haben. Die Sonderentwicklungen dort und hier haben zur Ausbildung gleicher Gemeinschaften geführt, aber der Sinn derselben kann nun nicht darin bestehen, dass jede für sich gesondert weiter arbeitet, sondern es muss nunmehr die innerste Kraft beider zusammenfließen. Umsonst organisieren wir zum Beispiel eine Mannschaft, nehmen ein paar Kerle heraus, wollen sie erziehen, formen daraus eine Gruppe für sich, der Wert dieser Mannschaft für das Ganze wird nur so groß sein, wie viel sie bereit ist, dem Ganzen hinzugeben. Unsere kleine Gemeinschaft hier ist gewillt ihre ganze Kraft für das Deutschtum in Ungarn in die Waagschale zu werfen und sich jederzeit einzusetzen, so wie es unserer Geschichte würdig ist. Ich übernehme nunmehr auch vor der Öffentlichkeit die Leitung dieses Kreises und werde meine gesamte Arbeit unter zwei Voraussetzungen erfüllen: Ich werde mit unablässiger Entschlossenheit und, wenn es sein muss, auch mit Härte dafür sorgen, dass wir immer mehr und mehr zu einer Gemeinschaft werden. Und ich werde den Gesamtwert dieser Gemeinschaft ausschließlich in den Dienst der Volksgruppe der Deutschen in Ungarn stellen, das ist mein Hauptprogramm. Alles was wir sind und was wir noch werden wollen, wollen wir für Euch werden.«

Nun treten sämtliche Amtswalter des Kreises Sächsisch-Regen vor ihrem neuernannten Kreisleiter an. Er spricht zu ihnen: »Wenn jemand die Verantwortung dafür trägt, dass ein Volk lebt, dann sind es diejenigen, die es führen. Durch Kommandieren allein kann es nicht geführt werden, nur durch Kampf und Ringen um sein Vertrauen. Walter Flex hat einmal gesagt: ›Das Herz seiner Mannschaft muss man besitzen, dann kommt die Disziplin von selbst‹, und in diesem Sinne verlange ich, dass Sie alle die Führung auf dem Posten, wo Sie hingestellt sind, übernehmen, Sie sind mir dafür verantwortlich.«

Nun werden alle Amtswalter vom Kreisleiter mit Handschlag verpflichtet und erhalten als Ehrenzeichen die Armbinde mit dem Sonnenrad. Mit dem gemeinsam gesungenen Lied »Auf hebt unsre Fahnen« und dem Ausmarsch der Volksführung und der Formation, findet diese gewaltige Kundgebung ihren Abschluss.

In: »Bistritzer Deutsche Zeitung« vom 28. März 1941,
Bibliothek und Dokumentation. Institut für Auslandsbeziehungen e.V., Stuttgart.

Gründungsfeier der Ortsgruppe des VDU in Tekendorf

Am 4. April d. J. wurde die deutsche Volksorganisation Tekendorfs in feierlicher Weise in den Bund der Deutschen in Ungarn eingegliedert. Der »Raiffeisensaal« war zu diesem Zweck für diese einmalige Feier in schlichter Weise ausgestaltet worden. Auf der schwarz verkleideten Rückwand des Saales leuchtete hell das Sonnenrad, das Wahrzeichen der Deutschen Volksgruppe Ungarns. Frühlingsblumen schmückten den Rednertisch.

Ordnungsgemäß marschierten vor Beginn der Feier der Mutterdienst, die NAF und die DJ in strammer Haltung in den Saal und nahmen ihre Plätze ein. Die Volksgenossen, die den einzelnen Formationen noch nicht angehören, hatten sich schon vorher im Saal versammelt. Der Saal war bis auf den letzten Platz gefüllt, als Kamerad Rektor Peter Gärtner den Einmarsch der Fahnen verkündete. Unter den Klängen des Badenweiler Marsches, gespielt von der Tekendorfer Turnerkapelle, wurden die Staatsfahnen und die Sonnenradfahnen in den Saal gebracht.

Dann erschien, vom Jubel der Anwesenden begrüßt, der Gebietsführerstellvertreter und Kreisleiter des Sächsisch-Reener Kreises, Dr. Fritz Benesch, der Beauftragte des Gewerbestandes und Ortsleiter von Sächsisch-Reen, Kamerad A. Schell, und die Ortsleitungen von Tekendorf und Großeidau im Saal.

Der Ortsleiter von Tekendorf, Kamerad Müller, begrüßt den Gebietsführerstellvertreter und die anderen erschienenen Amtswalter und Volksgenossen. Durch Stillschweigen wird der tote Ministerpräsident Graf Paul Teleki geehrt.

Der Ortsleiter des NAF Tekendorfs, Georg Gillich, leitet durch einen Führerspruch zu dem gemeinsam gesungenen Lied: »Nur der Freiheit gehört unser Leben« über.

Dann spricht der Ortsleiter von Sächsisch-Reen, Kamerad Schell. Seine aufschlussreichen Ausführungen geben in kameradschaftlichem Geist Anregungen zu echt nationalsozialistischem Verhalten. Er selbst stellt sich gern zur Verfügung aller Volksgenossen, die Aufschluss und Rat in der Ausübung besonders ihrer gewerblichen Berufe bedürfen.

Begeistert begrüßt, spricht dann der Gebietsführerstellvertreter *Dr. Fritz Benesch* zu den Volksgenossen. Seine jedem zu Herzen gehenden und mitreißenden Worte werden öfters von stürmischen Heilrufen unterbrochen. Sie stellen nach kurzer Zeit eine innige Verbindung zwischen dem Zuhörer und Sprecher her. Der Redner freut sich, feststellen zu können, dass auch die Tekendorfer Volksgenossen von dem Geist der Zeit erfasst worden sind. In anschaulicher Weise zeichnet er das Ziel der Erziehung des nationalsozialistischen Menschen im Vergleich zu der Zielsetzung der Erziehung vor dem Weltkrieg.

In klarer eindeutiger Sprache zeigt er besonders den Tekendorfer Volksgenossen, die auf dem Weg waren, zu »verstädtern«, den hohen Wert des Bauernadels. Der deutsche Bauer, der frei auf seiner Scholle steht, ist mindestens ein so großer Herr, als derjenige, der den Pflug mit der Feder vertauscht. Die Ausführungen des Gebietsführerstellvertreters haben in größtem Maße dazu beigetragen, den Begriff der *Volksgemeinschaft* bei jedem anwesenden Volksgenossen als letzte Erfüllung seines Einzelschicksals zu erkennen. Sie haben auch dazu beigetragen, die Volksgenossen zu der erforderlichen Selbstüberwindung fähig zu machen und ihnen den Weg vom Müssen zum Können zu zeigen.

Er erklärt die Tekendorfer Ortsgruppe des BDU für gegründet und ernennt Kameraden Michael Müller zum Ortsleiter und Kameraden Rektor Gärtner zum Schriftwart und Kassier. In feierlicher Weise übergibt er die Sonnenradfahne dem Ortsleiter, worauf das Lied erklingt: »Die dunkle Nacht ist nun vorbei [...]«

Der Ortsleiter übernimmt die Fahne und verspricht, das ihm entgegengebrachte Vertrauen durch ganzen, selbstlosen Einsatz zu rechtfertigen. Er schließt seine kernigen Worte mit dem Spruch: »Deiner Sprache, deiner Sitte, deinen Toten bleibe treu, steh in deines Volkes Mitte, was sein Schiksal immer sei.« Mit dem Lied »Auf hebt unsre Fahnen« nahm die Feier ihren Abschluss. Begeisterte Heilrufe und die Klänge des Badenweiler Marsches begleiteten den Gebietsführerstellvertreter beim Verlassen des Saales.

Dr. Scheel

In: »Bistritzer Deutsche Zeitung« vom 25. April 1941,
Bibliothek und Dokumentation. Institut für Auslandsbeziehungen e.V., Stuttgart.

Erstes WHW-Wunschkonzert in Tekendorf

Am 27. April dieses Jahres fand in Tekendorf im »Raiffeisensaale« das erste Wunschkonzert statt. An der Stirnwand des Saales konnte man den Spruch lesen:

Das Leben kennt nur Taten
und die unsterblichste aller ist das Opfer!

Vier Uhr nachmittags marschierte unter den Klängen eines schneidigen Marsches die Kreisleitung unter Führung des Gebietsführerstellvertreters im Saal ein. Ein Trompetensignal und anschließender Trommelwirbel verkünden den Beginn des Wunschkonzertes.

Alle singen das Lied »Auf hebt unsre Fahnen«, worauf Ortsleiter Kamerad Müller das erste Tekendorfer Wunschkonzert für eröffnet erklärt. Er begrüßt den Gebietsführerstellvertreter *Dr. Fritz Benesch*, die Amtswalter der Kreisleitung und die zahlreich erschienenen Volksgenossen. Als offizielle Gäste werden der Obernotär und der Gemeinderichter Tekendorfs begrüßt.

Anschließend spricht der Gebietsführerstellvertreter *Dr. Fritz Benesch*. Während deutsche, ungarische, italienische und bulgarische Soldaten für den Aufbau eines gerechteren Europas an den verschiedenen Fronten bluten, sind hier unsere Volksgenossen versammelt, um ihrer Pflicht als nationalsozialistisch ausgerichtete Menschen nachzukommen. Zwei Dinge sind es vor allem, die den deutschen Erfolg garantieren: die deutsche Wehrmacht, die einzig in der Weltgeschichte dasteht, und die stählerne Front der Heimat, beides Werke des großen Führers Adolf Hitler.

Der Redner schildert eingehend den echten, deutschen Sozialismus. Kein Almosensozialismus und auch kein bolschewistischer Gleichmachersozialismus kann uns heutigen deutschen Menschen passen. Der wahre Sozialismus des deutschen Menschen ist der *Sozialismus des Gewissens*. Der Mehrhabende fühlt sich verpflichtet, dem vom Schicksal weniger begünstigten Kameraden nach besten Kräften zu helfen. Der Redner freut sich über das schöne Ergebnis der WHW-Spenden der Tekendorfer Volksgenossen. Die Tekendorfer haben durch ihre Beiträge den Tatbeweis nationalsozialistischer Gesinnung gegeben.

Unter Trommelwirbel marschieren die Jungen der nationalsozialistischen Erziehungsanstalt Arnold Roths auf die Bühne. Eine äußerst straffe Haltung der Jungen im Braunhemd fällt besonders auf. Das WHW-Konzert steht unter der bewährten Leitung *Arnold Roths*. Seine verbindenden Verse lassen nun eine von den Spendern ausgewählte Reihe von Liedern und Märschen erklingen. Die von den »Roth-Jungen« mehrstimmig gesungenen Soldatenlieder ernten besonders großen Beifall. Es ist nicht nur die Klangschönheit der Lieder und das disziplinierte Auftreten dieser Jungen, was allen so gefällt, sondern nicht zuletzt das Gefühl und der Glaube, den diese Jungen durch ihren offenen Blick und ihre offensichtliche Verbundenheit untereinander und besonders mit ihrem sehr geliebten kameradschaftlichen Erzieher auf die Zuhörer ausströmen.

Vor dem Abschluss des Konzertes gibt der Ortsleiter des VDU Tekendorf M. Müller das Endergebnis bekannt, es beträgt 1.400 Pengö. Diese Summe stellt, an der kaum 1.000 deutsche Menschen gemessenen Einwohnerzahl Tekendorfs, tatsächlich den Beweis neuen sozialistischen Denkens unserer Volksgenossen dar.

Mit dem Schlusswort: »Einer für Alle, Alle für Einen!« ist das Wunschkonzert beendet. Nach dem gemeinsam gesungenen Engelandlied ertönen die ungarische Nationalhymne, das Deutschland- und Horst-Wessel-Lied und Heilrufe auf Volk und Führer.

In: »Bistritzer Deutsche Zeitung« vom 9. Mai 1941,
Bibliothek und Dokumentation. Institut für Auslandsbeziehungen e.V., Stuttgart.

Tag der Arbeit

Maifeier. Am 2. Juni d. J. haben wir in Sächsisch-Regen den »Tag der Arbeit« und das traditionelle Maifest der Schulanstalten gefeiert.

Zu den frohen Klängen der Musikkapelle ging es im geordneten Marsch vom Schulhof des Gymnasiums bis in den Ziegenwald, an der Spitze des Zuges die Staatsfahne und zum ersten Mal die Sonnenradfahne, voran die Braunhemden der Stephan L. Roth Erziehungsanstalt, anschließend die Kleinsten aus dem Kindergarten, die Schüler der Schulanstalten, die völkischen Formationen, Jugend, Mutterdienst, NAF und schließlich die Nachbarschaften. Auf dem Festplatz im Wald angelangt, in dessen Mitte sich der Jahresbaum mit dem Kranz und den verschiedenen Zeichen der Handwerkszweige erhebt, eröffnet der Ortsleiter (Kamerad Andreas Schell) die Feier, worauf die Musikkapelle den »Hymnus« spielt. Wir singen alle mit Andacht und Lust in den sonnigen Tag hinaus das Lied »Und die Morgenfrühe, das ist unsre Zeit«, welches in dem grünen Frühlingswald vielfach wiederhallt, und hören einen Spruch des Führers, gesprochen von Kamerad Richard Albert: »Die Wertschätzung des Menschen muss begründet werden auf der Art und Weise, in der er seine ihm von der Allgemeinheit überantworteten Aufgabe gerecht wird. Es gibt keine Arbeitgeber und es gibt keine Arbeitnehmer vor den höchsten Interessen der Nation, sondern nur Arbeitsbeauftragte des deutschen Volkes.« Der Junge Wiegand Weltzer, trägt das Gedicht »Tag der Arbeit« vor, und nach dem zweiten gemeinsamen Lied »Wir tragen das Vaterland in unserem Herzen« spricht Kamerad Arnold Roth etwa folgende Worte: Wir feiern heute wohl etwas verspätet den Tag der Arbeit, der, wenn auch nicht termingerecht doch auch für uns denselben Sinn hat wie im Mutterland, mit dem wir in allem die innerliche Verbundenheit suchen. Um diese innere Verbundenheit aber zu finden und uns ihrer würdig zu erweisen, sind drei Dinge notwendig. Erstens, Arbeit: Wir müssen noch viel mehr arbeiten lernen, als wir es heute tun, die Berufung auf unsere 800-jährige Vergangenheit allein genügt nicht. Zweitens, Ordnung: Die deutsche Ordnung, die zuerst das Mutterland in seiner ganzen Größe, so wie es heute vor uns steht aufgebaut hat, die bahnt sich heute den Weg durch die ganze Welt. Bei uns herrscht noch Unordnung. Wir müssen lernen, uns einzuordnen, und damit kommen wir zum dritten, der Disziplin: Stadt und Land muss die Leitung als Befehlsstelle der Volksführung unbedingt zur Kenntnis nehmen. Mit eiserner Disziplin hat der Nationalsozialismus begonnen. Wenn heute die christliche Welt Pfingsten feiert, so geschieht heute die Ausgießung des deutschen Geistes durch die ehernen Tauben, woraus auch wir den Glauben an den deutschen Endsieg schöpfen. Nach der Rede wird von allen das Deutschlandlied gesungen und um den Maibaum herum wird das Fest von zehn Jungen und zehn Jungmädels angetanzt. Der Nachmittag ist dem Singen und dem Sport geweiht. Wir hören die Schüler und Schülerinnen der Schulanstalten singen, wir verfolgen die gelungenen heiteren sportlichen Darbietungen, Tauziehen, Reiterkampf, Laufen um den Wassereimer usw., der Schuljugend und Handballspiele der DJ und der NAF. Vor dem gemeinsamen Abmarsch erfolgt die Meldung an den Kreisleiter Dr. Fritz Benesch, der mit der Aufforderung weiterer Einsatzbereitschaft und dem Bekenntnis zum unbedingten Siegeswillen aller deutschen Menschen den »Tag der Arbeit« schließt.

In: »Bistritzer Deutsche Zeitung« vom 20. Juni 1941,

Bibliothek und Dokumentation. Institut für Auslandsbeziehungen e.V., Stuttgart.

Albrich, Gerhard / Christ, Hans / Hockl, Hans Wolfram: Deutsche Jugendbewegung im Südosten, Bielefeld 1969.

Beer, Mathias/Seewann, Gerhard (Hrsg.): Südostforschung im Schatten des Dritten Reiches. Institutionen – Inhalte – Personen, München 2004.

Benesch, Gerhard: Die Talhöfe und ihre Bewohner. Die Geschichte eines Bauerngeschlechtes aus Nordsiebenbürgen, München 1986.

Böhm, Johann: Hitlers Vasallen der Deutschen Volksgruppe in Rumänien vor und nach 1945, Frankfurt/Main 2006.

Böhm, Johann: Friedrich Benesch (1907-1991). Naturwissenschaftler, Anthropologe, Theologe und Politiker; in: Halbjahresschrift für südosteuropäische Geschichte, Literatur und Politik, 16. Jahrgang 2004, Heft Nr. 1, S. 108-119.

Böhm, Johann: Die Artamanen in Siebenbürgen. Zu: »August Georg Kenstler, der Artamanenführer aus Siebenbürgen« von Rudolf Proksch (II); in: Halbjahresschrift für südosteuropäische Geschichte, Literatur und Politik, 16. Jahrgang 2004, Heft Nr. 2, S. 60-70.

Böhm, Johann: Die Gleichschaltung der Deutschen Volksgruppe in Rumänien und das »Dritte Reich« 1941-1944, Frankfurt/Main 2003.

Böhm, Johann: Die Deutschen in Rumänien und das Dritte Reich 1933-1940, Frankfurt/Main 1999.

Böhm, Johann: Die Deutschen in Rumänien und die Weimarer Republik 1919-1933 (Publikationen des Arbeitskreises für Geschichte und Kultur der deutschen Siedlungsgebiete im Südosten Europas, Reihe I, Band 3), Ippesheim 1993.

Bundesministerium für Vertriebene, Flüchtlinge und Kriegsgeschädigte (Hrsg.): Dokumentation der Vertreibung der Deutschen aus Ost-Mitteleuropa, Band II: Das Schicksal der Deutschen in Ungarn, Düsseldorf 1956.

Dienesch, Susanne (Hrsg.): Das Birker Heimatbuch, Stadl-Paura 1996 (Eigenverlag).

Fahlbusch, Michael: Wissenschaft im Dienst der nationalsozialistischen Politik? Die »Volksdeutschen Forschungsgemeinschaften« von 1931-1945, Baden-Baden 1999.

Glass, Hildrun: Zerbrochene Nachbarschaft. Das deutsch-jüdische Verhältnis in Rumänien (1918-1938), München 1996.

Glondys, Viktor: Tagebuch. Aufzeichnungen von 1933-1949, Dinklage 1997.

Hanák, Péter (Hrsg.): Die Geschichte Ungarns. Von den Anfängen bis zur Gegenwart, Essen 1988.

Hilberg, Raul: Die Vernichtung der europäischen Juden. Die Gesamtgeschichte des Holocaust, 3 Bände, Frankfurt/Main 2007, 10. Auflage.

Höhne, Heinz: Der Orden unter dem Totenkopf. Die Geschichte der SS, Gütersloh ohne Jahresangabe.

Hofer, Walther (Hrsg.): Der Nationalsozialismus. Dokumente 1933-1945, Frankfurt/Main 2004, 49. Auflage.

Holzträger, Hans: Die Reise nach Oxford. Eine kirchliche Mission des Stadtpfarrers von Kronstadt, Dr. Konrad Möckel, und ihre Folgen, Sonderdruck aus: Siebenbürgisch-Sächsischer Hauskalender/Jahrbuch 1983, S. 85-90.

Jaspers, Karl: Die Schuldfrage, Heidelberg 1946.

Klee, Ernst: Das Personenlexikon zum Dritten Reich. Wer war was vor und nach 1945, Frankfurt/Main 2005, aktualisierte Ausgabe.

Kogon, Eugen: Der SS-Staat. Das System der deutschen Konzentrationslager, Gütersloh 1974.

König, Walter: Rudolf Steiner und Siebenbürgen; in: Zeitschrift für Siebenbürgische Landeskunde, 21. Jahrgang 1998, Heft 1, S. 1-7.

Landesjugendamt der Deutschen in Rumänien (Hrsg.): Bildbericht vom Tag der deutschen Jugend Heldsdorf; in: Der Jugendbund, Das Blatt der deutschen Jugend in Rumänien, Kronstadt 1937.

Landeskonsistorium der Evangelischen Kirche A.B. in Rumänien (Hrsg.): Protokolle der Sitzungen des Landeskonsistoriums der Evangelischen Kirche A.B. in Rumänien 1936-1937.

Längin, Bernd G.: Unvergessene Heimat Siebenbürgen. Städte, Landschaften und Menschen auf alten Fotos, Augsburg 1995.

Luther, Tammo: Volkstumspolitik des Deutschen Reiches 1933-1938. Die Auslanddeutschen im Spannungsfeld zwischen Traditionalisten und Nationalsozialisten (Historische Mitteilungen im Auftrag der Ranke-Gesellschaft, Band 55), Wiesbaden/Stuttgart 2004.

Macartney, C. Aylmer: Geschichte Ungarns, Stuttgart 1971.

Mannhardt, Johann Wilhelm: Hochschulrevolution, Hamburg 1933.

Mannhardt, Johann Wilhelm: Grenz- und Auslandsdeutschtum als Lehrgegenstand (Schriften des Instituts für Grenz- und Auslandsdeutschtum an der Universität Marburg, Heft 4), Jena 1926.

Myss, Walter: Lexikon der Siebenbürger Sachsen. Geschichte, Kultur, Wissenschaft, Wirtschaft, Lebensraum Siebenbürgen (Transsilvanien), München 1993.

Nolte, Ernst: Der Nationalsozialismus, Frankfurt am Main/Berlin/Wien1970, neu eingerichtete und erweiterte Ausgabe.

Philippi, Ernst H./Weltzer, Wigant (Hrsg.): Sächsisch-Regen. Die Stadt am Berge – Lebensbilder aus der Vergangenheit einer kleinen Stadt in Siebenbürgen, Bochum 1991.

Popa, Klaus (Hrsg.): Akten um die Deutsche Volksgruppe in Rumänien 1937-1945. Eine Auswahl, Frankfurt/Main 2005.

Popa, Klaus (Hrsg.): Die Rumäniendeutschen zwischen Demokratie und Diktatur. Der politische Nachlass von Hans Otto Roth 1919-1951, Frankfurt/Main 2003.

Quellen zur Geschichte der Siebenbürger Sachsen 1191-1975, gesammelt und bearbeitet von Ernst Wagner (Ergänzungsreihe zum Siebenbürgischen Archiv, Band 1), Köln/Wien 1981, 2., durchgesehene und erweiterte Ausgabe.

Rosh, Lea/Jäckel, Eberhard: »Der Tod ist ein Meister aus Deutschland«. Deportation und Ermordung der Juden – Kollaboration und Verweigerung in Europa, Hamburg 1991, 4. Auflage.

Roth, Harald (Hrsg.): Minderheit und Nationalstaat. Siebenbürgen seit dem Ersten Weltkrieg (Siebenbürgisches Archiv, Folge 3, Band 31), Köln 1995.

Safranski, Rüdiger: Ein Meister aus Deutschland. Heidegger und seine Zeit, München 1994.

Wien, Ulrich Andreas: Kirchenleitung über dem Abgrund. Bischof Friedrich Müller vor den Herausforderungen durch Minderheitenexistenz, Nationalsozialismus und Kommunismus (Studia Transsylvanica, Ergänzungsbände zum »Siebenbürgischen Archiv«, Band 25) Köln/Weimar/Wien 1998.

Zeller, Eberhard: Geist der Freiheit. Der 20. Juli, München 1965, 5. Auflage.

Zentner, Christian: Anmerkungen zu »Holocaust«. Die Geschichte der Juden im Dritten Reich. Bilder, Texte, Dokumente, München/Zürich 1979.

Ziehe, Irene: Hans Hahne (1875-1935), sein Leben und Wirken. Biographie eines völkischen Wissenschaftlers (Veröffentlichungen des Landesamtes für archäologische Denkmalpflege Sachsen-Anhalt, Landesmuseum für Vorgeschichte, Band 49), Halle/Saale 1996.

Abbildungsnachweise

Seite 4, Frontispiz: Archiv des Verlages
Seite 22, 33, 65, 111 aus: Ernst H. Philippi / Wiegant Weltzer [Hrsg.], Sächsisch-Regen. Die Stadt am Berge. Lebensbilder aus der Vergangenheit einer kleinen Stadt in Siebenbürgen, Bochum 1991
Seite 26, 30, 31, 78, 116: Hans-Werner Schroeder, Stuttgart
Seite 28, 29, 32, 44, 66, 71, 79, 98, 105, 106, 115, 117, 128, 131, 136, 172, 173, 376: Archiv der Familie Benesch, Gudrun Kauffmann, Christa Momm, Maria Schmidt, Anneliese Häberle
Seite 34, 41: La Direcţia Judeţeană Bistriţia Năsăud a Arhivelos Naţionale
Seite 40, 74, 83, 109, 110, 112, 127, 134, 154, 155, 169, 189: Siebenbürgen-Institut Schloss Horneck, Gundelsheim/Neckar
Seite 50, 51, 52, 90, 95: Foto Marburg
Seite 56, 60, 61: Deutsches Literaturarchiv, Marbach a. N.
Seite 59: Landesamt für Denkmalpflege und Archäologie Sachsen-Anhalt, Landesmuseum für Vorgeschichte, Halle/Saale
Seite 63: Stadtarchiv Halle/Saale
Seite 75, 76, 160: Archiv der Universität Klausenburg
Seite 101, 167, 210, 212, 214, 224, 226, 231, 241, 246, 248, 250, 257, 258, 259, 267, 268, 275, 277, 281, 284, 286, 302, 329, 385: Archiv des Autors
Seite 135, 138, 139, 146, 148, 149: Archiv des Landeskonsistoriums der Evangelischen Kirche A. B. in Rumänien, Hermannstadt
Seite 142, 175, 190, 191, 230: Sara Ambrosi, Stuttgart
Seite 165: Bundesarchiv Berlin
Seite 170: Bücherei und Dokumentation des Instituts für Auslandsbeziehungen, Stuttgart
Seite 177: Dr. Johann Böhm, Halbjahresschrift für südosteuropäische Geschichte, Literatur und Politik, Jahrgang 3, Heft 1, 1991
Seite 198, 199: Andreas Mayer, Eschwege
Seite 229: © Rheinländer Photoatelier GmbH, Hamburg
Seite 232, 233, 379: Hinrich Witt, Stuttgart
Seite 247: Rudolf Gädeke, München
Seite 253: Johannes Mayer, Stuttgart

Seite 254: Volker Harlan, Witten
Seite 265: Lars Rydelius, Stockholm
Seite 271: Tryggve Fett, Oslo
Seite 276: Michael Debus, Stuttgart
Seite 296: Dorothea Jacoby, Ühlingen
Seite 309, 310: Johannes Lenz, Berlin
Seite 317, 318, 319, 321, 322, 323, 325, 326, 337, 338, 343, 346: Bernhard Lauinger, Stuttgart
Seite 331, 333: Naoki Kobayashi, Tokio
Seite 336: Bildarchiv Schuster/Möller
Seite 374: Tagebuch Friedrich Benesch
Seite 386, 387, 388, 389: Laurenz Theinert, Stuttgart – mit freundliche Genehmigung von Manfred Welzel, Stuttgart
Seite 390: Laurenz Theinert, Stuttgart

Bibliographische Information Der Deutschen Bibliothek
Die Deutsche Bibliothek verzeichnet diese Publikation in der Deutschen Nationalbibliografie; detaillierte bibliografische Daten sind im Internet über http://dnb.ddb.de abrufbar.

ISBN 978-3-932386-93-0

Einbandgestaltung: Peter Andreas Hassiepen, München
Satz: Laurenz Theinert, Stuttgart
Druck und Bindung: Ebner & Spiegel, Ulm